말씀관통 100일 통독

말씀관통
100일 통독

—

홍성건

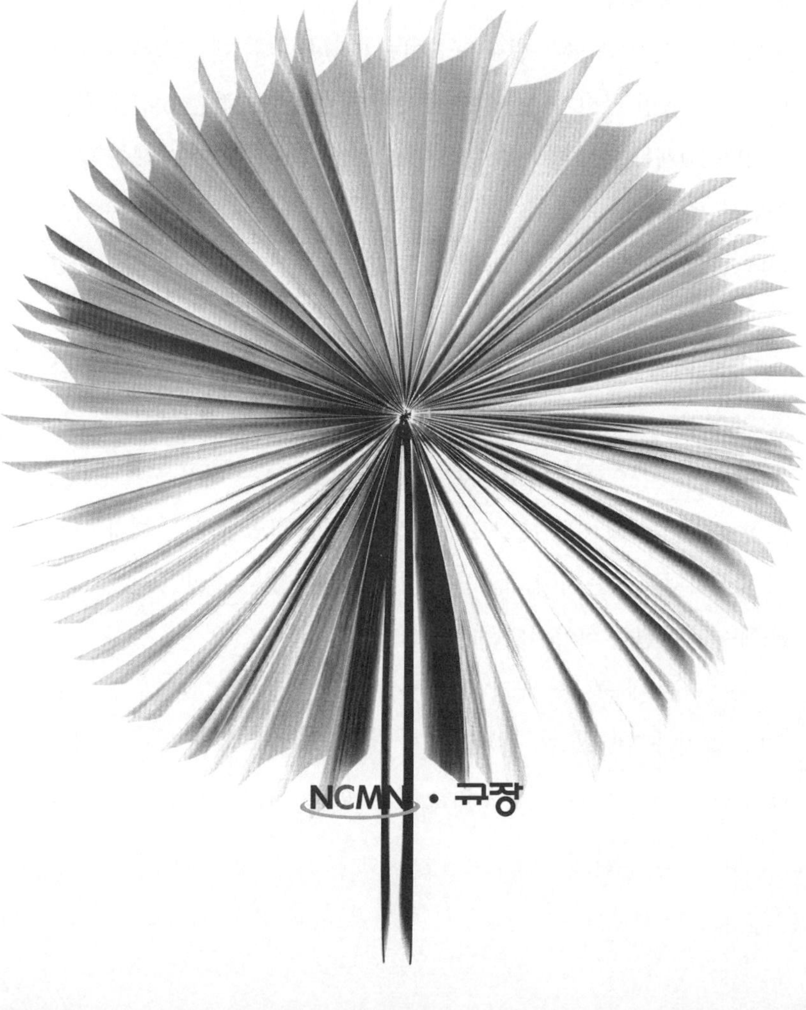

NCMN · 규장

지금은 하나님의 말씀이 흥왕할 때입니다

독수리처럼 새롭게

2011년 8월은 제게 많은 변화가 일어난 때였습니다. 매년 그랬던 것처럼 일주일 동안 금식기도를 하면서 주님의 얼굴을 구하는 시간을 가졌습니다. 제게는 특별한 기간이었지요. 2010년 12월 말에 새해를 맞이하면서 제가 마땅히 취해야 할 것을 구할 때 주님은 제게 '새로워져야 한다'고 말씀하셨습니다. 그리고 새로워져야 할 영역들도 말씀해 주셨습니다.

'너와 네게 현재 주어진 사역들과 단체들과 교회들이 새로워져야 한다. 그러나 무엇보다 네가 먼저 새로워져야 한다.'

저는 "아멘!"으로 응답하며 제가 먼저 새로워지는 시간을 보내기로 결심했지요. 그때 마침 메일로 동영상 한 편을 받았습니다. 제가 어떻게 새로워져야 하는지에 대해 구체적인 도움을 주는 것이었지요. 그것은 독수리에 관한 이야기였습니다.

"독수리는 새 중에서 가장 오래 사는 새로 인간처럼 70년까지 살 수 있다. 그러나 70년을 살기 위해서는 40세가 되었을 때 운명적 선택을 해야 한다. 40세가 되면 긴 부리는 가슴 쪽으로 휘어져서 독수리의 목을 파고 들어가며, 날카로운 발톱은 심하게 안쪽으로 구부러진 상태로 굳어져 먹이를 잡기가 불가능해진다. 그리고 자유자재로 비상했던 날개의 깃털은 날개 근육이 감당하지 못할 정도로 두껍고 무거워져서 제대로 날 수 없게 된다.

이때 독수리는 그대로 죽음을 기다리다 1년 안에 죽든지 아니면 30년을 더 살기 위해 150여 일 동안 높은 산꼭대기의 벼랑 끝에 둥지를 틀고서 날지도 먹지도 않고 그 안에서 머무는 과정을 견뎌내야 한다. 그러면서 굽어진 부리가 다 부서지고 닳아질 때까지 바위에 계속 내리쳐서 부리를 완전히 없앤다. 부리가 다 없어지면 새로운 부리가 날 때까지 오랜 날을 둥지에서 꼼짝 않고 기다린다.

날카롭고 곧은 부리가 나오면 그것으로 발 안쪽으로 구부러져 파고 들어가는 발톱을 하나씩 뽑아낸다. 독수리에게는 신경의 완충작용을 해주는 부위가 발톱이기 때문에 그것을 제거한다는 것은 거의 죽음에 가까운 고통을 의미한다. 발톱을 부리로 뽑아낼 때 피가 나고 갈라져도 마지막 발톱을 다 뽑을 때까지 아무것도 먹지 않고 뽑아내야 한다. 그리고 새로운 발톱이 다 자라날 때까지 다시 둥지에 머물며 기다리는 시간을 보낸다.

마지막으로 독수리는 새롭게 난 부리와 발톱으로 낡고 무거운 깃털을 하나씩 모조리 뽑아낸다. 그런 후에 다시 가볍고 힘찬 새 깃털이 나올 때까지 둥지에서 한 번 더 꼼짝 않고 기다린다. 그렇게 높은 절벽에서 외롭게 혼자 사투를 벌이며 극복한 인고의 150일이 지나면 따뜻한 기류가 불 때까지 기다린다. 오랫동안 날지 않아서 약해진 날개 근육으로 날다가 절벽 아래로 떨어질 수 있기 때문이다. 그래서 따뜻한 기류를 따라 서서히 하늘로 치솟으며 날개 근육의 힘을 키우고 나서야 독수리의 새로운 비행이 시작되고, 생명도 30년 더 연장된다."

이 영상을 본 저는 독수리처럼 주님 앞에 머무는 시간을 갖기로 결심했습니다. 독수리가 새로워지기 위해 150일을 가졌다면 저는 180일을 갖기로 했습니다. 하지만 6개월이 지난 그해 6월 말까지도 제 날개는 여전히 무겁고 변화가 없어서 초조했지요. 시간만 보낸다고 새로워지는 게 아니었습니다. 제가 결심하는 것도 중요하지만 주께서 저를 새롭게 해주셔야 비로소 새로워진다는 것을 알게 되었습니다.

저는 그 시간이 얼마나 걸리든지 주님 앞에 머무는 시간을 갖기로 했지요. 그러기 위해서 당시 제가 맡고 있던 모든 것을 내려놓기로 결정했습니다. 그래서 7월에 맡고 있던 사역들을 내려놓았습니다.

모든 변혁은 말씀으로부터

그러는 가운데 8월 말에 기도원에서 금식하며 기도하는 한 주간을 보냈습니다. 그때 주님은 제게 '내가 너를 새롭게 하리라'고 말씀하셨습니다. 그것은 소망의 시간이었습니다. 모든 것을 내려놓고, 오직 주님의 뜻을 구하며 그 앞에 머물 때 그분은 제게 새로운 사역을 시작하라고 하셨습니다.

'NCMN'Nations-Changer Movement & Network, NC 운동 네트워크는 그렇게 시작되었습니다. 그것은 사회의 각 영역인 정치(법, 군 포함), 경제, 교육, 매스컴, 축제(예술 및 연예, 스포츠), 종교, 과학기술(의료 포함), 가정에 성경을 기반으로 한 변혁이 일어나 하나님나라가 이루어지게 하려는 것입니다. 그러한 변혁의 구심력은 교회에 있기에 한국의 지역교회가 새로운 사역을 이루도록 돕는 것입니다.

주님은 제게 이 사역을 준비하면서 무엇부터 시작해야할지 알려주셨습니다. '성경'과 '지도력'과 '재정', 이 세 가지 영역에서 시작할 것을 말씀하셨지요. 저는 성경적인 기반을 다지기 위한 '쉐마 말씀학교',

올바른 지도력을 발휘하여 변화를 주는 '체인저 리더십학교', 또 이 모든 것의 핵심인 '왕의 재정학교'를 위해 1년의 준비기간을 갖기로 했습니다.

2011년 12월에 멕시코에서 국제YWAM 지도자 회의가 진행되고 있는 동안에 주님은 제게 '너는 새로워졌다'라고 말씀하셨습니다. 아무런 징후는 없었지만 저는 그 말씀을 믿음으로 받았습니다. 이후로 제 부리와 발톱과 날개가 새로워지는 과정중에 있습니다.

2012년 가을부터 NCMN의 세 가지 사역을 시작했습니다. 먼저 '쉐마 말씀학교'와 '체인저 리더십학교'를 개설했고, 모두 40-50시간의 커리큘럼으로 구성했습니다. 그리고 2013년 7월에는 '왕의 재정학교'를 개설했지요.

2011년 겨울 쉐마 말씀학교 1기를 6주 과정으로 시작했고, 2012년 겨울에는 7주 과정으로 2기를 열었습니다. 그리고 2013년 9월에는 9주 과정으로 늘려서 쉐마 말씀학교 3기를 열게 되었지요. 이 책은 이러한 과정의 하나로서 출간하게 되었습니다.

한 나라의 변혁은 사람의 아이디어나 방법이나 전략으로 되는 것이 아니라 오직 하나님의 말씀인 성경이 기반이 되어야 합니다. 왜냐하면 나라의 각 영역이 변화되는 것은 하나님의 계획 안에 있기 때문이지요.

창세기 1장 26-28절에 하나님은 그의 형상대로 지음 받은 사람에게 명령하셨습니다. 그것을 '문화 명령'이라고도 합니다(마태복음 28장 18-20절의 예수님의 '지상 대명령'은 창세기 말씀의 메아리와도 같습니다). 여기서 '문화'는 '하나님의 원칙으로, 하나님의 능력에 의해 하나님의 성품이 드러나는 문화'를 말합니다.

하나님의 원칙은 오직 성경에 쓰여 있습니다. 성경은 이 모든 것의 교과서입니다. 하나님의 말씀은 건축의 다림줄(수직을 살펴보기 위하여 추를 달아 늘어뜨린 줄)과 같습니다. 역사를 살펴보면 먼저 하나님의 말씀이 흥왕할 때 각 영역에 변혁이 일어남을 알 수 있습니다. 하나님은 말씀으로 세상을 창조하셨고, 그 말씀으로 세상을 붙들고 계십니다. 그래서 하나님의 놀라운 일에 동참하기 위해서는 먼저 우리 안에 하나님의 말씀인 성경이 흥왕해야 합니다. 성경으로부터 올바른 지도력과 재정 원칙이 세워지기 때문입니다.

사회의 각 영역을 올바르게 세울 수 있는 기준은 성경에 있습니다. 신명기는 이스라엘이 취하게 될 가나안에 기독교 국가를 세우기 위한 지침서라고 할 수 있습니다. 그리고 그 중심에는 오직 하나님의 말씀이 있습니다. '쉐마'가 중심말씀입니다. 쉐마란 신명기 6장 4-9절에 "이스라엘아 들으라"의 '들으라'라는 뜻입니다. 하나님의 말씀을 듣고 그것으로 모든 것의 다림줄이 되게 하라는 것이지요.

지금은 하나님의 말씀이 흥왕할 때입니다. 개인의 삶과 사회의 각 영역에 하나님의 말씀이 기준이 되어야 할 때입니다. 거기로부터 부흥을 보게 될 것입니다. 말씀을 들으십시다! 《말씀관통 100일 통독》이 도움이 될 것을 기대합니다.

쉐마! 사랑합니다.

함께 말씀을 사모하는

홍성건

CONTENTS

저자의 말

구약

창세기	13
출애굽기	20
레위기	26
민수기	32
신명기	39
여호수아	47
사사기	54
룻기	60
사무엘상하	67
열왕기상하	77
역대상하	86
에스라	96
느헤미야	103
에스더	111
욥기	119
시편	126
잠언	134
전도서	142
아가	149
이사야	157
예레미야	170
예레미야애가	184
에스겔	189
다니엘	199
호세아	209
요엘	216
아모스	221
오바댜	228
요나	233
미가	239
나훔	245
하박국	250
스바냐	256
학개	262
스가랴	271
말라기	280

신약

마태복음	294
마가복음	302
누가복음	308
요한복음	315
사도행전	325
로마서	333
고린도전서	341
고린도후서	348
갈라디아서	356
에베소서	362
빌립보서	370
골로새서	378
데살로니가전서	385
데살로니가후서	391
디모데전서	395
디모데후서	403
디도서	408
빌레몬서	414
히브리서	419
야고보서	426
베드로전서	434
베드로후서	439
요한일서	445
요한이서	453
요한삼서	453
유다서	458
요한계시록	463

NCMN 말씀통독 100일 운동

100일 성경통독표

GENESIS בראשית

일러두기

1. 이 책의 성경 각 권의 내용을 먼저 읽습니다.
2. 각 권의 마지막에 정리된 개요의 QR코드를 검색하여 저자의 음성 강의를 듣습니다.
3. 그 아래 '100일 통독표'의 QR코드를 검색하여 날짜에 해당하는 분량의 성경을 통독합니다.
4. 성경통독 QR코드를 검색하여 '갓피플 성경통독' 어플을 이용해보세요(476p).
5. 이 책에 언급된 성경 안의 단어나 어구의 사용 빈도는 원어성경과 영어성경을 참조하여 한글성경과 다를 수 있습니다.

〈저자 음성 강의〉

〈성경본문 통독〉

〈갓피플 성경통독 어플〉

구약

Old Testament

율법서

창세기, 출애굽기, 레위기, 민수기, 신명기, 이 5권을 '율법서'라고 합니다. 또는 '모세오경'이라고 부르기도 하지요. 이 세상의 시초로 시작하여 온 땅에 대한 하나님의 마스터플랜을 이루기 위해 아브라함을 택하시고, 그의 후손들을 민족으로 발전시키셔서 하나님의 백성으로 삼으시고, 땅의 모든 족속을 향한 하나님의 축복의 통로로 쓰시기 위한 준비 과정입니다. 또한 율법서에서 우리는 대제사장이신 예수 그리스도를 발견합니다.

창세기는 **'톨레돗**(:계보, 제네시스)'이 키워드입니다. '하나님의 형상'이란 하나님과 친밀한 관계를 이루고, 또한 이 세상에 영향을 주는 삶을 말합니다. 누가 이것을 이루어가는가를 보여주는 것이 톨레돗에 잘 나타나 있습니다.

출애굽기는 **'제사장 나라'**가 키워드입니다. 하나님은 그의 백성을 애굽에서 이끌어내어 가나안에서 '제사장 나라요 거룩한 백성'으로 살도록 먼저 시내산에서 준비를 시키십니다. 십계명과 성막이 이를 잘 나타냅니다.

레위기는 **'거룩하라'**가 키워드입니다. 하나님은 그의 백성이 가나안 문화와 구별된 하나님의 거룩한 백성으로 살며 열방에 영향을 주길 원하십니다. 레위기는 시내산에서 그의 백성을 준비시키신 '출애굽기의 보충서'라고 할 수 있지요.

민수기는 **'광야'**가 키워드입니다. 시내산을 출발하여 가나안 땅 맞은편 모압 평지에 이르기까지의 여정입니다. 불순종과 원망과 거역 등이 광야에서의 백성들의 행동이었지요. 이로 인해 애굽 세대가 죽고 광야 세대가 일어날 때까지 40년을 광야에서 방황하게 됩니다.

신명기는 **'쉐마**(:들으라)'가 키워드입니다. 40년의 방황을 마친 후 가나안을 목전에 두고 모압 평지에서 한 모세의 마지막 메시지입니다. 앞으로 가나안에 들어가 어떻게 기독교 국가를 이룰 것인가를 듣는 시간입니다.

창세기 | 톨레돗(:제네시스)

G E N E S I S

창세기의 히브리어 명칭은 1장 1절의 '태초에'라는 단어를 그대로 사용했습니다. 히브리어로 '태초에'는 '베레쉬트'bereshith입니다. 그런데 나중에 70인역에서 창세기의 주요 단어인 '톨레돗'toledoth을 헬라어로 번역한 '제네시스'genesis(영어로는 generation)라는 명칭을 취했습니다. 제네시스는 어떤 것의 '기원 또는 세대', '계보', '탄생'을 의미합니다. 그래서 오늘날 창세기를 '제네시스'라고 부르게 되었죠.

창세기의 이해

창세기는 크게 두 부분으로 나누어져 있습니다. 처음 1장부터 11장까지는 우주를 만드신 하나님이 사람을 창조하시어 우주의 장 안에 두시고 세상을 다스리게 하십니다. 에덴동산과 사람의 범죄, 노아의 홍수와 바벨탑 사건이 중심 내용이지요. 많은 사람들이 이 부분을 이해하기 어려워합니다. 역사 속에 일어난 사건으로 보기보다는 신화나 상징, 혹은 과학 이전의 환상적인 요소로 봅니다. 그리고 12장부터 나오는 역사적인 요소, 즉 실제적인 사건을 이스라엘의 기원으로 보려는 경향이 있습니다.

그러나 창세기는 11장까지와 12장 이후를 완전히 서로 다른 영역으로 단절시키지 않았습니다. 아브라함은 창세기 12장에 갑자기 등장한 역사 속의 인물로 소개된 것이 아닙니다. 성경이 아브라함으로부터의 족보를 말하지 않고 11장의 데라부터 시작한 것은(11:27-32) 11장까지와 12장 이후의 이야기가 서로 다른 영역을 다룬 게 아니라 한 역사 속, 즉 시간과 공간 속에서 이어지는 일임을 보여주고자 함입니다. 시편 136편은 창세기 1장부터 11장까지의 사건이나 이후의 다른 사건들을 동일선상에서 역사 속의 사실로 다루고 있습니다.

창세기 1장부터 11장을 이해하려면 이처럼 놀라운 역사적 가치와 이해를 주고 있다는 데서 출발해야 합니다. 성경에서 가장 중요한 부분이 바로 여기입니다. 그럴 때 비로소 우리가 살아가고 있는 지금을 이해하고, 해석할 수 있습니다.

기원의 책

창세기는 '기원의 책'입니다. 하나님께서 창조하심으로 이 세상의 모든 것의 시작이 이루어진 것을 설명하고 있지요. 히브리서 11장 3절에 "믿음으로 모든 세계가 하나님의 말씀으로 지어진 줄을 우리가 아나니"라고 말한 것처럼 빛이나 식물이나 동물이나 사람, 모든 것의 시작을 창세기에 기록하고 있습니다. 특별히 11장까지는 인류의 시작을, 12장부터는 히브리 민족의 시작을 이야기합니다.

1장은 남자와 여자의 시작, 3장은 죄의 시작, 4장은 가족의 시작인 동시에 가인이 아들의 이름을 따서 부른 '에녹'이라는 도시의 시작, 또 10장은 노아의 세 아들들이 흩어져 사는 것을 설명하면서 최초의 70종족의 이름을 언급합니다. 또 11장에서는 바벨탑 사건을 다루며 이 땅의 언어들의 시작을 말해줍니다. 그런가 하면 12장부터는 히브리 민족의 시작과 형성 과정을 설명하고 있지요. 처음에 아브라함으로 시작해서 이삭과 야곱과 요셉으로 이어지며 히브리 민족으로, 또 열두 지파로 형성된 것을 설명합니다.

분리의 책

또한 창세기는 '분리의 책'이라고 말할 수 있습니다. 1장은 빛과 어둠, 물과 물이 나뉘고, 그 사이에 궁창이라는 공간이 생긴 것을 언급합니다. 또 3장은 사람이 하나님으로부터 분리된 것도 설명합니다. 10장에서 천하가 둘로 나뉘었다고 하는데, 이는 셈의 자손인 에벨의 두 아들, 벨렉과 욕단 두 형제가 동서東西로 헤어진 것을 말합니다. 이 일은 역대상 1장 19절에도 언급되며 특히 주목할 만한 사건입니다.

또 11장에서는 바벨탑으로 인해 언어가 나뉘면서 모든 사람들이 언어별, 족속별로 사방으로 흩어집니다. 그리고 13장부터는 아브라함과 롯, 이삭과 이스마엘, 또 야곱과 에서가 나뉘는 것을 설명합니다.

톨레돗

창세기의 구조를 말할 때 '톨레돗'이라는 단어가 중요한 역할을 합니다. 이것은 어떤 것의 '시작 또는 세대', '내력이나 족보'를 말합니다. 창세기를 아주 단순한 구조로 말한다면 사건 중심의 1장-11장과 사람 중심의 12장-50장으로 구분할 수 있습니다. 창조와 타락과 홍수와 바벨, 네 사건과 아브라함과 이삭과 야곱과 요셉, 네 사람이 중심입니다. 하지만 더 정확하고 자세하게 보려면 톨레돗(:족보)을 중심으로 살펴야 합니다. 창세기는 열 개의 톨레돗으로 구분됩니다.

처음 1장-4장은 2장 4절에 기록된 톨레돗을 통해서 하늘과 땅이 어떻게 시작되었는지, 5장 1절-6장 8절은 아담의 계보, 6장 9절-9장은 노아의 족보, 10장 1절-11장 9절은 노아의 아들 셈과 함과 야벳의 족보, 특별히 11장 10-26절은 셈의 족보를 한 번 더 강조하면서 하나님께서 무엇에 관심이 있으신지를 설명합니다. 또한 11장 27절-25장 11절은 데라의 족보를 말하면서 아브라함의 시작이 그로부터 출발한 것을 말합니다. 25장 12-18절은 이스마엘의 족보, 25장 19절-35장은 이삭의 족보, 36장 전체는 에서의 족보, 37장-50장은 야곱의 족보를 설명합니다.

각각의 족보를 설명하기 위해 어느 정도의 분량을 할애했는지를 보면 하나님이 강조하시는 것과 덜 강조하시는 것을 볼 수 있지요. 가령 노아의 아들들 중에서도 셈의 족보가 강조되고, 이삭이 이스마엘보다, 야곱이 에서보다 더 강조되었습니다.

아브라함과 이삭과 야곱의 하나님

창세기는 종종 하나님을 '아브라함과 이삭과 야곱'의 하나님으로 소개합니다. 이 세 사람을 통해서 삼위일체의 하나님을 볼 수 있습니다. 아브라함을 통해서 성부 아버지 하나님, 이삭을 통해서 성자 하나님 예수 그리스도, 야곱을 통해서 성령 하나님을 살펴볼 수 있지요. 또한 그 역할도 알 수 있습니다. 아브라함을 통해서 성부 하나님의 비전과 개척, 이삭을 통해서 성자 예수 그리스도의 희생과 순종 그리고 하나님과의 교제, 야곱을 통해서 성령 하나님이 우리의 삶을 인도하시고, 연단을 통해서 다루시는 모습을 보여줍니다.

아브라함의 믿음

창세기는 아브라함의 믿음이 어떻게 성장해가는지 여러 각도로 나타냅니다. 그는 말씀에 순종하여 가나안 땅으로 가는 것으로 믿음의 여정을 시작합니다. 하지만 하나님의 말씀에 순종하지 않고 믿음을 떠난 삶을 살기도 하지요.

12장에서 아브라함은 가나안 땅에 기근이 들었을 때 환경을 따라서 기근을 피해 애굽으로 갑니다. 그것은 그의 삶에 매우 부정적인 영향을 미쳤습니다. 13장에서 아브라함과 롯이 나뉠 때 아브라함은 하나님의 관점에서 장차 살 땅을 올바르게 선택합니다. 그러나 16장에서는 하나님의 약속의 말씀을 인내함으로 기다리지 못하고 아내 사라의 의견을 따라 여종 하갈을 취함으로 그의 가정 안에 심각한 어려움과 불화가 발생합니다.

그러나 전체적으로는 하나님께서 아브라함이 믿음의 사람임을 말씀하시며, 이것을 그의 삶에 가장 큰 의義로 여기셨습니다. 우리는 아브라함을 통해서 믿음을 따라 행할 때의 결과와 환경이나 자기의 생각을 따라 행할 때의 결과를 배울 수 있습니다.

언약의 하나님

우리는 창세기에서 하나님께서 어떻게 언약을 세우시고, 그것을 사람을 통해서 성취해가시는지 알 수 있습니다. 아브라함과의 언약(12,13,15,17,22장), 아들 이삭과의 언약(26장), 그 아들 야곱과의 언약(28장), 그리고 그 언약을 야곱의 열두 명의 아들을 통해(출 3장,19장) 어떻게 성취하시는지 볼 수 있습니다.

이들에게 하신 하나님의 언약은 세 가지입니다. 첫째는 땅에 대한 약속입니다. 가나안 땅을 유업으로 주신다고 하셨습니다. 둘째는 자손에 대한 약속입니다. 셋째는 그 자손으로 말미암아 열방이 복을 받게 될 것을 약속하셨지요.

하나님은 그 언약을 아브라함에게 하시고, 이스마엘이 아닌 이삭에게, 에서가 아닌 야곱에게 하셨습니다. 또 야곱의 열두 아들에게 하셨지요. 출애굽기 19장 5,6절에서는 “너희가 제사장 나라가 될 것이라”

라고 하시며 이스라엘 나라 전체에게 약속하셨습니다.

그리고 그 약속은 신약의 교회로 이어집니다. 사도행전 1장 8절에 "오직 성령이 너희에게 임하시면 너희가 권능을 받고 예루살렘과 온 유대와 사마리아와 땅끝까지 이르러 내 증인이 되리라", 마태복음 28장 19절에 "너희는 가서 모든 민족을 제자로 삼으라"라고 하셨습니다.

하나님은 약속에 신실하십니다. 또한 그분은 전능하십니다. 하나님께서 아브라함과 이삭과 야곱에게 하신 언약은 570년 후에 성취되었지요. 히브리서 6장 11,12절에 "우리가 간절히 원하는 것은 너희 각 사람이 동일한 부지런함을 나타내어 끝까지 소망의 풍성함에 이르러 게으르지 아니하고 믿음과 오래 참음으로 말미암아 약속들을 기업으로 받는 자들을 본받는 자 되게 하려는 것이니라" 하심같이 약속을 성취하는 길은 부지런함과 믿음과 오래 참음입니다.

창세기는 우리에게 하나님의 언약에 동참자가 되기를 촉구합니다. 하나님의 관심은 언제나 두 가지입니다. 먼저는 우리를 복되게 하는 것이고, 다음은 우리를 통해 열방이 복을 받는 것입니다. 하나님은 우리가 이 언약에 관심을 가지고 우리 자신을 드리기를 원하십니다.

음성 강의
창세기

말씀 개요

1장-4장	하늘과 땅의 내력
5장-6장 8절	아담의 계보
6장 9절-9장	노아의 족보
10장-11장 9절	셈과 함과 야벳의 족보
11장 10-26절	셈의 족보
11장 27절-25장 11절	데라(아브라함)의 족보
25장 12-18절	이스마엘의 족보
25장 19절-35장	이삭의 족보
36장	에서(에돔)의 족보
37장-50장	야곱의 족보

성경 본문
창세기

100일 통독

		CHECK
1일	창세기 1장-10장	☐
2일	창세기 11장-20장	☐
3일	창세기 21장-30장	☐
4일	창세기 31장-40장	☐
5일	창세기 41장-50장	☐

출애굽기 | 제사장 나라요 거룩한 백성

E X O D U S

출애굽기에는 창세기에서 아브라함과 이삭과 야곱에게 약속하신 대로 장차 그들을 약속의 땅으로 이끌어가서 큰 민족을 이루게 하시고, 더 나아가 온 세상을 축복하는 제사장 나라가 되게 하시려는 하나님의 목적이 드러납니다. 또한 이를 위해 하나님께서 사람을 부르셔서 그와 함께, 그를 통해 일하시는 것을 보여줍니다.

모세를 부르심

하나님이 모세를 부르셨습니다. 이스라엘 백성들을 건져내고 인도하여 약속의 땅에 정착시키는 게 그의 사명이었지요. 하지만 모세는 그것이 얼마나 어려운 일인지 알았기 때문에 두려웠습니다.

야곱이 70명의 일가一家를 데리고 애굽으로 들어가서 430년간 머무는 동안 200만 명 내지는 350만 명가량의 거대한 민족으로 성장했습니다. 이들은 남의 나라에서 300년 이상 노예생활을 했습니다. 당시 가장 강력한 국가인 애굽에서 이들을 건져내서 광야를 통과해 약속의 땅인 가나안에 정착하여 새로운 국가를 형성하는 것이 모세에게 주어진 일이었지요.

그 큰 광야를 통과할 때의 이들의 모습을 그려봅시다. 이들은 가난해서 의식주도 스스로 전혀 해결할 수 없었고, 의료시설이나 학교도 없었고, 도로시설이나 상하수도를 비롯한 위생시설도 없었습니다. 또한 법도 제정되어 있지 않았고, 경제 체계나 화폐 단위도 없었고, 복지 정책이나 노동윤리도 전무全無했지요. 과학기술도, 농업이나 산업도, 군대나 영토 개념도 없었습니다. 그리고 주권은 물론이고 종교적 시스템도 전혀 없는 거대한 민족이었죠. 한마디로 말하면 이들은 세계 최대의 난민들이었습니다. 이들 앞에는 열악한 환경과 굶주림과 목마름, 두려움과 불확실 등 사방에 위험만 도사리고 있었지요.

그러한 상황에서 하나님은 그분의 일을 시키려고 모세를 부르셨습니다. 그는 많은 숙제를 끌어안고 이들을 애굽에서 구출하여, 험한 사막을 지나 강력한 군대를 가진 가나안 족속들을 몰아내고, 그 땅에 정착해서 국가를 세워야 했지요. 그에게는 너무나 벅찬 사명이었습니다.

이 일을 감당하기 위해 하나님께서 모세에게 먼저 가르치신 게 있습니다. 자기의 힘과 지식을 의지하지 않고 하나님께서 모든 일을 행하실 것을 믿고, 의지하는 법을 배우게 하신 것입니다. 하나님이 얼마나 크신 분인지를 알고, 그에게 주어진 모든 상황들이 하나님께는 아무것도 아님을 알게 하시는 것이었지요.

하나님이 모세에게 요구하신 것은 능력이 아니라 '충성'이었습니다. 모세는 그런 하나님을 믿었고, 순종했습니다.

유월절

모세는 애굽 왕 바로 앞에서 아홉 가지 놀라운 이적을 행했습니다. 나일강물이 피로 변함, 개구리가 사방에서 튀어나옴, 이가 득실거림, 파리떼가 가득함, 가축이 병으로 떼죽음을 당함, 독종이 퍼짐, 우박으로 인한 엄청난 피해, 메뚜기 떼로 인한 피해, 어둠이 덮임 등 바로의 마음을 충분히 녹일 만한 것들이었습니다. 그러나 그의 마음은 더 강퍅해졌지요. 그런 바로가 항복하여 이스라엘 백성이 애굽에서 나오게 되는 결정적인 계기가 된 것이 유월절 사건입니다. 어린 양을 잡고 그 피를 집의 좌우 문설주와 인방에 바른 집은 생명이 보존되고, 그렇지 않은 집은 주인의 지위고하地位高下를 막론하고 사람과 가축의 처음 난 것이 죽임을 당했습니다. 바로의 장자도 죽었습니다. 이로 인해 이스라엘은 출애굽을 하게 됩니다.

"너희가 알거니와 너희 조상이 물려준 헛된 행실에서 대속함을 받은 것은 은이나 금같이 없어질 것으로 된 것이 아니요 오직 흠 없고 점 없는 어린양 같은 그리스도의 보배로운 피로 된 것이니라"(벧전 1:18,19), "우리는 그리스도 안에서 그의 은혜의 풍성함을 따라 그의 피로 말미암아 속량 곧 죄사함을 받았느니라"(엡 1:7) , 또한 "형제들아 우리가 예수의 피를 힘입어 성소(지성소)에 들어갈 담력을 얻었나니 … 믿음으로 하나님께 나아가자"라고 하셨습니다(히 10:19,22).

어린양이신 예수 그리스도의 피로만 구속함을 받습니다. 마치 이스라엘이 유월절 어린양의 피로 애굽의 종노릇에서 자유함을 얻었듯이….

십계명

하나님께서 이런 모세를 통해 이스라엘 백성을 가나안 땅으로 이끌어가십니다. 또한 하나님의 모든 계획을 성취하시기 전에 그들을 광야 시내산 아래에 거의 1년간 머물게 하면서 하나의 국가를 형성하기 위한 준비 작업을 하십니다. 그리고 십계명을 주십니다. 제일 먼저 하나님 앞에서 행해야 할 법, 사람과의 관계에서 행할 법을 제정하셨지요.

또 성막을 지어 완성시키게 하셨습니다. 이는 하나님 중심의 삶을 말하는 것입니다. 주어진 모든 여정 이전에 하나님을 예배하고 하나님 중심으로 사는 삶이 무엇보다 중요하기 때문에 시내산 아래에서 이를 준비케 하셨습니다. 군대를 조직하여 효과적으로 관리하게 하는 것, 질병에 대한 것, 보건위생에 관한 법들, 또한 지도력에 관한 법칙들을 통해서 장차 가나안 땅에 들어가 세울 한 국가의 형성을 위한 준비를 시키셨습니다.

하나님께서 이스라엘을 애굽에서 나오게 하신 것은 단지 가나안을 그들의 유업으로 주는 데만 목적이 있는 게 아니었습니다. 이스라엘이 하나님을 섬기는 백성이 되며, 하나님의 영광을 나타내는 나라가 되며, 더 나아가 그 영광이 열방에 나타나게 하는 것이었지요. "세계가 다 내게 속하였나니 너희가 내 말을 잘 듣고 내 언약을 지키면 너희는 모든 민족 중에서 내 소유가 되겠고 너희가 내게 대하여 제사장 나라가 되며 거룩한 백성이 되리라"(출 19:5,6).

이는 신약 시대에 있는 우리에게도 동일합니다. "너희는 택하신 족속이요 왕 같은 제사장들이요 거룩한 나라요 그의 소유가 된 백성이니 이는 너희를 어두운 데서 불러내어 그의 기이한 빛에 들어가게 하신 이의 아름다운 덕을 선포하게 하려 하심이라"(벧전 2:9).

시내산 아래 머무는 동안 모세는 거의 9개월에 걸쳐 시내산에 세 차례나 올랐고, 십계명과 율례, 백성과의 언약, 하나님의 법, 성막과 제사장 규례 등을 준비하는 데 시간을 보냈습니다. 그리고 출애굽기는 성막이 완성되어 봉헌하면서 장차 광야를 통과해서 약속의 땅에 들어가 하나님을 믿는 나라를 세우기 위한 준비를 다 마치고 출발하는 것으로 끝을 맺습니다.

성막

성막을 짓는 과정은 참으로 흥미롭습니다. 히브리서 8장 5절에 "그들이 섬기는 것은 하늘에 있는 것의 모형과 그림자라 모세가 장막을 지으려 할 때에 지시하심을 얻음과 같으니 이르시되 삼가 모든 것을 산에서 네게 보이던 본을 따라 지으라 하셨느니라"라고 하셨습니다. 즉 모세가 성막을 지을 때 자기의 생각이나 배운 학문 또는 회의를 거치며 결정하지 않았습니다.

그는 시내산에서 성막의 실제를 보았습니다. 그가 광야에 세운 성막은 하나님이 그에게 보여준 그대로를 본 따서 지은 것이었지요. 그래서 성막을 '모형과 그림자'라고 했습니다(히 8:5, 9:23,24). 마치 우리가 새 집을 사기 전에 모델하우스를 둘러보는 것처럼 성막은 하늘의 실제를 그대로 보여주는 모형입니다. 모세는 성막의 원형과 실제를 보았습니다. 노아가 방주를 지을 때도 동일했지요. "믿음으로 노아는 아직 보이지 않는 일에 경고하심을 받아 경외함으로 방주를 준비하여"라고 했습니다(히 11:7). '경고하심을 받는다'라는 것은 '하나님으로부터 지시하심을 받는다'라는 의미로 요셉이 "꿈에 지시하심을 받아 갈릴리 지방으로 떠나가"라는 것과 같은 단어입니다(마 2:22).

출애굽기 39장과 40장은 성막의 완성 과정을 보여줍니다. 39장에 "그들은 여호와께서 모세에게 명령하신 대로 만들었다"라는 구절이 10번 언급됩니다(39:1,5,7,21,26,29,31,32,42,43). 또 40장에는 "여호와께서 모세에게 명령하신 대로 되니라"라는 구절이 7번 나옵니다(40:19, 21,23,25,27,29,32). 그리고 모세는 성막이 완성된 것을 보고, "여호와께서 명령하신 대로 되었으므로"라고 하며 백성들을 축복합니다(출 39:43). 즉 모세는 감리監理를 한 것입니다. 마치 설계도면 대로 건축이 되었는가를 살피는 것처럼 하나님이 보여주신 대로 성막을 지었는가를 확인했습니다.

결론으로 "모세가 그같이 행하되 곧 여호와께서 자기에게 명령하신 대로 다 행하였더라"라고 했습니다(출 40:16). 그 후에 하나님의 영광이 성막을 덮었습니다. 하나님의 영광은 하나님의 임재를 나타냅니다.

우리에게 있어서 가장 중요한 것은 많은 아이디어나 방법을 고안하는 게 아니라 하나님 앞에 나아가 듣는 것입니다. 그리고 그대로 순종하는 것입니다. 그것에 하나님의 축복과 기름부으심이 있고, 그분의 임재와 영광이 있습니다.

음성 강의
출애굽기

말씀 개요

1장	**압제 상태의 이스라엘**
2장–14장	**출애굽** 모세를 부르심, 모세와 바로, 열 가지 재앙, 유월절, 출애굽, 홍해를 건넘
15장–18장	**시내산까지의 여정** 모세와 미리암의 노래, 만나와 메추라기, 반석에서 물이 나옴, 아말렉과의 전쟁, 리더십
19장–24장	**시내산에서 율법이 주어지다** 율법의 반포, 십계명, 사회법 제정
25장–40장	**성막과 제사장 규례** 성막 지시, 제사장 제도 지시, 회막 규정, 금송아지 사건, 성막의 완성

성경 본문
출애굽기

100일 통독

		CHECK
6일	출애굽기 1장–10장	☐
7일	출애굽기 11장–20장	☐
8일	출애굽기 21장–30장	☐
9일	출애굽기 31장–40장	☐

레위기 | 내가 거룩하니 너희도 거룩하라

L E V I T I C U S

레위기는 '구약의 히브리서'라고 말할 수 있습니다. 또 히브리서는 '신약의 레위기'라고도 하지요. 히브리서에 대제사장 예수 그리스도의 모습이 충만한 것처럼 레위기에도 예수 그리스도의 아름다운 모습이 풍성하게 나타납니다. 레위기와 히브리서는 공통점이 많습니다. 하나님의 거룩하심을 소개하고, 그분의 거룩하심 안에서 우리의 거룩한 삶을 예비하게 하시고, 하나님 앞에 나아갈 수 있는 길을 제시하기 때문입니다.

"너희는 거룩하라 이는 나 여호와 너희 하나님이 거룩함이니라"(19:2)의 말씀이 레위기의 키워드입니다. '거룩함'이란 단어가 90번 나오고, '성별聖別하다'라는 단어가 17번 나옵니다. 이처럼 레위기에는 거룩함에 연관된 명사, 동사, 형용사가 모두 261번이나 언급됩니다. 또한 '분리되다'와 '속하다(소속되다)'가 200번 나옵니다. '속죄'는 36번 나옵니다. 레위기는 거룩하신 하나님 앞에 나아가는 길과 거룩하신 하나님 앞에 머무는 길을 중점적으로 다룹니다.

거룩하신 하나님 앞에 나아가는 길

레위기는 하나님께 나아가는 길을 설명하면서 특별히 다섯 가지 제사법을 소개합니다. 불에 태워서 드리는 '번제', 곡식을 중심으로 드리는 '소제', 감사함으로 나아가는 '화목제', 우리의 모든 죄를 해결함으로 나아가는 '속죄제'와 '속건제'입니다. 그리고 모든 제사의 필수 요소는 양이나 소를 드리는 것이지요.

사람이 양이나 소를 가지고 성소로 나아가면 제사장은 그것을 제단 앞에서 죽입니다. 그리고 그 피를 가지고 성소에 나아가면 하나님께서 보시고 우리의 모든 죄를 다 사하시고 우리를 '거룩하다'고 인정하십니다. 그 후에 우리가 하나님 앞에 나아갈 수 있도록 길을 열어주십니다. 이것은 앞으로 오셔서 우리의 모든 죄를 대신해 죽으실 하나님의 어린양 예수 그리스도를 가리키는 것입니다. 오직 어린양이신 예수 그리스도의 피로만 우리는 죄사함을 얻을 수 있으며 하나님 앞에 나아갈 수 있습니다.

그런데 감사한 것은 가난한 사람들을 위한 하나님의 배려입니다. 하나님은 소나 양을 드릴 형편이 안 되는 가난한 사람들은 비둘기를 드리도록 하셨지요. 그런데 비둘기마저 드릴 힘이 없는 더 가난한 사람들은 고운 가루를 드릴 수 있도록 하셨습니다. 이처럼 우리의 형편에 따라서 하나님 앞에 나아갈 수 있도록 배려하십니다.

기독교는 엄격한 율법주의가 아닙니다. 형식적인 종교의식에 집중하는 것도 아닙니다. 살아계시는 인격이신 하나님께 우리가 사랑으로 나아가길 원하십니다. 하나님은 우리 모두를 사랑하시므로 우리의 죄를 해결하시고, 우리가 그 앞에 나아가서 머물기를 간절히 원하신다는 것이 레위기의 내용이지요.

1장-7장은 다섯 가지 제사에 관해, 8장-10장은 제사장에 대해 언급합니다. 제사장의 헌신과 사역, 그의 복장을 설명하지요. 제사장은 모든 사람을 대신해 하나님 앞에 나아가 제사를 드리고, 중보자의 역할을 합니다. 또한 말씀을 선포하고, 그 말씀을 모든 하나님의 백성들이 듣고 행할 수 있도록 가르칩니다.

거룩하신 하나님 앞에 머무는 길

전반부인 1장-10장에는 거룩하신 하나님 앞에 나아가는 길을, 후반부인 11장-27장은 거룩하신 하나님 앞에 머무는 길을 제시합니다.

11장-15장은 정결하게 사는 삶에 대해 말합니다. 먹을 수 있는 것과 없는 것을 동물과 바닷속에 있는 생선까지 포함해서 말씀합니다. 그래서 우리로 하여금 거룩함으로 살아갈 수 있는 길을 제시합니다. 산모는 해산 후에 어떻게 거룩함을 회복할 것인가를 제시하는 말씀도 있습니다. 또 몸에 생기는 피부병이나 나병, 집이나 의복에 생기는 곰팡이를 어떻게 깨끗하게 하는지를 말하면서 우리의 모든 삶을 정결함과 거룩함으로 살도록 제시합니다.

16장은 일 년에 한 번씩 대제사장이 지성소에 나아가는 '대속죄일'에 대한 말씀입니다. 예수께서 십자가를 지시고 갈보리에서 죽으심으로 친히 우리를 위해 대속하셔서 우리가 하나님 앞으로 나아갈 수 있게 된 것을 보여주는 말씀이지요. 또 17장에서 22장까지는 우리가 어떻게 정결하게 살 것인가에 대해 반복하여 말씀하십니다.

그리고 23장부터는 7대 절기에 대해 말씀하십니다. 일 년 내내 우리가 하나님 앞에서 우리에게 주신 바 된 모든 구원의 은혜에 대해 어떻게 감격하고 감사하며 축제 가운데 기쁨과 자유를 누리는 삶을 살 것인가 하는 것을 말씀하십니다.

특히 3대 절기인 무교절, 오순절, 장막절에는 모든 이스라엘 남자들이 예루살렘 성전에 올라가서 하나님 앞에서 예배하며 구원에 대해서 기뻐하고 즐거워하며 지냅니다. 무교절은 우리에게 행하신 놀라운 구원을 기쁨으로 섬기는 절기입니다. 무교절은 출애굽의 결정적 사건인 유월절이 그 중심입니다. 오순절은 성령강림에 대해 말씀하시고, 성령의 능력으로 사는 절기를 말합니다. 온 땅의 '영적 대추수'를 말하지요. 장막절은 '초막절'이라고도 하며, 광야에서의 삶을 기억하고 이 땅에서 장막생활을 하면서 어떻게 영원한 하나님나라를 사모하며 순례자의 삶을 살 것인가를 기념하는 것입니다.

이 절기들은 모두 우리가 이 땅에서 살면서 어떻게 하나님의 구원을 즐거워하고 기뻐하며 또 기억할 것인가를 잘 말해주는 절기들입니다.

또한 초실절 혹은 칠칠절은 보리 추수의 첫 열매를 드리는 날로서 부활의 첫 열매를 보증하는 날입니다. 나팔절, 즉 매 일곱 번째 달의 첫 날은 쉬는 날이고 주의 재림을 알리는 날입니다. 일곱 번째 달 열흘날은 대 속죄일입니다. 일 년에 한 번 대제사장이 지성소에 들어가는 날이지요. 예수 그리스도께서 십자가에서 죽으심으로 우리를 구속하심을 기억하는 예표입니다.

그리고 레위기의 마지막 부분은 매주 갖는 안식일과 7년마다 갖는 안식년과 안식년의 일곱 번째를 지난 다음해 50년째가 되는 해인 희년에 대해 말씀하십니다. 이 세 절기들은 하나님께서 예수 그리스도 안에서 우리에게 진정한 자유와 안식을 주신 것을 기억하고, 이것을 즐거워하는 삶을 살기 위한 것입니다.

가난한 사람을 위한 배려

레위기는 다른 어느 성경보다도 가난한 사람에 대한 하나님의 마음을 자세히 보여줍니다. 가난한 이들에게는 하나님께 드리는 예물도 양이나 소 대신에 비둘기나 곡식 가루를 드리도록 해주시고(14:21,22), 포도원에서 포도를 따거나 곡물을 벨 때도 그들을 위해 남겨두라고 하시며(19:10, 23:22), 가난한 사람이 있으면 빈손으로 가지 말게 하라고 하십니다(25:35). 또한 서원자가 가난하여 감당할 수 없으면 그의 형편대로 내게 해주시고(27:8), 형편이 못되어 땅을 팔았을 때도 가까운 친족이 대신 무를 수 있도록 하시며(25:25), 가난하여 노예로 팔려온 형제를 종으로 부리지 말고(25:39) 안식년에는 자유하게 하도록 하십니다.

말씀하시는 인격이신 하나님

레위기에 나오는 제사법과 제사장의 규례와 절기들은 모세의 아이디어가 아닙니다. 모세는 학교에서 배운 것으로 종교와 제사법을 제정한 사람이 아닙니다. 레위기는 말씀하시는 하나님으로부터 시작합니다. 하나님은 말씀하시는 인격자이십니다. 모세는 하나님의 음성을 듣고 말씀하시는 대로 순종함으로 행했습니다.

1장 1절은 놀라운 말씀으로 시작합니다. "여호와께서 모세를 부르시고 그에게 말씀하여 이르시되", 이와 같은 구절이 1절을 포함하여 36회나 반복됩니다. 출애굽기 3장에서 하나님께서 모세를 부르실 때 그의 이름을 부르셨습니다. 그리고 그가 해야 할 일을 구체적으로 말씀하셨지요. 이것이 모세와 하나님과의 관계입니다. 막연하게 하나님이 계심을 믿고, 자신의 경험과 생각과 아이디어로 종교적인 행위를 하는 게 아닙니다. 말씀하시는 인격이신 하나님의 음성을 통해 구체적인 내용을 들으며, 그 말씀에 순종하는 관계입니다.

민수기 1장 1절도 동일합니다. "…여호와께서 모세에게 말씀하여 이르시되", 이것이 60회나 나옵니다. 모세와 하나님과의 관계를 통해서 주를 어떻게 섬기며 살 것인가를 잘 보여줍니다.

음성 강의
레위기

말씀 개요

1장-10장	거룩하신 하나님 앞에 나아가는 길
1장-7장	**제사법** 번제, 소제, 화목제, 속죄제, 속건제
8장-10장	**제사장 규례** 헌신, 사역
11장-27장	거룩하신 하나님 앞에 머무는 길
11장-15장, 17장-22장	정결법
16장	대속죄일
23장-24장	일곱 절기
25장	안식년과 희년
26장-27장	서원

성경 본문
레위기

100일 통독

		CHECK
10일	레위기 1장-10장	☐
11일	레위기 11장-16장	☐
12일	레위기 17장-27장	☐

민수기 광야의 체험

N U M B E R S

민수기는 이스라엘 백성들이 시내산을 출발해서 약속의 땅에 이르기까지의 여행 경로를 설명합니다. 그들이 어느 광야의 루트를 통해서 갔으며, 그때 어떤 상황들이 있었는지를 말해줍니다. 민수기는 한마디로 '이스라엘의 광야 체험'이라고 할 수 있지요.

광야 여정

이스라엘 백성이 정월 15일에 곧 유월절 다음날에 애굽의 라암셋에서 출발하여(출 12:37, 민 33:3) 숙곳을 지나 홍해에 이르고(출 14장), 홍해를 건너, 마라와 엘림과 신 광야를 거쳐(출 15:22-18:27) 시내 광야에 이르렀습니다. 이때가 셋째 달 첫날입니다(출 19:1,2). 유월절 다음날 라암셋을 출발하여 1개월 반이 걸려서 시내산에 도착한 셈입니다.

시내산에 도착해 11개월 19일을 머무릅니다(출 19:1-민 10:11). 그리고 시내산을 출발해 11일이 걸려 하세롯에 도착하고(민 11:34,35, 신 1:2), 그곳에서 바란 광야 가데스에 이르러 모세가 가나안을 미리 정탐하도록 열두 명의 정탐꾼을 보냅니다(민 13장-14장, 신 2:7,14).

열 명의 믿음 없는 정탐꾼의 말을 듣고 낙망하고 원망하며 불평한 이스라엘 백성은 가데스 바네아를 출발하여 에돔과 모압을 돌아다니면서 애굽에서 나온 20세 이상의 모든 사람이 죽기까지 38년 동안 방황합니다. 그리고 광야에서 태어난 제2세대와 함께 요단강 맞은편 지역인 모압 평지에 이르게 되지요. 애굽의 라암셋에서 출발하여 홍해를 건너 시내산에 이르러 머물다가 가데스 바네아를 지나 모압 평지에 이르는 경로는 브이v자 형이었습니다.

1장 1절-10장 11절은 시내산에서 가나안으로 행진하기 전의 준비 과정입니다. 10장 12절-36장 13절은 시내산을 출발하여 가나안의 맞은편 모압 평지에 이르기까지 약 38년의 광야 방황 과정입니다. 시내산을 출발해서 약속의 땅까지 가는 여정은 그리 멀지 않은 거리였지만 안타깝게도 40년이나 걸렸습니다. 13장과 14장은 그 원인에 대해 잘 설명합니다.

시내산을 출발해 하세롯을 지나 바란 광야의 가데스 바네아에 이르러 머물면서 열두 명의 정탐꾼이 앞으로 들어갈 땅을 먼저 정탐하고자 했습니다. 40일 동안 정탐하고 돌아온 그들은 그 땅이 어떠한지를 보고하기 위해 그곳에서 난 포도송이를 들고 와서 설명합니다. 포도송이가 달린 가지를 두 명의 남자가 메고 와야 할 정도로 그곳은 아주 비옥했습니다. 온 이스라엘 백성들은 그들이 메고 온 포도송이를 보고, 그들의 첫 보고를 들으며 흥분하고 감격합니다.

이들이 "모세와 아론과 이스라엘 자손의 온 회중에게 나아와 그들에게 보고하고 그 땅의 과일을 보이고 모세에게 말하여 이르되 당신이 우리를 보낸 땅에 간즉 과연 그 땅에 젖과 꿀이 흐르는데 이것은 그 땅의 과일이니이다"(13:26,27)라고 말합니다.

그런데 열두 명 중 열 명은 "그러나 우리는 그 땅에 절대 들어갈 수 없다"라고 말합니다. "그 땅 거주민은 강하고 성읍은 견고하고 심히 클 뿐 아니라 거기서 아낙 자손을 보았으며"라고 하지요(13:28).

그들은 불가능한 세 가지 이유를 말합니다. 첫째는 그 땅에 거인족인 아낙 자손들이 있다는 것이지요. 즉 신장 차이가 크기 때문에 불리하다는 것입니다. 둘째는 그들이 강력한 무기로 무장한 군대이기에 전력에서도 절대적으로 불리하다고 합니다. 세 번째는 앞으로 정복해야 할 성읍들이 크고 견고하여 환경적으로 불가능하다는 것입니다. 고고학자들은 무너진 여리고 성의 성벽 너비가 전차 두 대가 나란히 갈 만큼 넓었다고 말합니다. 그만큼 가나안 땅에 있는 모든 성읍들은 크고 견고했지요.

갈렙과 여호수아

열 명의 정탐꾼의 말을 들은 온 이스라엘 사람들은 낙담하고 불평하며 모세를 원망했습니다. 광야에서 모두 죽게 될 것이라고 말하기 시작했지요. 그러자 갈렙이 강하게 말합니다. "우리가 곧 올라가서 그 땅을 취하자 능히 이기리라"(13:30). 그러나 아무도 그의 말을 듣지도 믿지도 않았습니다. 오히려 갈렙을 돌로 치려고 했지요.

바로 그때 하나님께서 그들 가운데 임재하셔서 누구의 판단이 옳은지를 공정하게 심판하십니다. 하나님은 갈렙의 말이 옳다 하시고, 열 명의 정탐꾼들의 말이 틀렸다고 말씀하십니다.

왜 갈렙의 말이 옳았을까요? 갈렙도 열 명의 정탐꾼처럼 그 땅의 아낙 자손들이 강하다는 것을 인정합니다. 또 그곳의 모든 군대와 무기도 보았고, 성읍들이 얼마나 크고 견고한지도 똑똑히 목격했습니다. 갈렙은 이것을 절대로 무시하지 않았습니다. 그럼에도 그가 그곳을 취할 수 있다고 한 가장 큰 이유는 바로 하나님의 약속의 말씀 때문이었습니다.

오래 전에 아브라함과 이삭과 야곱에게 말씀하신, 가나안 땅을 그들에게 영원한 유업으로 주겠다고 약속하신 말씀을 믿었던 것이지요. 아무리 환경이나 여건이 어렵다 할지라도 하나님께서 말씀하셨으면 그분의 능력으로 모든 말씀을 이루실 것을 그는 믿었습니다.

빌리 그레이엄 목사님이 말씀하셨습니다.

“세상이 커 보이면 하나님은 작게 보입니다. 그러나 우리가 크신 하나님을 바라보면 세상은 작게 보입니다.”

열 명의 정탐꾼에게는 세상이 커 보였습니다. 그러나 갈렙은 더 크신 하나님을 바라보았지요.

하나님께서는 열 명의 정탐꾼과 그들의 말을 믿고 절망과 불평 가운데 있는 온 이스라엘 백성에게 그들의 말과 믿음대로 모두 광야에서 죽게 될 것이라고 말씀하십니다. 그리고 다음 세대만이 그 땅에 들어가게 될 것이라고 말씀하십니다. 그들이 정탐했던 40일의 하루를 1년씩 계산해서 광야에서 40년 동안 지내야 된다고도 하십니다. 그러나 약속의 말씀을 믿었던 갈렙과 여호수아는 그들의 믿음대로 죽지 않고 약속의 땅에 들어갈 것이라고 하셨지요.

민수기의 의미

광야를 지나면서 보여준 이스라엘 백성의 태도는 고린도전서 10장 1-13절에서 말한 것처럼 오늘날 우리에게 본보기가 됩니다. 그들은 처음에는 약속을 받고 애굽에서 나와 하나님의 은혜를 입었고, 하나님의 크신 일을 목도하고 경험했습니다. 그럼에도 불구하고 그들 대부분은 광야에서 멸망합니다.

“그들 가운데 어떤 사람들과 같이 너희는 우상숭배하는 자가 되지 말라 … 음행하지 말자 … 그들과 같이 시험하지 말자 … 원망하지 말라 그들에게 일어난 이런 일은 본보기가 되고 또한 말세를 만난 우리를 깨우치기 위하여 기록되었느니라”(고전 10:7-11).

이들의 가장 주된 행위는 '원망'입니다. 음식과(11장) 물(20장), 길(21장) 때문에 악한 말로 원망합니다. 하나님은 그들의 말을 들으시고 엄격하게 심판하십니다. 그리고 또 하나는 '거역'입니다. 아론과 미리암이 모세에게(12장), 백성들이 아낙 자손으로 인해 모세와 아론에게(14장), 더 심한 것은 고라와 다단과 아비람이 250명의 리더들을 끌어들여 집단으로 모세와 아론을 거역한 것입니다(16장). 무엇보다 가장 심각한 것은 '불신앙'입니다(13-14장). 그 때문에 그들은 광야에서 죽고 약속의 땅에 들어가지 못하게 되었지요(히 3:7-4:11).

그러나 우리가 잊지 말아야 할 것은 그 가운데서도 베푸시는 하나님의 용서와 긍휼과 오래 참으심입니다. 또한 하나님의 마음을 잘 아는 지도자들인 모세와 아론의 중보기도입니다.

"그러므로 여호와께서 그들을 멸하리라 하셨으나 그가 택하신 모세가 그 어려움 가운데에서 그의 앞에 서서 그의 노를 돌이켜 멸하시지 아니하게 하였도다"(시 106:23).

여정의 원칙

1장에서 시내산을 출발하기 전 이스라엘 백성들의 전체 인구를 조사하는 내용이 나옵니다. 그리고 26장에서 또 한 번 인구 조사를 합니다. 왜 두 번이나 인구 조사를 했을까요? 처음의 조사 대상은 애굽에서 나왔던 세대였지만 40년이 지나면서 그 세대는 다 죽고 다음 세대가 일어났기 때문입니다. 그래서 1장은 애굽에서 나왔던 세대를, 26장은 광야에서 태어난 세대를 중심으로 조사했습니다.

민수기는 애굽에서 나왔던 세대가 광야에서 죽고, 광야에서 태어난 다음 세대가 요단에 이르기까지의 과정을 설명합니다. 이것은 이 땅에서 하나님을 믿고 사는 삶이 무엇인가를 잘 말해줍니다.

'환경을 보고 상황에 반응하며 살 것인가, 하나님의 약속의 말씀을 의지하면서 살 것인가?'

하나님은 우리에게 세상에 영향을 주며 하나님나라를 이루라고 명하십니다. 그러나 우리가 영향을 주어야 할 세상은 매우 견고해서 오히려 그로부터 영향을 받기 쉽습니다. 많은 그리스도인들이 세상에 영향을 주며 살기가 어렵다고 합니다. 이것이 우리가 날마다 부딪히는 현실이지요. 그러나 우리는 열 명의 정탐꾼처럼 반응하지 말고 갈렙처럼 반응해야 합니다. 하나님께서는 우리가 세상에 영향을 주길 원하십니다. 우리에게 갈렙의 믿음이 필요합니다.

성막

또한 민수기는 광야를 진행할 때 지켜야 할 원칙을 보여줍니다. 모든 행진의 중심에는 '성막'이 있습니다. 성막은 하나님의 임재를 말합니다. 하나님의 말씀이 있는 법궤가 있는 곳이지요. 그리고 성막 위에 구름이 머물고, 그것이 움직일 때 성막도 함께 움직입니다. 성령과 말씀이 인도하는 것이지요.

성막을 섬기는 레위인들이 그 중심에 있습니다. 또한 성막을 중심으로 동서남북으로 12지파가 각각 3지파씩 포진해서 진행합니다. 이때 앞에서 인도하는 지파는 유다 지파로서 유다는 '찬송'이라는 뜻입니다(창 29:35). 시편 68편 4절에 "하나님께 노래하며 그의 이름을 찬양하라 하늘을 타고 광야에 행하시던 이를 위하여 대로를 수축하라 그의 이름은 여호와이시니 그의 앞에서 뛰놀지어다"라고 하십니다.

이스라엘 백성이 하나님을 찬양하며 광야를 지날 때 하나님이 길을 여시며 그들을 이끌어가시는 모습입니다. 찬양은 광야에 길을 열어줍니다. 이 모습은 오늘날 우리에게도 적용됩니다. 성령과 하나님의 말씀이 우리를 이끌어가는 것이지요. 또 유다 지파가 앞에서 광야의 여정을 이끌듯이 우리의 모든 삶은 하나님을 찬양하고 예배하는 삶이어야 합니다. 그러면 하나님께서 성령으로 우리를 이끄실 것입니다.

음성 강의
민수기

말씀 개요

1장-10장 10절	**여행 준비** 제1차 인구 조사, 진 배치, 레위족, 나실인, 족장들의 봉헌, 첫 유월절
10장 11절-12장	**시내산에서 바란 광야 가데스 바네아까지** 여행 시작, 기브롯 핫다아와 탐욕의 무덤, 아론과 미리암
13장-20장	**광야에서의 방황** 정탐과 보고, 고라의 반역, 아론의 싹난 지팡이, 모세가 두 번 반석을 침, 아론의 죽음
21장-36장	**가데스에서 요단 가 모압 평지까지** 호르마 승리, 불뱀, 발람, 비느하스, 제2차 인구 조사, 후계자 여호수아, 두 지파 반의 기업, 도피성

성경 본문
민수기

100일 통독

		CHECK
13일	민수기 1장-10장	☐
14일	민수기 11장-20장	☐
15일	민수기 21장-36장	☐

신명기 기독교 국가 설립 지침서

D E U T E R O N O M Y

신명기는 민수기의 끝 부분이라고 보면 좋습니다. 광야에서 방황한 지 40년, 이스라엘 백성들이 드디어 요단강만 건너면 가나안 땅으로 들어가게 됩니다. 그들이 요단강 건너편의 모압 평지에 있을 때 하나님께서 모세를 통해 하신 말씀이 신명기입니다.

모세가 죽기 전 한 달 정도 말씀하시고, 그가 죽은 후 한 달간 애곡한 것을 포함하면 신명기는 2개월 동안의 일입니다. 모세는 죽기까지 충성한 사람입니다. 주님이 마귀에게 시험을 받으시며 세 번이나 물리치실 때 인용한 말씀이 모두 신명기입니다(마 4:4,7,10).

가나안 입성 준비

애굽에서 나왔던 세대가 죽고 광야에서 태어난 다음 세대가 가나안 땅에 들어가기 전 하나님은 모세를 통해 한 번 더 그들에게 말씀하실 필요가 있었습니다. 다시 강조해야 할 것이 있었지요. 신명기는 '가나안 땅에 들어가려면 어떤 준비가 필요하며, 앞으로 어떻게 행할 것인가'에 관한 내용으로 가득 차 있습니다.

그래서 모세의 죽음 외에는 출애굽기와 레위기와 민수기의 내용이 상당 부분 반복됩니다. 앞의 책들처럼 "여호와께서 모세에게 일러 이르시되"로 기록되지 않은 것도 이러한 이유입니다. 반복하여 설명하고, 특정한 것은 조금 더 자세히 말하며, 이스라엘 백성이 가나안에 들어가서 그 말씀대로 행할 것을 강조합니다.

신명기는 세 가지 내용으로 구분됩니다. 첫 번째는 40년간 광야를 방황했던 시간들을 회고하며 하나님께서 어떻게 일하셨고, 우리가 어떻게 반응했는지를 살피는 내용입니다. 두 번째는 지금 우리는 어떻게 살아가야 하며, 우리가 해야 할 일은 무엇인지를 말씀하십니다. 그리고 세 번째는 앞으로 가나안에 들어가서 어떻게 살 것인가를 말씀하십니다. 이처럼 1장-4장은 지난 40년을 돌아보고, 5장-26장은 오늘을 무장하며, 27장-34장은 미래를 준비하는 내용입니다.

제2 율법

제1세대가 아닌 제2세대에게 다시 한 번 시내산에서 했던 하나님의 말씀을 들려줄 필요가 있었습니다. 그래서 한 번 더 십계명을 언급합니다. '신명기'라는 이름은 '제2율법'이라는 뜻입니다. 다시 말하면 이미 말씀하신 하나님의 계명을 반복한 책이라는 의미입니다.

신명기 전체에 "주 너희 하나님", "주 너희 하나님을 섬기라"라는 말씀이 282번이나 나옵니다(이하 횟수는 원어 성경 기준). 하나님이 우리의 중심이 되신다는 것이지요. 그래서 마음을 지키고, 마음으로 섬기라는 '마음'에 대한 말씀도 46번 나옵니다. 또 하나님 경외하기를 배우라는 말씀은 11번 나옵니다. 악을 제하라는 말씀은 9번, 특히 교육을 강조하며 다음 세대를 가르치라는 말씀이 6번 나옵니다.

또한 하나님이 이미 행하신 것을 잘 기억하라는 말씀은 15번이나 반복적으로 나옵니다. 주어진 일이 벅차고 힘들 때 우리는 이전에 하나님이 행하신 일을 기억함으로써 새 힘을 얻습니다. 그래서 신명기에는 '기억하라'는 말씀으로 가득 차 있습니다.

특이한 점은 하나님께서 이전에 행하신 일을 기술할 때 현재시제를 사용한다는 것입니다. 이는 과거에 한 번 일어난 사건이 아니라 지금도 동일하게 일하시고, 앞으로도 계속 일하실 것이라고 믿기 때문입니다.

하나님나라

또한 가나안 땅에 들어가서 그곳에 하나님나라를 어떻게 세울 것인가를 설명합니다. 이는 우리가 모든 삶의 영역에서 그리스도인이라는 근본적인 신분으로 하나님의 뜻을 따라 어떻게 살 것인가를 말씀하시는 것이지요. 이 땅의 문화 속에 사는 게 아니라 그것을 변화시키고, 하나님나라를 세우는 것에 초점을 둡니다. 그래서 "내가 너희에게 주는 땅으로 가서 네 조상들에게 맹세하여 주리라 한 땅을 취하라"라는 말씀이 72번이나 나옵니다. 또한 6장 1-3절에 "그러므로 그 땅에 들어가서 취하면 말씀을 따라 행하라"라고 하십니다.

6장 4-9절은 신명기의 중심 구절이라고 할 수 있는데 4절에서 "이스라엘아, 들으라"라고 하십니다. '들으라'는 히브리어로 '쉐마' 입니다. 단순히 말씀을 듣는 것이 아니라 들은 하나님의 말씀을 삶의 모든 영역에 마치 다림줄처럼 기준선을 삼아 그대로 행하라는 것입니다.

세상의 기준과 가치관으로 가득한 가나안에 들어가 그 땅을 차지하면 하나님의 기준과 가치관을 따라 기독교 국가를 세우라는 것입니다. 정부 조직(1:9-18), 경제와 채무 관계(15:1-10), 보건과 위생(23:9-14) 등의 말씀은 그들이 어떻게 나라를 세워야 할 것인지를 구체적으로 보여줍니다.

특히 지도자나 왕은 이 책을 자기 손으로 기록하여 평생 날마다 읽어야 합니다(17장-19장). 요단강을 건넌 후에는 큰 돌에 이 책을 기록하도록 명했습니다(27:2-8). 또 제사장들은 7년마다 초막절에 모든 이스라엘 백성이 모인 가운데 이 말씀을 읽도록 했습니다(31:9-13).

모세의 첫 번째 설교, 지난 40년을 돌아보며(1장-4장)

모세는 가나안이 보이는 요단강 건너편의 모압 평지에서 가나안으로 들어갈 준비를 갖춘 상태에서 이 말씀을 했습니다. 그의 설교는 전쟁 수행에 따르는 작전이나 전략에 대한 것이 아닙니다. 오히려 지난 40년간 광야를 지나는 동안에 어떤 일들이 있었는지에 초점이 있었지요. 모세에게는 하나님이 누구시며, 하나님의 원칙과 광야생활에서 배워야 할 것이 무엇인지가 중요했습니다. 그것은 앞으로 들어가서 정착할 땅에서 견고한 나라를 세울 기반이기 때문입니다.

그러나 이스라엘 백성은 가나안에 대한 하나님의 약속이 있음에도 불구하고 환경으로 인해 약속을 믿지 않고 불신앙과 불평으로 반응합니다. 그에 따른 결과는 매우 엄했습니다. 불신앙은 명백한 약속이 있다해도 그것을 소유로 취하지 못하게 합니다(1장).

요단 동편에서 전쟁으로 취한 땅들로 두 지파 반(르우벤 지파와 갓 지파와 므낫세 지파의 반입니다. 므낫세 지파는 요단 동편과 서편을 반반씩 차지했습니다)의 유업이 형성됩니다. 강하고 장대한 족속을 이기고 비옥한 땅을 취한 것은 그들의 능력이 아니라 오직 하나님이 그들에게 승리를 주셨기 때문이지요. 이것은 앞으로 요단을 건너가서 가나안을 취할 때 전쟁이 하나님께 속한 것임을 확실히 알게 했습니다(2장-3장). 모세는 하나님의 말씀에 순종하는 것이 얼마나 중요한가를 아비의 마음으로 백성들에게 권면합니다(4장).

모세의 두 번째 설교, 말씀을 다시 반포함(5장-26장)

1. 도덕법

모세는 십계명을 다시 반포합니다. 그러나 십계명에 순종해야 하는 근본적인 동기는 두려움이 아니라 '사랑'이 되어야 합니다. 십계명은 우리의 구원과 생명을 위한 하나님의 사랑을 더욱 강조합니다. 특히 제5계명인 부모를 공경하는 것은 무엇보다 우리가 하나님의 축복을 받고 성공하는 비결이기에 "네 생명이 길고 복을 누리리라"라는 말씀을 덧붙여 강조합니다(5장).

6장은 4장과 비슷하게 가나안에서의 순종의 삶을 권고합니다. 무엇보다도 말씀을 깊이 새기고 순종함으로 견고한 나라를 세울 수 있다는 것을 보여줍니다. 7장은 가나안에 들어가서도 우상숭배를 철저히 배격하라고 강하게 권면합니다. 6장이 '하나님을 전심으로 사랑하라'라면 7장은 '죄를 철저히 미워하라'입니다. 8장은 40년의 광야생활을 교훈으로 삼아 들어갈 땅에서 '주의하라'는 말씀입니다.

9장과 10장은 가나안에 들어가서 가나안 족속을 물리치고 그 땅을 취할 때 그것이 그들의 능력이 아니라 오직 하나님이 승리를 주심으로 말미암은 것을 잊지 말라고 합니다. 이스라엘은 능력이나 지혜나 의로움에 있어서 내세울 것이 없기에, 오직 하나님의 긍휼로 말미암은 줄 알고 그분을 경외하고 사랑하며 섬기기를 강조합니다. 그들이 순종하면 하나님의 복을 받을 것이요, 불순종하면 저주가 임할 것입니다(11장).

2. 의식법

12장은 이스라엘 백성이 어떻게 순종할 것인가를 다시 반복합니다. 제2계명에서 질투하시는 하나님을 소개합니다. 하나님 앞에서 어떻게 행할 것인가를 설명합니다. 특히 우상숭배는 가장 위험합니다(13장).

'십일조와 구제', 즉 가난한 사람을 돌보는 일을 말씀합니다(14장). 빚을 면제하고 종을 풀어주는 것(15장), 지켜야 할 중요한 세 가지 절기들(16장), 그리고 제사장과 레위인들의 사역(17장-18장)에 관해 말씀합니다.

3. 민사법

이전까지가 주로 하나님 앞에서 행할 것에 관한 것이라면 이후는 사람 사이에 행할 것에 관한 것입니다(19장). 또한 전쟁에 관한 법(20장)과 관계에서의 거룩함과 의로움의 삶(21장-26장)도 말합니다.

모세의 세 번째 설교, 미래에 대한 축복과 저주들(27장-28장)

이전까지는 하나님 앞에서, 그리고 사람들에게 행할 것을 말했습니다. 즉 앞에서는 선과 의가 무엇이며 율법이 요구하는 바가 무엇인가를 제시했다면 이 설교는 이것들을 지키는 수단을 설명합니다. 축복과 저주의 말씀 선포와 그에 대한 '아멘'으로의 응답, 의무와 책임, 그리고 그 결과를 말합니다.

모세의 네 번째 설교, 모압 언약 체결(29장-30장)

모세의 생애와 사역 결산(31장-34장)

광야학교

광야의 길을 걷게 하신 것과 광야생활의 모든 장면과 하나님의 다루심을 기억하라고 합니다. 광야는 열악합니다. 방향도, 안정감도 없습니다. 제대로 된 음식과 물, 상가와 사람도 없습니다. 사회적인 생활을 할 수 있는 곳이 아닙니다(8:1,2). 그런 광야의 길을 걷게 하신 이유가 있습니다. 하나님이 알고 싶은 것과 우리가 알아야 할 것이 있습니다. 그것은 광야학교에서만 배울 수가 있습니다. 광야의 길은 우리를 낮추며 우리의 마음을 시험하는 데 가장 적합한 장소입니다(8:2,3).

하나님이 알고 싶으신 것은 이러한 환경에서도 우리가 오직 하나님만을 기쁘게 섬기며, 우리의 만족이 하나님께만 있다고 말할 수 있는가 하는 것입니다. 또한 하나님께서 우리로 알기 원하시는 것은 사람이 떡으로만 사는 게 아니요, 오직 하나님의 입에서 나오는 말씀으로 산다는 것입니다.

이처럼 광야는 우리의 마음을 보여주는 곳입니다. 하나님으로 만족하며, 그분을 경외하며, 그분의 말씀에 순종할 때입니다. 당신이 지금 광야에 있다면 지금이야말로 하나님을 경험할 때입니다.

음성 강의
신명기

말씀 개요

1장-4장	**역사를 돌아봄** 하나님이 광야에서 행하신 일
5장-26장	**율법을 요약함** 하나님이 그의 백성에게 기대하시는 일
5장-11장	**도덕법**
12장-18장	**의식법**
19장-26장	**민사법**
27장-34장	**언약을 체결함** 하나님이 약속의 땅 가나안에서 하실 일

성경 본문
신명기

100일 통독

	CHECK
16일 신명기 1장-11장	☐
17일 신명기 12장-26장	☐
18일 신명기 27장-34장	☐

역사서

여호수아서를 시작으로 에스더서까지 12권을 '역사서'라고 합니다. 요단강을 건너 가나안을 정복하여 정착한 후 앗수르와 바벨론에게 멸망하기까지의 이스라엘의 역사를 기록한 책들입니다. 우리는 이 책들에서 왕이신 예수 그리스도와 역사의 주인이신 하나님의 경륜과 섭리, 그리고 하나님의 놀라우신 긍휼을 보게 됩니다.

역사서는 크게 세 부분으로 나눌 수가 있습니다.

여호수아서, 사사기, 룻기는 여호수아가 앞장 서서 가나안을 정복하는 시기를 거쳐 사사가 이끄는 **사사시대**가 주 내용입니다.

사무엘상하, 열왕기상하, 역대상하는 사울이 초기 왕으로 등장하고 이어서 다윗이 왕이 되는, 이스라엘의 약 500년의 **왕국시대**가 주 내용입니다.

에스라서, 느헤미야서, 에스더서는 바벨론 **포로**와 포로 귀환을 통한 **회복**이 그 내용입니다.

여호수아 가나안 정복과 분할

J O S H U A

이 책은 여호수아가 이스라엘 백성을 이끌고 요단강을 건너 하나님이 약속하신 가나안 땅을 정복해가는 과정과 이스라엘 열두 지파에게 땅을 분배하는 과정을 설명합니다. 또한 약속을 지키는 신실하신 하나님을 소개합니다. 오래전에 아브라함과 이삭과 야곱에게 약속하신 대로 하나님은 그 땅을 그들에게 주십니다. 이스라엘 백성이 의롭거나 신실하기 때문에 주신 게 아니라 하나님이 약속하셨기 때문에 주신 것이며, 또 그 땅에 거하는 가나안 사람들의 악함 때문에 그들에게 주신 것임을 여러 차례 말씀하십니다.

여호수아서는 '차지하다' 또는 '차지하라'는 하는 단어가 22번 반복됩니다. '물려받으라', '물려받다'는 63번 나옵니다. 하나님께서 약속하신 땅을 우리가 어떻게 차지할 것이고, 물려받을 것인지가 주요 내용입니다.

가나안 정복하기

가나안 땅에는 가나안, 헷, 아모리, 브리스, 히위, 여부스, 그리고 블레셋 족속이 살고 있었습니다. 이들은 31개의 작은 왕국들로, 서른 한 명의 왕들로 포진된 나라였지요. 이런 땅을 하나님은 이스라엘 백성에게 정복하여 취하라고 말씀하십니다. 하나님은 여호수아와 그의 군대에게 명하시기를 가나안 족속을 몰아내는 정도가 아니라 어린아이와 가축까지도 다 몰아내고 그 땅을 차지하라고 하십니다. 하나님의 가장 큰 관심은 이스라엘 백성이 거룩한 백성답게 사는 것이고, 하나님나라가 그 땅 가운데 이루어지는 것입니다. 이때 가장 큰 적은 거룩함을 방해하는 가나안 문화입니다.

당시 가나안은 고도로 발달된 메소포타미아 문명의 배경 가운데 있는 곳이었지요. 니므롯 문화가 그 땅에 정착하고, 인본주의 사상과 하나님을 무시하고 거역하는 문화가 만연했지요. 각종 우상과 죄악이 가득했습니다. 농업의 신이며 풍요를 주는 남자 신인 바알이 있었고, 출산을 관장하는 여자 신인 아세라가 있었습니다. 바알과 아세라는 가나안에서 섬기는 대표적인 우상들입니다.

이런 신들을 섬기는 과정에서 사람들은 도덕적, 사회적, 사상적, 영적으로 타락하게 되었습니다. 그래서 하나님은 이 땅을 새롭게 하길 원하셨습니다. 이스라엘 백성에게 그곳을 유업으로 주시고, 차지하게 하시어 거룩한 나라로 세우고, 그들을 통해 온 세상을 축복하길 원하셨지요. 가나안 땅을 정복하는 것은 타협하거나 혼합하는 문제가 아니라 정복할 것인가 정복당할 것인가 하는 중요한 문제입니다.

하나님은 가나안 땅을 이스라엘 백성에게 유업으로 주시겠다고 약속하십니다. 그러나 하나님이 약속하셨다고 해서 가나안으로 들어가기만 하면 그 땅의 족속들이 그들에게 항복하고 환영한다는 의미가 아닙니다. 여호수아는 전쟁을 통해서 약속의 땅을 빼앗아야만 했지요. 이는 희생이 요구되며 시간이 걸리는 전쟁입니다. '빼앗을 것인가, 빼앗길 것인가' 하는 사활死活이 걸린 전쟁이었지요. 아무리 하나님의 약속이 있다 하더라도 쉽게 그 땅을 정복할 수 있는 것은 아닙니다. 그곳을 취하는 데는 '갈렙의 정신'이 필요하고, 정착하는 데는 '여호수아의 정신'이 필요합니다.

이것은 오늘날도 마찬가지입니다. 하나님의 명령과 약속을 의지하고 최선을 다해 수고할 때, 세상에 영향을 주며 하나님나라를 이루어 갈 수 있습니다.

갈렙의 정신

땅을 정복해가는 과정에서 중요하게 다루고 있는 것이 바로 갈렙의 정신입니다(14:6-15). 갈렙은 열 명의 정탐꾼과는 다른 믿음의 고백을 한 사람입니다. 하나님은 그런 그에게 가나안에 들어가게 하시겠다고 약속하십니다. 또한 그에게 그 땅을 유업으로 주겠다고 하셨지요. 갈렙이 85세가 되었을 때 그는 당시의 지도자인 여호수아에게 45년 전에 하나님께서 약속하셨던 그 땅을 취할 수 있도록 요청했습니다(14:12).

갈렙이 하나님으로부터 받은 땅의 이름은 '기럇 아르바'입니다. 이는 '아르바'라는 사람의 이름을 따라 붙여진 이름입니다. 아르바는 아낙 자손 가운데서도 가장 강한 용사였습니다. 갈렙은 아낙 자손 중에서 가장 강한 용사가 버티고 있는 그 땅을 자기의 유업으로 취하겠다고 한 것입니다. 그는 그곳을 정복하고 '헤브론'이라는 새로운 이름으로 바꾸었습니다.

우리가 갈렙에게서 배울 수 있는 것은 환경에 따라 반응하지 않고, 오직 약속의 말씀에 따라 반응하는 믿음입니다. 또한 가장 어려운 땅, 하나님의 말씀의 기반이 전혀 없는 땅, 마치 황무지와 같은 땅을 경작하는 개척 정신입니다.

지금 우리 앞에도 기럇 아르바가 있습니다. 현재 우리가 속한 문화는 하나님을 인정하지 않는 인본주의적 세상의 쾌락으로 가득합니다. 그런 가운데서 우리가 어떻게 그 땅을 취하여 하나님 중심의 문화를 그 땅에 세울 것인가가 우리의 숙제입니다. 갈렙의 믿음과 개척 정신이 필요합니다.

여호수아의 정신

여호수아는 마지막 메시지를 전하면서 이스라엘 백성에게 도전합니다. "여호와를 섬길 것인지 아니면 너희가 거주하는 땅에 있는 아모리 족속의 신들을 섬길 것인지 너희가 섬길 자를 오늘 택하라 오직 나와 내 집은 여호와를 섬기겠노라"(24:15).

여호수아는 하나님만을 섬기기로 결정합니다. 우리도 날마다, 그리고 평생 동안 섬길 자를 택해야 합니다. '오늘' 택하라고 하나님은 말씀하십니다. 바알을 섬길 것인가 하나님을 섬길 것인가, 아세라를 섬길 것인가, 하나님을 섬길 것인가를 날마다 선택해야 합니다. 바알은 '물질의 신'으로 돈을 따라 살며 돈을 주인으로 섬기게 합니다. 아세라는 '쾌락의 신'으로 육체의 욕심과 향락을 따라 살게 합니다.

여호수아의 때처럼 지금도 우리의 주변에는 수많은 바알과 아세라의 신전과 목상들이 있습니다. 교묘하게 우리의 사회와 문화에 스며들어 있지요. 눈으로 보고 귀로 듣는 것마다 바알과 아세라의 문화가 도사리고 있습니다. 그러므로 우리도 여호수아처럼 매일 하나님만을 섬기기로 결정해야 합니다. 하나님의 뜻에 따라 살고, 우리가 있는 모든 영역 가운데 하나님나라가 이루어질 수 있게 해야 합니다.

여호수아서에는 여호수아가 이런 가나안 땅을 정복하고, 정착할 수 있었던 비결이 적혀 있습니다. 그것은 바로 하나님의 '말씀'입니다. 그것뿐입니다. 다른 비결은 없습니다. 하나님은 여호수아가 가나안을 정복할 수 있는 비결을 말씀하십니다. "이 율법책을 네 입에서 떠나지 말게 하며 주야로 그것을 묵상하여 그 안에 기록된 대로 다 지켜 행하라 그리하면 네 길이 평탄하게 될 것이며 네가 형통하리라"(1:8).

또한 가나안에 정착하여 하나님나라를 이루는 비결도 보여주십니다. "그날에 여호수아가 세겜에서 백성과 더불어 언약을 맺고 그들을 위하여 율례와 법도를 제정하였더라 여호수아가 이 모든 말씀을 하나님의 율법책에 기록하고 큰 돌을 가져다가 거기 여호와의 성소 곁에 있는 상수리나무 아래에 세우고 모든 백성에게 이르되 보라 이 돌이 우리에게 증거가 되리니 이는 여호와께서 우리에게 하신 모든 말씀을 이 돌이 들었음이니라 그런즉 너희가 너희의 하나님을 부인하지 못하도록 이 돌이 증거가 되리라"(24:25-27).

이처럼 여호수아서는 하나님의 말씀으로 시작하고, 하나님의 말씀으로 마칩니다.

정복과 정착

1장-5장은 가나안 땅을 정복하기 위한 준비 작업입니다. 여호수아와 이스라엘 백성은 그 땅에 들어가기 전에 준비가 필요했습니다. 그리고 요단강을 건너서 여리고성을 취하기 위해 두 명의 정탐꾼을 보냅니다. 그들이 위기에 빠졌을 때 기생 라합이 그들을 보호해주었지요. 그리고 드디어 요단강을 건너 길갈에 진을 치고, 그곳에서 할례를 행하고 유월절을 지냅니다.

6장-12장은 가나안 땅을 정복하는 과정입니다. 여리고성 정복을 기점으로 남으로 정복해가며, 또한 북으로 정복 전쟁을 하며 승리합니다. 그들은 첫 번째로 취한 여리고 성을 전적으로 하나님께 드립니다. 이것은 앞으로 취할 모든 성읍들을 위한 보장이 됩니다. 마치 십일조를 드림으로 하나님의 축복을 보장받는 것과 같지요. 물론 그 과정에서 아간의 죄가 있었으나 이를 철저히 해결합니다.

12장에서는 그들이 정복한 31명의 왕들의 이름이 열거되어 있습니다.

13장-22장은 정복한 가나안 땅을 어떻게 열두 지파에게 분배했는가 하는 것을 설명합니다. 13장은 요단강을 건너기 전에 모세의 지도력 아래서 이미 정복했던 요단 동편 땅들의 목록입니다. 므낫세 반 지파, 르우벤과 갓 지파의 땅이 여기에 해당됩니다.

14장-19장은 요단강을 건너 여호수아의 지도력 아래서 정복한 요단 서편 땅들의 목록입니다. 므낫세 반 지파를 비롯한 나머지 아홉 지파의 땅의 분배 목록입니다. 하지만 레위 지파에게는 분배된 땅이 없습니다. 그들은 열두 지파의 땅, 48개의 성읍으로 골고루 흩어져 제사장의 직무를 맡았습니다.

20장-22장은 신앙 공동체의 정착 과정입니다. 즉 요단 동편과 서편에 각각 3개씩 마련된 도피성의 지역이 열거되어 있습니다. 또한 레위 지파의 48개의 성읍들의 목록이 나열됩니다. 정복 전쟁을 마친 후 약속대로 요단 동편에 이미 정착한 두 지파만이 자신들의 성읍으로 돌아갔습니다.

23장-24장은 여호수아의 마지막 설교와 교훈과 하나님을 섬기는 것에 대한 것입니다. 여기에는 정복하여 정착한 땅에서 앞으로 기독교 국가를 이루기 위한 비결이 언급되어 있습니다.

음성 강의
여호수아

말씀 개요

1장-5장	가나안 정복을 위한 준비
6장-12장	가나안 정복 과정
13장	요단 동편의 정착 르우벤, 갓, 므낫세 반 지파
14장-19장	요단 서편의 정착 아홉 지파 반
20장-22장	신앙 공동체의 정착
23장-24장	정착하기 위한 조건

성경 본문
여호수아

100일 통독

	CHECK
19일 여호수아 1장-12장	☐
20일 여호수아 13장-24장	☐

사사기 | 반복되는 신앙패턴

J U D G E S

사사기는 가나안 땅에 정착한 백성이 그 땅에서 어떻게 살아가는가 하는 내용입니다. 사사는 말 그대로 '재판관'을 가리킵니다. 모세와 여호수아를 '처음 사사'라고도 하고, 엘리를 거쳐 사무엘을 '마지막 사사'라고도 합니다. 즉 이스라엘의 역사에서 모세의 죽음 이후에 사울이 왕으로 세워지며 왕정 시대가 오기 전까지를 '사사 시대'라고 부릅니다.

사사기는 여호수아의 죽음 이후 옷니엘부터 삼손에 이르기까지 사사들이 지도력을 발휘하던 시대의 이스라엘의 공동체 역사를 다룹니다. 17장-21장에서 "그때에는 이스라엘에 왕이 없었으므로 사람마다 자기 소견에 옳은 대로 행하였더라"라고 네 차례나 반복해서 말씀하는 것처럼(17:6, 18:1, 19:1, 21:25), 사사가 살아 있을 때는 하나님의 말씀을 따라 살고, 그 사사가 죽고 나면 '자기 소견에 옳은 대로 행하는 것'의 반복이 전체의 흐름입니다.

사사들

유다 지파의 갈렙의 조카 옷니엘은 40년간 사사로 활동했습니다. 베냐민의 왼손잡이 에훗과 소 모는 막대기로 블레셋 600명을 죽인 삼갈은 80년, 에브라임의 여 선지자 드보라와 납달리의 바락은 40년, 므낫세의 큰 용사 기드온은 40년, 그의 아들 아비멜렉은 3년, 잇사갈 지파의 돌라는 23년, 길르앗(므낫세 지파의 자손)의 야일은 22년, 길르앗의 큰 용사 입다는 6년, 베들레헴(유다 지파)의 입산은 7년, 스불론 지파의 엘론은 10년, 비라돈(에브라임 지파의 땅)의 사람 압돈은 8년, 단 지파의 삼손은 20년 동안 사사로 사역했지요.

사사기는 299년 동안 14명의 사사들(때로는 바락과 아비멜렉을 제외하기도 함)이 다스리던 때를 다룹니다. 므낫세 지파 출신 3명, 에브라임 지파 출신 2명, 유다 지파 출신 2명, 베냐민과 잇사갈과 스불론과 납달리와 단 지파에서 각각 1명씩 사사가 배출되었습니다. 사사들은 모두 여덟 지파 출신들입니다. 엘리와 사무엘은 레위 지파였습니다. 르우벤, 시므온, 갓, 아셀 지파에서는 사사가 배출되지 않았습니다. 하지만 그런대로 사사들은 여러 지파에서 골고루 분산 배출되었다고 할 수 있지요.

사사들의 특징은 학력이나 외모에 있지 않습니다. 그들은 자기들의 경험이나 능력과 지식을 의지하지 않고 한결같이 하나님의 영, 즉 성령으로 하나님을 섬기며 주어진 일을 수행했습니다. 3장 10절에 "옷니엘에게 여호와의 영이 임하였다"라고 했습니다. 11장 29절에는 "여호와의 영이 입다에게", 13장 25절, 14장 19절, 15장 14절에는 "여호와의 영이 삼손에게" 임하였다고 말씀하십니다. 삼손의 힘의 근원은 머리카락에 있는 게 아닙니다. "여호와께서 이미 자기를 떠나신 줄을 (삼손이) 깨닫지 못하였더라"(16:20) 하신 것처럼 성령의 능력이 힘의 근원이었습니다.

사사 시대에 이스라엘은 메소포타미아 왕 구산리사다임에게서 8년, 모압 왕 에그론에게서 18년, 가나안 왕 야빈에게서 20년, 미디안에게서 7년, 블레셋과 암몬에게서 18년, 블레셋에게서 40년 동안 괴롭힘을 당합니다. 이스라엘은 일곱 나라(족속)로부터 111년간 심한 고통을 받았습니다.

반복되는 패턴

2장 6절-16장이 사사기의 중심 내용이라 할 수 있는데, 14명의 사사들의 활동을 다룹니다. 그런데 그 내용에 반복되는 패턴이 있습니다. 이스라엘 백성이 사사가 있을 때는 하나님을 섬기다가 사사가 죽은 후에는 하나님을 떠나 범죄하기 시작합니다. 하나님은 그들이 죄에서 돌이키지 않으면 원수들의 손에 붙여서 심한 고통을 당하게 하십니다. 그제야 이스라엘 백성은 하나님께 나아가 회개하며 원수들의 손에서 건져주시기를 간절히 구합니다. 그러면 하나님이 그들의 기도를 들으시고, 죄를 용서하시고, 사사를 보내셔서 원수의 손에서 구원하십니다.

마치 '사사의 죽음→이스라엘의 범죄→원수들에게 환난을 당함→회개하며 부르짖음→사사를 보내어 구원하심'이 한 주기인 것처럼 반복됩니다. 여호수아의 죽음 이후 삼손까지 14명의 사사 시대에 이런 주기가 여섯 번이나 반복됩니다.

부록

17장-21장은 마치 사사기의 부록처럼 붙어 있습니다. 여기에는 사사 시대를 잘 설명할 만한 두 가지 이야기가 기록되어 있습니다. 17장과 18장은 우상숭배를 하는 내용이고, 19장-21장은 당시의 도덕적인 타락이 얼마나 심했는지를 단편적으로 설명하고 있지요. 그런데 부록에 나와 있는 두 이야기는 모두 레위인들에 대한 것입니다.

이것은 당시 레위인들의 직무유기 상태를 잘 보여줍니다. 그들의 책임은 백성들이 성막 중심, 하나님 중심, 말씀 중심의 삶을 살아가도록 이끄는 것인데, 이를 행하지 않아서 이스라엘 국가 공동체의 운명이 좌우되는 엄청난 일들이 일어나게 됩니다.

첫 번째는 미가의 집에 거주하며 연봉으로 은 열과 의복 한 벌과 먹을 것을 보장받고, 한 가족의 제사장 직무를 수행하던 한 레위인의 이야기입니다. 그는 한 집안보다는 한 지파의 제사장이 되는 더 좋은 제안을 받아들이고, 미가가 만든 우상을 훔쳐 가서 단 지파의 제사장이 됩니다. 우상숭배와 돈과 명예를 따라 섬기는 레위인의 이야기가 주 내용입니다.

두 번째는 베냐민 남자들에 의해 한 레위인의 아내가 집단적으로 능욕을 당해서 죽는 이야기입니다. 이 일로 말미암아 베냐민과 여타의 지파 사이에 전쟁이 벌어지고, 베냐민의 남자가 600명을 제외하고 다 죽습니다. 하마터면 사라질 뻔했던 베냐민 족속은 형제들의 배려로 회생됩니다. 이는 이스라엘의 부도덕의 실상을 적나라하게 보여줍니다.

이 부록을 포함하여 사사기는 하나님의 말씀이 없을 때 어떤 결과를 가져오는지를 그대로 보여줍니다.

바통 잇기

2장 7-10절에 매우 중요한 전환점이 있습니다. "백성이 여호수아가 사는 날 동안과 여호수아 뒤에 생존한 장로들 곧 여호와께서 이스라엘을 위하여 행하신 모든 큰일을 본 자들이 사는 날 동안에 여호와를 섬겼더라 여호수아가 … 죽으매 … 장사하였고 그 세대의 사람도 다 그 조상들에게로 돌아갔고 그 후에 일어난 다른 세대는 여호와를 알지 못하며 여호와께서 이스라엘을 위하여 행하신 일도 알지 못하였더라."

이 말씀에 3세대가 등장합니다. 제1세대는 여호수아 세대, 제2세대는 장로들의 세대, 제3세대는 알지 못하는 다른 세대 즉, X세대입니다. 제1세대와 제2세대의 공통점은 여호와가 누구신지 알며 여호와께서 이스라엘을 위해 행하신 큰일을 보았다는 것입니다. 제3세대는 여호와를 알지 못하며, 이스라엘을 위해 그분이 행하신 일도 알지 못합니다.

여호수아와 장로들의 세대는 하나님을 잘 섬겼습니다. 이들은 하나님이 누구신지를 알고, 하나님의 원리와 원칙을 알고, 하나님이 행하신 놀라운 일들을 경험한 사람들이기에 하나님의 뜻을 따라 살았습니다. 그러나 제3세대는 하나님을 알지도 경험하지도 못한 세대였기에 하나님을 어떻게 섬겨야 할지도 몰랐습니다. 그들은 하나님의 뜻을 알지 못했으며, 안다 해도 그분의 뜻을 따라 살지 않았습니다. 그래서 하나님을 떠나 범죄하게 됩니다.

하나님을 아는 세대가 일어날 때 하나님은 그들과 동행하시고, 그 세대를 통해 일하십니다. 그들을 주변의 나라들에게 영향을 주는 나라로 사용하십니다. 그러나 하나님을 알지 못하는 세대는 주의 뜻을 떠나 살며 범죄하고, 오히려 세상의 영향을 받으며, 더 나아가 원수에게 매여 고통 가운데 삽니다. 2장 11절-16장의 사사 시대에 나타나는 반복적인 패턴이 이 원칙을 잘 보여줍니다.

지난 2008년 베이징올림픽 여자 400미터 계주에서 있었던 일입니다. 당연히 자메이카 팀이 우승할 것이라고 예상했지만 이변이 발생했지요. 세 번째 주자까지 여유 있게 1등으로 달리다가 마지막 주자에게 바통을 넘길 때 실수를 범한 것입니다. 결국 자메이카 팀은 우승을 놓쳤습니다. 사사기도 어떻게 세대를 거쳐 가면서 바통을 올바르게 넘겨주어야 하는지를 말해줍니다.

제1세대인 여호수아 세대는 제2세대인 장로들에게 바통을 잘 넘겨주었습니다. 그러나 장로들이 제3세대에게 바통 넘기기를 실패한 것이지요. 그 결과 나라 전체가 큰 혼란과 고통에 빠집니다. 17장부터 21장까지가 그중에 일어나는 대표적인 일들입니다.

우리가 다음 세대에게 넘겨주어야 할 바통은 무엇일까요? 돈입니까,

건물입니까, 땅입니까? 사사기는 하나님을 알고, 그분의 원리원칙을 알며, 놀라운 하나님의 행하심을 경험하는 것이라고 말합니다. 그리고 이 일의 중심은 언제나 하나님의 말씀입니다. 말씀 중심의 삶을 살고, 하나님 말씀이 활발할 때 하나님을 알게 되고 경험하게 됩니다. 우리가 다음 세대에게 꼭 넘겨주어야 할 바통은 바로 '하나님의 말씀'과 '말씀에 순종하는 우리의 믿음'입니다.

먼저 이 말씀을 부지런히 상고하고 내 삶에 적용할 때 하나님은 나를 축복하시고 형통하게 하십니다. 그리고 나를 통해 온 땅을 축복하실 것입니다. 개인과 나라가 강하게 되는 일은 바로 말씀 위에 서는 것이지요. 우리는 다음 세대에게 이 바통을 제대로 넘겨주어야 합니다.

음성 강의
사사기

말씀 개요

1장–2장 5절	**가나안 정착** 정복한 족속들과 정복하지 못한 족속들, 그 결과들
2장 6절–16장	**반복되는 주기** 사사의 죽음으로 범죄→원수의 손에 포로→고통을 호소하며 회개→사사를 일으키어 구원
17장–21장	**사사 시대를 대표하는 두 이야기** 부록
17장–18장	**우상숭배** 은 열과 의복 한 벌
19장–21장	**부도덕과 내전** 레위인과 그의 첩

성경 본문
사사기

100일 통독

	CHECK
21일 사사기 1장–11장	☐
22일 사사기 12장–21장	☐

룻기 | 올바른 선택은 영원에 잇댄다

R U T H

1장 1절에 "사사들이 치리하던 때에"라고 언급된 것으로 보아 룻기는 사사 시대의 한 가정에 대한 이야기입니다. 성경 전체로 볼 때도 룻기는 역사를 설명하는 내용이 아닙니다. 그렇지만 단순히 한 가정에서 일어난 일을 넘어서 하나님께서 우리에게 말씀하시는 메시지가 있습니다. 룻기는 사사 시대의 밝은 면을 보여줍니다. 비록 시작은 사사기의 연속처럼 슬픔과 버림으로 출발하지만 결국은 하나님의 돌보심과 회복하심과 축복으로 마칩니다.

또한 나오미에게 주어지는 하나님의 회복의 축복에 멈추지 않고 더 멀리 보게 합니다. 룻기는 하나님의 약속 밖에 있는 모압 족속의 여인인 룻이 어떻게 다윗의 증조할머니가 되는지를 보여주지요. 버림받은 자가 하나님의 놀라운 사랑으로 그분의 뜻을 이루는 데 동참하는 영광스러운 삶을 보여줍니다. 우리가 올바른 선택을 하면 그 선택의 결과가 내 대의 축복에만 머무르는 게 아니라 다음 세대와 그 다음 세대에 그리고 영원한 삶에까지 연결되는 중요한 것임을 보여줍니다.

룻기는 성경 66권 중에 에스더서와 함께 여자의 이름을 따서 기록된 두 권의 책 중의 하나입니다.

영원을 선택함

1장 1절은 슬픔으로 시작합니다. 베들레헴에 흉년이 들자 한 가정이 고향을 떠나 이방 땅인 모압 지방으로 갑니다. '베들레헴'은 '떡집'이라는 뜻입니다. 그런데 흉년으로 누려야 할 풍성함과 기쁨과 생명을 잃어버린 모습은 마치 사사 시대를 대변하는 것 같습니다. 떡집에 먹을 떡이 없습니다.

유다 베들레헴 사람인 나오미는 남편 엘리멜렉과 두 아들과 함께 모압 지방에 살면서 두 며느리를 맞이하는 기쁨을 잠시 맛보았습니다. 하지만 그들이 누린 10년의 행복은 남편과 두 아들의 죽음으로 순식간에 사라집니다. 그들은 떡이 없는 베들레헴을 떠났으나 어디에도 풍요함은 없었습니다. 나오미의 가족들은 흉년을 피해 모압으로 갔지만 그곳에서 또 다른 흉년을 맞이하지요. 그래서 나오미가 다시 고향으로 돌아가고자 하여 젊은 두 며느리에게 각자의 길을 가라고 합니다. 한 며느리 오르바는 시어머니와 헤어졌지만 또 다른 며느리인 룻은 그녀와 함께 갈 것을 선택합니다.

1장 16절에 룻의 놀라운 고백이 나옵니다. "어머니께서 가시는 곳에 나도 가고 어머니께서 머무시는 곳에서 나도 머물겠나이다 어머니의 백성이 나의 백성이 되고 어머니의 하나님이 나의 하나님이 되시리니."

이런 룻의 굳센 결심과 올바른 선택은 그녀의 삶에 큰 영향을 줍니다. 어찌 보면 어리석은 결정처럼 보일지도 모릅니다. 젊은 과부가 새 삶을 살 수 있는 기회를 버리고 시어머니를 따라 가겠다고 하니 말입니다. 그러나 이 선택으로 그녀는 모압 여인임에도 불구하고 다윗 왕가의 조상이 되고, 결국에는 예수 그리스도를 이 땅에 오시게 하는 족보에 오르게 됩니다. 순간의 선택이 영원을 좌우합니다. 룻기는 이처럼 올바른 선택은 영원까지 우리의 삶을 보장한다는 것을 보여줍니다.

또한 주님의 약속의 말씀처럼 부모를 공경하는 것이 오히려 나를 복되게 하고, 형통케 하는 비결인 것도 보여주지요. 에베소서 6장 1-3절에 "자녀들아 주 안에서 너희 부모에게 순종하라 이것이 옳으니라 네 아버지와 어머니를 공경하라 이것은 약속이 있는 첫 계명이니 이로써 네가 잘되고 땅에서 장수하리라"라고 하셨습니다.

십계명의 제5계명은 전적으로 우리를 위한 말씀입니다. 하나님은 잘되고, 성공하고, 형통하는 삶의 비결을 우리에게 이미 주셨습니다. 그것은 정말 쉬운 일입니다. 부모를 공경하고 주 안에서 순종하는 것은 그 무엇보다 쉽습니다. 이는 윤리적이고, 도덕적인 규례 이상입니다. 룻기는 이 말씀의 구체적인 예를 들어 우리를 격려합니다.

2장 3절에 룻이 '우연히' 보아스의 밭에 갔다고 말합니다. 그리고 이것이 보아스를 만나는 중요한 계기가 됩니다. 사실 '우연'이라는 단어는 우리의 입장에서 말하는 것이지, 하나님의 입장에서는 그분의 놀라운 섭리 속에서 '필연'으로 이루어진 것입니다. 하나님은 이와 같이 시어머니를 섬기는 룻의 사랑과 올바른 선택을 축복하셔서 보아스라는 경건한 남자를 만나 하나님의 백성 안으로 들어오게 하시고, 그분의 뜻을 이루는 중요한 도구로 사용하십니다.

우리는 매일 선택을 합니다. 우리는 영원한 것을 선택하는 법을 배워야 합니다. 보이는 세상의 잠깐보다 보이지 않는 세상의 영원을 볼 줄 알아야 합니다. 우리가 하나님의 뜻을 따라 선택하고, 주어진 것에 최선을 다해 순종하며 섬길 때 주께서 우리를 통해서 놀라운 일을 행하실 것입니다.

구속

보아스가 룻을 아내로 맞이하고자 할 때 그 성읍 장로들과 수속을 밟는 과정은 성경에서 제시하는 회복의 과정을 잘 보여줍니다. 하나님은 다른 사람에게 매각한 사람(노예)이나 재산을 그 사람의 가까운 친족이 다시 매입하여 조상의 소유로 돌이킬 수 있게 하셨습니다. 그 같이 대신하여 회복해주는 과정을 '구속'救贖이라고 합니다. 구속할 수 있는 사람은 가까운 친족으로서 유능하고 의욕적이며, 남에게 구속받을 만한 일이 없어야 합니다.

보아스는 그럴만한 자격이 있는 남자였지요. 그는 룻을 아내로 맞이하여 나오미의 남편 엘리멜렉의 가족을 구속하고자 했습니다. 구속은 가장 가까운 친족에게 우선권이 주어집니다. 엘리멜렉의 친족 중에 보아스보다 더 가까운 친족이 한 명 있었는데 보아스는 그에게서 권리를 양도받습니다. 자기의 권리를 포기할 때 오늘날은 도장이나 서명으로 하지만 당시는 신을 벗는 것으로 표시했습니다(모세가 하나님 앞에서 신을 벗은 것도 그의 모든 권리를 포기하고, 하나님께 양도한다는 의미입니다).

이렇게 하여 보아스는 룻을, 그녀의 신분을 구속했습니다. 모압 여인 룻은 평생 하나님의 총회에 들어오지 못하는 신분이었습니다. 그런데 그녀가 하나님의 백성이 되었을 뿐 아니라 그분의 뜻을 이루는 거룩한 통로가 되었습니다. 보아스로 말미암아 룻에게 엄청난 신분의 변화가 있게 된 것입니다. 우리는 보아스에게서 예수 그리스도의 모습을 발견합니다. 그리고 룻에게서 우리의 모습을 보게 됩니다.

예수 그리스도는 우리의 구속자이십니다. 원래 노예의 신분이던 우리를 자유인으로 구속하셨고, 그 대가로 자신의 생명을 내놓으셨습니다. 우리는 어두움에서 빛으로, 사망에서 생명으로, 노예에서 자유인으로, 죄의 종에서 하나님의 자녀로, 의의 자녀로 구속함을 받았습니다. 또한 하나님은 우리를 예수 그리스도로 말미암아 구속하셨을 뿐 아니라 하나님나라를 이루는 데 동참하게 하셨습니다.

룻의 고백

"내게 어머니를 떠나며 어머니를 따르지 말고 돌아가라 강권하지 마옵소서 어머니께서 가시는 곳에 나도 가고 어머니께서 머무시는 곳에서 나도 머물겠나이다 어머니의 백성이 나의 백성이 되고 어머니의 하나님이 나의 하나님이 되시리니 어머니께서 죽으시는 곳에서 나도 죽어 거기 묻힐 것이라 만일 내가 죽는 일 외에 어머니를 떠나면 여호와께서 내게 벌을 내리시고 더 내리시기를 원하나이다"(1:16,17).

룻의 이 고백은 예수 그리스도를 따르는 제자의 고백이기도 하고, 신랑이신 예수 그리스도를 따르는 신부 된 그리스도인의 고백이기도 합니다. 예수께서는 "여우도 굴이 있고 공중의 새도 집이 있으되 인자는 머리 둘 곳이 없도다"(눅 9:58), "누구든지 자기 십자가를 지고 나를 따르지 않는 자도 능히 내 제자가 되지 못하리라 … 자기의 모든 소유를 버리지 아니하면 능히 내 제자가 되지 못하리라"라고 하셨습니다(눅 14:27, 33). 다시 말하면 주를 따르는 삶은 대가를 지불해야 한다는 것입니다.

룻은 그런 대가를 기꺼이 지불하고자 굳게 결심했습니다. 그녀는 나오미를 따르기 위해 모든 것을 포기했습니다.

제자의 삶을 살기로, 신랑이신 예수 그리스도의 신부가 되기로 결심하기 전에 먼저 충분히 계산을 해보아야 합니다. 다른 기대가 있다면 실제로 그러한 일이 일어날 때 중도에 포기할 수 있기 때문입니다.

나오미의 고백

"나를 나오미(희락)라 부르지 말고 나를 마라(괴로움)라 부르라 이는 전능자가 나를 심히 괴롭게 하셨음이니라 내가 풍족하게 나갔더니 여호와께서 나를 비어 돌아오게 하셨느니라 여호와께서 나를 징벌하셨고 전능자가 나를 괴롭게 하셨거늘 너희가 어찌 나를 나오미라 부르느냐"(1:20,21).

이처럼 나오미는 하나님이 전능자이심을 알았습니다. 그녀는 두 번이나 하나님을 '전능자'라고 고백합니다.

"하나님의 능하신 손 아래에서 겸손하라 때가 되면 너희를 높이시리라"(벧전 5:6). 그녀는 자신의 삶을 전적으로 하나님의 손 아래에 맡겼습니다. 스스로 높이려 하지 않고, 불평하거나 원망하지 않고, 자기 연민에 빠지지 않았습니다. 하나님 앞에 자신을 낮추어 전적으로 순복했습니다. "사람들이 너를 낮추거든 너는 교만했노라고 말하라"(욥 22:29).

나오미는 베드로와 욥처럼 고난 속에서 어떻게 고백해야 할지를 알았습니다. 왜냐하면 전능하신 하나님의 손 아래에 자신을 낮추고, 그분께 자신을 맡길 줄 알았기 때문이지요. 결국 하나님은 그의 전능하심으로 나오미를 높이시고 회복하셨습니다.

"여인들이 나오미에게 이르되 찬송할지로다 여호와께서 오늘 네게 기업 무를 자가 없게 하지 아니하셨도다"(4:14).

고난을 바라보고, 슬픔을 묵상하고, 자신을 불쌍히 여기기보다 전능자 하나님을 바라보길 바랍니다. 그리고 그분께 자신의 모든 삶을 맡기십시오.

음성 강의
룻기

말씀 개요

1장	룻이 나오미를 따르는 선택을 함
2장	룻이 나오미를 따라 이스라엘로 돌아와 열심히 시어머니를 섬김
3장	나오미가 룻의 앞날을 위해 계획하고 룻은 전적으로 순종함
4장	룻의 선택과 사랑의 수고에 대한 보상

성경 본문
룻기

100일 통독

	CHECK
23일 룻기 1장–사무엘상 7장	☐

사무엘상하 리더십 학교

1 , 2 S A M U E L

창세기, 출애굽기, 레위기, 민수기, 신명기를 '모세오경'이라는 한 묶음으로 본다면 여호수아, 사사기, 룻기, 사무엘상하도 또 다른 한 묶음으로 볼 수 있습니다.

사무엘상하는 왕국 시대에서 다윗 왕의 기틀을 세워주는 책입니다. '사무엘상하'는 '다윗상하'라고 해도 무방할 정도로 다윗이 그 중심에 있지요. 그러므로 다윗을 알고 싶다면 사무엘상하를 읽으면 됩니다. 원래는 한 권의 책이므로 함께 보면서 내용을 살펴야 합니다.

사무엘상하는 전체를 여섯 시대로 구분할 수 있습니다.

1. 사무엘의 시대
2. 사울의 시대
3. 다윗이 등장하는 시기
4. 다윗 왕의 초기
5. 다윗 왕의 중기
6. 다윗 왕의 말기

선지자이자 사사인 사무엘

1장-8장은 사무엘의 생애에 대해 말합니다. 그는 선지자이면서 마지막 사사로서 하나님을 섬기며 백성을 섬겼습니다. 그는 한나가 기도하여 낳은 아들로서 한나의 서원대로 젖을 떼면서부터 제사장의 보조 사무역을 맡습니다. 어린 사무엘이 하나님을 섬길 때는 영적으로 혼돈한 시기였고, 하나님의 말씀이 희귀한 때였습니다.

하나님의 얼굴을 구하며 그분의 말씀에 갈급해하는 것과는 거리가 먼 때였지요. 그런데 놀랍게도 하나님께서 어린 사무엘에게 찾아오십니다. 사무엘에게서 소망을 보셨기 때문입니다.

사무엘은 어릴 때부터 하나님의 음성을 들으며 그분과의 친밀감을 누리며 성장합니다(3장). 그가 장성하여 사역자로서 제일 먼저 한 일은 '미스바 부흥 운동'입니다(7장). 그는 나라를 돌아보는 일에 있어서 벧엘과 길갈과 미스바, 이 세 곳을 중점적으로 다스리며 정기적으로 순회하면서 백성들을 영적으로 이끌어갑니다.

당시는 사사 시대가 왕정 시대로 넘어가는 전환기였습니다. 사무엘상 8장은 왕을 요구하는 이스라엘 백성과 그 요청을 허락하시는 하나님의 응답의 내용입니다.

12장은 사무엘의 마지막 설교로, 돈에 있어서 리더로서의 본을 보여줍니다. "내가 누구의 소를 빼앗았느냐 … 누구를 속였느냐 누구를 압제하였느냐 내 눈을 흐리게 하는 뇌물을 누구의 손에서 받았느냐"(12:3).

또한 기도와 말씀을 가르치는 데 있어서 리더로서의 본을 보여줍니다. "나는 너희를 위하여 기도하기를 쉬는 죄를 여호와 앞에 결단코 범하지 아니하고 선하고 의로운 길을 너희에게 가르칠 것인즉"(12:23).

그리고 아비의 마음으로 마지막 당부를 합니다.

"너희는 여호와께서 너희를 위하여 행하신 그 큰일을 생각하여 오직 그를 경외하며 너희의 마음을 다하여 진실히 섬기라"(12:24).

이스라엘의 초대 왕, 사울

사무엘상 9장-15장은 왕정 시대의 최초의 왕인 사울을 소개합니다. 사울이 왕이 되고 몰락해가기까지의 과정을 설명합니다. 그는 왕으로서 세 번의 큰 실수를 하는데 그것이 그의 미래를 결정합니다.

첫 번째 실수는 사울이 자기의 영역을 지키지 않고 조급하여 제사장을 기다리지 못하고 제사장이 해야 할 제사를 대신 행한 것입니다. 이것은 사울의 '교만'입니다(13장). 조급하고 기다리지 못하는 것은 그 뿌리가 교만에서 비롯되는 위험한 것입니다. 이 때문에 사무엘은 사울에게 '그의 나라'[kingdom]가 길지 못할 것이라고 예언합니다.

"사무엘이 사울에게 이르되 왕이 망령되이 행하였도다 왕이 왕의 하나님 여호와께서 왕에게 내리신 명령을 지키지 아니하였도다 그리하였더라면 여호와께서 이스라엘 위에 왕의 나라를 영원히 세우셨을 것이거늘 지금은 왕의 나라가 길지 못할 것이라 여호와께서 왕에게 명령하신 바를 왕이 지키지 아니하였으므로 여호와께서 그의 마음에 맞는 사람을 구하여 여호와께서 그를 그의 백성의 지도자로 삼으셨느니라"(13:13,14).

두 번째 실수는 사울의 '불순종'입니다(15장). 하나님은 사울에게 아말렉의 모든 사람과 재산을 없애라고 말씀하셨지만 그는 아말렉 왕을 죽이지 않고 사로잡았고, 또 양과 소는 가장 좋은 것은 남기고 가치 없고 하찮은 것만 진멸했습니다(15:8,9). 사울은 부분적으로 순종한 것입니다. 순종은 '온전히' 하는 것입니다. 이것 때문에 하나님은 그에게 앞으로 '왕이 되지 못할 것'[kingship]이라고 말씀하십니다.

"여호와께서 번제와 다른 제사를 그의 목소리를 청종하는 것을 좋아하심같이 좋아하시겠나이까 순종이 제사보다 낫고 듣는 것이 숫양의 기름보다 나으니 이는 거역하는 것은 점치는 죄와 같고 완고한 것은 사신 우상에게 절하는 죄와 같음이라 왕이 여호와의 말씀을 버렸으므로 여호와께서도 왕을 버려 왕이 되지 못하게 하셨나이다"(15:22,23).

세 번째 실수는 사울이 어려운 상황에서 신접한 여인을 찾아가서 도움을 청한 것입니다. 즉 '우상숭배'를 한 것이지요. 이 일은 그의 '생명이 끝나는'[king's life] 계기가 됩니다.

"사무엘이 이르되 … 네가 여호와의 목소리를 순종하지 아니하고 그의 진노를 아말렉에게 쏟지 아니하였으므로 여호와께서 오늘 이 일을 네게 행하셨고 여호와께서 이스라엘을 너와 함께 블레셋 사람들의 손에 넘기시리니 내일 너와 네 아들들이 나와 함께 있으리라 여호와께서 또 이스라엘 군대를 블레셋 사람들의 손에 넘기시리라"(28:18,19).

이러한 사울의 몰락 과정을 보면서 어떻게 올바른 지도력을 발휘해야 될 것인지 배울 수 있습니다. 우리는 전적으로 하나님을 기다리는 법을 배워야 합니다.

"너희가 돌이켜 조용히 있어야 구원을 얻을 것이요 잠잠하고 신뢰하여야 힘을 얻을 것이거늘 … 여호와께서 기다리시나니 이는 너희에게 은혜를 베풀려 하심이요 일어나시리니 이는 너희를 긍휼히 여기려 하심이라 대저 여호와는 공의의 하나님이심이라 그를 기다리는 자마다 복이 있도다"(사 30:15,18).

조급함과 서두름으로 사울처럼 상황에 밀려서 인간의 지혜와 방법으로 하기 쉽습니다. 하나님을 기다리는 법을 배워야 합니다. 또한 온전히 하나님께 순종하는 법을 배워야 합니다. 순종할 때는 기쁘게, 즉시, 온전하게 하는 법을 훈련해야 합니다. 예수님도 순종을 배우셨습니다. "그가 아들이시면서도 받으신 고난으로 순종함을 배워서 온전하게 되셨은즉"(히 5:8,9).

순종은 반드시 배워야 합니다. 저절로 되는 게 아닙니다. 그리고 오직 하나님께 도움을 청하는 삶을 배워야 합니다. "귀인들을 의지하지 말며 도울 힘이 없는 인생도 의지하지 말지니 … 야곱의 하나님을 자기의 도움으로 삼으며 여호와 자기 하나님에게 자기의 소망을 두는 자는 복이 있도다"(시 146:3,5).

사울의 시작은 좋았으나 끝까지 지속되지 못했습니다.

왕의 훈련 학교 후보생, 다윗

사무엘상 16장-31장에서는 드디어 다윗이 등장합니다. 하나님께서 사울을 대신하여 다윗에게 기름 붓는 장면이 나옵니다. 그 후에 다윗은 거인 골리앗을 이기고, 일개 양치는 목자에서 일약 국가적인 스타가 됩니다. 그 때문에 사울 왕으로부터 경계의 대상이 되고, 크게 핍박을 받으면서 광야생활을 시작하지요. 그러나 오히려 하나님은 사울을 다윗이 왕이 되기 위한 지도자 수업 과정의 도구로 삼으십니다.

아둘람 굴은 다윗의 광야생활의 중심지입니다. 사울에게 환난 당하고 빚지고 마음이 원통한 자들이 모두 다윗에게로 몰려왔습니다. 다윗은 그들을 이끌며 영적인 목자와 리더로서의 수업을 받습니다.

다윗을 보면서 어떻게 지도력을 발휘하고 준비할 것인가를 배웁니다. 위기를 맞이할 때 올바르게 반응하는 것과 권위에 대해서는 어떻게 반응하며, 함께 있는 사람들을 어떻게 용납하고 훈련시켜 용사로 만들어갈 것인가를 배웁니다.

왕으로서 초기의 다윗

사무엘하 1장-4장에는 사울과 요나단의 죽음 후에 다윗이 왕이 되는 장면이 나옵니다. 다윗은 정치적인 보복을 하지 않습니다. 오히려 죽은 사울과 요나단의 시체를 찾아 장사를 후히 치러주지요. 그는 처음에 두 지파만의 왕이었습니다. 그래서 왕이 된 후에도 여전히 사울의 아들인 이스보셋과 전쟁을 치릅니다. 그럴수록 다윗은 점점 강해지고, 사울의 집은 점점 약해집니다(3:1).

사울 왕의 군대 장관이던 아브넬이 이스보셋을 배반하고 다윗에게로 옵니다. 다윗은 그를 환영하여 맞아들이지만 다윗의 신복들은 그를 살해합니다. 다윗은 죽은 아브넬의 장례를 국장國章으로 치러주며 슬퍼하지요. 또한 다윗은 그의 대적자인 이스보셋이 살해당하자 그도 장사지내줍니다.

왕으로서 중기의 다윗

사무엘하 5장-19장은 왕이 된 다윗의 중기를 잘 보여줍니다. 이스보셋이 죽고 이스라엘의 모든 지파의 장로들은 다윗에게로 와서 그에게 기름을 붓고 왕으로 추대합니다. 드디어 다윗은 유다의 왕이 된 지 7년 6개월 만에 온 이스라엘의 왕이 됩니다.

다윗은 왕이 되는 과정에서 세 번의 기름부음을 받습니다. 처음에는 사무엘을 통해 베들레헴에서 기름부음을 받습니다(삼상 16:13). 그러나 이후 다윗은 사울에게 쫓겨서 광야생활을 합니다. 두 번째는 유다와 베냐민 두 지파에게 인정받는 왕으로서의 기름부음을 받고(2:4), 헤브론을 7년 6개월간 다스립니다. 그리고 마지막으로 이스라엘의 모든 장로가 다윗에게 기름을 부어 이스라엘의 왕으로 삼습니다.

기름부음을 받을 때마다 다윗의 사역은 깊이가 있고 폭이 넓어지고 힘이 있게 되었습니다. 그의 권위와 영향력도 증가되었습니다. 기름부음은 하나님이 그의 일을 맡기시고, 성령으로 능력을 주시어, 그 일을 충분히 감당하게 하는 기회가 됩니다.

다윗은 하나님의 말씀을 사모하고, 하나님의 임재를 구하며, 하나님을 전심으로 사랑했습니다. 그는 왕이기 이전에 하나님 앞에서는 예배자였지요(6장). 하나님은 나단 선지자를 통해 다윗의 왕위가 영원히 보전되고 견고하게 될 것을 약속하셨습니다(7장). 또한 그가 어디로 가서 누구와 싸우든지 이기게 하셨습니다(8:6,14). 다윗은 모든 결정의 순간에 하나님께 나아가 그분의 뜻을 구했습니다.

다윗은 부하 우리아의 아내 밧세바와 범죄하지만 나단 선지자를 통해서 그 죄를 지적받자 전심으로 회개합니다. 그의 모습을 본 하나님은 그를 용서하시고 밧세바와의 사이에 아들 솔로몬을 선물로 주십니다(11장,12장). 그 후에 다윗의 집에 가장 불행한 사건인 아들 압살롬의 반역이 일어납니다. 하지만 그는 압살롬과 싸우지 않고 피난을 갑니다. 그리고 아들이 죽은 후 다시 예루살렘으로 돌아옵니다(13장-19장).

하나님께서는 늘 하나님의 사람들을 사용하실 때 '훈련 과정'을 지나게 하십니다. 다윗은 '하나님의 학교'에서 순종과 깨어짐, 기도와 예배, 올바른 지도력 훈련 등의 과목을 수강했습니다. 또한 왕이 된 후에는 한계 속에서 살면서 겸손과 인내와 순종과 정직을 배웠습니다. 다윗은 사무엘로부터 기름부음을 받은 순간에 바로 왕이 되지 않았습니다. 오랫동안 환난 속에 살았습니다. 왕이 된 후에도 처음에는 단지 두 지파만이 인정하고, 나머지 열 지파는 인정하지 않는 제한된 왕이었습니다. 한참 후에야 비로소 이스라엘 전체가 인정하는 왕이 됩니다.

다윗은 스스로 왕이 되고자 하는 어떠한 시도도 하지 않았습니다. 또한 왕으로 남아 있으려고도 시도하지 않았지요. 왕위王位를 주장하지도 않았습니다. 그는 주어진 한계 속에서 하나님을 경외함으로 겸손하게 행하고, 하나님의 권위에 순복하며, 그분의 주권적 다스리심에 자신을 맡겼습니다.

"하나님의 능하신 손 아래서 겸손하라 때가 되면 너희를 높이시리라"는 말씀을 따랐습니다(벧전 5:6).

왕으로서 말기의 다윗

사무엘하 20장-24장은 다윗이 왕으로서의 말기를 보여줍니다. 21장에는 다윗의 용사들에 의해 죽은 블레셋의 거인들, 23장에는 다윗의 용사들의 명단이 나옵니다. 22장은 하나님을 향한 다윗의 찬양입니다. 21장과 23장 사이에 22장의 찬양이 있는 이유는 그의 모든 승리가 자신의 능력으로 주어진 게 아니라 오직 하나님으로부터 주어진 것임을 보여줍니다.

그는 자신의 위대함을 드러내지 않고 하나님의 위대하심만을 나타냅니다. '하나님의 위대한 사람'이 아니라 '위대한 하나님의 사람'임을 보여준 것이지요Not a great man of God, but a man of great God.

그가 말기에 저지른 큰 실수는 군대 장관 요압에게 이스라엘과 유다의 인구를 조사하라 명령한 것입니다. 이것 때문에 하나님이 그를 징계하십니다. 그러면 인구 조사는 성경적일까요, 비성경적일까요? 다윗을 보면 성경적이라고 말할 수 없습니다. 그런데 신약의 누가복음에는 잃어버린 한 마리의 양 때문에 잃어버리지 않은 아흔아홉 마리의 양들을 세는 내용이 나옵니다(눅 15장). 그러므로 인구 조사는 하나님의 뜻일 수도, 아닐 수도 있습니다.

잃어버린 양 한 마리를 찾기 위해 목자의 마음으로 숫자를 세는 것은 하나님의 뜻입니다. 그러나 다윗처럼 '내 힘이 어디까지 미치는가, 나는 얼마나 성공한 사람인가' 등 자기 의와 자신의 권위를 드러내고 싶은 의도에서 하는 조사는 하나님의 뜻이 아닙니다.

바벨론 왕 느부갓네살도 이러한 의도를 마음에서 드러냈을 때 엄청난 시련을 겪었습니다. 그의 권세와 능력이 박탈당했지요. 그리고 모든 권세와 능력은 오직 하나님께 있음을 깨달았을 때 하나님이 그를 회복시키셨습니다(단 4장). 하나님은 교만한 자를 대적하시고, 겸손한 자들에게는 은혜를 주십니다(벧전 5:5, 약 4:6).

사무엘상하에서는 세 명의 왕 이야기가 이어집니다. 사울과 다윗, 그리고 다윗에게 반기를 들었던 아들 압살롬입니다. 이 세 왕의 이야기가 이어지면서 다윗이 올바르지 못한 방법으로 자기를 해하려는 권위자인 사울과 어떤 관계를 가졌는지가 그려져 있습니다. 또한 자기를 거역하고 배반하고 비방하는 아들 압살롬에게 어떻게 반응했는지도 보여줍니다.

이 가운데서 우리는 참된 지도력을 배울 수 있습니다. 사울과 다윗, 그리고 다윗과 압살롬의 관계는 깨어짐의 지도력, 겸손, 하나님을 기다림, 권위에 순복하는 법과 권위를 올바르게 사용하는 법을 배우는 좋은 리더십 과목입니다.

음성 강의
사무엘상하

말씀 개요

삼상	
1장-8장	선지자이자 사사인 사무엘
9장-15장	사울 왕
16장-31장	왕 후보자 다윗

삼하	
1장-4장	다윗 왕의 초기
5장-19장	다윗 왕의 중기
20장-24장	다윗 왕의 말기

성경 본문
사무엘상하

100일 통독

	CHECK
23일 룻기 1장-사무엘상 7장	☐
24일 사무엘상 8장-15장	☐
25일 사무엘상 16장-31장	☐
26일 사무엘하 1장-10장	☐
27일 사무엘하 11장-20장	☐
28일 사무엘하 21장-열왕기상 2장	☐

열왕기상하 왕국의 분열과 갈등과 멸망

1, 2 KINGS

히브리어 성경에서는 열왕기상하를 따로 분류하지 않습니다. 사무엘상하는 열왕기상하의 서곡입니다. 사울의 다스림과 다윗 왕가의 출발을 다루는 것이 사무엘상하라면, 열왕기상하는 다윗의 아들인 솔로몬과 왕국의 분열, 북이스라엘의 앗수르에 의한 멸망, 남유다의 바벨론에 의한 멸망과 포로로 끌려갈 때까지의 남북국 왕들의 이야기를 다룹니다.

그러나 왕국에 관한 이야기를 넘어서서 하나님나라에 대한 이야기로 읽을 수 있습니다. 여러 왕들의 이야기를 넘어서서 오직 한 왕이신 우리 주 예수 그리스도를 볼 수 있습니다. 창세기에서 '가정'을 다스리는 원칙을 배운다면, 열왕기상하에서는 '나라'를 다스리는 원칙을 배울 수 있습니다.

열왕기상하는 마치 고구마 줄기와도 같아서 잡아 뽑으면 시대와 연결된 열두 권의 예언서(포로 시대의 에스겔서와 다니엘서, 포로 귀환 시대의 학개서와 스가랴서와 말라기서 제외)가 달려나옵니다. 열왕기상하는 전반적으로 북방 이스라엘을 중심으로 기록했습니다. 특히 열왕기상은 거의 대부분이 솔로몬과 르호보암과 아합 왕의 기록입니다.

전체 22장 중에서 20장의 중심이 이들입니다. 나머지 2장에서 남유다와 북이스라엘의 왕들이 간단히 소개됩니다. 북방 이스라엘이 앗수르에게 멸망당한 시기, 즉 열왕기하 17장 이후부터는 남방 유다에 대해서만 기록하며 남유다가 바벨론에 의해 멸망당해 끌려가는 과정으로 끝을 맺지요.

열왕기상하 전체를 한 권의 책으로 묶고 그 안에서 이스라엘의 역사를 볼 때 서론과 본론과 결론으로 요약할 수 있습니다.

서론, 남북 왕국의 분열

열왕기상 1장-15장은 이스라엘이 남방 유다와 북방 이스라엘로 분열되는 과정을 기록하고 있습니다. 이 부분도 둘로 나눌 수 있는데, 1장-11장은 솔로몬이 다윗에 이어 왕이 되는 과정과 그의 지혜와 하나님을 잘 섬김으로 성전을 건축하고, 또 자기의 궁궐을 건축하는 과정을 담습니다. 솔로몬의 출발은 참 좋았습니다. 하나님께 순종하며 그분의 뜻을 따라 살았지요. 그러나 이방 여인들과의 정략결혼 후에 그녀들이 가져온 우상을 섬기면서 이스라엘을 죄악으로 이끌며 타락하게 만듭니다. 그는 출발은 잘했지만 마지막은 실패로 끝난 왕입니다. 사울 왕과 같은 경우이지요.

열왕기상 12장-15장은 솔로몬이 죽은 후에 그의 아들 르호보암 때 나라가 남북으로 분열되는 과정을 기록하고 있습니다. 분열의 이유는 르호보암의 잘못이라기보다는 솔로몬에게 있는데, 그가 우상을 섬긴 게 제일 큰 이유입니다. 또한 성전과 왕궁 건축을 위해서 노역에 시달린 많은 사람들이 그의 아들 르호보암 왕에게 도움을 요청했다가 거절당한 것도 계기가 되었지요.

이 일이 있은 후에 대부분의 이스라엘 지파들은 다윗 왕가에 더 이상 순종하지 않기로 하고, 여로보암을 앞장 세워 나라를 세운 것이 바로 '북이스라엘'입니다. 결국에는 르호보암을 따르는 두 지파 외에 나머지 열 지파는 전부 여로보암을 중심으로 북이스라엘을 형성합니다.

그런데 여로보암이 나라를 견고하게 하기 위해서 심각한 죄를 짓습니다. 북이스라엘 백성들이 여전히 예루살렘 성전에 가서 하나님을 예배하자 이들이 가는 길을 막기 위해 대안을 제시합니다. 첫째는 예배드릴 수 있는 장소를 예루살렘이 아닌 북이스라엘 왕국 내로 제한했지요. 그래서 북쪽 끝인 '단'이라는 곳과 유다의 국경선에 위치한 남쪽의 벧엘 두 곳에 금송아지를 만들고 제단을 쌓아 백성들이 그곳에서 예배드리게 했습니다. 또한 레위족이 아닌 사람들을 제사장으로 삼아서 일하게 했습니다. 그리고 하나님이 지시하신 절기가 아닌 시기를 임의대로 정해서 분향하게 했습니다.

이러한 여로보암의 죄는 사람들에 대한 두려움 때문이었습니다. 사람들이 자기를 떠나 남유다로 몰려갈까봐 두려웠던 것이지요. 하나님은 이 같은 여로보암의 결정을 심각한 죄라고 말씀하십니다. 하나님이 아닌 우상을 섬기게 하고, 하나님이 세우신 레위인이 아닌 일반 사람들로 하나님을 섬기게 하고, 하나님께서 말씀하신 절기가 아닌 날짜를 임의로 정한 것은 큰 죄악입니다. 이것이 나라 전체를 끊임없이 죄악 가운데로 몰아가는 출발점이 되었지요.

그래서 북이스라엘 왕들의 죄를 말할 때마다 "여로보암의 죄를 따라 행하였다"라고 말하는 것입니다. 바아사(왕상 15:34), 시므리(왕상 16:19), 오므리(왕상 16:26), 아합(왕상 16:31), 아하시야(왕상 22:52), 여호아하스(왕하 13:2), 요아스(왕하 13:11), 므나헴(왕하 15:18), 브가히야(왕하 15:24), 베가(왕하 15:28) 등 모두 열 명의 북이스라엘 왕들이 여로보암의 죄의 영향력 아래서 잘못된 지도력을 발휘했고, 이것은 북이스라엘 멸망의 원인이 됩니다(왕하 17:21-23).

본론, 남북 왕국의 갈등

열왕기상 16장 - 열왕기하 15장 12절은 본론에 해당하는 부분으로 아합 왕의 등장과 그의 악행이 드러납니다. 하나님이 엘리야를 통해 아합 왕의 죄에 대해 책망하심으로 본론이 시작됩니다. 또한 엘리야의 놀라운 사역과 엘리야에 이어 선지자가 된 엘리사가 북이스라엘의 왕들과 그들의 죄악을 책망하는 내용과 엘리사를 통해 행하신 하나님의 놀라운 일들이 기록되어 있습니다.

아합 왕은 두로와 시돈 지방의 이방 여인 이세벨을 아내로 맞이하고, 백성들에게 그녀가 가지고 온 바알을 섬기도록 했습니다. "오므리의 아들 아합이 그의 이전의 모든 사람보다 여호와 보시기에 악을 더욱 행하여 느밧의 아들 여로보암의 죄를 따라 행하는 것을 오히려 가볍게 여기며 시돈 사람의 왕 엣바알의 딸 이세벨을 아내로 삼고 가서 바알을 섬겨 예배하고 사마리아에 건축한 바알의 신전 안에 바알을 위하여 제단을 쌓으며 또 아세라 상을 만들었으니 그는 그 이전의 이스라엘의 모든 왕보다 심히 이스라엘 하나님 여호와를 노하시게 하였더라"(왕상 16:30-33).

아합은 가장 악한 왕입니다. 자신만 죄를 짓는 게 아니라 나라 전체가 죄를 짓도록 했기 때문입니다. 그는 하나님을 노하시게 했고, 그 일로 하나님이 여러 차례 경고하셨지만 그는 돌이키지 않았습니다. 결국 예후를 일으켜 아합과 그의 자손들을 심판하셨고, 아합의 집은 진멸되고 아합의 오므리 왕조를 대신하여 북이스라엘의 새로운 예후 왕조가 세워집니다. 그러나 결국 북이스라엘은 호세아 왕 때 앗수르에 의해 멸망합니다.

앗수르는 이스라엘 포로들을 주변의 여러 나라로 이주시키시고, 대신 이방인들을 북이스라엘로 들어가 살게 합니다. 북이스라엘에 남아 있던 사람들은 이방인들과 혼인하게 됨으로써 유대의 순수성을 잃게 됩니다. 이들은 훗날 '사마리아 사람들'이라고 불리며 유대인들로부터 이방인 취급을 받게 되지요.

위대한 두 선지자, 엘리야와 엘리사

엘리야와 그의 제자인 엘리사는 북이스라엘을 중심으로 사역했습니다. 엘리야의 사역은 열왕기상 17장부터 열왕기하 2장까지 잘 나와 있습니다. 엘리야의 사역의 카운터파트counterpart는 아합 왕이었습니다. 엘리야의 사역에서 가장 특이한 점은 아합 왕 시대에 비가 3년간 오지 않을 것을 선포한 것과 다시 기도하자 비가 내린 것입니다.

또한 하나님은 엘리야의 쓸 것을 공급하시는 방법으로 까마귀와 가장 가난한 사렙다 과부를 사용하십니다. 엘리야는 죽었던 사렙다 과부의 아들을 살리기도 합니다. 또한 유명한 850 대 1의 대결도 있었지요. 엘리야는 갈멜산에서 바알과 아세라의 선지자 850명과 대결을 벌여 하나님으로 인한 대승리를 경험합니다. 또한 그는 죽지 않고 하늘로 올려간 하나님의 사람입니다.

그런 그에게도 치명적인 약점이 있었는데 갈멜산에서 대승리를 거두었음에도 불구하고 이세벨의 협박이 거세지자 호렙산으로 도망간 것입니다. 두려움이 원인이었습니다. 오늘날도 가장 위험한 것이 두려움입니다. 그래서 하나님은 두려움을 엄격히 다루십니다. 왜냐하면 두려움은 불신앙의 결과이기 때문입니다.

잠언 29장 25절에 "사람을 두려워하면 올무에 걸리게 되거니와 여호와를 의지하는 자는 안전하니라"라고 하십니다. 두려움을 제대로 다루지 못한 엘리야에게 하나님은 호렙산에서 "너, 보따리 싸라"라고 하십니다. 이후 엘리야의 주 사역은 제자를 훈련시키는 것이었습니다.

특히 수제자로 엘리사를 불러 양육합니다.

엘리사는 엘리야로부터 부름을 받을 때 과격한 순종과 헌신을 했습니다. 그는 많은 농지를 가지고 있는 부호富豪였는데 밭을 갈고 있다가 엘리야의 부름을 받고는 즉시 순종합니다. 그리고 소를 잡고, 소의 기구를 불사르고, 그 고기를 삶아 동네 사람들과 먹으며 환송회를 가집니다. 그는 돌아갈 퇴로를 끊고 배수진을 친 것입니다. 모든 것을 포기하고 엘리야의 부름에 응답한 것이지요.

그러나 그가 바로 사역에 임한 것은 아닙니다. 이후 10년간 엘리야를 섬기며 훈련을 받습니다(왕상 19:19-21). 엘리사의 사역은 엘리야가 승천한 이후부터 시작됩니다. 엘리사가 승천하는 엘리야에게 "당신의 성령이 하시는 역사가 갑절이나 내게 있게 하소서"(왕하 2:9)라고 요청한 것처럼 실제로 그의 사역은 엘리야의 사역 역사의 갑절이 됩니다.

가난한 과부가 기름 한 통으로 모든 빈 그릇을 넘치게 한 구약의 오병이이 사건, 죽었던 수넴 여인의 아들을 살린 것, 흉년에 큰 솥에 있는 들호박국의 독을 제거한 것, 보리떡 20개와 한 자루의 채소로 100명이 먹고 남은 또 다른 오병이어의 사건(왕하 4장), 나병환자인 아람의 군대장관 나아만의 병이 나은 것(왕하 5장), 잃어버린 쇠도끼를 찾은 것, 아람 군대의 모든 공격 루트를 차단하고 대승리를 거둔 것(왕하 6장), 엄청난 물가고物價高를 잡아 경제를 안정시킨 것(왕하 7장) 등의 이적입니다.

특히 엘리사는 경제 문제를 해결하는 데 쓰임을 받습니다. 또 그는 엘리야에 이어 제자훈련 사역에도 많은 시간을 할애합니다. 길갈과 벧엘과 여리고와 요단이 그의 중심 사역지입니다.

결론, 남북 왕국의 멸망

열왕기하 15장 13절에서 마지막 25장까지는 열왕기의 결론 부분입니다. 서론에서 한 왕국에서 두 왕국으로의 분열을 다루었다면 결론은 두 왕국에서 한 왕국만 남게 되는 과정을 다룹니다. 그리고 본론에 해당하는 부분은 나누어진 두 왕국이 어떻게 진행되어가는지를 다루고 있습니다. 숫자로 말하면 '1왕국에서 2왕국으로', '2왕국에서 1왕국으로'입니다.

북이스라엘의 멸망 후에도 남유다는 136년간 왕국을 더 지속합니다. 남유다도 앗수르에게 계속 공격을 받으며 위기상황으로까지 내몰립니다. 그러나 히스기야 왕은 선지자 이사야를 통해서 하나님의 도움을 받아 앗수르를 대패시킵니다. 이후 앗수르는 점점 쇠퇴하며 멸망의 길을 향하게 됩니다.

앗수르가 쇠약해진 틈을 타서 당시 작은 도시 국가였던 바벨론이 일어나 앗수르를 정복하고 거대한 제국을 이룹니다. 그리고 바벨론은 유다를 세 차례 공격하며 많은 포로들을 바벨론으로 끌고 갑니다. 이후 예루살렘 성이 함락되고, 성전이 파괴되며 남유다는 완전히 멸망을 당합니다.

북이스라엘의 왕들을 다룰 때 하나님은 그들이 여로보암의 길을 따라서 악을 행했는가 아닌가에 초점을 두십니다. 19명의 왕들 중에 여로보암의 영향을 받은 왕들은 10명이었습니다. 남유다의 왕들을 다룰 때 하나님의 관심은 그들이 다윗의 길로 가고 있는가 아닌가에 있습니다. 20명의 왕들 중에 7명(아사, 여호사밧, 요아스, 웃시야, 요담, 히스기야, 요시야)이 다윗의 길로 나아갔습니다.

특히 이들 중에 다섯 명의 왕들(아사, 여호사밧, 요아스, 히스기야, 요시야)은 개혁자들입니다. 이들은 이방 제단을 헐고, 우상을 깨뜨리고, 아세라 상을 찍어버리고 제단을 다시 세웠습니다. 하나님을 구하고 그분의 말씀에 귀를 기울였습니다. 말씀의 부흥이 개혁의 중심에 있었던 것이지요.

그런데 유다의 왕들 중에 특이한 두 왕이 있는데 여호람과 아하시야입니다. 여호사밧의 아들 여호람은 이스라엘 왕들의 길로 행했습니다(8:16-19). 왜냐하면 그의 아내가 아합의 딸인 아달랴였기 때문입니다. 또한 여호람의 아들 아하시야도 아합의 길로 행했는데, 이는 어머니 아달랴의 영향 때문이었지요(8:27). 아하시야가 죽었을 때 어머니인 아달랴는 여호람의 자손들을 모두 멸절하려 했으나 아하시야의 아들 요아스가 고모인 여호세바의 도움으로 죽임을 당하지 않고 숨어 살게 됩니다.

여호사밧은 아버지 아사를 이어서 다윗의 길로 행한 개혁의 왕들 중에 하나입니다. 그러나 그는 북이스라엘 왕 아합과 화해하고자 아들을 정략결혼시키는 치명적인 실수를 범합니다. 그래서 아들인 여호람과 손자인 아하시야가 아합의 길로 행하는 치욕을 낳게 합니다. 또한 잠시였지만 유다 왕국에서 다윗의 혈통이 아닌 아합과 이세벨의 혈통인 아달랴가 왕노릇을 하게 됩니다. 하마터면 아달랴에 의해 다윗의 혈통이 끊어질 뻔했지요. 그러나 약속에 신실하신 하나님께서 다윗을 위해 유다가 멸하지 않도록 보호하셨습니다(8:19).

다윗의 혈통에 의한 유다 왕들의 특징은 이렇습니다. 다윗은 경건하고, 솔로몬은 지혜롭고, 르호보암은 단순하고, 아비야는 용감하고, 아사는 정직하고, 여호사밧은 신앙적이고, 여호람은 악하고, 아하시야는 하나님을 모독하고, 요아스는 위기에 있던 다윗 왕가를 본래의 자리로 돌아오게 하고, 아마샤는 경솔하고, 웃시야는 강력하고, 요담은 평화를 좋아하고, 아하스는 우상숭배자이고, 히스기야는 개혁자이고, 므낫세는 회개자이고, 아몬은 모호한 자이고, 요시야는 부드러운 마음을 가진 자이고, 여호아하스와 여호야김과 여호야긴과 시드기야는 모두 악함으로 자신과 나라를 급히 멸망으로 이끈 자들입니다.

다윗의 길로 행한 왕들은 통치 기간이 대체로 길었던 반면에 악을 행한 왕들의 통치는 짧았습니다. 북이스라엘 왕국도 마찬가지입니다. 북이스라엘은 19명의 왕들이 앗수르에 멸망하기까지 208년간 지속되면서 7번의 쿠데타가 일어납니다. 남유다는 20명의 왕들이 바벨론에 멸망하기까지 344년간 지속되었고, 한 번의 쿠데타가 일어났지만 하나님이 다시금 다윗의 혈통으로 왕위가 이어지게 하셨지요. 사울을 시작으로 한 이스라엘의 왕조 시대는 거의 500년간 지속되다가 결국 앗수르와 바벨론에 의해 멸망합니다.

음성 강의
열왕기상하

말씀 개요

왕상 1장–15장	서론 – 남북 왕국의 분열
1장–11장	솔로몬
12장–15장	왕국의 분열
왕상 16장–왕하 15장 12절	본론 – 남북 왕국의 갈등
왕상 16장–왕하 8장	오므리 왕조의 아합 왕
왕하 9장–15장 12절	예후 왕조
왕하 15장 13절–25장	결론 – 남북 왕국의 멸망
15장 13절–17장	북이스라엘의 멸망
18장–25장	남유다의 멸망

성경 본문
열왕기상하

100일 통독

	CHECK
28일 사무엘하 21장–열왕기상 2장	☐
29일 열왕기상 3장–11장	☐
30일 열왕기상 12장–22장	☐
31일 열왕기하 1장–8장	☐
32일 열왕기하 9장–17장	☐
33일 열왕기하 18장–25장	☐

역대상하 성전 중심의 하나님을 섬기는 백성

1, 2 CHRONICLES

이스라엘 역사는 열왕기상하를 통해서 다 마칠 수 있는데 하나님은 왜 다시 역대상하를 기록하게 하셨는지 의문이 듭니다. 그러나 자세히 보면 이 두 책의 초점을 다르게 하여 우리에게 하나님의 뜻을 전달하십니다.

열왕기상하는 북방 이스라엘과 남방 유다, 두 나라에 대해 번갈아 기록하면서 나라가 어떻게 이어지는가를 설명합니다. 그러나 역대상하는 남방 유다만을 중점적으로 기록합니다. 사무엘하와 역대상은 같은 인물에 대한 두 개의 다른 관점의 기록입니다. 모두 다윗 왕의 통치를 다루지만 사무엘하는 정치적인 면에서 전쟁과 정복을, 역대상은 성전 중심의 예배를 강조합니다. 사무엘하는 밧세바 사건을 기록하는 반면 역대상에는 이 사건에 대한 언급이 없습니다.

또한 열왕기상하와 역대하는 같은 시대에 대한 두 개의 다른 관점의 기록입니다. 둘 다 솔로몬 때부터 바벨론 포로 시기까지를 다루지만 열왕기상하는 선지자적 관점, 역대하는 제사장적 관점으로 기록되었습니다. 열왕기상하가 인간의 죄의 연속과 실패에 초점이 맞춰져 있다면 역대하는 하나님을 예배하는 성전과 하나님의 긍휼하심과 신실하심을 중점적으로 설명합니다.

역대상의 시작은 열왕기상의 시작과 다릅니다. 열왕기상은 솔로몬

왕부터, 역대상은 아담부터 다시 시작합니다. 그러므로 '역대상, 역대하, 에스라, 느헤미야'를 한 묶음으로 볼 수 있습니다. 이 네 권의 책은 성경의 창세기부터 시작해서 이스라엘의 역사 전체를 간추린 '이스라엘 역사의 축소판'입니다.

이스라엘 역사를 하나님나라의 관점에서 재조명하는 것이 역대상하의 특징입니다. 하나님은 역대상하를 통해 하나님나라는 남은 자, 즉 그루터기를 통해 이어져간다는 것을 말씀하십니다.

나라가 기울어지는 중에도 하나님은 '소망'을 말씀하십니다. 포로로 잡혀갔을지라도 하나님께서 함께 계셔서 그들 가운데 말씀하시고, 결국 그들을 포로에서 돌아오게 해서 다시 나라를 세워가는 과정을 역대상하에서 중점적으로 비추십니다. 그래서 역대하의 마지막 부분과 에스라서의 첫 부분이 겹치면서 역대하와 에스라서와 느헤미야서가 연속되는 것을 암시합니다. 이것은 이스라엘 왕국은 멸망했지만 하나님나라는 결코 망하지도 쇠하지도 않다는 것을 보여줍니다.

구조

1. 족보

역대상 1장-9장은 아담부터 시작해서 다윗까지의 족보를 기록하고 있습니다. 창세기부터 다시 시작하여 이스라엘의 역사를 정리하는 것이지요. 아담에서 노아로, 노아에서 셈으로, 셈에서 에벨의 두 아들 벨렉과 욕단으로, 벨렉에서 아브라함으로, 아브라함에서 야곱의 열두 아들 이스라엘의 12지파로, 이같이 빠른 속도로 요약하며 다윗에게로 접근합니다. 이는 분명히 어떤 목적을 가지고 살피는 족보입니다. 단순히 이스라엘의 역사를 요약하기보다는 다윗의 계보를 기록함으로써 '오실 메시아 예수'로 향하고 있습니다.

일반적으로 역대기는 에스라가 기록했다고 추측합니다. 그는 포로에서 돌아온 이스라엘 백성에게 다시금 이스라엘의 역사를 정확하게 살피게 하려고 했습니다. 왜냐하면 그들이 신구약 중간기의 암흑 시기를 넘어서서 신약 시대의 메시아를 맞이하기 위한 주인공이 되기를 바랐기 때문이지요.

마태복음 1장 1절의 "아브라함과 다윗의 자손 예수 그리스도의 계보라"라는 구절에서 역대기가 '신약으로 이어지는 다리'라는 것을 알 수 있습니다. 역대상하의 주인공으로 다윗을 무대의 한가운데에 등장시킴으로써 우리의 모든 시선이 오실 왕 예수 그리스도를 향하게 합니다. 역대기가 열왕기와는 달리 성전 문화를 기록하는 것을 봐도 알 수 있습니다. 즉 성전에서 수종을 드는 레위인들의 활동과 조직, 그리고 하나님께 드리는 제사를 기록했습니다. 또한 성전 건축을 준비하고, 성전을 건축하여 완공하며, 성전에서 예배드리는 것을 강조합니다.

2. 다윗의 다스림

역대상 10장-29장은 다윗이 왕으로서 하나님을 어떻게 섬기며 행했는지를 기록합니다. 사울의 죽음을 먼저 언급한 것도 그로 인해 다윗이 왕이 되는 길이 열렸기 때문입니다. 다윗이 왕이 된 것은 하나님의 계획이었습니다(11:1-3). 다윗이 왕이 되고 그의 공적으로 여부스 땅을 취한 것을 먼저 언급한 것은 그 땅이 예루살렘으로 일컬어지며 '다윗성' 또는 '시온성'이라고 불리게 되기 때문입니다. 이는 훗날 시온성에 오시어 다스릴 메시아를 바라보게 하기 위함이지요.

다윗을 도와서 나라를 세운 용사들의 이름이 열거되지만 먼저 알아야 할 것은 승리는 이들로 인한 게 아니라 만군의 여호와로 말미암음을 보여줍니다. 이는 "만군의 여호와께서 함께 계시니 다윗이 점점 강성하여 가니라"(11:9)의 말씀을 먼저 언급하고, 그후에 용사들의 이름이 열거되는 것으로 알 수 있습니다.

또한 다윗이 하나님의 언약궤를 옮기고, 성전 건축을 준비하며, 레위 사람들의 직분과 제사장 직분을 기록하고, 대성가대와 성전 문지기와 성전 곳간을 맡은 자들, 그리고 성전 건축을 지시하는 것 등이 중심 내용입니다.

다윗은 시온성 준비하고(11장), 언약궤를 옮깁니다(15,16장), 레위인들(23장), 제사장 직분(24장), 성가대(25장), 성전 사역자들(26장)을 준비하고 성전 건축 지시와 함께 성건 건축 설계도를 솔로몬에게 줍니다(28장). 성전 건축에 쓸 물건을 준비합니다(29장). 다윗뿐만 아니라 백성들도 함께 준비하며 자원하여 즐겁게 드립니다. 억압이나 강요로 드린 게 아니며 미리 준비한 것을 인색함없이 풍성하게 드립니다.

3. 솔로몬의 다스림

역대하 1장-9장은 왕으로서의 솔로몬의 통치 모습과 특별히 성전을 건축하는 과정을 자세히 설명합니다. 솔로몬은 아버지 다윗에 이어 이스라엘의 왕이 되었습니다. 하나님께서 그에게 특별한 지혜와 지식을 주십니다(1장). 솔로몬이 성전 건축을 하기로 결심하고 함께 일할 일꾼을 선정합니다(2장). 그리고 모리아산에 성전 건축을 시작합니다(3장). 성전 안에 있는 물건들의 목록(4장)과 드디어 성전이 완공되어 언약궤를 지성소에 둡니다.

마치 시내산 아래에서 모세에 의해 성막이 완성되었을 때 구름이 성막을 덮고 하나님의 영광이 충만하셨던 것같이 솔로몬에 의해 완성된 성전에도 하나님의 영광이 가득했습니다(5장). 제사장들이 능히 서서 하나님을 섬기지 못할 정도였으니 얼마나 영광스럽고 아름다웠을까요!

완성된 성전에서 솔로몬은 온 이스라엘 회중을 축복하고 하나님을 향해 손을 펴고 기도합니다(6장). "나의 하나님이여 이제 이곳에서 하는 기도에 눈을 드시고 귀를 기울이소서"(6:40). 솔로몬이 기도를 마치니 하늘에서 불이 내려와 번제물과 제물을 사르고 여호와의 영광이 성전에 가득했습니다. 온 회중이 이를 보고 하나님께 엎드려 경배했습니다.

그들은 성전 낙성식을 7일간 행했고, 하나님은 그들에게 놀라운 약속을 하십니다. "혹 내가 하늘을 닫고 비를 내리지 아니하거나 혹 메뚜기들에게 토산을 먹게 하거나 혹 전염병이 내 백성 가운데에 유행하게 할 때에 내 이름으로 일컫는 내 백성이 그들의 악한 길에서 떠나 스스로 낮추고 기도하여 내 얼굴을 찾으면 내가 하늘에서 듣고 그들의 죄를 사하고 그들의 땅을 고칠지라"(7:13,14).

4. 유다 왕들의 다스림

역대기의 네 번째 부분인 역대하 10장-36장은 유다 왕들의 역사에 대해 말합니다. 역대하는 예루살렘 성전의 건축으로 시작하여 예루살렘 성전의 파괴로 마칩니다. 하나님의 영광이 성전에 충만히 임함으로 시작하여 하나님의 영광이 성전에서 떠남으로 마칩니다.

이같이 명백하게 나타나는 구별은 하나님을 경외하는 것과 악을 행하는 것에서 그 이유를 찾을 수 있습니다. 유다 왕들의 역사는 하나님을 경외하는 왕들과 그로 인해 하나님의 축복과 형통함의 일들이 악을 행하는 왕들의 역사와 그로 인해 빠져린 고통이 뒤따르는 것을 보여줍니다.

여전히 북이스라엘이 존재하고 있지만 하나님께서 북이스라엘의 역사를 기록하지 않으시고, 전적으로 남유다 왕국에 관해서만 초점을 맞춰 말씀하시는 이유도 여기에 있습니다. 하나님께 충성된 삶을 사는 것이 얼마나 중요한지는 왕들의 역사를 통해서 알 수 있습니다. 하나님은 모든 왕들을 축복하시며 그들이 형통하게 살기를 원하시지만 그 선택은 오직 왕 자신에게 있었습니다. 그들 스스로 선택하여 자신과 나라의 앞날을 결정했습니다.

솔로몬의 평화로운 통치 이후 이어지는 왕들의 통치는 그들의 선택의 결과입니다. 르호보암은 하나님의 말씀을 버리고, 하나님을 구하지 아니하고, 악을 행합니다(10장-12장). 아비야는 비록 3년이라는 짧은 통치였으나 하나님을 의지하여 여로보암의 군대를 굴복시킵니다(13장). 반면에 아사는 41년을 다스리며 남유다 왕국의 첫 개혁자가 됩니다. 그가 하나님을 구하였기에 하나님은 유다 사방에 평안을 주십니다. 그러나 말년에 하나님을 의지하지 않음으로 병들어 죽습니다(14장-16장).

여호사밧은 가장 다윗을 닮은 왕입니다. 전심으로 하나님을 구했기 때문이지요. 그가 추진한 개혁의 중심은 언제나 하나님의 말씀이었습니다(17:7-9). 하나님의 말씀은 다림줄과 같아서 우리의 삶의 기준을 제시합니다. 무너뜨려야 할 것과 다시 세워야 하는 것을 보여줍니다. 하나님은 유다 사방으로 평안을 주셨습니다(17장). 한 가지 여호사밧에게서 아쉬운 것은 아합 가문과의 혼인이 올무가 된 것입니다(18장-19장).

여호사밧이 아람의 군대와 싸워 승리를 얻는 아름답고 감격적인 장면이 있습니다. 승리의 요인은 바로 하나님을 찬양한 것에 있습니다(20장). 여호사밧의 아들과 손자인 여호람과 아하시야의 악하고 불경건한 통치는 나라를 혼란에 빠뜨립니다. 이들은 어처구니없게도 다윗의 길로 행하지 않는 것에서 더 나아가 아합의 길로 행했습니다. 왜냐하면 이들의 아내요 어머니가 아합의 딸이었기 때문이지요(21장-22장). 그래서 가정 안에서의 여자의 영향력이 아주 중요합니다.

유다 왕 요아스와 아마샤는 하나님의 얼굴을 전심으로 구하지 않았습니다. 그래서 요아스는 아람 군대에게, 아마샤는 북이스라엘에게 패합니다(24장-25장). 웃시야는 52년이라는 가장 긴 통치를 했습니다. 그가 하나님을 찾을 동안에는 하나님이 그를 형통케 하십니다. 그러나 그가 자기 힘으로 강해진 줄로 착각하여 교만해지고 범죄하자 나병에 걸려 평생 하나님의 전에서 끊어져 별궁에서 살게 됩니다(26장). 요담은 하나님의 얼굴을 구했으나 아쉽게도 하나님의 전에는 들어가지 않았습니다(27장). 아하스는 오히려 이스라엘 왕들이 길로 행하여 우상을 섬겼습니다. 그 결과 그는 사방으로 환난을 당합니다(28장).

히스기야는 강력한 부흥을 주도했습니다. 성전을 정결하게 하고 예배를 회복했으며 유월절을 지켰습니다. 부흥의 중심에는 하나님의 말씀의 회복과 십일조의 회복이 있었습니다. 히스기야 당시에 북이스라엘을 멸망하게 한 앗수르의 군대를 하나님이 직접 치시어 앗수르 왕조는 쇠퇴기로 접어들게 되지요. 그는 말년에 교만했다가 다시 회개합니다. 그러자 하나님은 그를 평생 형통한 자가 되게 하십니다(29장-32장). 반면에 그의 아들 므낫세와 손자 아몬은 악을 행합니다(33장).

요시야는 유다 왕국의 마지막 시기에 다시 한 번 부흥을 주도한 왕입니다. 그 부흥의 중심에도 말씀의 회복이 있었습니다. 성전을 정결하게 하고 유월절을 지켰습니다(34장-35장). 그러나 그의 아들들인 여호아하스, 여호야김, 여호야긴, 시드기야가 악을 행하여 나라를 파멸로 몰아가 결국 바벨론에 의해 멸망합니다(36장).

유다 왕국의 네 시기

솔로몬 이후 르호보암 시대부터 멸망하기까지의 남유다 왕국을 네 시기로 구분할 수 있습니다.

첫 번째는 남북 갈등 시기입니다. 르호보암 이후로 남북이 끊임없이 갈등하면서 전쟁이 이어졌습니다.

두 번째는 남북 화해 시기입니다. 4대째인 여호사밧 왕 때 북이스라엘의 아합 왕의 딸 아달랴와 여호사밧 왕의 아들 여호람이 결혼하면서 한동안 남북은 화해 가운데 있게 됩니다.

세 번째는 앗수르에게 시달리는 시기입니다. 히스기야의 아버지인 아하스 왕을 시작으로 히스기야와 므낫세와 아몬까지 4대에 걸쳐서 유다 왕국은 앗수르에게 끊임없이 시달립니다. 그러나 히스기야 왕 때 하나님께서 앗수르의 손에서 건지시고 보호하십니다.

앗수르는 600년을 이어온 아주 강한 국가입니다. 그런 앗수르가 신흥 국가인 바벨론에 의해 멸망하게 된 원인은 히스기야 왕 때 있었던 전쟁 때문입니다. 히스기야 때 이사야가 선지자로서 사역을 했습니다. 그는 유다의 왕들에게 오직 하나님만 의지하고 앗수르를 의지하지 말라고 권면합니다. 처음에는 히스기야가 이사야의 경고를 듣지 않고 북방의 앗수르나 남방의 애굽을 의지하면서 유다 왕국은 두 왕국에게 시달립니다.

그러나 그는 통치 말기에 이사야에게 도움을 청해서 하나님께 간절히 기도했고, 그 기도를 들으신 하나님께서 앗수르 왕의 손에서 건져주십니다. 앗수르 군대의 18만 명 이상의 군인이 한 번에 죽었습니다. 역사가들은 이것을 가리켜 말하기를 흑사병이나 혹은 아주 심각한 전염병이 돌았다고 말하기도 합니다.

결국 유다 왕국을 괴롭혔던 앗수르 왕 산헤립은 자기의 나라로 돌아가서 아들에 의해 살해당합니다. 산헤립이 죽고 앗수르 왕국은 급격한 쇠퇴기로 접어들면서 바벨론에 의해 멸망합니다.

네 번째는 바벨론에게 시달리다 망하는 시기입니다. 요시야로부터 마지막 왕 시드기야까지 유다 왕국은 끊임없이 바벨론에게 시달림을 받습니다. 바벨론에 제1차, 제2차, 제3차에 걸쳐서 포로로 잡혀갑니다. 그때 선지자 예레미야는 이스라엘 백성이 바벨론으로 사로잡혀갈 것을 예언합니다. 또한 하나님이 반드시 그들을 예루살렘으로 돌아오게 하실 것도 예언하지요. 그리고 그의 예언대로 바벨론에 포로 된 70년 후에 이스라엘 백성은 돌아와 성전을 건축하며 나라를 새롭게 합니다.

음성 강의
역대상하

말씀 개요

대상	
1장-9장	족보
1장-3장	아담에서 다윗까지
4장-8장	각 지파의 족보
9장	포로에서 돌아온 자들
10장-29장	다윗의 다스림
10장	사울
11장-21장	언약궤와 언약
22장-29장	성전 건축 준비

대하	
1장-9장	솔로몬의 다스림
1장	솔로몬의 취임
2장-7장	성전 완공
8장-9장	솔로몬의 영광
10장-36장	유다 왕들의 다스림
10장-13장	왕국 분열
14장-35장	개혁자인 다섯 명의 왕
36장	유다의 멸망 이후

성경 본문
역대상하

100일 통독

	CHECK
34일 역대상 1장-10장	☐
35일 역대상 11장-20장	☐
36일 역대상 21장-29장	☐
37일 역대하 1장-10장	☐
38일 역대하 11장-20장	☐
39일 역대하 21장-28장	☐
40일 역대하 29장-36장	☐

에스라 성전 재건과 부흥운동

E Z R A

에스라서에는 이전과는 다른 유대의 모습이 그려집니다. '사무엘, 열왕기, 역대기'를 통해 이스라엘 왕국 시대의 모습을 보았습니다. 왕들의 통치 모습과 열왕기하의 마지막 장과 역대하의 마지막 장에서 북이스라엘과 남유다가 멸망하는 모습까지 보았습니다. '이제 모든 것이 끝났구나' 하는 절망에 들어갑니다. 그러나 역대하 36장은 바벨론 포로의 기간을 마치고 이스라엘 백성이 예루살렘으로 돌아오는 장면으로 마칩니다.

그것은 마치 마른 뼈들이 다시 살아나는 에스겔의 환상을 보는 듯합니다. 포로의 멍에가 벗겨지고 자유의 몸을 입은 것이지요. 달라진 게 있다면 더 이상 왕들의 이야기는 없다는 것입니다. 그들의 머리에 있던 왕관이 벗겨진 것이지요. 그러나 선지자들은 포로 시대에도 여전히 그들과 함께 있습니다. 그들은 포로 귀환 때도 함께하며 예루살렘의 성전과 성벽의 회복을 이끌어줍니다.

재건과 회복

에스라서는 크게 두 개의 내용으로 구성됩니다. 첫 번째는 제1차 바벨론 포로 귀환자들이 돌아와서 무너진 성전을 재건하는 과정의 기록입니다. 이것을 '제2의 출애굽'이라고도 합니다. 두 번째는 제1차 포로 귀환자들이 돌아온 지 약 80년 후, 즉 스룹바벨 성전이 건축된 지 60년 후에 제2차 포로 귀환자들이 돌아와서 재건된 성전에서 하나님의 백성답게 사는 삶의 회복이 기록되어 있습니다.

제1차 포로 귀환자들의 활동

1장-6장에서 하나님께서 예레미야를 통해 이미 말씀하신대로 이스라엘 백성이 바벨론에 포로로 끌려간 지 70년 만에 귀환하게 됩니다. 강력했던 바벨론 제국이 멸망하고 새로운 제국인 바사가 등장합니다. 바사는 지금의 이란을, 바벨론은 오늘날 이라크를 중심으로 있던 국가입니다.

역사상 가장 강력했던 제국을 말한다면 바벨론이라고 할 수 있습니다. 정치와 경제, 문화와 예술, 점성술과 의학 등 여러 영역에서 뛰어난 왕국이었지요. 그런데 놀랍게도 가장 오랫동안 지속될 것처럼 보이던 바벨론 제국은 100년이 채 안 되는 짧은 시간에 멸망합니다. 그리고 새로운 제국인 바사가 일어나지요. 바사를 일으킨 첫 번째 왕인 고레스가 왕이 되던 해, 그는 이스라엘 백성의 귀환을 명령하며 말합니다.

"하늘의 하나님 여호와께서 세상 모든 나라를 내게 주셨고 나에게 명령하사 유다 예루살렘에 성전을 건축하라 하셨나니 이스라엘의 하나님은 참 신이시라 너희 중에 그의 백성 된 자는 다 유다 예루살렘으로 올라가서 이스라엘의 하나님 여호와의 성전을 건축하라 그는 예루살렘에 계신 하나님이시라"(1:2,3).

그는 세상의 주권자가 누구인 줄 알았습니다. 또한 자신의 사명을 알았습니다. 하나님은 고레스가 세상에 오기 약 150년 전에 이사야 선지자를 통해 이미 말씀하셨습니다(사 45:1-3). 뿐만 아니라 그는 성전 건축에 필요한 모든 재료를 공급하고, 이전에 예루살렘 성전에서 옮겨왔던 성전의 보물도 다 가지고 가도록 했습니다(1:5-11).

예레미야를 통해 말씀하신 대로 하나님은 그들의 모든 죄를 용서하시고 회복하십니다. 하나님은 신실하시고 긍휼이 많으시고 은혜로우십니다. 그분의 마스터플랜을 위해 나라들을 세우기도 폐하기도 하시며, 왕들을 세우기도 폐하기도 하십니다. 하나님은 역사의 주인이십니다.

B.C.536년에 총독 스룹바벨과 제사장 예수아가 포로 귀환자들 4만 9,897명을 이끌고 예루살렘으로 돌아와 무너진 성전을 건축하기 시작합니다. 그때 유다 땅에 살던 이방인들도 성전 재건에 동참하겠다고 요청합니다. 북이스라엘이 앗수르에 의해 멸망했을 때 앗수르 왕이 이스라엘 사람들을 앗수르의 여러 지역으로 흩어지게 하지 않고 이방인을 북이스라엘 지역에 와서 살도록 했을 때 옮겨왔던 사람들이지요. 그러나 그들은 성전 재건 동참에 거절당합니다.

그러자 그들은 성전 건축을 방해하기 시작했습니다. 심지어 관리들에게 뇌물을 주어 건축 계획을 막기도 했습니다. 또한 이들은 고레스에 이어 왕이 된 아하수에로(4:6,7, 그는 '캄비세스'라고 불림)에게 고발하는 편지를 보냅니다(4:7-16). 그래서 아하수에로가 성전 건축을 금지하는 조서를 내립니다(4:17-22).

이런 반대에 부딪혀서 성전 건축은 기초를 놓은 후에 중단됩니다. 그리고 중단된 지 16년 만에 학개와 스가랴 선지자들의 격려로 다시 공사를 시작합니다. 이것을 알아차린 주변 사람들은 아하수에로에 이은 바사 왕 다리오에게 편지를 보내어 공사 중단을 명령해주길 요청하지요. 이번에 편지를 보낸 사람들은 이전보다는 훨씬 신사적이어서 고레스가 건축을 허락한 것이 사실인지를 확인해달라고 요청했습니다(5:6-17). 다리오 왕은 문서기록 보관소에서 고레스의 조서를 발견하고,

오히려 성전 재건을 허락하는 조서를 내립니다(6:1-12).

드디어 공사를 재개한 지 4년 후, 포로 귀환 후 20년 만에 성전이 완공됩니다. 성전이 봉헌되고, 이스라엘 백성들은 유월절을 지키게 되었습니다. 솔로몬 성전이 파괴된 지 70년 만에 스룹바벨에 의해 성전이 지어진 것입니다.

제2차 포로 귀환자들의 활동

두 번째 부분인 7장-10장에서 시간상으로 7장이 6장의 연속이라고 생각할 수 있지만 6장과 7장 사이에는 60년이라는 긴 공백이 있었습니다. B.C.458년 바사 왕 아닥사스다가 왕으로 있을 때, 즉 성전이 완공된 후 약 60년이 지난 다음에 에스라의 지도하에 제2차 포로자들 1,754명이 귀환합니다. 제1차와 제2차 포로 귀환의 시간 차이는 무려 78년입니다.

에스라가 예루살렘에 왔을 때 그곳의 상황을 보면서 나라를 개혁할 마음을 가집니다. 왜냐하면 제1차 포로 귀환자들이 돌아와서 성전을 건축하고 성전 중심으로 살았지만 영적 삶이 점점 희미해지고 열정도 식어가고 있었기 때문입니다. 이미 스룹바벨과 예수아는 죽었고, 제1차 귀환자들의 대부분도 생존하지 않았습니다. 바벨론 포로 시절을 경험하지 않은 제2, 3세대가 그 땅에서 태어나 살고 있었습니다. 그들은 학개와 스가랴에 대해서도 듣지 못한 세대였지요. 하나님은 에스라를 통해 이들이 다시금 영적인 열정을 회복하기를 원하셨습니다.

에스라는 아론의 16대손 제사장입니다. 그는 말씀에 익숙한 성경 학자였습니다. 바사 왕 아닥사스다는 조서에 특히 에스라를 지목하여 예루살렘의 회복을 위해 일하고, 그 일에 필요한 모든 것을 그에게 공급하라고 명합니다(7:11-26). 아닥사스다는 에스라가 성경 학자인 줄 익히 알고 있다는 것이 그 조서에 나타나 있습니다. 그리고 그가 할 일이 말씀으로 그 땅에 부흥을 주는 것임도 알았습니다.

하나님의 경륜은 참으로 놀랍습니다. 바벨론을 무너뜨린 바사가 세워지면서 첫 번째 왕인 고레스에게 스룹바벨과 예수아를 중심으로 예루살렘 성전을 건축하게 하시고, 이를 위해 바사 전체가 쓰임 받게 하십니다. 또한 약 80년이 지난 후 아닥사스다를 움직여 에스라를 중심으로 예루살렘 부흥을 일으키게 하고, 다시 바사 왕국이 쓰임 받게 하셨지요.

우리는 하나님을 신뢰해야 합니다. 하나님은 역사의 주인이시며, 언제나 그분의 일을 이루십니다. 그분의 뜻을 이루기 위해 사람을 부르시고, 왕들을 사용하시며, 나라들을 움직이십니다. 우리는 지금 하나님이 하시는 일이 무엇인지 알아서 그 일에 참여해야 합니다. 또한 앞으로 하실 일이 무엇인지를 알아서 적극적으로 준비해야 합니다. 그리고 시대를 볼 줄 알아야 합니다.

"잇사갈 자손 중에서 시세를 알고 이스라엘이 마땅히 행할 것을 아는 우두머리가 이백 명이니 그들은 그 모든 형제를 통솔하는 자이며" 라고 말씀하심같이(대상 12:32), 우리는 시대를 꿰뚫어보는 통찰력이 있어야 합니다. 이를 위해 하나님께 구해야 합니다. 하나님은 어느 시대에나 그분의 일을 멈춘 적이 없으십니다.

말씀의 회복

에스라가 중점적으로 한 것은 하나님 말씀의 회복입니다. 성전이 건축되었다고 모든 것이 끝난 게 아니라 건축 후에 하나님 중심의 삶을 살려면 말씀이 회복되어야 합니다.

에스라는 하나님의 말씀을 연구하고, 준행하고, 가르치기로 결심합니다(7:10). 에스라에게 우리가 배워야 할 점은 그가 말씀을 연구하고 바로 가르친 게 아니라 말씀을 먼저 그의 삶에 적용했다는 것입니다. 우리도 말씀을 따라 준행하며 말씀을 경험해야 합니다. 공부하고 훈련받는 목적은 지식의 증가에 있는 게 아니라, 예수 그리스도를 경험하는 데 있습니다. 말씀에 순종하여 사는 것입니다. 그렇게 될 때 말씀을 다른 사람들에게 전하며 가르칠 수 있습니다. 이것이 말씀을 대할 때 가져야 하는 올바른 자세입니다.

먼저 말씀을 공부하여 알고, 말씀을 내 삶에 적용하고, 경험된 말씀을 다른 사람들에게 전하는 것이지요. 그럴 때 하나님의 말씀은 힘이 있고, 사람들을 변화시킬 수 있습니다. 에스라가 바로 그런 사람이었습니다. 나라를 새롭게 하기 위해 그가 먼저 말씀을 연구하고 실천했으며, 온 이스라엘에 말씀을 전함으로 나라 전체가 말씀의 부흥으로 견고하게 되도록 힘썼습니다.

영적개혁 운동

1장-6장의 내용은 바벨론 제1차 포로 귀환자들이 돌아와 성전을 재건하는 것이지만 당시 에스라는 존재하지 않았습니다. 제1차 포로 귀환자들이 돌아온 지 약 80년 후에야 제2차 포로 귀환자들이 간 것입니다. 에스라는 처음 6장까지는 이전에 있었던 역사를 다시 기록하고, 제2차 포로 귀환자들과 함께 돌아와서 나라를 새롭게 하는 일에 힘씁니다.

오늘날 우리에게 필요한 것은 우리의 상황 가운데 영적 부흥이 일어나는 것입니다. 하나님 중심의 삶이 필요합니다. 열정을 가지고 주를 섬기면서 힘 있게 살며 세상에 영향을 주길 원합니다. 그러기 위해 지금 우리에게 가장 중요한 것은 말씀의 회복입니다. 말씀을 공부하고, 말씀에 순종하고, 우리의 모든 삶의 영역을 그 기반 위에 세우기 시작할 때 비로소 개인과 가정과 나라가 건강해지고, 교회가 활기있게 세상에 영향을 주게 될 것입니다.

음성 강의
에스라

말씀 개요

1장-2장	제1차 포로 귀환
3장-6장	성전 재건과 예배의 회복
7장-8장	제2차 포로 귀환
9장-10장	말씀 회복과 영적 부흥

성경 본문
에스라

100일 통독

CHECK

41일 에스라 1장-10장 ☐

느헤미야 예루살렘 성벽의 재건

N E H E M I A H

히브리어 원전原典에는 에스라서와 느헤미야서가 한 권으로 되어 있습니다. 그래서 많은 학자들은 느헤미야서도 에스라가 기록했을 것이라고 봅니다. 70인역에는 에스라서를 '에스라일서', 느헤미야서를 '에스라이서'라는 표제까지 달았습니다. 에스라가 포로에서 귀환하여 말씀의 부흥을 일으키기 시작한 지 13년 만에 느헤미야가 총독으로 예루살렘에 부임합니다.

에스라가 학자 겸 제사장으로서 영적 지도자라면 느헤미야는 총독으로서 정치적 지도자입니다. 에스라가 말씀의 회복을 위해 힘썼다면 느헤미야는 예루살렘의 성벽을 재건하기 위해 힘썼습니다. 이 둘은 한 나라의 회복을 위해 수고한 대표적 인물입니다.

성벽 재건

에스라가 귀환하여 말씀 중심의 개혁을 하면서 큰 부흥을 일으켰지만 여전히 예루살렘의 백성들은 불안에 떨며 살고 있었습니다. 성전도 건축되고, 말씀 개혁도 일어났지만 예루살렘 성벽이 재건되지 않았기 때문이지요. 성벽은 무너져 있고 성문은 불타서 수시로 원수들에게 공격받는 상황입니다. 스룹바벨의 인도 아래 제1차 포로 귀환이 있은 지 거의 100년쯤 지나서야 비로소 성벽 재건의 필요성을 보게 된 것입니다.

느헤미야는 포로에서 귀환한 유대인들이 성전도 재건하고 말씀의 부흥 가운데 있지만 여전히 불안해 한다는 소식을 듣고 마음이 아팠습니다. 그는 금식기도를 하면서 하나님께 자기를 예루살렘에 보내시어 무너져 있는 성벽과 성문을 재건할 수 있는 기회를 달라고 간절히 요청합니다(1장).

느헤미야는 바사의 왕도인 수산 궁에 있었고, 아닥사스다의 술 관원이었습니다(1:1,11). 당시의 술 관원은 왕의 신임을 받는 상당한 지위였지요. 아닥사스다는 조서를 내려 에스라가 예루살렘의 회복을 위해 힘쓰도록 한 하나님을 경외하는 왕이었습니다.

어느 날 왕이 느헤미야의 얼굴에 근심이 있는 것을 보고 이유를 묻습니다. 그는 왕에게 예루살렘의 형편을 말하고, 자기가 그곳에 가서 성벽을 건축할 수 있도록 해달라고 청합니다. 기한을 정하고, 조서를 내려주고, 성벽 건축에 필요한 쓸 재목 등 세 가지를 요청하지요. 아닥사스다는 느헤미야에게 총독의 자격으로 예루살렘에 가서 성벽과 성문을 재건하도록 허락하고 조서를 내려 그의 일을 돕습니다.

에스라가 갈 때는 아닥사스다 7년이었고(스 7:7,8), 느헤미야는 아닥사스다 20년, 즉 에스라보다 13년 후에 예루살렘에 오게 됩니다(2:1). 이로써 두 사람이 예루살렘의 부흥을 위해 함께 힘썼다는 것을 알 수 있습니다.

성벽 재건을 시작하다

느헤미야는 작은 무리들을 이끌고 예루살렘으로 갑니다. 이것을 제3차 포로 귀환이라고 합니다. 제1차 포로 귀환 때는 스룹바벨을 중심으로 예루살렘 성전을 건축했고, 제2차 포로 귀환 때는 에스라를 중심으로 말씀의 회복이 일어났습니다. 그리고 제3차 포로 귀환에는 느헤미야를 중심으로 예루살렘 성벽을 재건합니다.

세 차례에 걸친 포로 귀환자들의 사역을 통해 우리 개인의 삶이나 교회 공동체나 사회 공동체 가운데 무너진 영역을 어떻게 회복할 것인가를 볼 수 있습니다. 스룹바벨의 성전 건축은 하나님 중심의 삶의 회복입니다. 하나님과의 친밀감의 회복입니다. 에스라의 말씀 회복은 개인이나 교회 공동체, 그리고 사회의 모든 영역에 말씀을 기반으로 회복이 일어남을 말합니다.

개인의 삶과 하나님과의 관계에 회복이 있음에도 끊임없이 우리의 삶을 괴롭게 하는 것은 성품의 변화가 더디다는 것입니다. 느헤미야의 성벽 건축 과정은 우리의 성품이 하나님의 성품으로 형성되어가는 과정이며, 사회의 모든 영역이 하나님의 성품으로 새롭게 세워져가는 과정입니다.

다시 말해 정치 영역에는 하나님의 공의가, 경제 영역에는 하나님의 정직이, 교육 영역에는 하나님의 지혜가, 매스미디어 영역에는 하나님의 진실이, 축제 영역 즉 예술과 스포츠와 연예 등에는 하나님의 거룩이, 교회에는 하나님의 긍휼과 경건이, 과학기술 영역에는 하나님의 창조가, 가정에는 하나님의 사랑의 성품이 세워져야 합니다.

제3차에 걸친 포로 귀환의 과정을 통해 하나님은 개인의 삶의 회복과 교회 공동체의 회복, 그리고 교회가 사회 공동체에 영향을 주어 올바른 기반 위에 사회가 세워지도록, 교회를 통해 일하십니다.

3장은 성벽과 성문 건축에 대해서 보여줍니다. 처음에 양문으로 시작해서 어문, 옛 문, 골짜기문, 분문, 샘문, 수문, 마문을 거쳐 처음 공사를 시작했던 양문에 연결되기까지 예루살렘 성벽 전체를 한 바퀴 돌아 모든 공사를 마칩니다. 성벽과 성문 건축에서 누가 무엇을 했는지, 참가한 사람들의 명단이 자세하게 기록되어 있습니다. 그들의 직업과 출신 지역까지 기록되어 있습니다.

그 명단에는 제사장들, 금장색과 향품장사 상인들, 사업가들, 도지사나 군수 같은 높은 위치의 사람들도 다수 참여했습니다. 사회의 다양한 부류의 사람들이 함께 참여한 것이지요. 이들은 성벽을 중수할 때 빛내서 하는 것이 아니라 자기가 할 수 있는 만큼 각자가 최선을 다했습니다. 어떤 사람은 조금, 어떤 사람은 많이 성벽 중수에 참여했지요. 또한 한 지역이 아니라 여러 지역의 사람들이 골고루 참여했습니다.

참가자의 이름을 누구의 아들, 또는 누구의 아들이며 누구의 손자라고 정확히 표기했습니다. 왜냐하면 동명이인일 경우에 혼동하지 않게 하기 위해서입니다. 하나님께서는 크든 작든 내 모든 수고를 기억하시고, 하나님의 책에 기록하신다는 것을 이를 통해 알 수 있습니다.

느헤미야서에는 성벽이 건축되어가는 과정이 그려져 있습니다. 느헤미야는 한편으로는 성벽을 건축하면서, 다른 한편으로는 방해꾼들에 대해 방비하면서 건축 공사를 완공합니다.

성벽 재건의 방해자들

성벽 건축의 방해꾼들을 어떻게 해결했는가가 바로 4장-6장에 나옵니다. 이방 사람들이 성벽 중수를 방해했습니다. 느헤미야는 이런 방해 속에서 조금도 지체하지 않고 계속 성벽을 재건해갑니다. "그때로부터 내 수하 사람들의 절반은 일하고 절반은 갑옷을 입고 창과 방패와 활을 가졌고 민장은 유다 온 족속의 뒤에 있었으며 성을 건축하는 자와 짐을 나르는 자는 다 각각 한 손으로 일을 하며 한 손에는 병기를 잡았는데 건축하는 자는 각각 허리에 칼을 차고 건축하며 나팔 부는 자는 내 곁에 섰었느니라"(4:16-18).

또한 이들은 헛소문을 퍼뜨립니다. 없는 말을 지어내어 비방하고 관리들에게 뇌물을 주면서 방해합니다. 이들은 느헤미야와 함께 공사하는 사람들의 마음을 두렵게 하고, 손을 피곤하게 하여 공사를 중단하려고 합니다(6:1-14). 느헤미야는 마음을 견고하게 하고 계속 진행하며 수시로 하나님께 기도했습니다. "이제 내 손을 힘 있게 하옵소서"(6:9).

거짓 선지자들도 방해 공작에 합세합니다. "내 하나님이여 도비야와 산발랏과 여선지 노아댜와 그 남은 선지자들 곧 나를 두렵게 하고자 한 자들의 소행을 기억하옵소서"(6:14).

느헤미야는 하나님께서 말씀하신 이 사업에 조금도 지체하거나 머뭇거리거나 낙심하지 않았고 끝까지 이루어나갔습니다. 건축하면서 동시에 파수꾼들을 세워서 방해꾼들을 제거해나갔지요. 하나님께서 우리에게 말씀하신 뜻을 이루고자 할 때 방해가 있다면 우리는 영적전쟁과 중보기도를 하면서 하나님의 도우심을 입으며 끊임없이 일을 처리해야 합니다. 주어진 일을 부지런히 하는 동시에 깨어 기도하며, 낙심하지 말아야 합니다.

성벽 건축의 또 다른 방해는 내부에 있었습니다. 가난한 자들이 총독 느헤미야에게 자신들이 처한 곤경을 호소했습니다. 당시는 흉년이어서 돈을 빌리면 연 12퍼센트의 높은 이자를 내야만 했습니다(5:7,11). 또한 토지와 집을 저당잡혀야 했지요(5:3,4). 심지어 노예로 팔리기도 했습니다(5:5). 이러한 상황들이 성벽 건축을 더디게 했습니다.

이에 느헤미야가 진상 조사에 나섭니다. 에스라와 느헤미야는 이를 위해 대회를 열었고, 모두 모여 하나님 앞에 나아갑니다. 그리고 이자를 받지 말고, 이미 받은 이자와 땅과 집의 저당물을 돌려주도록 명령합니다. 채권자들은 이에 순종하고 채무자들은 하나님을 찬양했습니다.

또한 느헤미야도 총독으로 재임하는 12년 동안 녹祿을 받지 않았습니다. 그는 바사 궁에서 주는 것으로 제한하고 백성들로부터 정당하게 받을 수 있는 것도 받지 않음으로써 그들의 무거운 짐을 덜어주었습니다(5:14,15).

부흥을 주도한 느헤미야와 에스라

8장-13장은 에스라와 느헤미야가 공동으로 사역하면서 나라를 개혁하고 부흥 운동에 힘쓰는 내용이 나옵니다. 성벽을 완성한 후에 에스라와 느헤미야는 공동 사역을 하면서 부흥 운동을 주도합니다. 회개 운동을 하고, 예배를 새롭게 하고, 하나님을 섬기는 자들의 모든 일들을 다시 재정비하면서 나라를 견고하게 세워갑니다.

에스라와 느헤미야가 서로 연합하여 하나님나라를 세우면서 이들의 지도력이 상승 효과를 가져옵니다. 느헤미야는 에스라처럼 뛰어난 학자가 아니기에 말씀에 능하지 못했을 수도 있습니다. 그러나 그는 정치가로서 역동적이고 능동적으로 주어진 일을 실행하는 데 능숙했습니다. 이와 같은 느헤미야의 열정과 에스라의 영성이 나라를 굳게 세워가는 견인차가 되었습니다.

이들은 나팔절에 수문 앞 광장에서 집회를 열었습니다. 에스라는 특별히 지은 강단에서 하나님의 말씀을 강의했습니다. 또한 오른쪽에 6명, 왼쪽에 7명의 말씀을 가르치는 동역자들을 세워 모두 14명이 이 사역을 진행했지요. 백성들이 자발적으로 모여 아침 6시부터 정오까지 6시간 동안 말씀을 들었습니다(8:1-12). 그들은 말씀을 듣고 감동하여 하나님의 말씀에 순종하기로 응답합니다. 그렇게 집회는 8일간 계속되었습니다. 그들은 광장 앞에 천막을 치고, 한 주간 동안 초막절을 지냈습니다. 에스라는 첫날부터 끝날까지 말씀을 전했습니다(8:13-18).

그달 24일에 이스라엘 자손이 다 모여 아침 6시부터 오후 6시까지

12시간 동안 금식하며 말씀과 기도의 시간을 가졌습니다. 아침 6시부터 9시까지 하나님의 말씀을 듣고, 9시부터 정오까지 기도하고, 오후 3시까지 다시 말씀을 듣고, 저녁 6시까지 기도했습니다(9:3). 말씀을 듣고 죄를 자복하며 하나님께 경배를 드리며 하루를 보냈습니다.

9장 5-38절은 그들이 그날 주 앞에 고백한 놀라운 기도의 내용입니다. 이들은 하나님의 긍휼하심을 의지하여 죄를 고백하며 하나님의 죄 사함과 회복을 구했습니다.

"주께서는 용서하시는 하나님이시라 은혜로우시며 긍휼히 여기시며 더디 노하시며 인자가 풍부하시므로 그들을 버리지 아니하셨나이다"(9:17). 그들은 이러한 하나님의 긍휼하심을 다섯 번이나 언급합니다(9:17,19,27,28,31).

회개 운동의 결과는 개인과 교회 공동체와 사회 공동체 차원에서 하나님의 말씀에 따라 순종하며 행하는 것입니다. 그들은 말씀에 즉시, 온전히, 기쁘게 순종했습니다. 그리고 하나님과 거룩함의 삶을 약속했습니다. 특히 모든 빚을 탕감하기로 결정합니다(10:31). 십일조에 대해 여러 번 언급하며, 이것의 중요성도 보여줍니다(10:37-39, 12:44, 13:5,12).

음성 강의
느헤미야

말씀 개요

1장-2장	**느헤미야의 성벽 재건 준비** 상황을 파악하고 계획을 세움
3장-7장	**느헤미야의 성벽 재건 완성** 안팎의 방해를 해결, 공사를 무사히 마침
8장-10장	**느헤미야가 에스라와 함께 부흥을 이끎**
11장-13장	**부흥에 참가한 사람들과 완성함** 안팎의 방해를 해결하며 부흥을 주도함

성경 본문
느헤미야

100일 통독

CHECK

42일 느헤미야 1장-13장 ☐

에스더 전화위복의 주역

E S T H E R

에스라서와 느헤미야서를 통해 하나님께서 어떻게 백성들을 돌보시고, 포로로 끌려갔던 그들을 예루살렘으로 돌아오게 하셨는지를 볼 수 있습니다. 그리고 그들을 통해 어떤 큰 일이 행해졌는지도 알 수 있습니다. 그렇지만 유대인들이 모두 귀환한 것은 아닙니다. 여전히 이방 땅에 흩어져 사는 이들이 많았지요. 에스더서는 유다 땅으로 돌아간 사람들뿐만 아니라 이방 땅에 흩어져 있는 유대인들도 하나님이 특별하게 돌보신다는 것을 보여줍니다.

에스더서를 누가 기록했는지는 정확하지 않지만 여러 가지 정황으로 볼 때 모르드개가 기록했을 가능성이 가장 높습니다. 왜냐하면 그는 당시 일어난 상황을 가장 자세하게 아는 위치에 있었기 때문이지요. 또한 흩어진 유대인들이 부림절을 어떻게 지키게 되었는지 근거를 제시합니다. 에스더서는 흩어져 있는 모든 유대인들이 하나님의 백성으로 그 땅에서 견고하게 서도록 촉구하고 격려합니다.

음모와 역전

에스더서는 아말렉 사람 하만이 유대인들을 진멸하려던 음모에 관한 이야기입니다. 그러나 하나님의 섭리로 놀라운 반전을 보여줍니다. 유대인들을 진멸하려는 음모가 좌절되고 오히려 음모를 꾸민 자들에게 부메랑처럼 되돌아갑니다. 그래서 진멸 위기에 있던 유대인들이 그 음모를 꾸민 자들을 진멸하는 자리에 있게 됩니다.

에스더서는 사건의 전개를 자세히 설명하면서 하나님이 그 모든 상황 가운데 어떻게 개입하셔서 역사하시는지를 잘 보여줍니다. 그래서 전체적으로 내용이 매우 흥미진진합니다. 책을 한번에 정독하는 것이 이해를 도와줄 것입니다. 가장 어렵고 고통스러운 때라도 하나님은 그 분의 백성에게 믿음과 소망을 주고 격려하며, 그들의 사기를 고취시키십니다. 마치 이스라엘 백성이 애굽에서 나올 때처럼 에스더서 역시 이방 땅에 거주하는 유대인들을 하나님이 놀라운 방법으로 보호하심을 기록한 대역전 드라마입니다.

교체

1장-2장에는 에스더가 왕후가 되는 과정이 나옵니다. 그녀는 바벨론 포로로 잡혀 온 유다인의 자손입니다. 일찍이 고아가 된 그녀를 사촌 오빠인 모르드개가 친딸처럼 양육합니다. 그녀는 용모가 곱고 아리따웠고, 자기를 친딸처럼 양육해준 모르드개를 존경했습니다.

에스더는 하나님의 섭리로 바사 왕국의 왕후가 됩니다. 성경은 그녀가 왕후가 되는 경로를 자세히 설명합니다. 이 부분은 매우 중요한데 나중에 하만의 음모로 유대인이 위기에 처했을 때 모든 것을 풀 수 있는 열쇠를 그녀가 갖게 되기 때문입니다. 하나님께서는 에스더를 왕후가 되게 하셔서 하나님의 구원의 계획을 이루는 것을 보게 하십니다.

대혼란

3장은 하만의 계교에 대한 내용입니다. 아말렉 사람인 하만은 모든 유대인들을 진멸하려는 계교를 꾸밉니다. 그는 아각의 후예입니다. 아각은 아말렉의 통치자를 부르는 호칭입니다(민 24:7). 아마도 하만은 포로로 잡혀 온 아말렉의 왕족일 가능성이 높습니다.

왕은 하만을 총애하여 최측근에 두고 나라의 총리로 삼아 모든 백성들이 그에게 경의를 표하도록 합니다. 하지만 하만은 존경받을 만하지도, 공의롭지도 않았습니다. 그는 오만하고, 다혈질이었고, 복수심에 불타는 사람이었지요. 모르드개는 이런 하만에게 경의를 표하지 않았습니다. 그는 하만이 아말렉 사람임을 알았기 때문이지요.

출애굽기 17장에서 하나님은 아말렉과 대대로 싸우겠다고 맹세하십니다. 또 신명기 25장에는 아말렉이 이스라엘을 어떻게 방해했는지를 반드시 기억해야 된다고 말씀합니다. 그래서 모르드개는 아말렉인에게 경의를 표시하지 않았습니다.

이 때문에 하만은 모르드개뿐만 아니라 모든 유대인을 진멸할 음모를 꾸미게 됩니다. 왕에게서 유대인을 진멸할 전권을 위임받고, 점쟁이들과 의논하면서 살육할 길일吉日을 택합니다. 이때가 에스더가 왕후가 된 지 5년쯤 지난 후였습니다(2:16, 3:7). 그리하여 모든 유대인들을 죽이라는 조서가 작성되어 인쳐지고 포고됩니다. 이때 원수들은 환호성을 지르고, 이 소식을 들은 모든 유대인들은 큰 슬픔에 잠깁니다.

이때를 위함이라

4장에는 유대인들이 크게 고통하면서 근심하는 내용이 기록되어 있습니다. 모르드개를 비롯한 많은 유대인들이 이 소식을 듣고 애통해하며 하나님께 부르짖습니다. 이 일이 에스더에게도 알려지게 되고, 모르드개는 에스더에게 편지를 보내어 조서의 철회를 위해 왕에게 나아가도록 요청합니다.

당시 왕의 부름을 받지 않고 왕에게 나아가는 것은 금지된 사항일 뿐 아니라 매우 위험한 일이었지요. 그러나 에스더는 금식하고 왕에게 나아갈 것을 결정합니다. 모르드개가 이런 에스더에게 말합니다.

"너는 왕궁에 있으니 모든 유다인 중에 홀로 목숨을 건지리라 생각하지 말라 이때에 네가 만일 잠잠하여 말이 없으면 유다인은 다른 데로 말미암아 놓임과 구원을 얻으려니와 너와 네 아버지 집은 멸망하리라 네가 왕후의 자리를 얻은 것이 이때를 위함이 아닌지 누가 알겠느냐" (4:13,14).

모르드개는 에스더에게 왕후의 지위를 주신 것은 바로 이때에 하나님의 백성들을 구원하려고 주신 것이니 그 지위를 십분 활용하여 유대인들을 구원하는 데 앞장 서라고 합니다. 높은 지위에 있는 그리스도인들은 교만하지 않고 겸손함으로 '이때를 위함이 아닌지'를 분별하여 알아야 합니다. 하나님은 그의 일을 위해 그의 백성들을 높이십니다. 이에 에스더가 모르드개에게 응답합니다.

"당신은 가서 수산에 있는 유다인을 다 모으고 나를 위하여 금식하되 밤낮 삼 일을 먹지도 말고 마시지도 마소서 나도 나의 시녀와 더불어 이렇게 금식한 후에 규례를 어기고 왕에게 나아가리니 죽으면 죽으리이다"(4:16).

"죽으면 죽으리이다"라고 한 에스더의 말은 하나님의 백성을 구원하려는 구국의 결단에 대한 고백입니다. 에스더는 3일 동안 금식한 후에 왕에게 나아가기로 결심합니다.

자충수自充手

5장-7장은 모르드개를 죽이려는 하만의 음모가 어떻게 좌절되어가는가를 보여줍니다. 어느 날 아하수에로 왕이 잠이 오지 않아서 역대 왕들의 일기를 읽다가 이전의 모르드개의 공로를 알게 됩니다. 왕을 죽이려는 음모를 그가 알고서 고발했다는 기록입니다.

왕은 마침 밖에 있던 하만을 불러서 이러이러한 공을 세운 사람에게는 어떻게 하면 좋겠느냐고 물었고, 하만은 자기를 가리켜 한 말인 줄 알고서 "가장 높은 자리에 그를 두고 모두에게 존귀함을 받도록 해야 된다"라고 했습니다. 왕은 하만의 의견을 받아들여 그에게 "모르드개가 바로 그런 사람이니 그를 가장 존귀한 사람이 되게 하라"라고 명하지요(6:6-10).

하나님의 그의 백성을 향한 구원의 섭리가 정말 놀랍습니다. 하만이 모르드개를 매달려고 자기 집 뜰에 23미터 높이의 장대를 만들어 세운 그날 밤에 왕이 잠을 이루지 못하게 하시고, 역대 일기를 읽고 모르드개의 공적을 발견하게 하십니다. 뿐만 아니라 왕은 하만이 모르드개를 달려고 장대를 세웠다는 사실을 알게 됩니다. 그래서 왕은 그 장대에 하만을 달게 하지요(7:9).

대역전극

8장-10장에는 모르드개가 높임을 받고, 유대인이 오히려 대적을 진멸하는 대역전의 장면이 나옵니다. 왕은 하만에게 주었던 반지를 빼서 모르드개에게 줍니다. 또한 하만의 모든 재산을 에스더와 모르드개에게 주게 합니다. 에스더는 왕에게 유대인들을 진멸하려는 하만의 악한 꾀를 제거해주기를 구합니다.

그러자 왕이 조서를 내려 유대인 진멸 계획을 취소할 뿐 아니라 유대인들에게 그 대적의 원수를 갚도록 하지요. 수산궁에서 반포된 유대인에 대한 왕의 조서는 두 번 있었습니다. 첫 번째 조서는 1월 13일에 작성된 것으로, 12월 13일에 모든 유대인을 죽일 것을 명하는 내용입니다. 두 번째 조서는 3월 23일에 작성된 것으로, 모든 유대인들이

12월 13일에 그들을 죽이려던 사람들을 진멸하라는 내용입니다.

하만이 택한 길한 날은 흉한 날이 되고, 유대인들에게는 슬픔의 날에서 기쁨과 거룩한 날이 되었습니다. 하만이 유대인들을 진멸하려고 예정했던 그날에 오히려 유대인들이 원수들을 진멸하는 자리로 들어가는 대반전의 사건입니다. 유대인들은 보호를 받았고, 원수들은 도륙을 당한 이날을 '부림절'로 기념합니다. 모르드개는 다음과 같은 글을 바사 각 지방에 보냅니다. "해마다 아달월 십사일과 십오일을 지키라 이달 이날에 유다인들이 대적에게서 벗어나서 평안함을 얻어 슬픔이 변하여 기쁨이 되고 애통이 변하여 길한 날이 되었으니 이 두 날을 지켜 잔치를 베풀고 즐기며 서로 예물을 주며 가난한 자를 구제하라" (9:21,22).

그날은 기쁨의 날이요, 서로 예물을 주는 날이요, 가난한 자를 구제하는 날입니다. 하나님의 구원하심에 대한 감사의 날이요, 긍휼을 입은 자가 긍휼을 베푸는 날입니다. 하나님은 여전히 그의 백성들을 돌보시고, 보호하시고, 인도하십니다. 시편 37편 12,13절에 "악인이 의인 치기를 꾀하고 그를 향하여 그의 이를 가는도다 그러나 주께서 그를 비웃으시리니 그의 날이 다가옴을 보심이로다"라고 말했습니다.

하나님은 백성을 돌보시며 원수를 제거하시고, 백성을 높이시는 것을 명확히 보여주는 게 바로 에스더서입니다. 또한 하나님은 예수 그리스도의 십자가로 말미암아 우리를 저주에서 축복으로, 어두움에서 빛으로, 사망에서 생명으로, 묶임에서 자유함으로 옮기셨습니다.

음성 강의
에스더

말씀 개요

1장–2장	에스더가 바사의 왕후가 되다
1장	와스디 왕후가 폐위되다
2장	에스더가 왕후가 되다
3장–5장	하만의 계교와 에스더의 결단
3장	하만의 계교
4장	에스더의 결단
5장	에스더의 지혜
6장–7장	자충수
6장	하만이 낮아지고 모르드개가 높아짐
7장	자기가 만든 장대에 달리는 하만
8장–10장	대역전극–부림절
8장	모르드개가 높아짐
9장	부림절 수립
10장	후기

CHECK

100일 통독

43일 에스더 1장–10장 ☐

성경 본문
에스더

시가서

'시가서'라고 불리는 욥기, 시편, 잠언, 전도서, 아가서, 이 5권의 책은 앞의 율법서와 역사서, 그리고 뒤에 나오는 선지서들과는 성격이 매우 다릅니다. 이전까지의 책들은 분명하고 쉬운 역사적 사실에 대한 이야기여서 이해하기가 쉽습니다. 그러나 시가서는 마치 고급반의 교재처럼 그 뜻이 숨겨져 있어서 이해하기가 어렵습니다. 그래서 마음과 생각을 집중하여 살펴야 그 안에 숨겨진 보화를 찾을 수 있습니다.

또한 문체와 구성도 다릅니다. 전도서를 제외하면 모두 시로 되어 있습니다. 전도서도 산문체가 아니라 운문체입니다. 욥기는 영웅시英雄詩이고, 시편은 거룩한 노래이며, 아가는 목가시牧歌詩라고도 합니다.

욥기 | 고난의 의미

J O B

욥기와 시편과 잠언은 중요한 내용이 서로 연결되어 있습니다. 욥기는 하나님에 대해 우리가 무엇을 믿어야 하는지, 시편은 하나님께 어떻게 예배하고 헌신하며 친밀감을 유지하는지를 가르칩니다. 또한 잠언은 인생의 모든 국면에서 자신을 어떻게 다스려야 하는지를 구체적으로 가르칩니다.

이 세 권의 책은 연대순으로 나열되어 있지만 신앙생활의 자연스러운 순서에 따라 배치되었다고도 할 수 있습니다. 왜냐하면 우리가 하나님을 아는 지식을 갖게 되면 하나님에 대한 우리의 판단이 올바르게 형성되고 오해들이 바로 잡히며, 하나님 앞에 나아가서 어떻게 예배해야 되는지를 알게 됩니다. 더 나아가면 이 세상에서 어떤 일들을 지혜롭게 선택하며 하나님을 기쁘시게 할 수 있는지도 알 수 있습니다. 그래서 욥기는 교리서, 시편은 찬송과 기도서, 잠언은 실천서라고 말할 수 있습니다.

또한 욥기는 만들어진 이야기fiction가 아니라 실제적인 사실fact을 근거로 쓴 것입니다. 욥은 역사적인 인물로서, 선지자 에스겔은 노아와 다니엘과 함께 그를 나란히 두었습니다(겔 14:14). 욥에 대한 하나님과 사탄의 대화, 그와 친구들과의 대화, 그와 하나님과의 대화는 정확히 사실입니다.

욥기는 깨닫기 어려운 구절들이 많지만 전체적인 내용을 파악하면 우리의 삶에 큰 유익을 줍니다. 하나님을 아는 지식과 하나님의 절대 주권과 섭리를 이해하게 되지요. 또한 우리에게 고난 중의 인내를 가르칩니다. 욥은 특히 자신을 비우시고 십자가의 고난을 받으시고, 결국 고난을 통해 영광에 이르신 예수님의 모습을 잘 보여줍니다.

구조

욥기는 세 부분으로 구성되었는데 전부 논쟁으로 가득합니다.

첫 번째 논쟁은 1장과 2장으로 하나님과 사탄의 사이에서 욥의 믿음에 대한 논쟁입니다. 두 번째는 3장-37장에 나오는 욥과 세 친구들, 그리고 엘리후와의 논쟁이지요. 욥의 고난에 대한 세 친구들의 이해와 욥의 반론입니다. 그리고 세 번째는 38장-42장으로 하나님과 욥의 논쟁입니다. 욥의 믿음에 대한 하나님의 말씀과 욥이 자신과 하나님에 대해 올바르게 알게 되는 내용으로 결론을 짓습니다.

첫 번째 논쟁 부분은 산문체로, 두 번째 긴 내용들은 시로 되어 있습니다. 그리고 세 번째 부분은 다시 산문체로 쓰여 있습니다.

논쟁 1 : 하나님과 사탄

1장-2장은 욥기 전체를 알 수 있는 배경이 설명됩니다. 산문체임에도 불구하고 바로 연극으로 공연할 수 있는 시나리오처럼 구성되어 있습니다.

1장은 크게 세 장면으로 나뉘어져 있습니다.

1-5절의 첫 장면은 욥과 그의 가정을 소개합니다. 그의 재산과 자녀, 명성과 신실한 믿음이 열거되어 있지요. 6-12절의 두 번째 장면은 하나님의 보좌에서 하는 하나님과 사탄의 대화입니다. 그리고 13-22절

의 세 번째 장면은 다시 욥의 가정과 그가 겪는 엄청난 고난을 기록하고 있습니다.

첫 번째 장면은 보이는 세계인 땅에서, 두 번째 장면은 보이지 않는 세계인 하늘에서, 그리고 세 번째 장면은 다시 보이는 세계인 땅에서 일어난 일들입니다. 만약 우리가 두 번째 장면을 알지 못한다면 욥의 삶에서 일어나는 엄청난 고난들을 올바르게 이해하지 못할 것입니다. 그토록 부유하고 행복하고 믿음이 좋은 욥에게 어떻게 그렇게 짧은 기간 내에 아주 심각한 고난이 한꺼번에 오게 된 것일까요? 우리가 두 번째 장면의 하나님과 사탄과의 대화를 모른다면 자칫 잘못된 판단을 하기 쉽습니다.

보이지 않는 영적 세계를 이해할 때 보이는 세계에서 일어나는 일들을 올바르게 판단하고 이해하고 대응할 수 있습니다. 일반적으로 보이는 세계에서 일어나는 일들은 먼저 보이지 않는 데서 출발하여 보이는 데로 흘러갑니다.

또한 욥기에는 욥에 대한 여러 관점들이 나옵니다. 사탄과 욥의 친구들과 하나님이 바라보시는 관점이 각각 대화체로 설명되어 있습니다.

사탄이 하나님 앞에서 욥에 대해 말합니다. "욥이 하나님께 신실한 것은 하나님으로부터 복을 받았기 때문입니다. 만약에 하나님께서 욥에게 주신 모든 축복을 다 걷어 가신다면 욥의 믿음은 분명히 떨어질 것입니다"(1:9-11).

그러나 하나님께서는 "욥의 믿음은 내가 준 축복 때문이 아니라 욥이 나를 알기 때문이다"라고 하십니다. 사탄은 욥의 믿음이 일에 따라서 하나님이 누구이신 줄을 판단하는 수준이라고 하고, 하나님은 욥이 하나님이 누구이신 줄 알기에 일을 판단하는 사람이라고 하십니다. 하나님은 욥의 믿음이 어떠한 환경에 처하더라도 변하지 않을 거라고 말씀하십니다.

욥의 믿음에 대해 누구의 판단이 옳은지 알아보기 위해 하나님은 그의 가정과 사업에 어마어마한 고난을 허락하십니다. 그는 두 차례에 걸쳐 고난을 당합니다. 그러나 어느 하나 작은 고난이 없습니다. 그처럼 짧은 기간에 엄청난 불행을 겪은 사람은 욥 외에는 없을 것입니다.

- 1차 고난(1장, 네 번에 결쳐서 한 시간이 채 되지 않는 시간 차로 일어남)
  - 스바 사람들이 종들을 죽이고, 소 5백 겨리와 암나귀 5백 마리를 강탈함.
  - 불이 하늘에서 떨어져 양 7천 마리와 종들을 태움.
  - 갈대아 사람 세 무리가 와서 종들을 죽이고, 낙타 3천 마리를 강탈함.
  - 큰 바람이 불어와 지붕이 내려 앉아 생일을 축하하고 있던 아들 7명과 딸 3명이 모두 사망.
- 2차 고난(2장)
  - 욥의 발바닥에서부터 정수리까지 종기가 나서 질그릇 조각으로 몸을 긁어 댐.

이런 고난에도 욥은 여전히 하나님에 대한 믿음과 신실함을 잃지 않았습니다. 욥이 범죄하지 않고 하나님을 원망하지 않았다고 두 번이나 언급합니다(1:22, 2:10). 결론은 하나님의 판단이 옳았습니다.

논쟁 2 : 욥과 친구들, 그리고 엘리후

3장-37장에서 욥에게 일어난 엄청난 고난을 위로하기 위해 세 명의 친구와 엘리후가 병문안을 옵니다. 이들은 욥의 처참한 모습과 그가 겪은 고난을 보면서 할 말을 잃습니다. 일주일 후에 욥이 먼저 울분을 토하며 말합니다. "내가 차라리 태어나지 않았으면 더 좋았을 것이다"(3:3). 그의 인내심이 바닥을 드러냅니다.

그러자 친구들이 말하기 시작합니다. 그들은 거침없이 욥을 판단합니다. "네가 하나님 앞에 신실했다면 하나님은 네게 축복하실 것이다. 그러나 네가 그렇지 못했기에 하나님이 네게 어려움을 주셨다."

그들은 욥이 하나님 앞에 신실하지 못했기 때문이라고 하면서 욥을 위선자라고 공격합니다. 이들의 논쟁은 격렬했습니다. 세 친구들은 번갈아 욥을 심문하며 공격했고, 이에 욥은 계속 방어합니다. 이들은 욥에게 회개를 촉구하지요. 그러나 욥은 이들에게 반론을 제기하면서 자신이 당한 고난을 정당화시킵니다. 자신은 하나님 앞에 신실하고, 의로운 사람인데 왜 이런 고난을 당하는지 모르겠다고 말합니다. 세 친구들은 그를 위로하기는커녕 더욱 궁지로 몰며 아주 강도 높게 비난합니다(3장-31장).

욥과 세 친구들이 서로 자기 주장만 열심히 펴다가 지쳐서 잠잠해졌을 때, 이들의 대화를 잠잠히 듣던 엘리후가 드디어 입을 엽니다. 그는 욥과 친구들과는 같은 연배가 아닌 것 같습니다. 훨씬 더 젊은 사람이고, 그들 입장에서 보면 제자와 같은 사람이라고 볼 수 있습니다.

엘리후는 이들의 말을 듣다 못해서 먼저 욥의 세 친구들을 심하게 책망합니다. 그들이 잘못된 관점으로 욥의 믿음을 판단한다고 말합니다. 동시에 욥에게도 하나님 앞에 참으로 겸손하게 살아가야 된다고 말합니다. 엘리후가 정곡을 찌르며 조리 있게 욥과 세 친구들을 책망하자 그들은 아무 대답도 하지 못합니다(32장-37장).

논쟁 3 : 하나님과 욥

38장-42장에는 하나님과 욥의 대화가 나옵니다. 하나님께서 욥에게 "너는 더 이상 너 자신을 변명하려 하지 말고, 원망과 불평을 하지 말고 잠잠하라"라고 하십니다. 즉 "네 입을 다물라"라고 하셨지요. 또 "너는 그것을 할 수 있겠느냐?", "너는 그것을 아느냐?", "너는 어디에 있었느냐?"라고 하십니다.

"땅의 기초를 무엇 위에 세웠는지 너는 아느냐?"(38:6)

"바다의 근원에 너는 들어가 보았느냐?"(38:16)

"땅의 넓이가 얼마나 되는지 그것을 측량할 수 있겠느냐?"(38:18)

"흑암의 처소는 어디냐, 광명으로 가는 길을 네가 아느냐?"(38:19)

"우박 창고에 들어가 본 적이 있느냐?"(38:22)

"폭풍의 길을 낼 수 있겠느냐?"(38:25)

"이슬방울은 누가 낳았느냐?"(38:28)

"말의 목에 흩날리는 갈기를 네가 입힐 수 있겠느냐?"(39:19)

이런 질문들은 결국 욥 자신이 얼마나 무능력하고 무지한지를 인정하게 합니다(38장-41장).

마지막 42장에서 욥이 하나님을 깊이 알고 난 다음에 "제가 더 이상 말하지 않고 입을 다물겠습니다"라고 말함으로 끝납니다. 자신의 교만을 자백하고 회개하며 잠잠히 주 앞에 머무는 삶으로 응답합니다.

"내가 주께 대하여 귀로 듣기만 하였사오나 이제는 눈으로 주를 뵈옵나이다 그러므로 내가 스스로 거두어들이고 티끌과 재 가운데에서 회개하나이다"(42:5,6).

하나님은 욥의 병을 치유하시고, 그에게 갑절의 복을 주셨습니다.

음성 강의
욥기

말씀 개요

1장-2장	욥의 고난
3장-37장	욥의 논쟁
3장-14장	첫 번째 논쟁의 순환
15장-21장	두 번째 논쟁의 순환
22장-26장	세 번째 논쟁의 순환
27장-31장	욥의 마지막 변론
32장-37장	엘리후의 해결책
38장-42장	욥의 구원
38장-41장	하나님의 책망
42장	욥의 회개와 회복

성경 본문
욥기

100일 통독

		CHECK
44일	욥기 1장-10장	☐
45일	욥기 11장-20장	☐
46일	욥기 21장-30장	☐
47일	욥기 31장-42장	☐

시편 하나님을 향한 갈망과 열정, 사랑의 고백

P S A L M S

시편은 구약 성경 중에서 가장 빼어나고 탁월한 책들 중 하나입니다. 이 책에는 하나님과 율법에 관한 것만이 아니라 그리스도와 율법에 관한 것도 많이 들어 있습니다. 그래서 시편을 '신구약 성경의 집약' 또는 '요약판'이라고도 하지요. 신약 성경에서 구약을 인용하는 구절의 4분의 3 이상이 시편입니다.

구약의 역사서는 우리를 하나님 앞으로 나아가게 만들어줍니다. 욥기는 우리를 하나님의 학교로 이끌어가서 하나님이 누구신지와 그분의 섭리에 관한 것을 가르쳐줍니다. 반면에 시편은 우리를 정치가들이나 철학자들이나 이 세상의 논객들과의 대화로부터 이끌어내서 하나님의 보좌 앞으로 데리고 갑니다. 그러고는 우리의 영혼을 하나님 앞에 쏟아냄으로써 그분 앞에 예배하며 머물도록 도와줍니다.

용도

시편은 찬송하기에 유익한 책입니다. 동시에 탁월한 진리가 풍부하게 기록되어서 하나님을 올바르게 섬기도록 우리를 이끌어줍니다. 시편에 넘쳐흐르는 샘물과 같은 묵상은 우리로 기쁨으로 그 물을 긷게 만들어주지요. 또한 경계와 격려와 권면과 위로와 힘도 얻게 합니다. 무엇보다도 하나님 앞에 나아가서 어떻게 예배드리며 기도할지를 가르쳐줍니다. 그리고 하나님과의 친밀감을 얻도록 도와줍니다. 또한 일곱 편의 참회의 시(6, 32, 38, 51, 102, 130, 143편)는 우리의 신앙 회복에 도움을 줍니다.

시편의 구조

시편은 다섯 부분으로 이루어져 있습니다.

첫 번째는 1편-41편으로 대부분 다윗의 시입니다. 두 번째는 42편-72편으로 다윗과 고라 자손의 시입니다. 세 번째는 73편-89편으로 대부분 아삽의 시입니다. 네 번째는 90편-106편이며 저자 불명의 시입니다. 그리고 끝으로 107편-150편은 거의 다윗의 시입니다.

150편 가운데 100편이 기록자의 이름이 있는데, 다윗의 시가 73편입니다. 찬양 팀장 레위족 아삽이 12편, 다윗 시대의 예배자 레위 몇 사람이 10편, 솔로몬이 2편, 다윗 시대의 예배자 레위인 헤만이 1편, 다윗 시대의 예배자 에단이 1편, 모세가 1편입니다.

각 부분이 끝날 때는 송영으로 끝납니다. 첫 번째 부분은 41편 13절, 두 번째 부분은 72편 18,19절, 세 번째 부분은 89편 52절, 네 번째 부분은 106편 48절, 그리고 다섯 번째 끝 부분은 150편 전체를 통해 송영으로 마칩니다. 첫 번째부터 세 번째까지는 "아멘, 아멘"으로 마치고, 네 번째와 다섯 번째는 "할렐루야"로 마칩니다.

시편의 다섯 부분은 마치 율법서 다섯 권의 내용과 흡사합니다. 첫 번째는 창세기의 주제와 유사하며, 인간 창조가 중심입니다. 두 번째는 출애굽기와 유사하며, 구원과 구속의 내용으로 가득 차 있습니다. 세 번째는 레위기의 주제와 유사하며, 예배와 성소의 삶을 말합니다. 그리고 네 번째는 민수기의 주제와 유사하며, 광야와 이 땅에서의 순례자의 삶을 말합니다. 그리고 마지막 다섯 번째는 신명기의 주제와 유사해서 말씀과 찬양이 그 내용의 중심입니다.

- **할렐루야로 시작하는 시편**(111, 112편)
- **할렐루야로 마치는 시편**(104, 105, 115, 116, 117편)
- **할렐루야로 시작하고 마치는 시편**(106, 113, 135, 146, 147, 148, 149, 150편)

하나님의 이미지

시편에는 하나님이 어떤 분이신가에 대한 이미지로 가득합니다.

- **방패**이신 하나님, "여호와여 주는 나의 방패시요" - 원수의 불화살을 막아주시는 하나님(3:3)
- **바위**이신 하나님, "여호와는 나의 반석이시요" - 흔들리지 않는 견고한 기반이신 하나님(18:2)
- **왕**이신 하나님, "나의 왕 나의 하나님이여 내가 부르짖는 소리를 들으소서" - 내가 경배할 분, 나의 온 삶을 다스리시는 분(5:2)
- **목자**이신 하나님, "여호와는 나의 목자시니 내게 부족함이 없으리로다" - 나의 모든 삶을 돌보시고 이끄시는 하나님(23:1)
- **재판장**이신 하나님, "하나님은 의로우신 재판장이심이여" - 억울함을 풀어주시는 나의 신원자이신 하나님(7:11)
- **피난처**이신 하나님, "하나님은 우리의 피난처시요 힘이시니 환난 중에 만날 큰 도움이시라" - 모든 환난 가운데서 우리를 안전하게 보호하시는 하나님(46:1)
- **요새**이신 하나님, "주는 나의 반석과 산성이시니" - 우리를 원수의 손에서 안전하게 보호하시는 하나님(31:3,4)
- **복수자**이신 하나님, "여호와여 복수하시는 하나님이여 복수하시는 하나님이여 빛을 비추어주소서" - 우리가 직접 원수 갚기를 원치 않으셔서 대신 일을 해결하시는 하나님(94:1)

- **창조자**이신 하나님, "여호와의 말씀으로 하늘이 지음이 되었으며"-이 세상에 나타난 모든 것을 그의 말씀으로 지으신 하나님(33:6,9)
- **구원자**이신 하나님, "의인들의 구원은 여호와로부터 오나니"-나를 모든 환난 가운데서 건지시며 나의 발이 미끄러질 때 붙드시는 하나님(37:39,40)
- **치료자**이신 하나님, "여호와 내 하나님이여 내가 주께 부르짖으매 나를 고치셨나이다"-나의 모든 병을 고치시는 하나님(30:2)
- **보호자**이신 하나님, "주께 피하는 모든 사람은 다 기뻐하며 주의 보호로 말미암아 영원히 기뻐 외치고"-환난을 당할 때 사람에게 피하지 않고 오직 하나님에게 피할 때 보호하시는 하나님(5:11)
- **공급자**이신 하나님, "그들에게 만나를 비같이 내려 먹이시며 하늘 양식을 주셨나이다"-우리의 모든 삶의 필요를 채우시며 풍성하게 하시는 하나님(78:24-29)
- **구속자**이신 하나님, "여호와의 속량을 받은 자들은 … 여호와께서 대적의 손에서 그들을 속량하사 동서남북 각 지방에서부터 모으셨도다"-우리를 대적의 손에서 속량하시어 구속하시는 하나님(107:2,3)

시편에 나타나는 메시아

시편은 메시아가 어떤 분이신지 소개하고, 신약에서 그 예언이 어떻게 성취되는지를 보여줍니다.

- 2편 7절 하나님의 아들 예수님(마 3:17)
- 8편 2절 어린이들에게 찬양을 받으시는 예수님(마 21:15,16)
- 8편 6절 만물의 통치자이신 예수님(히 2:8)
- 16편 10절 죽음에서 부활하신 예수님(마 28:7)

• 22편 1절 하나님께 버림받으신 예수님(마 27:46)
"엘리 엘리 라마 사박다니."

• 22편 7,8절 대적의 비웃음이 되신 예수님(눅 23:35)

• 22편 16절 손과 발에 못 박히신 예수님(요 20:27)

• 22편 18절 옷이 제비 뽑히신 예수님(마 27:35,36)

• 34편 20절 뼈가 하나도 꺾이지 아니하신 예수님(요 19:32,33,36)

• 35편 11절 거짓 증인들에게 고소를 당하신 예수님(막 14:57)

• 35편 19절 이유 없이 미움을 받으시는 예수님(요 15:25)

• 40편 7,8절 하나님의 뜻 안에서 그분의 뜻을 행하기를 기뻐하시는 예수님(히 10:7)

• 41편 9절 친구에게 배신당하는 예수님(눅 22:47,48)

• 45편 6절 영원한 왕이신 예수님(히 1:8)

• 68편 18절 하늘에 오르신 예수님(행 1:9-11)

• 69편 9절 하나님의 집을 향한 열심을 내신 예수님(요 2:17)

• 69편 21절 쓸개와 초를 받으신 예수님(마 27:34)

• 109편 4절 원수들을 위해 기도하시는 예수님(눅 23:34)
"아버지여 저들을 사하여 주옵소서."

• 109편 8절 그의 배신자가 대체됨을 소개함(행 1:20)

• 110편 1절 그의 원수들을 다스리시는 예수님(마 22:44)

• 110편 4절 영원한 제사장이신 예수님(히 5:6)

• 118편 22절 성전의 머릿돌이신 예수님(마 21:42)

• 118편 26절 주의 이름으로 오시는 예수님(마 21:9)

1편은 시편 전체의 도입부이며, 150편은 결론입니다. 두 편 모두 절수가 같습니다. 1편이 하나님을 예배하기 위한 준비라면 150편은 온통 벅찬 기쁨과 감격으로 충만합니다.

22편은 십자가의 고난 당하는 메시아, 23편은 양들을 이끄시는 목자, 24편은 전쟁에 능하신 용사이신 메시아의 모습입니다. 전체적인 모습은 목자이신 예수 그리스도를 보여줍니다.

- **선한 목자**the Good Shepherd(요 10:11)
- **양들의 큰 목자**the Great Shepherd(히 13:20)

93편-100편의 여덟 편, 103편-107편의 다섯 편은 '찬양의 시편들'입니다.

140편-144편의 다섯 편은 '기도의 시편'입니다.

145편-150편의 여섯 편은 '찬송의 시편'입니다.

18편은 사무엘하 22장의 내용을 예배에 맞게 수정하여 예배용으로 기록한 것입니다.

117편은 성경에서 가장 짧은 장입니다. 2편, 67편, 87편과 함께 선교에 열정을 불러일으키게 합니다. 물론 대부분의 시편 가운데서 열방을 향한 하나님의 마음을 볼 수 있습니다.

19편은 119편과 함께 하나님의 말씀에 대한 열정을 일으킵니다.

시편 119편

다른 시편과는 달리 이 한 편 자체로 하나의 책이라고 할 수 있습니다. '시편 중의 시편'이라고 할 수 있지요. 119편은 금을 연속적으로 이어놓은 금사슬이 아니라 금반지를 모아놓은 패물함 같습니다. 성경에서 절수가 가장 많고, 구성도 매우 특이하고 정교합니다.

히브리어 알파벳의 수에 맞추어 22개 부분으로 나누어져 있습니다. 각 부분은 8개의 절로 이루어졌고, 각 부의 첫 절은 히브리어 알파벳 순서로 시작합니다. 즉 첫 부분인 1-8절은 '알렙'으로 시작하고, 둘째 부분인 9-16절은 '베트'로 시작하고, 이같이 22개의 부분은 22개의 히브리어 알파벳으로 시작합니다. 그러므로 119편은 8절을 한 묶음으로 알파벳 22개로 구성되어 8×22로 모두 176절로 되어 있습니다.

119편 전체는 하나의 내용입니다. 하나님의 말씀의 특징과 효능을 말하지요. 하나님의 말씀의 열 가지 특징을 말합니다.

1. 하나님의 **율법**, 왕이신 하나님이 제정하신 것
2. 하나님의 **도**, 하나님의 원리원칙과 우리가 따를 규칙
3. 하나님의 **증거**, 증언된 것
4. 하나님의 **계명**, 하나님의 권위로 우리에게 맡겨진 것
5. 하나님의 **법도**, 우리에게 행하라고 주신 것
6. 하나님의 **말씀**, 말씀이신 하나님
7. 하나님의 **판단**, 하나님의 지혜로 형성됨
8. 하나님의 **의**, 거룩하고 의롭고 선해서 삶의 모든 영역에 표준이 됨
9. 하나님의 **율례**, 하나님이 확정하시고 결정하신 것
10. 하나님의 **진리**, 변하지 않는 영원한 진리

음성 강의
시편

말씀 개요

1편－41편(1권)	**인간 창조**(창세기와 유사)
42편－72편(2권)	**구원과 구속**(출애굽기와 유사)
73편－89편(3권)	**예배와 성소**(레위기와 유사)
90편－106편(4권)	**광야와 방랑**(민수기와 유사)
107편－150편(5권)	**말씀과 찬양**(신명기와 유사)

성경 본문
시편

100일 통독

		CHECK
48일	시편 1편－20편	☐
49일	시편 21편－40편	☐
50일	시편 41편－60편	☐
51일	시편 61편－80편	☐
52일	시편 81편－100편	☐
53일	시편 101편－120편	☐
54일	시편 121편－150편	☐

잠언 생활 속의 지혜

P R O V E R B S

잠언의 저자는 성령님이십니다. 그러나 하나님께서 솔로몬을 성령으로 충만케 하심으로 이 책을 기록하게 하셨지요. 어떤 사람들은 솔로몬이 청년기에는 아가서를, 중년기에는 잠언을, 노년기에는 전도서를 기록했다고 말하기도 합니다. 왜냐하면 아가서의 표제에 아무런 칭호도 사용하지 않고 단지 솔로몬이라는 이름만을 쓰고 있는데, 그가 아직 왕위에 오르기 전에 성령으로 충만함을 입어 시가를 썼기 때문이라고 합니다.

또 표제에 그가 자신을 '다윗의 아들 이스라엘의 왕 솔로몬'이라고 소개하는데, 그가 잠언을 쓸 당시에 온 이스라엘을 다스리고 있었기 때문일 것이라고 말합니다. 전도서를 쓸 당시에는 각 지파에 대한 그의 영향력이 줄어서 예루살렘에서만 그의 왕권이 확고했기 때문에 자신을 '다윗의 아들 예루살렘의 왕'이라고 소개했을 것이라고 말합니다.

역대하나 열왕기상에서 "많은 나라의 원근 각처에서 많은 이들이 솔로몬을 만나려고 왔다"라고 했습니다. 또 "그의 영광을 보기 위해서 그의 지혜를 듣고 싶어서 왔다"라고 말합니다.

잠언은 각각의 잠언들과 짤막한 문장들을 통해 우리에게 하나님의 지혜를 가르칩니다. 그래서 서로 연결되어 있지 않고 하나하나가 독립

되어 있습니다. 이런 것은 분명하고 쉽고 효율적으로 가르치는 방식으로 쉽게 이해되고 기억됩니다.

시편이 우리로 하나님 앞에 나아가 깊은 교제를 하게 한다면, 잠언은 우리가 세상에 나아가 올바른 삶을 살도록 도와줍니다. 시편은 하나님을 향한 불타는 거룩한 열정을 일으켜주고, 잠언은 지혜와 분별력 있는 삶을 살도록 함으로써 우리의 얼굴이 빛나도록 해줍니다.

우리의 기도에는 시편이 유익하고, 우리의 행실을 바르게 하기 위해서는 잠언이 유익합니다. 그래서 하루에 시편은 5편, 잠언은 1장씩 읽고 묵상하는 것이 바람직합니다. 그렇게 시편과 잠언을 각각 한 달에 한 번씩 읽으면 하나님과 더 친밀해질 수 있으며, 사람과의 친밀함에 있어서도 큰 도움을 줄 것입니다.

프롤로그(1장 1-6절)

잠언은 짧은 책 속에 윤리, 정치와 경제, 매스미디어에 대한 하나님의 놀라운 원칙을 담고 있습니다. 모든 관계를 올바르게 이끄는 지혜와 자기 자신을 올바르게 다스릴 줄 아는 지혜도 있지요. 잠언은 생활 속의 지혜, 분별력 있는 삶을 주제로 다룹니다.

1장 1-6절은 잠언의 목적이 무엇인지를 잘 말해줍니다. 누가 어떤 목적으로 기록했으며, 용도가 무엇인지 그리고 그 결과가 무엇인지를 잘 알려줍니다. "다윗의 아들 이스라엘 왕 솔로몬의 잠언이라 이는 지혜와 훈계를 알게 하며 명철의 말씀을 깨닫게 하며 지혜롭게, 공의롭게, 정의롭게, 정직하게 행할 일에 대하여 훈계를 받게 하며 어리석은 자를 슬기롭게 하며 젊은 자에게 지식과 근신함을 주기 위한 것이니 지혜 있는 자는 듣고 학식이 더할 것이요 명철한 자는 지략을 얻을 것이라 잠언과 비유와 지혜 있는 자의 말과 그 오묘한 말을 깨달으리라"(1:1-6).

1. 목적

잠언은 지혜와 훈계를 알게 합니다. 지혜란 얻은 지식을 삶에 적용할 줄 아는 능력입니다. 삶에서의 말과 행동, 그리고 다른 사람들을 어떻게 도와야 할지 알게 합니다. 또한 명철의 말씀을 깨닫게 합니다. 진리와 거짓, 선과 악을 구별할 줄 아는 것, 죄를 미워하며 말씀을 따라 실제적으로 살아가는 데 도움을 줍니다(1:2). 우리의 행실을 지혜롭고 공의롭게, 그리고 정의롭고 정직하게 행하는 데 지침이 됩니다(1:3).

2. 용도

잠언은 어리석은 자를 슬기롭게 합니다. 누구나 쉽고 분명하게 알 수 있게 도와주어서 길을 잃지 않게 합니다. 젊은 자에게는 지식과 근신함을 줍니다. 청년의 시기는 배우는 시기입니다. 젊음은 성급하고 무모하며 깊이 생각하는 것에 부족하지요. 잠언을 통해서 지식과 근신과 분별력을 얻게 됩니다(1:4).

3. 결과

잠언을 읽으면 지혜 있는 자는 듣고 학식이 더할 것입니다. 어리석은 자를 슬기롭게 해줄 뿐 아니라 지혜로운 자는 더 지혜롭게 됩니다. 하나님의 뜻이 무엇인지를 알게 될 것입니다. 또한 명철한 자는 지략을 얻습니다. 하나님의 뜻을 어떻게 실행하는지를 알게 될 것입니다(1:5). 잠언과 비유와 지혜 있는 자의 말과 그 오묘한 말을 깨달을 것입니다(1:6).

청년을 위한 총론(1장 7절-9장)

1장 7절-9장은 잠언의 전체적인 그림이며 총론이라고 볼 수 있습니다. 청년이 지켜야 할 가장 중요한 두 가지 원칙이 나옵니다. 첫째는 하나님을 경외하는 것입니다. 하나님을 경외하는 것이 지식의 근본입니다. 이것이 올바르지 못하면 아무것도 알지 못하는 사람이 됩니다. 사람을 유익하게 하는 지식을 얻길 원하면 먼저 하나님을 경외할 줄 알아야 합니다.

지식의 알파와 오메가는 하나님을 경외하는 것에 있습니다. 하나님을 경외하지 않는 미련한 자는 지혜와 훈계를 멸시합니다. 하나님을 경외하는 자는 하나님의 말씀에 귀를 기울입니다.

둘째는 부모를 공경하는 것입니다. 부모를 공경하는 사람은 부모의 훈계를 듣는 사람입니다. 부모의 교훈을 마음에 깊이 새기는 사람입니다. 이것은 마치 머리에 아름다운 관을 쓰고 목에는 금사슬을 한 것과 같습니다. 그 사람을 영화롭게 하고, 사람들로부터 존귀히 여김을 받게 할 것입니다. 이 두 가지 행동은 지혜를 얻는 비결입니다. 이후의 잠언의 모든 말씀은 이 두 가지를 기반으로 시작합니다.

10-18절에 또 하나의 중요한 원칙이 나오는데 악한 자들과 어울리지 않는 것입니다. 그것은 마치 덫과 같아서 삶을 파멸에 빠뜨립니다. 그러한 자들과 함께 길에 다니지 말라고 합니다. "너는 그들을 따르지 말라. 완강히 거절하라. 그들과 교제하거나 어울리지 말라"라고 강력하게 말씀하십니다.

19-33절은 하나님이 부르시는 소리에 귀를 기울이지 않는 것이 얼마나 어리석은지 알려줍니다. 악한 자들의 소리에 귀를 기울이는 것이 어리석다면(1:10-18), 하나님의 소리에 귀를 기울이지 않는 것도 어리석은 것입니다(1:19-33). 지혜란 악한 자들의 소리에 귀를 기울이지 말고 하나님의 소리에 귀를 기울이는 것입니다.

하나님은 우리를 지혜를 통해 부르십니다. 하나님의 말씀을 듣고 따르라고 하십니다. 하나님은 그러한 사람에게 성령을 부으셔서 말씀을 따라 능히 살 힘을 주십니다(1:23). 그러나 말씀을 듣고 무시하는 사람은 재앙을 만나며 그에게 두려움이 임할 것입니다. 그러나 말씀을 듣는 자는 평안히 살며 안전할 것입니다.

2장은 하나님의 말씀에 귀를 기울이고 순종하는 사람에게 주시는 축복을 말씀하십니다. 감추어진 보물을 찾는 것같이 지혜와 명철을 얻으려고 구하며 찾으십시오. 그리하면 하나님 경외하기를 깨달으며 그분을 알게 될 것입니다. 지혜가 순종하는 자의 길을 보호하시며 보전하실 것입니다.

3장은 잠언에서 믿음에 관한 가장 탁월한 글 중의 하나입니다. 하나님과의 친밀감을 유지하고 경건한 삶을 사는 비결은 하나님의 말씀을 마음에 새기는 것입니다. 하나님의 주권적 섭리를 믿고 의지하며, 경외하는 것입니다. 재물로 하나님을 섬기면 부하게 될 것입니다.

6장 1-5절에서 보증을 서면 덫에 걸리게 될 것이라고 경고합니다. 만일에 덫에 걸렸다면 할 수 있는 한 최선을 다해 신속하게 벗어나야 합니다. 6-11절은 재물을 늘리는 방법으로 부지런함을 꼽습니다.

7장에서 청년의 육체의 정욕을 제어하는 길은 하나님의 말씀을 마음에 두는 것이라고 말합니다(4:20-27, 시 119:9).

8장에서는 지혜가 인격화되어서 하나님의 역동적인 말씀으로 행동하고 있습니다. 신약에서 예수님이 바로 그 지혜이시며, 하나님의 말씀으로 행동함을 잘 보여줍니다. 특히 22-30절은 지혜의 기원을 잘 보여주고 있습니다. 지혜는 창세 전부터 하나님 안에 있었으며 만물이 있기 전부터 있었고, 하나님께서 온 땅을 창조하실 때 함께 그 자리에 있었습니다.

5-8절, 12-16절은 지혜의 가르침이 어떤지를 말합니다. 지혜의 가

르침은 명철과 이해력, 가장 선한 것과 진리, 악을 미워함, 의와 지식과 근신, 여호와를 경외함 이 모든 것을 다 이끌어가고 있습니다. 18,19절과 21절은 지혜의 가치를 말합니다. 지혜는 신성하고, 거룩하며, 영적인 생명의 근원이며, 의롭고 도덕적이며, 지혜를 얻으려는 사람에게 유익합니다(골 2:2,3).

17절과 34,35절에서 지혜는 간절히 찾는 사람과 날마다 주를 기다리는 사람에게 주어집니다. 그러므로 날마다 주를 간절히 찾음으로 모든 지혜이신 예수 그리스도를 만나고, 그분으로 말미암아 우리가 이 땅에서 명철과 이해력과 판단력이 있어서 올바른 삶을 살아가게 될 것입니다.

9장에는 두 여인의 초청이 있습니다. 둘 다 잔치를 베풀고 우리를 초청합니다. 그러나 둘의 의도와 결과가 매우 다릅니다. '그리스도'는 지혜라는 여인으로, '죄'는 미련한 여인으로 등장합니다.

각론 1 : 생활 속의 지혜(10장-24장)

10장부터는 본격적인 잠언들이 시작됩니다. 짧지만 무게감이 있지요. 대부분 한두 절로 서로 의미를 조명해줍니다. 그러나 서로의 연관성은 없습니다. 그러므로 각 장이나 단락 별로 제목을 정할 필요가 없고, 오직 각 문장들 자체로 보는 게 좋습니다.

10장-24장은 솔로몬의 잠언의 첫 번째 모음으로 혀를 잘 다스리는 것, 지혜로운 입, 재물 얻는 길, 정직하게 행하는 것, 분노를 다스리는 것, 진실된 삶, 교만과 겸손, 부지런함과 게으름, 가난한 자를 구제함을 보여줍니다.

각론 2 : 리더로서 가져야 할 지혜(25장-29장)

25장-29장은 솔로몬의 잠언의 두 번째 모음입니다. 열왕기상 4장

32절에 그가 잠언 3천 가지를 말했다고 합니다. 25장 1절에 언급된 것처럼 25장-29장은 솔로몬의 잠언을 히스기야의 신하들이 편집했다고 합니다. 그리고 그 목적은 왕들과 나라 경영을 위한 것입니다. 나라를 변화시키는 리더십의 비결을 찾아볼 수 있습니다. 그래서 리더의 입장에서 살펴보는 게 좋습니다.

에필로그(30장-31장)

30장-31장은 솔로몬의 잠언에 대한 부록처럼 보입니다. 그러나 분명한 것은 하나님의 감동을 받아 기록되었다는 것입니다.

30장은 숫자를 사용한 것이 특징입니다. 특히 네 가지로 구분을 합니다. 11-14절은 네 부류의 악한 무리들, 15,16절은 만족할 줄 모르는 네 가지, 18-20절은 헤아릴 수 없는 것 네 가지, 21-23절은 견딜 수 없는 것 네 가지, 24-28절은 작지만 지혜로운 것 네 가지, 29-33절은 위풍 있게 다니는 것 네 가지입니다.

31장은 어머니가 아들과 딸에게 주는 교훈입니다. 남자로서 주의해야 할 일들과(3-9절) 여자로서 본받고 해야 할 일들에 대한 것입니다(10-31절).

음성 강의
잠언

말씀 개요

1장 1-6절	프롤로그
1장 7절-9장	청년을 위한 총론
10장-24장	각론 1 : 생활 속의 지혜
25장-29장	각론 2 : 리더로서 가져야 할 지혜
30장-31장	에필로그

성경 본문
잠언

100일 통독

		CHECK
55일	잠언 1장-10장	☐
56일	잠언 11장-20장	☐
57일	잠언 21장-31장	☐

전도서 인생의 무가치함

E C C L E S I A S T E S

1장 1절에 "다윗의 아들 예루살렘 왕 전도자의 말씀"이라고 기록된 것처럼 전도서는 솔로몬이 노년에 생애를 돌아보며 성령의 감동으로 기록했습니다. 솔로몬의 출발은 좋았으나 말기에는 그의 이방 여인들에 의해 하나님 앞에 온전하지 못했습니다(왕상 11:1-13,33). 전도서를 쓸 당시에 각 지파에 대한 그의 영향력이 줄었기 때문에 잠언 1장 1절의 '다윗의 아들 이스라엘 왕'과는 달리 '다윗의 아들 예루살렘 왕'이라고 소개했을 것입니다. 전도서는 세월이 전해주는 교훈이요, 연륜이 가르쳐주는 지혜입니다.

전도서는 한 편의 설교로 제목은 '해 아래서의 삶의 허무함'입니다. 허무함이라는 것은 어리석은 자부심foolish pride을 말하는 게 아니라 공허함emptiness, 목적이 없는 삶futility을 말합니다. 전도서의 중요한 단어는 거의 50번 가까이 기록되어 있는 '지혜' 또는 '지혜로움'입니다. 또한 37번 기록한 '헛되고'라는 단어와 31번 언급한 '해 아래에서'입니다.

잠언과 전도서의 지혜는 서로 다릅니다. 잠언의 지혜는 해 위에 있는 하나님의 지혜를 말하고, 전도서의 지혜는 해 아래에 있는 인간의 지혜를 말합니다. 따라서 잠언에서는 경건에 이르는 지혜요, 전도서에서는 단지 아는 것에 이르는 지혜라고 말할 수 있습니다. 전도서는 단지 인생의 허무함을 말하는 게 아니라 오히려 우리의 마음을 겸손하고 갈급하게 하여 인간이 어떻게 하면 참된 행복을 추구할 수 있는가로 나아가게 합니다. 그래서 설교자는 "너는 청년의 때에 너의 창조주를 기억하라… 하나님을 경외하고 그의 명령들을 지킬지어다 이것이 모든 사람의 본분이니라"(12:1,13)로 끝맺습니다.

전도서는 참회의 설교입니다. 다윗의 몇몇 참회의 시와 성격이 같습니다. 자신의 지난날의 잘못을 고백하고 회개합니다. 이 세상의 감각적인 쾌락을 통해 만족을 얻길 바랐지만 그것은 죽음보다 더 쓰며, 결국 어리석은 짓이라고 고백합니다. 그는 자신이 얼마나 미련하고 형편없이 연약한 자인지를 철저히 인정합니다. 하나님은 크신 은혜와 긍휼로 그러한 사람이라도 용서하시며 깨끗하게 하십니다.

놀라운 지혜

전도서의 내용을 요약하면 '인간의 존재가치는 어떤 의미가 있는가'입니다. 1장-6장에서 인간은 참된 행복과 만족을 얻기 위해 애쓰지만 그 노력이 부질없다는 결론에 도달하고, 결국 '모든 것이 헛되다'라고 말합니다. 7장 1절-11장 8절에서는 헛된 것에 대한 조언을 합니다. 악한 세상에서 어떻게 올바르게 처신할 것인가를 말합니다. 또한 온갖 유혹과 괴로움에서 벗어날 수 있는 강력한 해독제는 오직 지혜뿐이기에 그것을 얻어야 한다고 말합니다. 11장 9절-12장 14절에서 가장 놀라운 지혜는 하나님을 경외하고 순종하는 것이라고 합니다.

전도자는 참된 행복과 만족을 위해 지혜와 쾌락을 추구하지만 해 아래 행하는 모든 것이 헛되다고 말합니다. 그렇지만 허무주의나 염세주의를 말하는 게 아닙니다. 또한 운명론을 말하는 것도 아닙니다.

하나님 없이는 모든 것이 헛되다

"하나님이 없는 쾌락과(2:1,2) 인간의 지혜와 인간의 수고는(2:20-23) 헛되다. 하나님이 없는 목적과(2:26) 하나님이 없는 인간의 성공은(4:4) 허무하다. 하나님이 없는 인간의 욕심과(4:8) 명성과(4:16) 그리고 부 역시(5:10,11) 허무하다."

사람의 삶이 헛된 이유는 하나님이 없기 때문이라고 말합니다. 솔로몬은 모든 것을 넘치도록 누릴 수 있는 위치에 있었습니다. 또한 모든 것을 관찰하고 시험해보고, 선한 것을 인간의 지혜로 시험해보았습니다. 그러나 그것이 인간의 참된 행복을 가져올 수 없고, 오직 사람에게 주는 참된 만족은 하나님을 경외함에 있다는 결론에 도달합니다.

솔로몬은 연구실과 도서관, 실험실과 회의실에서 인간의 행복을 찾다가 실패했습니다. 그는 궁정에서 최고의 석학들과 교류하기도 하고 한량들과 어울려보기도 했습니다. 고급 레스토랑과 멋있는 바bar나 클럽도 방문합니다. 그래도 만족이 없었습니다. 장소를 옮겨서 공원과 극장, 정원과 해변, 그리고 명승고적지에 가보아도 여전히 진정한 만족은 없었습니다.

그가 마지막으로 찾은 곳이 바로 하나님 앞이었습니다. 그리고 거기에 참된 행복이 있다는 것을 알았습니다. 그곳은 그가 청년의 때에 머물던 장소였지요. 한참을 돌아서 다시 온 것입니다. 그리고 비로소 만족을 얻게 되었고, 자신처럼 헤매는 어리석은 자가 없도록 청년들에게 조언하기로 결심합니다.

그래서 이 책에는 청년들이 이와 같은 것을 깨달아 알기를 바라는 마음이 가득 차 있습니다. 11장 9절에 "청년이여 네 어린 때를 즐거워하며 네 청년의 날들을 마음에 기뻐하여 마음에 원하는 길들과 네 눈이 보는 대로 행하라 그러나 하나님이 이 모든 일로 말미암아 너를 심판하실 줄 알라"라고 말합니다.

12장 1,2절에는 "너는 청년의 때에 너의 창조주를 기억하라 곧 곤고한 날이 이르기 전에, 나는 아무 낙이 없다고 할 해들이 가깝기 전에 해와 빛과 달과 별들이 어둡기 전에, 비 뒤에 구름이 다시 일어나기 전에 그리하라"라고 말합니다. 12절에는 "내 아들아 또 이것들로부터 경계를 받으라 많은 책들을 짓는 것은 끝이 없고 많이 공부하는 것은 몸을 피곤하게 하느니라"라고 말합니다. 13절에도 "일의 결국을 다 들었으니 하나님을 경외하고 그의 명령들을 지킬지어다 이것이 모든 사람의 본분이니라"라고 말합니다.

하나님을 경외하고 섬길 때 비로소 세상의 헛된 것들이 주는 괴로움과 허망함에서 벗어날 수 있습니다. 이것이 솔로몬이 처방한 치료제입니다.

참된 만족

결국 나이 많은 전도자는 여호와를 경외하고 그의 계명을 지키고 말씀에 순종하는 자만이 이 땅에서 참된 만족과 즐거움을 누리며 살 수 있다고 조언합니다. 이는 베드로가 밤새도록 수고해도 아무것도 잡은 것이 없었지만 말씀에 순종하여 그물을 내렸을 때 잡은 것이 심히 많아서 그물이 찢어졌다고 한 고백과 똑같습니다.

예수님을 만나기 전에는 아무리 수고해도 헛됩니다. 예수님이 없는 삶은 헛수고의 삶입니다. 그러나 예수를 만난 이후의 삶에는 참된 만족이 있습니다. 1960년대 북미 대륙에서는 '자연으로 돌아가자'라는 히피hippie운동이 청년들 사이에서 일어났습니다. 그들은 참된 행복과 만족을 구하며 마약과 성과 각종 신비한 종교 체험을 하려고 사방을 헤맸습니다. 심지어 북인도의 히말라야 깊은 산중까지 방문했습니다.

그러나 그들은 아무것도 얻지 못했습니다.

그때 예수께서 그들 가운데 찾아 오셨습니다. 그후 엄청난 '지저스 피플Jesus People 운동'이 북미 대륙을 휩쓸면서 많은 청년들이 예수 그리스도를 만났습니다. 그중 한 자매가 예수님을 만난 후 부른 유명한 노래가 있습니다.

우물가의 여인처럼 난 구했네 헛되고 헛된 것들을
그때 주님 하신 말씀 내 샘에 와 생수를 마셔라
오 주님 채우소서 나의 잔을 높이 듭니다
하늘 양식 내게 채워주소서 넘치도록 채워주소서

많고 많은 사람들이 찾았었네 헛되고 헛된 것들을
주 안에 감추인 보배 세상 것과 난 비길 수 없네
오 주님 채우소서 나의 잔을 높이 듭니다
하늘 양식 내게 채워주소서 넘치도록 채워주소서

내 친구여 거기서 돌아오라 내 주의 넓은 품으로
우리 주님 너를 반겨 그 넓은 품에 안겨주시리
오 주님 채우소서 나의 잔을 높이 듭니다
하늘 양식 내게 채워주소서 넘치도록 채워주소서

_ 리처드 블랭카드, 〈우물가의 여인처럼〉

이 자매의 고백이 곧 전도자의 고백입니다. 어떻게 행복을 찾을 것인가, 참된 만족은 어디에서 나오는가, 어디에서 그것을 구할 수 있는가를 찾아 나섰습니다. 쾌락을 추구하면 얻을 줄을 알았지만 그 길의 끝은 절망이었습니다. 그러나 놀랍게도 절망에 이르렀을 때 비로소 하나님을 찾기 시작합니다. 자신의 보잘것없음을 알고 자신의 비참한 모습을 보았을 때 단순히 절망에 이르는 게 아니라 진리에 대한 갈망을 갖게 된 것입니다. 목마를 때 물을 찾고, 배고플 때 음식을 찾듯이 바로 그곳에서 우리는 하나님을 향하게 됩니다.

이 노래는 세 번의 후렴구가 반복됩니다. 전도서도 후렴구가 일곱 번이나 반복되지요(2:24-26, 3:12-15, 3:22, 5:18-20, 8:15, 9:7-10, 11:7-10). "먹으라 마시라 즐기라 누리라 수고하라 선을 행하라"라고 합니다. 그러고는 말합니다. "이보다 나은 것이 해 아래에는 없는 줄 내가 알았다." 이 모든 여행의 종착역에 도착했을 때의 고백이 더 충격입니다. "기쁘고 기쁘도다 모든 것이 기쁘도다"라고 하지 않고 "헛되고 헛되도다 모든 것이 헛되도다"(12:8)라고 합니다.

이 고백은 우리를 절망에 이르게 합니다. 그러나 그것은 세상을 회피하거나 세상 일에 관여하지 말라는 게 아닙니다. 자살이나 쾌락으로 나아가게 하는 절망도 아닙니다. 왜냐하면 그것이 끝이 아니기 때문이지요. 이 마지막의 고백은 우리로 더 놀라운 고백으로 나아가게 해줍니다. "너는 청년의 때에 너의 창조주를 기억하라"(12:1), "일의 결국을 다 들었으니 하나님을 경외하고 그의 명령들을 지킬지어다 이것이 모든 사람의 본분이니라"(12:13).

예수님이 우물가의 여인에게 말씀하십니다.

"이 물을 마시는 자마다 다시 목마르려니와 내가 주는 물을 마시는 자는 영원히 목마르지 아니하리니 내가 주는 물은 그 속에서 영생하도록 솟아나는 샘물이 되리라"(요 4:13,14).

이 여인은 예수님을 만났을 때 비로소 만족했습니다. "여자가 물동이를 버려두고 동네로 들어가서 사람들에게 이르되 내가 행한 모든 일을 내게 말한 사람을 와서 보라 이는 그리스도가 아니냐 하니 그들이 동네에서 나와 예수께로 오더라"(요 4:28-30).

여인은 동네 사람들에게 말했습니다. "내가 그를 만나니 만족합니다. 내가 찾던 행복은 그 안에 있습니다."

예수님을 만날 때만이 비로소 참된 만족과 행복을 발견하게 됩니다.

음성 강의
전도서

말씀 개요

1장 1-11절	서론, 모든 것이 헛되다
1장 12절-2장	증명 1 : 경험으로 증명
3장-6장	증명 2 : 관찰로 증명
7장-9장	조언 : 악한 세상에서 어떻게 처신할 것인가
10장-11장 8절	권면 : 권위와 재물에 대한 올바른 사용법
11장 9절-12장	결론 : 하나님을 경외하고 순종하라

성경 본문
전도서

100일 통독

	CHECK
58일 전도서 1장-12장	☐

아가 노래 중의 노래

S O N G O F S O N G S

이 책을 기록한 저자는 솔로몬입니다. 1장 1절에 "솔로몬의 아가"라고 말합니다. 성령께서 솔로몬의 손을 사용하시어 잠언과 전도서와 아가서를 기록하셨습니다. 아가서의 표지에는 아무런 칭호도 없이 단지 그의 이름만을 쓰고 있는데, 이것은 아마도 그가 왕위에 오르기 전에 썼기 때문일 것입니다.

신랑 그리스도, 신부 교회

아가서를 기록한 목적은 세 가지로 볼 수 있습니다.

첫째는 솔로몬이 신부와의 사랑을 통해서 결혼과 결혼에 의한 사랑을 아름답게 표현하기 위해 기록했습니다. 4장 7-10절에서 "나의 사랑 너는 어여쁘고 아무 흠이 없구나 내 신부야 너는 레바논에서부터 나와 함께하자 내 누이, 내 신부야 네가 내 마음을 빼앗았구나 네 사랑이 어찌 그리 아름다운지 네 사랑은 포도주보다 진하구나"라고 말합니다.

둘째는 이스라엘 백성을 향한 하나님의 사랑을 표현한 것이라고 말하기도 합니다. 호세아서 2장 19,20절에 "내가 네게 장가들어 영원히 살되 … 네가 여호와를 알리라"라고 말씀하심같이 성경의 여러 곳에서 하나님은 마치 신랑이 신부를 사랑함같이 이스라엘의 백성을 사랑한다고 표현합니다.

셋째는 신랑 된 그리스도와 신부 된 교회의 사랑을 나타내기 위한 것이라고 합니다. 일반적으로 세 번째가 아가서를 기록한 가장 중요한 목적입니다.

에베소서 5장 32절(남편과 아내에 대한 구절)에 "이 비밀이 크도다 나는 그리스도와 교회에 대하여 말하노라"라고 하시며 남편과 아내의 관계를 통해 신랑이신 예수 그리스도와 신부 된 교회를 설명합니다. 또 고린도후서 11장 2절에는 "내가 하나님의 열심으로 너희를 위하여 열심을 내노니 내가 너희를 정결한 처녀로 한 남편인 그리스도께 드리려고 중매함이로다"라고 말하면서 교회와 예수님과의 관계를 신랑과 신부의 관계로 설명합니다. 그 때문에 아가서가 바로 신랑이신 예수 그리스도와 신부 된 교회와의 사랑을 나타낸 것이라고 말합니다.

노래 중의 노래

아가서는 에스더서처럼 '하나님'이라는 단어가 한 번도 나오지 않습니다. 그러나 아가서에는 하나님의 사랑이 풍부하게 드러납니다. 또 산문이 아니라 시적 언어로 쓰였으며 사랑의 모든 종류를 다 보여줍니다. 인간이 주고받는 사랑인 '에로스'Eros, '스토르게'Storge, '필리아'Philia뿐만 아니라 더 나아가서 일방적으로 주는, 조건 없는 하나님의 사랑인 '아가페'Agape까지 다 기록하고 있지요.

아가서는 우리의 감성을 자극해서 뜨거운 사모함을 불러 일으켜줍니다. 내용이 즐겁고 기쁨이 가득해서 아름답고 밝고 즐거운 목가적 배경으로 꽉 찬 오페라 무대 앞으로 우리를 자연스럽게 초대합니다.

아가서는 '노래 중의 노래'입니다. 아주 뛰어난 노래로 그의 신부 된 교회를 뜨겁게 사랑하시는 신랑이신 그리스도의 고백의 노래입니다. 사람이 지은 사랑 노래나 성경에 나오는 어떤 노래보다도 더 뛰어납니다. 솔로몬은 1,005편의 노래를 지었다고 합니다(왕상 4:32). 그가 지은 다른 노래들은 다 없어졌지만 거룩한 사랑의 노래는 지금도, 그리고 앞으로 신랑이 오실 때까지 끝까지 남아 있을 것입니다. 그러므로 "솔로몬의 아가라"(1:1) 하는 것은 원래 '솔로몬의 노래들 중의 노래' the song of songs라고 되어 있습니다.

아름다운 사랑

아가서의 주제는 신랑과 신부의 아름다운 사랑이라고 할 수 있습니다. "사랑하는 자여"가 32번이나 나옵니다. 전도서 뒤에 이 책이 놓인 것은 아주 적절합니다. 왜냐하면 전도서를 통해 해 아래서 행하는 모든 것은 헛되고 헛된 것이어서 우리를 만족시키거나 행복하게 해줄 수 없다는 것을 철저히 깨달은 후에 예수 그리스도 앞으로 나아가게 합니다. 그리스도와 함께하는 교제 속에 비로소 참된 만족과 기쁨과 행복을 맛보게 되기 때문입니다.

간절히 사모함

1장 1절-3장 5절은 두 남녀가 처음 만나 열정적인 사랑에 빠지고 서로를 간절히 사모함에 대해 말합니다.

그리스도의 사랑은 그분의 사랑을 입은 그리스도인들에게는 이 세상이 줄 수 있는 어떤 즐거움보다 더 귀하고 값집니다. "네 사랑이 포도주보다 진함이라"(1:2,4, 4:10). 그의 입맞춤은 사랑의 증표입니다(1:2). 신랑이신 예수님은 아름다움과 향기에 있어서 꽃들 중의 최고인 사론의 수선화요, 신부 된 교회는 가시나무들 가운데서 순결함과 순전함을 지키는 골짜기의 백합화와 같습니다(2:1). 신랑의 사랑의 열정을 신부의 목소리를 듣고 싶고 얼굴을 보고 싶어 하는 것으로 표현합니다.

“바위 틈 낭떠러지 은밀한 곳에 있는 나의 비둘기야 내가 네 얼굴을 보게 하라 네 소리를 듣게 하라 네 소리는 부드럽고 네 얼굴은 아름답구나”(2:14).

우리가 예수께 나아가 예배드리며 그 앞에서 기도할 때 주 예수님이 얼마나 기뻐하시는지요! 우리가 예수님 보기를 사모함같이 예수님도 우리 보기를 얼마나 사모하시는지요!

3장 6절-5장 1절은 여인이 영광 가운데 온 신랑의 동행하자는 초청을 받아들이고 사랑 안에서 연합하는 내용입니다. 구원받은 신부 된 교회가 영광 가운데 오는 신랑을 바라보는 모습이지요(3:6-11). 교회가 얼마나 거룩한 아름다움을 지녔는지를 보여줍니다(4:1-5). 또한 신랑이신 예수님의 신부를 향한 사랑의 고백은 얼마나 아름다운지요!(4:7-15) “네가 내 마음을 빼앗았구나 네 눈으로 한 번 보는 것과 네 목의 구슬 한 꿰미로 내 마음을 빼앗았구나”(4:9). 이는 “네가 내 마음을 온통 차지했구나. 네 맑고 깨끗한 눈으로 한 번 보는 것으로 내 마음을 빼앗았구나”라는 뜻입니다.

우리가 주를 만나기를 간절히 사모할 때 주님은 우리를 찾아오셔서 만나주십니다(5:1). “너희가 온 마음으로 나를 구하면 나를 찾을 것이요 나를 만나리라”(렘 29:13). “나를 사랑하는 자들이 나의 사랑을 입으며 나를 간절히 찾는 자가 나를 만날 것이니라”(잠 8:17).

5장 2절-6장 3절에는 사랑하는 이와 잠시 헤어져 그리워하는 모습이 표현되어 있습니다. 주님은 한결같은 사랑으로 우리를 사랑하십니다. 문 밖에서 들어오시려고 문을 두드리십니다. 그러나 예수 그리스도의 이런 사랑에도 불구하고 우리의 영적 게으름과 어리석은 행동으로 책망을 받는 슬픈 이야기입니다. 우리의 습관적인 죄로 말미암아 주님은 찾아도 보이지 않습니다(5:2-7). 그러나 낙심하지 말고 그분을 찾아야 합니다. 정죄감에 사로잡히지 말아야 합니다. 그리고 고백합니다.

"주님, 저는 주님을 사모하기에 병이 났습니다."

우리 주님의 모습은 어떠한가요? 사람들에게 내가 사랑하는 예수님의 모습을 어떻게 설명할까요? 5장 10-16절의 모습은 사도 요한이 밧모섬에서 본 주님의 모습과 서로 통합니다(계 1:13-16). 영광의 주님, 맑고 아름답고 순결하며 온유하신 분, 그 말씀이 꿀송이 같고 우리의 영혼을 소생하게 하시는 분, 공평하시며 의로우시고, 빛나는 분입니다.

6장 4절-8장 14절은 서로에 대한 사랑이 점점 자라나는 모습을 기록합니다. 드디어 놀랍고 아름다우신 예수님을 만났습니다. 우리의 허물을 용서하시고 다시 우리를 만나주십니다. 주님은 말씀하십니다.

"너는 예쁘고 사랑스럽구나. 나의 사랑이구나."

"내가 너를 기뻐한다. 내가 너를 사랑한다."

"나는 항상 너와 함께 있다."

"내 풍성한 것으로 네게 선물을 주겠다."

그리고 우리도 주님을 사랑합니다. 그분을 자랑하며, 기뻐하며, 사모합니다. 그분과 늘 함께 거하기를 간절히 원합니다. 기쁘고 감사한 것은 주님을 향한 내 사랑이 점점 자라나는 것입니다.

도장 새기듯, 임의 마음에 나를 새기세요.
도장 새기듯, 임의 팔에 나를 새기세요.
사랑은 죽음처럼 강한 것,
사랑의 시샘은 저승처럼 잔혹한 것,
사랑은 타오르는 불길, 아무도 못 끄는 거센 불길입니다.
바닷물도 그 사랑의 불길 끄지 못하고,
강물도 그 불길 잡지 못합니다.

남자가 자기 집 재산을 다 바친다고
사랑을 얻을 수 있을까요?
오히려 웃음거리만 되고 말겠지요.

_ 아 8:6,7, 새번역 성경

아름다운 이야기

아가서에 대해서 아름다운 이야기가 전해옵니다. 아가서는 솔로몬이 왕이 되기 직전에 포도원이 많이 있는 에브라임 지방의 어느 포도원을 방문하는 것으로 시작합니다.

"포도원을 관리하는 포도원지기는 죽었고, 그의 아내는 두 아들과 두 딸을 데리고 포도원을 관리했습니다. 큰딸 술람미 여인은 가족에게 신데렐라와 같은 존재입니다. 타고난 어여쁨이 있었지만 알아주는 사람이 없었습니다. 두 명의 이복 오빠들이 그녀에게 몹시 거친 노동을 시켰고, 외모를 돌볼 시간이 없었습니다. 포도 순을 다듬고, 여우 새끼들이 다닐 수 있는 오솔길을 내고, 양무리를 길렀습니다. 종일 밖에서 일했기 때문에 얼굴은 햇볕에 몹시 그을었지요.

그런데 어느 날 키가 큰 미남 청년이 포도원에 왔습니다. 바로 변장한 솔로몬이었습니다. 그는 그녀를 보자마자 단숨에 사랑에 빠졌습니다. 그녀는 그를 목동이라고 생각했고, 그의 양무리에 대해 질문했습니다. 이 청년은 즉답을 피하고 그녀에게 사랑을 고백했습니다. 그러고는 그녀에게 풍성한 선물을 준비하여 다시 오겠다고 약속하고 떠났습니다. 그리고 그녀는 꿈속에서 그를 보았습니다. 어떤 때는 그가 가까이 있는 것으로 생각하며 그를 그리워했습니다. 그리고 드디어 이 미남 청년은 찬란한 왕의 복장을 입고 돌아와서 그녀를 신부로 맞이했습니다."

이것이 아가서의 배경으로 알려진 이야기입니다. 이 이야기는 처음에는 목자로 이 세상에 오셔서 우리를 그의 신부로 삼으시고, 나중에는 왕으로 오셔서 우리를 어린양의 혼인잔치로 인도하시는 예수 그리스도의 재림을 잘 보여줍니다.

음성 강의
아가

말씀 개요

1장-3장 5절	사랑에 빠지다
3장 6절-5장 1절	사랑으로 연합하다
5장 2절-6장 3절	사랑의 힘의 테스트
6장 4절-8장	사랑이 자라나다

성경 본문
아가

100일 통독

	CHECK
59일 아가 1장-8장	

선지서

이사야서부터 말라기서까지 17권을 '선지서'라고 부릅니다. 그중에서 이사야서, 예레미야서, 예레미야애가, 에스겔서, 다니엘서의 5권을 **'대선지서'**라고 부르며, 호세아서에서 말라기서까지 12권을 **'소선지서'**라고 부릅니다.

선지서들은 역사적인 서술보다는 역사서를 보충하는 내용입니다. 하나님은 특정한 시대에 특정한 메시지를 선지자들을 보내셔서 전달하게 하셨습니다.

선지서의 목적은 단지 죄를 지적하고 심판을 선언하는 게 아니라 죄를 깨닫고 돌이켜 주를 섬기도록 하기 위함입니다. 또한 낙심한 자를 위로하고, 소망을 불어넣어주며, 연약한 자를 일으켜 세우기 위함입니다. 선지서에서 선지자이신 예수 그리스도의 모습을 보게 됩니다. 선지서의 내용을 올바르게 이해하려면 책들이 기록될 당시의 상황을 살펴보아야 합니다.

이사야 하나님의 공의와 은혜

I S A I A H

이사야서, 예레미야서, 예레미야애가, 에스겔서, 다니엘서를 '대선지서', 나머지를 '소선지서'라고 부릅니다. 이는 어떤 서열에 따른 분류가 아닙니다. 단지 앞의 책들의 분량이 많기 때문에 붙여진 것이지요. 이사야보다 먼저 사역한 선지자들은 호세아와 요엘과 아모스와 오바댜입니다. 이사야는 이들보다 조금 뒤에 활동했습니다. 그럼에도 불구하고 이사야서가 선지서 중에 맨 앞에 있는 것은 분량 때문입니다.

선지자 이사야

이 책을 기록한 사람은 선지자 이사야입니다. 그에 대해서는 열왕기하 19장과 20장에 13번이나 언급됩니다. 또 열왕기하 18장-20장은 이사야서의 37장-39장과 같은 입장에서 기록하고 있습니다.

이사야는 왕족이었습니다. 유대 전승에 의하면 그의 아버지는 웃시야 왕의 동생입니다. 그는 히스기야 때 궁정에서 생활했고, 북이스라엘이 앗수르에게 멸망하고 남유다 왕국만 남은 시대에 사역했습니다. 웃시야 왕 통치 말년에 예언 사역을 시작하여 요담과 아하스와 히스기야 시대에 60년 동안 사역했습니다.

유대 전승에 의하면 이사야는 히스기야의 아들인 악한 왕 므낫세 왕의 핍박을 받아 톱질을 당했다고 합니다. 아마도 히브리서 11장 37절에 톱으로 켜는 순교를 당한 것은 이사야를 가리키는 것 같습니다. 이사야서는 유대와 예루살렘을 향해 말씀하고 있습니다. 또한 멸망한 북이스라엘과 바벨론 제국과 다메섹을 향해 예언합니다. 뿐만 아니라 여러 주변국들에 대해서도 경고합니다.

웃시야와 요담과 히스기야 때는 적어도 표면적으로는 좋았으나 아하스 왕이 다스리던 시대는 달랐습니다. 그는 아주 악하여 그가 다스리던 16년 동안에 나라 전체가 우상숭배를 하게 됩니다. 이때 이사야가 이들에게 하나님께 돌아오라고 호소합니다. 그렇지 않으면 이땅에서 쫓겨날 거라고 예언하지요. 그러면서도 이사야는 하나님의 긍휼과 은혜로 그들을 위로합니다. 그들이 비록 흩어질지라도 먼 훗날에 고레스라는 왕을 일으켜서 회복할 것이라고 예언합니다.

하나님의 긍휼에 의해 영광스러운 미래가 있을 거라고 말하며 메시아의 오심을 선포합니다. 흩어진 유대인들로 말미암아 이방 사람들에게까지 하나님의 복이 흘러갈 것이라고 말합니다.

특징

이사야서는 어느 선지서들보다 메시아에 관한 예언을 가장 많이 하고 있습니다. 어떤 사람들은 이사야를 '복음적인 선지자'라고 하고, 이사야서를 '제5복음서'라고도 합니다.

이사야서의 주제는 '하나님의 공의와 은혜'입니다. '거룩하신 하나님'을 25번, '심판'은 52번, '위로'는 18번, '구원'은 26번 언급합니다. 특히 53장은 고난 받는 종에 관한 것으로 예수님의 구원 사역을 가장 잘 말해주고 있지요. 이 장은 신약에서 85번이나 인용됩니다. 이사야서의 내용을 요약하면 '하나님은 유일한 구원자이시며 지존하신 통치자이시다'입니다.

이사야서는 내용이 방대합니다. 성경 권수와 같은 66장으로 되어 있습니다. 뿐만 아니라 그 성격도 같습니다. 1장부터 39장은 구약의 성격을 띱니다. 이스라엘의 죄로 인한 하나님의 공의와 심판과 회개가 강조됩니다. 또 40장 이후부터 66장까지의 후반부 27장은 신약의 성격을 띱니다. 구원과 소망, 용서와 회복이 주 내용으로 기록되었지요. 첫 번째 39장까지는 구약의 내용을, 40장 이후부터는 신약의 내용을 요약했다고 할 수 있습니다.

또한 전체가 시로 구성되어 있는 놀라운 문학작품입니다. 문체가 매우 미려하고 세련되었지요. 어떤 이들은 이사야를 문학적으로는 셰익스피어에 비유하고, 신학적으로는 구약의 사도 바울이라고 소개합니다. 이사야서 전체가 66장 1,292절로, 성경이 66권 1,189장도 비슷합니다. 신약에서는 472번이나 이 책의 내용을 인용합니다.

주요 구절

이사야서에서 주목할 만한 중요한 부분은 우리의 죄를 처리하시는 하나님의 긍휼하심이 드러나는 구절들입니다. "여호와께서 말씀하시되 오라 우리가 서로 변론하자 너희의 죄가 주홍 같을지라도 눈과 같이 희어질 것이요 진홍같이 붉을지라도 양털같이 희게 되리라"(1:18), "나는 네 허물을 도말하는 자니 네 죄를 기억하지 아니하리라"(43:25), "내가 네 허물을 빽빽한 구름같이, 네 죄를 안개같이 없이하였으니 너는 내게로 돌아오라 내가 너를 구속하였음이니라"(44:22).

예수 그리스도가 처녀를 통해 오신 것을 말합니다.

"보라 처녀가 잉태하여 아들을 낳을 것이요 그 이름을 임마누엘이라 하리라"(7:14), "한 아기가 우리에게 났고 한 아들을 우리에게 주신 바 되었는데"(9:6).

이사야서는 ‘두려워하지 말라’를 반복하여 말합니다. “두려워하지 말라 내가 너와 함께함이라 놀라지 말라 나는 네 하나님이 됨이라 내가 너를 굳세게 하리라 참으로 너를 도와주리라 참으로 나의 의로운 오른손으로 너를 붙들리라”(41:10), “두려워하지 말라 … 내가 너를 도울 것이라”(41:14), “두려워하지 말라”(43:5, 44:8).

또한 하나님께서 ‘새 일을 행하리라’라고 약속하십니다. “너희는 이전 일을 기억하지 말며 옛날 일을 생각하지 말라 보라 내가 새 일을 행하리니 이제 나타낼 것이라”(43:18,19).

이 구절들 외에도 풍성한 하나님의 사랑과 구원과 은혜의 고백이 충만하게 드러나 있습니다.

주의 날의 유다와 이스라엘

이사야서의 전반부 1장-39장은 죄에 대한 책망과 심판에 대한 경고입니다. 후반부 40장-66장은 약속과 위로의 말씀으로 가득합니다.

1장-12장은 유다와 이스라엘에 대한 예언입니다. 특히 예루살렘에 관련된 것들이지요. 이들의 죄에 대한 공의의 하나님의 심판은 법 집행관으로 먼 나라들을 부르십니다. 그러나 긍휼의 하나님은 메시아에 대한 약속도 하십니다.

1장은 이사야 선지자의 첫 번째 설교입니다. 1절은 이 책의 제목, 즉 “이사야가 유다와 예루살렘에 관하여 본 계시라”입니다. 2절은 “하늘이여 들으라 땅이여 귀를 기울이라”로 시작하면서 마치 성명서처럼 모두가 읽을 수 있고, 필사해 갈 수 있도록 성전의 공공게시판에 붙여놓은 것 같습니다.

하나님의 백성의 죄를 강도 높게 고소하고, 그 죄로 말미암아 땅이 거의 초토화되었음을 말합니다. 그럼에도 불구하고 여전히 삶을 고치지 않는 모습에 하나님은 탄식하십니다. 그들이 회개한다면 죄사함과 회복을 약속하실 것이지만 계속 완악하여 불순종한다면 멸망당할 거라고 경고하십니다.

2장-4장은 두 번째 설교입니다. 2장 1절에 나타나듯이 이사야가 유다와 예루살렘에 관해 하나님께 받은 말씀입니다. 2절의 '말일'은 메시아의 날입니다. 어느 한 날을 말하는 게 아니라 어느 기간을 말합니다. 즉 메시아가 오심으로 예수 그리스도의 교회가 세워지고 만방이 그곳으로 모여들 것입니다. 이방이 주께 모여올 것이나 이스라엘은 강퍅하여 주께 돌아오지 않음으로 심판을 받게 될 것입니다. 하지만 남아 있는 자에게는 구속의 은혜가 임할 것입니다.

5장은 하나님의 백성들의 죄에 대한 하나님의 '고소장'입니다. '화 있을진저'를 6번 언급하시며, 이들의 여섯 가지 죄를 고소합니다.

1. 불법으로 재물을 모음(5:6-8) - 연금 조작, 수단 방법을 가리지 않고 이윤을 남김, 남의 사업을 망치며 자기의 사업을 키움, 투기 목적으로 땅과 아파트를 사들임, 대기업의 문어발식 확장, 중소기업을 삼킴
2. 향락을 일삼음(5:10-17) - 알코올중독과 마약에 손을 댐
3. 하나님을 두려워하지 않고 죄를 지음(5:18,19) - 신앙의 위선
4. 하나님의 기준을 무너뜨리고, 하나님의 원칙을 무시함(5:20) - 진리를 거짓으로 바꾸고, 죄를 미화시킴
5. 교만함과 자신의 판단을 의지함(5:21) - 우쭐대고 거만하며 자기 자랑에 여념이 없음
6. 술 취함(5:22) - 쾌락, 파티 등 흥청망청함, 정직하지 못함

이들에 대한 하나님의 공평한 판결은 "재물이 날아가고, 땅이 황폐화하고, 사로잡히며, 유리하며, 굶주리며, 낮아질 것이다"입니다. 또한 유다의 죄를 심판하기 위해 먼 나라들을 '형 집행관'으로 부르십니다.

6장은 이사야의 소명을 말합니다. 그는 먼저 하나님의 영광을 보았습니다. 그리고 자기의 죄 된 모습을 보았지요. 하지만 죄 용서함과 죄 사함을 경험합니다. 또한 온 땅에 대한 하나님의 마음을 보게 됩니다. "누가 우리를 위하여 갈 것인가"라는 주의 말씀에 이사야는 "내가 여기 있나이다 나를 보내소서"라고 응답합니다(6:8).

7장은 특별한 경우에 행해진 권면과 위로의 설교입니다. 하나님은 유다의 죄를 심판하시지만 여전히 긍휼을 베푸십니다. 메시아에 대한 예언은 하나님의 긍휼의 표입니다. 처녀의 몸에서 나실 것이며 그의 이름은 '임마누엘'입니다.

8장-12장은 연속된 설교입니다. 이스라엘은 앗수르에게 멸망할 것이며, 유다도 앗수르에 의해 환난 당할 것을 예언합니다. 그러나 그러한 어려움에서 사람을 의지하지 않고 하나님을 의지한다면 하나님은 그들의 피난처가 되실 것이며, 앗수르는 결국 멸망하게 될 것을 예언합니다. 특히 메시아의 오심과 다스리심을 보여줍니다(9장,11장). 그날에 구원의 노래를 부를 것입니다(12장). '남은 자'에 대해 언급하십니다(10:20-22, 11:11,16). 이들은 하나님을 의지하며 메시아를 기다리는 자들입니다.

열방에 부과된 부담들

13장-23장은 열방에 대한 하나님의 심판의 예언입니다. 이들은 하나님의 백성들과 연관되어 있습니다. 열방이 하나님의 백성들에게 호의를 베푼 것과 불의를 행한 것에 대한 심판입니다. 바벨론과 모압과 다메섹과 애굽과 두로 등에 대한 경고이지요. 당시 강국인 앗수르에 대해 이미 앞에서 하나님의 심판이 있었습니다.

바벨론은 당시 미미하고 거의 알려진 바가 없는 나라였습니다. 그러나 하나님은 이들이 거대한 제국이 될 것을 아셨습니다. 또한 그런 나라가 멸망할 것을 미리 보여주십니다. 하나님은 교만한 자를 대적하시고, 겸손한 자에게 은혜를 베푸십니다. 이들 나라들의 심판의 이유는 그들의 '교만'입니다. 전능자 하나님의 자리와 피조물 된 자신들의 자리를 분명히 알고, 그것을 지키는 것이 겸손입니다. 자기 분수를 모르는 게 교만이요, 이를 아는 게 겸손입니다.

하나님은 열방의 경영자이십니다. "내가 생각한 것이 반드시 되며 내가 경영한 것을 이루리라… 이것이 온 세계를 행하여 정한 경영이며 이것이 열방을 향하여 편 손이라 하셨나니 만군의 여호와께서 경영하셨은즉 누가 능히 그것을 폐하며 그의 손을 펴셨은즉 누가 능히 그것을 돌이키랴"(14:24,26,27).

하나님의 심판의 기준은 구원의 하나님을 잊어버리며, 능력의 반석이신 하나님을 마음에 두지 아니한 것에 있습니다(17:10). 공의의 하나님은 먼저 그의 백성들부터 심판을 시작하십니다. 그리고 주변의 나라들을 심판하십니다. 하나님은 이 과정을 통해 그의 백성들이 더욱 하나님을 경외하며 주변국들도 온 땅의 통치자이신 그분을 알고 두려워하여 돌이키기를 원하십니다.

그날과 이방 나라들

24장-27장은 이사야의 새로운 설교입니다. 의인에게는 그들이 잘되리라는 보배로운 약속이, 악인에게는 그들이 잘되지 못하리라는 두려운 경고가 있습니다. 이 같은 약속과 경고가 잘 짜여져 있어 서로를 조명합니다. 이것은 특정한 나라를 향한 게 아니라 열방을 향한 것이지요. 그러나 이 모든 일로 말미암아 하나님은 동방에서와 바다 모든 섬에서 영화롭게 되실 것입니다(24:15). 하나님은 그를 기다리며 의지하는 자에게는 요새요, 피난처요, 그늘이요, 반석이 되십니다. 그러나 교만한 자는 심판하십니다.

예루살렘에 대한 경고

28장-35장은 백성들의 죄에 대한 책망과 경고, 특히 예루살렘에 대한 경고입니다. 그러나 이들이 돌이켜 하나님을 의지한다면 이들을 환난 가운데서 건지실 것이며, 그 원수들을 하나님이 심판하실 것이라고 약속하십니다.

28장-29장은 에브라임의 교만과 술 취함, 안일함과 방탕함 그리고 예루살렘의 지도자들의 교만함에 대한 책망과 심판의 경고입니다. 그러나 믿음이 있는 남은 자들에게는 은혜와 긍휼을 베푸십니다. 30장-31장에서는 앗수르 왕 산헤립의 공격에 하나님을 의지하지 않고 애굽을 의지하는 유다를 책망하십니다. 그러나 주를 의지하면 앗수르의 군대를 멸하실 것임을 약속하십니다.

32장-33장은 히스기야가 하나님을 의지한다면 그들을 구원하실 것을 말합니다. 이 말씀은 또한 장차 임할 하나님나라에 대한 약속이기도 합니다. 34장은 하나님의 백성들을 괴롭히는 모든 나라들은 결국 파국을 맞이하게 될 것을 말합니다. 35장은 예루살렘의 번성도 말하지만 이를 넘어서서 하나님나라가 임함으로 주어지는 교회의 아름다움을 보여줍니다. 거룩한 길로 인도되어 사는 교회의 모습입니다.

역사의 주이신 하나님

36장-39장은 역사가로서의 이사야의 메시지입니다. 하나님의 예언이 역사의 현장에서 어떻게 성취되었는지를 보여줍니다. 하나님은 역사의 주인이시고, 역사는 그분의 이야기입니다. 열왕기하 18장-19장과 거의 동일한 내용입니다. 하나님을 의지하는 겸손한 자에게는 구원을 베푸시고, 자기의 힘을 의지하는 교만한 자들은 대적하신다는 것입니다.

그러나 히스기야를 통해 하나님의 놀라운 구원을 경험한 후에 마음이 교만해지는 것을 경계하십니다. 당시 세계의 강국 앗수르를 격퇴하고, 하나님의 응답하심으로 생명이 연장되는 사건들을 통해 히스기야는 세계 무대에서 일약 스타가 됩니다. 특히 막 떠오르는 나라인 신흥국 바벨론의 사자使者들이 와서 인터뷰를 할 때 그의 마음이 교만해집니다. 안타깝게도 그것은 훗날 바벨론의 포로가 되는 계기가 되지요.

축복의 예언

40장-66장은 이사야의 예언의 후반부로서 예언의 목적과 문체도 달라집니다. 전반부는 몇 차례의 설교로 이사야의 이름이 자주 언급됩니다(2:1, 7:3, 13:1). 그러나 후반부는 하나로 연결된 강론이며, 이사야의 이름이 한 번도 언급되지 않습니다.

전반부는 수많은 경고와 화에 대하여, 후반부는 수많은 축복에 대해 말씀합니다. 전반부는 주로 앗수르의 침공으로 인한 고통과 그것에서의 구원의 말씀이고, 후반부는 바벨론의 포로 됨과 구원의 약속의 말씀입니다. 이는 훗날 바벨론 포로 생활 가운데 힘과 위로가 됩니다. 전반부에도 메시아의 임하심과 은혜가 언급되지만 후반부에 훨씬 더 많습니다.

후반부는 세례 요한의 광야에서 외치는 소리로 시작하여(40:3), 새 하늘과 새 땅으로 마치고 있습니다(66:22). 그러므로 후반부는 신약의 요약이라고 할 수 있습니다. 특히 40장-55장에는 고난 받는 종의 모습이 나타납니다. 말씀을 전하러 다니시고(42장), 땅끝까지 복음을 전하시고(49장), 수욕과 고난을 통해 복음을 전파하는 순종을 보이시며(50장), 고난을 통해 구원의 사역을 이루시고 승리와 영광을 받으시는 종의 모습입니다(52장-53장). '종의 노래'라고도 하는 이 장들은 구약 선교의 정점입니다.

하나님의 주권

40장-41장에는 세례 요한의 사역으로 하나님나라의 선포가 나옵니다. 그분의 백성을 향한 위로의 말씀입니다(40:1-11). 영광의 하나님의 모습, 특히 그분의 크심을 이처럼 실감나고 확실하게 언급한 곳이 없습니다(40:12-26). 그러므로 "낙심하지 말고 소망을 가지고 오직 하나님을 앙망하라"라고 하십니다. 우상숭배가 얼마나 어리석은지를 알고, 이를 버리고 오직 하나님만을 의지하라고 하십니다. "여호와 그가 하나님이시다"라고 고백하기를 원하십니다.

42장-48장은 메시아의 오심과 구원을 선포합니다. 특히 바벨론에 의해 환난 중에 있는 백성을 건져주시며 새 일을 행하실 것을 약속하십니다. 죄사함의 약속을 하십니다. 우상들은 거짓이며 오직 여호와만이 경배 받으실 한 분 하나님입니다. 또한 고레스가 장차 바벨론 포로에서 돌이키도록 쓰임 받을 것을 보여주십니다. 이를 통해 하나님의 영원한 능력과 주권이 드러날 것입니다.

하나님만이 홀로 역사의 주主이십니다. 그의 약속들은 하나님을 의지하는 사람들에게 이루어질 것입니다(45장). 바벨론의 우상을 섬기지 말고 오직 하나님만을 바라보고, 그분의 능력을 의지하고, 그분을 섬길 것을 말씀하십니다(46장).

바벨론은 백성들을 향한 하나님의 막대기이지만 자기의 한계를 넘어서 하나님의 백성들을 잔혹하게 대하며 교만하게 행함으로 결국 하나님의 심판을 받을 수밖에 없습니다(47장). 마찬가지로 야곱의 집의 죄로 인해 심판하실 것이나 하나님은 그의 이름을 위해 야곱의 집에 구원을 베푸십니다(48장).

여호와의 종

49장-57장에서 하나님의 더 큰 계획은 온 세상의 구원입니다. 이사야서에 나타나는 종은 오실 메시아의 모형입니다. 메시아에 의해 그분의 구속이 이루어질 것입니다. 더 나아가 이방인들 가운데 그분의 교회가 세워질 것입니다(49장). 비록 흑암 중에 있어 빛이 없을지라도 오직 하나님의 말씀에 귀를 기울여 말씀을 듣고 의지한다면 하나님의 구원을 경험할 것입니다. 하나님만이 위로자이십니다(51장).

이스라엘은 하나님께서 '깨어서' 구원을 베풀기를 원하지만(51:9), 하나님께서는 백성들에게 "깰지어다"라고 명령하십니다(51:17, 52:1). 이스라엘이 스스로 힘을 내어 일어나서 하나님의 구원을 경험하라고 격려하십니다.

52장의 끝의 세 구절(52:13-15)은 53장의 처음의 세 구절(53:1-3)과 동일한 주제입니다. 즉 그리스도의 낮아지심과 높아지심입니다. 53장만큼이나 그리스도의 고난과 영광을 자세하고도 분명하게 예언하는 말씀은 없습니다. 또한 그리스도의 측량할 수 없는 부요하심으로 가득합니다. 그러므로 그리스도의 교회는 흥왕할 것입니다(54장).

앗수르와 바벨론이 비록 하나님의 백성의 죄를 인한 집행관이었으나 그들의 교만함으로 결국 하나님의 심판을 받는 것이 이사야의 예언입니다. 그러나 하나님의 백성은 하나님의 긍휼하심을 입고 구원을 받을 것입니다. 이같이 신약의 교회들도 위로와 힘을 얻길 원하십니다.

53장이 그리스도에 관한 것이고, 54장은 그리스도의 교회에 관한 것이라면 55장은 그리스도 안에서 교회를 향한 하나님의 언약입니다. 하나님께 나아가면 죄사함을 얻고 회복이 있습니다. 56장은 하나님의 은혜를 입은 백성들이 해야 할 의무를 말합니다. 하나님의 약속을 붙들고, 열방을 향한 중보자의 역할을 하기를 원하십니다. 비록 우상숭배로 하나님의 심판을 받았으나 돌이켜 주께로 나아가면 하나님께서 그들을 고치며 소성케 하실 것입니다(57장).

여호와의 도전

58장-66장은 이스라엘의 영광스러운 미래에 대한 예언의 말씀입니다. 그러나 그것은 신약 시대의 교회의 영광을 말하기도 합니다. 종교적인 위선을 버리라고 하십니다. 올바른 금식을 행하고 안식일을 지킨다면 하나님은 그들을 고치시며 새롭게 하실 뿐만 아니라 열방의 치유자가 되게 하실 것입니다(58장). 죄가 많은 곳에 은혜가 많을 것입니다(59장). 하나님께서 그의 백성을 구원하시려고 임할 것입니다. 그러므로 구원을 얻은 백성들은 빛을 발하고 땅끝까지 확장될 것입니다(59:19-60:3). 많은 사람들이 주께로 올 것입니다.

61장-62장은 이스라엘의 회복과 기쁨과 영광과 축복을 말합니다. 또한 신약의 교회를 가리킵니다. 하나님은 그의 백성의 간절한 기도와 소원을 들으시고 오셔서 그들을 환난 가운데서 구원하실 것입니다(63장-64장).

65장과 66장은 우리에게 새 하늘과 새 땅에 대한 약속을 바라보게 합니다. 이는 로마서 9장-11장의 말씀과 연관이 됩니다. 이방인들은 복음을 듣고 주께로 올 것이지만 유대인들은 불신앙으로 버림을 받고 심판을 받을 것입니다. 하지만 유대인 중에 남은 자들이 주께로 돌아올 것입니다.

하나님은 인애를 원하고 제사를 원치 않으십니다. 번제보다 하나님을 아는 것을 원하시지요(호 6:6). 또한 그의 백성을 대적하는 자를 심판하실 것입니다. 열방이 주께로 돌아오며 그의 교회는 영원히 굳게 설 것입니다.

음성 강의
이사야

말씀 개요

1장-35장	심판의 예언
1장-6장	주의 날과 유다
7장-12장	주의 날과 이스라엘
13장-23장	열방에 부과된 부담
24장-27장	그날과 이방 나라들
28장-33장	예루살렘에 임할 비통
34장-35장	시온의 회복
36장-39장	역사적인 부분(히스기야)
40장-66장	축복의 예언
40장-48장	하나님의 주권
49장-57장	여호와의 종
58장-66장	여호와의 도전

성경 본문
이사야

100일 통독

		CHECK
60일	이사야 1장-12장	☐
61일	이사야 13장-25장	☐
62일	이사야 26장-38장	☐
63일	이사야 39장-52장	☐
64일	이사야 53장-66장	☐

예레미야 유다의 포로 됨과 귀환

J E R E M I A H

이사야보다 훨씬 뒤에 사역한 예레미야가 그보다 먼저 사역한 여러 선지자들을 제치고 이사야서 다음에 배치된 것은 분량 때문입니다. 예레미야서는 52장으로 이사야서 다음으로 많습니다. 또한 신약 성경에서 137번이나 직접 또는 간접적으로 인용할 만큼 상당히 중요한 위치에 있습니다.

요시야 왕과 선지자 예레미야

선지자 예레미야는 1장 1-3절에 소개되어 있듯이 아나돗 지방의 제사장 가문 출신입니다. 아버지는 힐기야이며, 그도 장차 제사장이 될 사람이지요. 그는 유다 왕국 말년에 다윗의 길로 행한 요시야 왕 13년에 선지자로서 하나님의 부르심을 받습니다.

요시야는 8세에 왕이 되어 16세에 하나님의 얼굴을 구하며 주 앞에 나아갔습니다. 그리고 20세가 되었을 때 국가적 부흥 운동을 주도했습니다(대하 34:1-7). 그리고 부흥 운동을 시작한 지 일 년 후, 그의 나이 21세에 하나님은 예레미야를 부르시어 요시야와 함께 일하게 하셨습니다. 예레미야는 하나님이 그를 열방의 선지자로 부르실 때 "나는 아이라 말할 줄 알지 못하나이다"라고 응답합니다(1:6). 당시 그의 나이가 18세에서 20세 사이였을 거라고 추측합니다.

놀랍게도 유다 왕국 마지막에 있었던 놀라운 부흥의 중심은 21세 된 요시야 왕과 20세 미만에 선지자로 부르심 받은 예레미야입니다. 왕은 나라의 방향을 이끌어가는 지도력을 발휘하고, 선지자는 왕의 지도력이 하나님의 방법대로 올바르게 갈 수 있도록 말씀으로 균형을 잡아주는 역할을 합니다.

이와 비슷한 경우가 바벨론 포로에서 돌아와 나라를 회복하는 과정에도 있습니다. 총독 느헤미야와 제사장 겸 학사인 에스라입니다. 하나님의 부흥에는 이처럼 왕과 같은 직분과 은사가 있는 사람, 또 선지자와 제사장과 같은 직분과 은사가 있는 사람들이 함께 팀으로 사용됩니다.

다윗이 왕국 초기 부흥 운동의 중심이었다면, 요시야는 왕국 말기의 중심이라 할 수 있습니다. 또한 다윗이 초대교회 성령의 역사하심의 표상이라면, 요시야는 교회의 마지막 때에 성령의 역사하심의 표상입니다. 이 말씀을 통해 알 수 있는 것은 마지막 때에 하나님의 교회를 힘있게 일으키며 부흥 운동을 주도할 사람은 젊은 지도자라는 것입니다. 그래서 요시야와 예레미야와 같은 젊은 지도자들을 일으키고, 그들이 지도력을 발휘할 기회를 주어야 합니다.

시대적 상황

열왕기하 22장-25장과 역대하 34장-36장에 예레미야가 사역하던 당시의 시대적 상황이 잘 나타나 있습니다. 그는 이사야보다 약 100년 후에 사역을 시작합니다. 그 시기에 이미 북이스라엘은 앗수르 제국에 의해 정복 당합니다. 그런데 앗수르 제국의 세력이 점점 약화되던 때에 하나님께서 예레미야를 부르셨습니다. 아주 작은 나라로 시작한 신흥국 바벨론이 세력을 급격히 확장해가고 있던 시기였지요. 물론 이스라엘의 남쪽에 있는 애굽도 여전히 세력을 떨치고 있었습니다.

애굽은 앗수르가 세력이 약화될 때를 기회로 삼아서 제국 확장의 계획을 세우고 북벌 정책을 펼칩니다. 이때 바벨론은 앗수르를 정복하고 세력을 확장하고 있었지요. 팔레스타인은 바벨론과 애굽, 이 두 세력 간의 큰 다툼의 중심 지역에 위치하고 있습니다. 결국 유다 왕국은 두 강대국 사이에서 갈팡질팡하다가 바벨론에 의해 멸망당합니다.

눈물의 선지자 예레미야

예레미야는 이런 모든 상황을 목도하면서 예언한 눈물의 선지자였습니다. 요시야 왕을 비롯하여 그의 아들들인 여호아하스, 여호야김, 여호야긴(여고니아, 여고냐 혹은 고니야로 쓰임), 시드기야, 이 다섯 명의 왕들의 통치 기간에 사역한 예레미야는 고난의 선지자입니다. 유다 왕국은 그를 '친바벨론주의자' 또는 '매국노'라고 미워하며 감금하고 폭행합니다. 왜냐하면 그가 예언하기를 유다 왕국이 바벨론에게 빨리 항복할수록 피해가 적을 것이라고 했기 때문입니다.

예레미야는 이런 상황 가운데 여러 번의 고난에 처합니다. 하지만 그가 말씀을 더 이상 전하지 않고자 할 때마다 중심이 불붙는 듯하여 견딜 수 없었다고 말합니다(20:7-9). 그는 평생 독신으로 살며 아내를 취하지 말고 자녀를 두지 말라는 주의 명령을 따랐습니다(16:1-4). 그는 가족과 동네 사람들에게서조차 배척을 받았습니다(12:6). 예루살렘 백성까지 그를 모함하고 때리고 가두었지요(20:2).

그는 바벨론에게 항복하는 게 하나님의 뜻이라고 말했습니다. 그리고 포로 생활은 70년이 될 것이라고 예언하지요(25:11, 29:10). 그 후에 하나님께서 백성들을 포로에서 돌아오게 하여 나라를 회복할 것이라고 했습니다. 그러므로 바벨론 포로 기간에 기다리며 정착하며 살 것을 권했습니다. 또한 놀라운 새 언약에 대해서도 말합니다(31:31-34).

그를 더 힘들게 한 것은 당시의 거짓 선지자들이었습니다. 그들은 왕과 백성들의 환심을 사려고 자기 마음에서 나오는 대로 지어서 예언했습니다. 하나님이 유다를 바벨론의 손에서 건질 것이니 바벨론에게 항복하지 말고 저항하라고 요청했지요. 그들 중 대표적인 거짓 선지자가 하나냐였습니다. 그는 하나님께서 예레미야에게 하신 예언을 공공연하게 비웃고 비방하고 공격합니다.

예레미야가 그에게 하나님의 말씀을 전달합니다. "하나냐여 들으라 여호와께서 너를 보내지 아니하셨거늘 네가 이 백성에게 거짓을 믿게 하는도다 그러므로 여호와께서 이와 같이 말씀하시되 내가 너를 지면에서 제하리니 네가 여호와께 패역한 말을 하였음이라 네가 금년에 죽으리라 하셨느니라"(28:15,16). 하나냐는 결국 그해 일곱째 달에 죽습니다. 선지자의 사역은 오직 하나님의 말씀을 듣고 전달하는 것입니다. 사람을 기쁘게 하려고 자기 마음대로 생각나는 대로 말해서는 안 됩니다.

예레미야는 유다 왕국이 바벨론에 의해서 포로가 되는 과정을 다 지켜본 사람입니다. 바벨론 왕국은 유다 왕국을 멸망시킨 다음에 예레미야를 보호해주며 주택을 제공하겠다고 제안하나 그는 거절합니다. 오히려 남아 있는 유대인들과 함께 머물러 있다가 결국 그들에 의해서 돌에 맞아 순교합니다.

효과적인 메시지 전달을 위한 아홉 가지 이미지

예레미야는 하나님과의 언약을 깨뜨리고 우상을 섬기는 유대인들의 죄를 일깨워주기 위해서 매우 다양한 이미지를 사용하여 메시지를 전달했습니다. 그들의 죄가 얼마나 심각한지 정확하게 표현하기 위해 아홉 가지 이미지를 사용합니다.

1. **살구나무 가지**-타락한 유다를 하나님이 멸하실 것이다(1:11,12).
2. **한쪽이 북으로 기울어진 끓는 가마**-하나님께서 북방 민족 바벨론을 일으켜서 유다를 징계할 것이다(1:13-15).
3. **썩은 베 띠**-교만한 유다가 썩은 베 띠처럼 앞으로 쓸모가 없게 될 것이다(13:1-11).
4. **토기장이와 그 손에 있는 진흙**-하나님은 모든 역사의 절대 주권자이시므로 유다가 계속 거역한다면 토기장이에 의해 깨뜨려지는 진흙 그릇과 같이 될 것이다(18:1-12).
5. **깨진 옹기**-우상을 섬기는 유다는 대적의 칼로 산산이 깨어질 것이다(19:1-12).
6. **무화과 두 광주리**-좋은 무화과 광주리는 경건한 백성을, 나쁜 무화과 광주리는 완악한 백성을 말한다(24:1-10).
7. **멍에**-예레미야는 줄과 멍에를 만들어 목에 걸고 예언했는데 이는 멍에를 메듯 유다 백성들이 바벨론 왕을 섬길 것이다(27:1-11).
8. **여러 개의 큰 돌을 바로의 궁전 대문의 축대에 진흙으로 발라 감춤**-큰 돌은 장차 바벨론 왕이 애굽을 정복할 것을 보여준다(43:8-13).
9. **유브라데 강에 던져진 책**-이 책은 바벨론에게 닥칠 모든 재난에 대해 기록한 것으로, 유브라데 강물에 가라앉듯 장차 바벨론도 멸망할 것이다(51:59-64).

놀랍게도 오랫동안 지속될 것처럼 보였던 바벨론 제국이 100년도 채 못 되어 메대와 바사에 의해 멸망합니다. 바벨론의 멸망을 예레미야가 예언했을 때는 아무도 믿지 않았고, 그런 일이 절대 일어나지 않을 것처럼 보였지요. 그러나 하나님께서 예레미야에게 말씀하신 대로 바벨론은 아주 빠른 속도로 역사에서 사라집니다.

하나님은 모든 열방의 주권자이십니다. 바벨론을 그의 백성을 징계하기 위한 도구로 사용하셨고, 바벨론은 스스로의 교만함과 악함으로 인해서 하나님께 징계를 받았습니다. 하나님은 모든 왕의 왕이시며, 그분께 순복하는 백성들에게는 반드시 은혜와 회복을 주십니다.

하나님의 공의와 긍휼, 그리고 눈물의 선지자

2장은 성경에 나오는 예언서 중 가장 생생하고 열정적인 메시지 중의 하나입니다. 예레미야는 하나님이 계셔야 할 자리에 우상을 둔 것에 대해 아주 신랄하게 지적합니다. 그들은 우상을 유다의 성읍 수만큼이나 두었습니다.

3장-4장은 하나님을 떠나 죄를 짓고 있는 그들에게 "배역한 자식들아 돌아오라"라고 네 번이나 촉구합니다(3:12,14,22, 4:1). 또한 묵은 땅을 갈라고 하십니다. 즉 마음 가죽을 베고 하나님께로 속하라고 하십니다(4:3,4). 마음의 악을 씻어버리라고 하십니다(4:14). 그리하면 하나님께서 고쳐주시고 양육하시겠다고 하며, 큰 긍휼로 대할 것을 약속하십니다(3:12-19).

5장-6장은 죄에 대한 책망과 심판의 경고가 번갈아 나옵니다. 하나님은 예루살렘의 죄에 대해 고발하시고, 그에 대한 심판으로 바벨론이 쳐들어와서 그들을 포로로 끌어갈 거라고 하십니다. 하나님의 권면은 계속되지만 그들은 듣지 않습니다.

7장-9장은 백성들의 죄와 그에 따른 심판의 경고 후에 그들을 낮추고 깨우치고자 하십니다. 그들이 하나님의 말씀에 순종하지 않음을 네 번이나 언급하십니다(7:24,26-28). 하나님은 그들이 하나님의 목소리를 듣고 돌아오기를 원하셨지만 그들은 귀를 기울이지 않고 목을 굳게 했습니다.

하나님은 안타까운 마음으로 "공중의 학은 그 정한 시기를 알고 산비둘기와 제비와 두루미는 그들이 올 때를 지키거늘 내 백성은 여호와의 규례를 알지 못하도다"(8:7)라고 하셨습니다. 선지자도 마음에 근심으로 가득하여 "슬프다 나의 근심이여 어떻게 위로를 받을 수 있을까 내 마음이 병들었도다"(8:18)라고 합니다.

선지자는 백성이 죄 가운데 머물며 슬픔과 놀라움에 사로잡혀 있고 치료받지 못하는 것을 보며 눈물을 흘립니다. "어찌하면 내 머리는 물이 되고 내 눈은 눈물 근원이 될꼬 죽임을 당한 딸 내 백성을 위하여 주야로 울리로다"(9:1). 하나님은 백성들이 하나님을 알기를 원하십니다. 그보다 더 큰 자랑거리가 없다고 하십니다(9:23,24).

10장은 이미 바벨론으로 끌려간 사람들에게 그곳의 풍습에 물들지도 따르지도 말라고 주의를 줍니다. 아직 남아 있는 이들에게는 곧 있을 재난에 대비하여 안일하게 살지 말라고 합니다.

11장은 예레미야가 왕의 명령에 고의적으로 불순종하는 백성에게 마치 검사가 된 듯 작성한 고소장입니다.

12장-13장은 그에 따른 하나님의 심판을 말하며, 회개하고 돌이키기를 계속 촉구합니다.

14장은 비가 오지 않아서 가뭄이 들었을 때에 대한 하나님의 말씀입니다. 가뭄의 심각성과 원인을 말하지요. 예레미야는 이들을 위해 하나님 앞에 나아가 깨어진 마음으로 눈물의 중보기도를 합니다. "여호와여 우리의 악과 우리 조상의 죄악을 인정하나이다 우리가 주께 범죄하였나이다 주의 이름을 위하여 우리를 미워하지 마옵소서 주의 영광의 보좌를 욕되게 마옵소서 주께서 우리와 세우신 언약을 기억하시고 폐하지 마옵소서"(14:20,21).

15장은 이전 장에 나타난 예레미야의 간절한 중보기도로 하나님이 긍휼히 여기시고 회복을 주실 거라고 기대합니다. 그러나 하나님은 백성에게 내려진 선고를 그대로 시행하시고, 멸망에 붙이십니다. 하나님의 심판의 계획은 확고하십니다. 그러나 그의 종은 환난 가운데서 보호하실 것을 약속하십니다.

16장-17장은 이스라엘에게 내려질 재앙이 얼마나 큰지 보여줍니다. 하지만 하나님은 회복에 대한 소망도 주십니다.

18장은 열방을 다스리시는 하나님의 원칙을 보여줍니다. 토기장이가 진흙으로 마음대로 만들고 파기하는 것처럼 하나님은 그의 뜻대로 의롭고 공평하게 열방에 행하실 것입니다. 그러나 회개하고 하나님께 나아가면 긍휼을 베푸십니다.

19장의 주제는 여전히 우울합니다. 그들의 죄로 유다와 예루살렘에 멸망이 가까워오기 때문입니다. 예레미야는 깨진 옹기 조각으로 하나님의 심판을 선고하며 그들이 돌이키기를 원했으나 소용이 없었습니다.

20장은 이 같은 메시지에도 그들은 회개를 하지 않고, 오히려 예레미야는 제사장 바스훌에게 박해를 당합니다.

2장-20장은 예레미야의 일반적인 예언으로, 예언한 시간의 표시가 없는 부분입니다. 21장-39장은 선포된 순서대로 기록되지는 않았지만 특정한 시간 표시가 되어 있어 언제, 어떤 상황에서 예언했는지를 기록합니다. 전반부는 예레미야의 개인적인 상황과 감정의 상태가 잘 드러나 있으며, 많은 부분이 그의 기도와 탄식으로 이루어져 있습니다.

- **예레미야의 중보기도**(3:22-25, 14:19-22, 16:19,20, 17:12-18)
- **예레미야의 탄식**(4:19-22, 8:18-9:2, 18:19-23, 20:7-18)
- **예레미야의 질문**(12:1-4)

심판의 메시지

21장은 시드기야 때 선포된 메시지입니다. 이후의 장들은 오히려 앞선 왕들인 여호아하스와 여호야김과 여고냐에 대한 내용이므로 시간순은 아닙니다. 시드기야는 겸손하게 사람을 예레미야에게 보내어 여호와께 예루살렘의 미래에 대해 질문하기를 요청합니다.

이에 예레미야는 "하나님의 말씀에 이 성은 반드시 멸망할 것이기에 성을 지키려는 것은 소용이 없다"라고 하며 가장 좋은 길은 바벨론 왕에게 투항하는 것이라고 합니다. 회개하고 하나님께로 돌이키는 것이 중요함을 말합니다.

22장은 여호야김 시대에 선포된 메시지입니다. 요시야에 이어 왕이 되었다가 애굽에 끌려간 살룸(여호아하스)이 애굽에서 죽을 것과 뒤이어 왕이 된 여호야김과 관련된 책망과 경고의 메시지입니다. 또한 하나님의 말씀 듣기를 거절한 여호야김에 이어 왕이 된 고니야에 대한 심판의 메시지입니다.

23장은 백성을 돌보지 않는 고관들과 하나님으로부터 오지 않은 메시지를 전하는 선지자들과 제사장들, 그리고 하나님의 말씀을 무시한 백성들을 향한 총체적인 책망과 경고의 메시지입니다.

24장은 좋은 무화과와 나쁜 무화과에 대한 말씀입니다. 좋은 무화과는 이미 포로로 잡혀간 사람들이고, 나쁜 무화과는 저항하다가 포로로 끌려갈 사람들입니다. 이미 끌려간 이들에게는 소망이 있지만 저항하다가 마지막에 끌려갈 사람들에게는 나쁜 일이 있을 거라는 예언입니다.

25장은 느부갓네살 원년에 있던 메시지입니다. 하나님의 경고를 무시한 유다 백성이 장차 바벨론에게 멸망 당할 거라고 말합니다. 그리고 70년 만에 포로에서 돌아올 것과 이스라엘의 주변국들이 바벨론에 의해 초토화될 것도 예언합니다.

26장은 여호야김 때 전한 메시지입니다. 예레미야가 성전에서 제사장들과 선지자들과 백성들에게 "내가 이 성전을 실로 같이 되게 하고 이 성을 세계 모든 민족의 저줏거리가 되게 하리라"라는 경고의 메시지를 전합니다(26:6). 이로 인해 예레미야는 박해를 받습니다. 그는 고관들의 보호를 받지만 다른 선지자인 우리야는 죽임을 당합니다.

27장-28장에서 예레미야는 여호야김 시대에 나라를 건지려면 바벨론에게 항복할 것을 권면합니다. 거짓 선지자들의 말을 듣지 말 것을 호소하지만 거짓 선지자 하나냐는 그와 반대로 말합니다. 그해에 죽을 거라고 예레미야가 말한 지 두 달 안에 죽었습니다.

29장은 이미 바벨론에 포로로 잡혀간 유대인을 향한 메시지입니다. 그곳에서 70년이 지나 돌아올 것이기에 장기적인 정착 계획을 세우라고 전합니다. 그러나 하나님의 계획은 재앙이 아니라 평안이고, 앞날에 대한 소망의 생각이라고 그들을 격려합니다. 동시에 그곳에서 활동하고 있는 거짓 선지자들을 주의하라고 경고합니다.

30장-31장은 회복에 대한 약속입니다. 특히 31장 31-34절은 놀라운 새 언약의 내용입니다. 시내산 언약을 지키지 못함으로 심판 가운데 있는 그의 백성들을 향한 새 언약이 선포됩니다.

32장-33장에서 다시 이전의 상황으로 돌아옵니다. 예레미야가 멸망의 메시지를 전했다는 이유로 감옥에 갇힙니다. 그는 하나님께 기도합니다. 예루살렘이 황폐화되지만 하나님은 다시 그들을 '이전과 같은 상태'로 회복하실 것입니다. 메시아가 오실 것을 예언합니다. 포로 된 자들이 돌아올 것입니다.

34장은 시드기야 왕에 대한 메시지입니다. 그는 포로되어 바벨론에 가서 살 것입니다. 시드기야와 고관들과 백성들은 하나님 앞에서 맺은 언약을 파기했습니다. 노비를 풀어주었다가 다시 노비로 삼았습니다. 그러므로 그들은 재앙을 만날 거라고 예언합니다.

35장에서 레갑 자손들의 행위를 들어 이스라엘 백성을 책망하고, 레갑 자손들은 복을 받을 것이라고 예언합니다. 레갑 자손들이 그들의 조상의 유훈遺訓을 잘 지켰지만 유다 백성은 하나님의 말씀에 순종하지 않는 것을 책망하며 그들 스스로 부끄럽게 여겨 돌이키기를 호소합니다.

36장에는 여호야김 시대에 예레미야가 하나님의 말씀을 바룩에게 명하여 기록하게 하고, 그 말씀을 성전에서 백성에게 선포하게 하는 내용이 나옵니다. 그 말씀을 여호야김과 고관들이 들었지만 여호야김은 두루마리 말씀을 칼로 베어 화롯불에 던져 태웁니다. 하나님께서 예레미야에게 처음의 내용을 그대로 다시 쓰게 하시고, 여호야김에 대한 심판을 덧붙이게 하십니다.

37장-38장은 예루살렘 멸망 직전의 내용입니다. 시드기야가 예레미야에게 기도를 부탁합니다. 자유의 몸이던 예레미야가 바벨론의 군대가 다시 와서 성을 포위할 것이라고 말하자 다시 감옥에 갇히게 됩니다. 시드기야는 감옥에 있는 예레미야에게 호의를 베풉니다. 왕은 그에게 사적으로 나눈 둘의 대화를 비밀에 붙일 것을 요청합니다.

39장은 예루살렘이 함락되는 슬픈 이야기입니다. 함락 과정을 자세히 설명하는 이유는 예레미야의 예언이 그대로 이루어진 것을 보여주기 위함이지요. 이는 거짓 선지자들의 말이 틀렸다는 것도 보여줍니다. 예루살렘은 예레미야의 예언대로 함락되지만 갈대아인들은 그를 잘 대해줍니다.

멸망 이후

40장-44장은 예루살렘 멸망 이후에 포로로 끌려가지 않은 남은 소수의 사람들이 어떻게 되었는지를 자세히 보여줍니다. 45장에서 하나님은 신실한 일꾼 바룩을 보호하실 거라는 약속을 하십니다. 46장-51장은 '만국재판소'가 열리는 곳으로 우리를 인도합니다. 그곳의 재판관은 여호와 하나님이십니다. 이스라엘의 주변국들이 바벨론에 의해 멸망 당할 거라고 말씀하십니다. 또한 바벨론도 결국 심판을 받을 것입니다.

애굽에 관한 예언이 제일 먼저 나옵니다. 느부갓네살에 의해 애굽이 함락될 것입니다. 블레셋에 대한 예언, 모압의 멸망, 암몬과 에돔과 다메섹, 게달과 하솔, 엘람 등 주변의 여덟 개 나라가 받을 심판을 말씀하십니다. 이들이 심판받는 공통된 이유는 '교만'입니다. 바벨론은 하나님의 만국재판의 집행관으로서 역할을 다 해야 하는데 교만하여 자기의 한계를 넘어감으로 심판을 받습니다.

52장에서 예루살렘의 멸망과 성전의 파괴의 과정을 자세히 기록합니다. 바벨론 포로로 잡혀간 여호야긴은 말년에 좋은 날들을 지냅니다.

예레미야의 예언

예레미야는 바벨론에 포로로 끌려갈 것을 예언하지만 더 초점이 된 것은 하나님의 회복의 약속입니다. 유다의 죄악으로 바벨론으로 포로되어 가지만 하나님의 긍휼로 포로에서의 귀환을 약속하셨습니다. "이 모든 땅이 폐허가 되어 놀랄 일이 될 것이며 이 민족들은 칠십 년 동안 바벨론의 왕을 섬기리라 여호와의 말씀이니라 칠십 년이 끝나면 내가 바벨론의 왕과 그의 나라와 갈대아인의 땅을 그 죄악으로 말미암아 벌하여 영원히 폐허가 되게 하리라"(25:11,12), "여호와께서 이와 같이 말씀하시니라 바벨론에서 칠십 년이 차면 내가 너희를 돌보고 나의 선한 말을 너희에게 성취하여 너희를 이곳으로 돌아오게 하리라" (29:10).

예언의 성취

유다가 바벨론에게 포로 되어 간 것은 모두 세 차례에 걸쳐 진행되었습니다. 제1차 포로는 B.C.606년, 제2차 포로는 B.C.597년, 제3차 포로는 B.C.586년입니다. 특히 제3차 포로 시기는 예루살렘 성전의 파괴와 함께 유다 왕국의 멸망으로 이어집니다. 그러나 하나님은 약속대로 그들을 포로에서 돌아오게 하십니다. 제1차 포로 귀환 시기는 (B.C.536년)은 제1차 바벨론 포로 이후 70년 만에 이루어졌습니다. 또한 스룹바벨 성전은 B.C.516년에 완성되어서 성전이 파괴된 지 70년 만에 완공되었지요. 하나님은 약속에 신실하십니다.

예레미야의 예언의 패턴은 역사 속에 또 다른 형태로 나타납니다. 1987년은 세계 역사에 중요한 시점입니다. 당시 공산주의의 종주국인 소비에트 사회주의 공화국 연방USSR의 고르바초프 서기장이 '소련은 더 이상 공산주의를 따르지 않을 것'이라고 공언하며, 공산주의의 깃발을 내리고 마르크스와 레닌주의를 종결지었습니다. 그리고 3년 뒤인 1990년에는 소련이라는 국가가 해체되어 사라졌습니다. 이것은 1917년 공산주의의 볼셰비키 혁명이 시작된 지 70년 만에 공산주의가 막을 내린 것입니다. 그리고 1920년 기독교 국가인 러시아가 무너지고, 소련이 시작된 지 70년 만에 무너진 것이지요. 하나님은 역사의 주인이십니다!

예레미야의 예언이 역사에서 이루어지는 것을 보며 저는 조심스럽게 우리 민족의 역사에 대해 살펴보며 기도합니다. 1945년에 해방되면서 남북이 이념으로 분쟁이 시작되어 1948년에 남북이 분단되고, 1950년 6·25로 남북이 전쟁했으며, 1953년에 남북이 휴전한 것을 보며 예레미야의 예언이 우리에게도 임하기를 하나님께 간구합니다.

이 맥락에서 2015년은 남북이 본격적으로 대화를 재개하고, 2018년에 서로를 인정하며, 2020년에 전쟁을 종식하며, 2023년에 통일한국을 이룰 수도 있습니다. "주여, 우리를 긍휼히 여기셔서 이 같은 일이 이루어지게 하옵소서!"

음성 강의
예레미야

말씀 개요

1장	예레미야의 소명
2장-20장	시간 표시가 없는 내용
21장-39장	시간 표시가 있는 예언
40장-44장	예루살렘 멸망 후의 예언
45장-51장	여덟 개의 주변국과 바벨론을 향한 심판
52장	유다 백성들이 포로로 잡혀가는 과정 요약(부록)

성경 본문
예레미야

100일 통독

		CHECK
65일	예레미야 1장-13장	☐
66일	예레미야 14장-25장	☐
67일	예레미야 26장-33장	☐
68일	예레미야 34장-45장	☐
69일	예레미야 46장-52장, 예레미야애가 1장-5장	☐

예레미야애가 예루살렘 멸망에 대한 애가

L A M E N T A T I O N S

이 책의 저자가 누구인지 성경에는 기록되어 있지 않습니다. 다만 B.C.3세기까지 전해진 강력한 이론은 예레미야라는 것입니다. 또한 70인역 성경은 예레미야애가를 번역하면서 1장 1절을 시작하기 전에 "이스라엘이 포로로 잡혀가고 예루살렘이 황폐화되자 예레미야가 앉아서 울며 아래와 같이 말하면서 애곡하였다"라고 기록하고 있습니다. 예레미야애가는 예루살렘이 바벨론에 의해 패망하는 것을 목격한 사람에 의해 기록된 것이 분명하며 예레미야가 가장 적합한 사람으로 보입니다.

예레미야애가는 이스라엘 상가喪家에서 불리는 것이 관례입니다. 시온의 딸의 죽음, 즉 예루살렘 성과 성전의 함락을 탄식하는 내용입니다. 애가는 수난 당하는 교회를 향한 탄식이며 동시에 하나님을 향한 회개의 고백입니다. 죄의 결과에 대한 불평이 아니라 죄를 슬퍼하며 회개하고 하나님의 은혜를 구하는 것입니다. "여호와의 인자와 긍휼이 무궁하시므로 우리가 진멸되지 아니함이니이다 이것들이 아침마다 새로우니 주의 성실하심이 크시도소이다"(3:22,23), "여호와여 주는 영원히 계시오며 주의 보좌는 대대에 이르나이다 주께서 어찌하여 우리를 영원히 잊으시오며 우리를 이같이 오래 버리시나이까 여호와여 우리를 주께로 돌이키소서 그리하시면 우리가 주께로 돌아가겠사오니 우리의 날들을 다시 새롭게 하사 옛적 같게 하옵소서”(5:19-21).

화란어성경NBV의 머리말에는 다음과 같이 기록되어 있습니다.

“이 작은 책은 그 문학적인 형식과 언어 선택에 있어서 매우 우아하여 가장 뛰어난 이교도 작가의 어떤 작품과도 비교할 수 없다.”

예레미야서의 부록

내용 면에서도 예레미야애가는 예레미야서와 유사점이 참 많습니다. 그래서 ‘예레미야서의 부록’이라고도 할 수 있지요. 예레미야서는 유다와 예루살렘이 황폐하게 될 것을 예언하고, 그것들이 얼마나 정확하게 성취되었는지를 잘 보여줍니다. 또한 예레미야가 재앙의 날이 오지 않기를 바라는 마음을 여러 차례 표현한 것이 진심이었고, 그날을 생각할 때마다 그의 마음이 몹시 아팠다는 것을 잘 보여주지요.

왜냐하면 바벨론에게 빨리 항복하고 포로로 가는 것이 더 좋다는 예레미야의 말을 들은 사람들은 그를 이스라엘의 멸망을 기다리는 사람으로 오해했기 때문입니다. 그러나 예레미야애가에 그가 진정으로 나라와 민족을 사랑한 사람인 것이 나타나 있습니다. 유다가, 예루살렘이 멸망했을 때 겪는 예레미야의 슬픔을 잘 표현하고 있습니다.

이는 재난을 멀리서 미리 보고 지은 게 아니라, 그것이 닥친 것을 두 눈으로 똑똑히 보고 경험하면서 기록한 것입니다. 그래서 죄로 말미암아 멸망을 당하는 예루살렘, 하나님의 백성들의 반역, 이로 인한 선지자의 슬픈 마음이 가득 차 있습니다. 또한 심판할 수밖에 없는 하나님의 슬픔도 잘 표현되어 있습니다. 예레미야는 유다와 예루살렘의 재앙들을 보며 차라리 그의 머리가 물이 되고, 그의 눈은 눈물의 근원이 되기를 바랐습니다(렘 9:1). 재난이 막상 닥치자 예레미야는 깊은 슬픔에 잠깁니다.

1장 1절과 2장 1절, 그리고 4장 1절에 “슬프다”라는 고백으로 애통함을 표현했지요. 또한 1장 9절에 "여호와여 나의 환난을 감찰하소서", 1장 20절과 2장 20절에 "여호와여 보시옵소서"라고 거듭 고백합니다. 예레미야의 원수들은 그가 변절하여 조국을 배신했다고 비난했지만 예레미야애가를 통해 그에게 누구보다도 나라와 민족을 깊이 사랑하는 마음이 있었다는 것을 알 수 있습니다.

구성

예레미야애가의 구성은 매우 독특합니다. 다섯 장으로 되어 있는데 5장을 제외하고는 모두 시로 되어 있습니다. 또한 22개의 히브리어 알파벳과 동일한 순서로 구성되어 있습니다. 1장은 22절로 되어 있는데, 각 절마다 히브리어 알파벳의 첫 단어를 사용합니다.

첫 번째 절은 '알렙', 두 번째 절은 '베트', 이런 식으로 각 절마다 히브리어 알파벳을 첫 머리에 넣으면서 22절을 기록한 것입니다. 그렇지만 3장은 특별히 66절로 3배가 기록되어 있는데, 세 절을 한 묶음으로 해서 그 첫 절을 알렙, 다시 두 번째 세 절을 또 묶어서 첫 절을 베트, 이런 식으로 모두 22개 알파벳이 각 3절씩 묶인 66절로 구성했습니다.

5장은 히브리어 알파벳으로 묶지는 않았지만 여전히 1장과 2장과 4장처럼 22절로 구성되었습니다. 처음 네 장은 시 형식, 마지막 장은 산문 형식으로 되어 있습니다. 시편 119편도 이와 동일한 구성입니다. 8절을 한 묶음으로, 매 8절의 첫 번째 절을 히브리어 알파벳으로 시작하여 모두 8절씩 22개로 묶은 것이지요.

이러한 구성은 내용을 기억하는 데 큰 도움을 줍니다. 또 애곡을 위한 단가들을 쉽게 암기하도록 도와줍니다. 이러한 구성은 당시에 시를 쓰는 데 익숙한 방식이었습니다.

역할과 내용

애가는 고난 가운데 있던 경건한 유대인들에게 매우 유익했습니다. 그들에게 자연스럽게 슬픔을 표현할 수 있는 영적인 언어를 제공했습니다. 이것은 예루살렘을 한 번도 본 적이 없는 다음 세대들에게도, 바벨론 포로 생활을 하면서도 여전히 시온에 대한 생생한 기억을 보존하도록 도와줍니다.

또한 그들은 애가를 통해 죄에 대해서는 애곡하고, 하나님을 향해서는 회개하는 마음을 배워갑니다. 더 나아가 하나님께서 장차 그들에게 긍휼을 베푸실 것이라는 소망으로 힘을 얻게 해주는 것이 애가의 큰 역할입니다. 또한 우리가 하나님의 교회가 겪는 고난들에 대해 올바른 슬픔을 갖도록 도와줍니다.

1장에서 예루살렘의 참상을 비통한 마음으로 슬퍼합니다. 당시 통탄스러운 상황을 예전의 영화로웠던 시절과 비교함으로 그 슬픔이 한층 더 깊어집니다. 참상의 원인인 죄를 고백하고 탄식하며 그들이 겪는 환난은 하나님의 공의임을 인정하면서도 하나님의 긍휼하심에 호소합니다. 또한 공의로 원수들을 심판해주시기를 하나님께 구합니다.

2장은 1장과 동일하게 알파벳 형식으로 이루어져 있습니다. 내용도 거의 동일하며, "슬프다"로 시작합니다. 모든 재난의 원인은 그들의 죄로 인한 하나님의 진노 때문입니다. 그러나 하나님께서 불쌍히 여겨주시고 깊이 통촉해주시기를 바라고 있습니다.

3장은 세 구절을 하나로 묶어 알파벳 순서로 했습니다. 특히 3장은 내용이 더 일반적이어서 개인의 상황에도 적용할 수 있습니다. 이스라엘을 위해 중보기도를 하는 것만이 아니라 골방에서 개인의 상황에 적용하며 기도할 때도 사용할 수 있습니다.

4장은 처음 두 장과 동일한 형태로 구성되어 예루살렘의 멸망을 애도합니다. 5장은 1,2,4장과 동일한 절수로 구성되어 있지만 알파벳 시가 아닌 산문체로 되어 있습니다. 그러나 내용은 앞에 나온 모든 애가와 동일합니다. 재앙을 묘사하면서도 하나님께서 긍휼히 여겨주시기를 겸손히 탄원하며 간구합니다.

음성 강의
예레미야애가

말씀 개요

1장	예루살렘의 파괴와 애곡과 슬픔
2장	시온에 대한 하나님의 심판
3장	선지자의 고난(자비를 구하는 기도)
4장	지난날의 영화로움와 현재의 황폐함이 대조됨
5장	회복을 위한 기도와 회개의 기도

성경 본문
예레미야애가

100일 통독

CHECK

69일 예레미야 46장–52장, 예레미야애가 1장–5장 ☐

에스겔 성전에 대한 기대

E Z E K I E L

에스겔은 예레미야와 마찬가지로 제사장 가문 출신으로 제2차 바벨론 포로 시기에 여호야긴 왕과 함께 잡혀갔습니다. 그는 포로로 잡혀간 지 5년 후부터 예언 사역을 시작했는데 이때가 30세였습니다. 제사장의 직무를 시작할 수 있는 나이였지요. 29장 17절에 "스물일곱째 해 첫째 달 초하루에 여호와의 말씀이 내게 임하여"라고 말한 것은 포로로 잡혀간 지 27년째 되었다는 것입니다. 또 다르게 말하면 에스겔이 예언 사역을 한 지 22년째 되었다는 것입니다. 이를 볼 때 그의 나이가 52세인 것을 알 수 있습니다.

이 책은 바벨론 포로로 잡혀가 있는 유다 자손들에게 주는 메시지입니다. 또한 이방 나라들에게도 영적 교훈을 줍니다. 바벨론 포로로 잡혀간 것이 그들의 모든 죄에 대한 하나님의 심판임을 일깨워줍니다. 이제라도 회개하면 하나님의 은혜와 긍휼로 다시금 회복할 수 있다는 것도 알려줍니다. 니느웨에 가서 예언하도록 부르심을 받은 요나를 제외하면 에스겔과 다니엘은 그곳에 살면서 예언한 유일한 구약의 기록자들입니다. 에스겔은 포로 초기에, 다니엘은 포로 후기에 예언했습니다. 이스라엘 백성이 비록 그들의 죄로 인해서 바벨론 포로의 삶을 살았지만 하나님은 그들과 함께 계셨습니다. 경계와 권면, 위로와 격려, 그리고 소망을 불어넣어 주셨습니다.

유다와 예루살렘에 대한 심판

에스겔서의 처음과 끝 부분은 매우 신비하고 이해하기가 어렵습니다. 이 책에 나오는 환상들은 복잡하게 얽혀 있지만 메시지만큼은 명확합니다. 하나님의 백성들에게 그들의 죄악을 보여주어 각성하고 회개하여 주께 나오기를 바라는 것입니다. 절망적인 포로생활에서 그들 가운데 선지자가 있다는 것은 그들에게 큰 위로가 됩니다.

1장-24장은 예루살렘 함락 이전을 기록하고 있습니다. 예루살렘 함락 전에 바벨론 포로로 잡혀간 유대인들은 예루살렘성이 함락되고 성전이 파괴될 것을 전혀 예상하지 못했습니다. 그런데 에스겔은 예루살렘성이 함락되고 성전은 장차 파괴될 거라고 예언합니다. 그리고 그 이유를 명확하게 설명합니다.

선지자의 신임장인 환상(1장-3장), 책망과 경고의 말씀(4장-24장)이 나옵니다. 하나님은 그의 뜻을 그들에게 쉽게 이해시킬 수 있도록 환상과 비유와 상징을 사용하셨습니다. 그리고 25장-32장에서 하나님은 예루살렘과 유다와 주변의 이방 국가들도 공평하게 심판하실 것을 예언하십니다. 예레미야는 바벨론의 멸망에 관한 예언을, 에스겔은 두로와 애굽에 대한 예언을 중점적으로 다루었습니다.

33장-39장은 장래에 주께서 그들을 돌이키고 회복시킬 것을 예언하는 말씀입니다. 40장-48장은 새 예루살렘 성전과 그 영광의 모습을 보여줍니다. 에스겔은 당시의 포로 상황에 있는 이스라엘의 회복에 대한 하나님의 약속만 바라본 게 아니라 신약 시대의 교회의 아름다움을 보았습니다. 세상에 영향을 주며 하나님의 영광을 드러내는 모습입니다.

에스겔서는 1인칭으로 되어 있습니다. 1장은 하나님께서 네 생물의 형상과 네 날개와 네 개의 바퀴 모양의 환상을 통해 에스겔을 부르십니다. 이 형상은 하나님 성전의 법궤에 대한 환상입니다. 하나님의 법궤는 하나님의 임재를 나타내는데 그분과의 만남을 보여주는 장소이지요. 바벨론 포로 시기에 에스겔에게 법궤를 보여주시며 만나신 것은 비록 포로이지만 그들을 여전히 사랑하시고, 불쌍히 여기시고, 그들을 향한 열심히 있다는 것을 보여주시기 위함입니다. 그들이 죄로 인해 환난 가운데 있더라도 그들을 위로하시고 회복할 수 있도록 기회를 주시는 것입니다.

하나님은 에스겔에게 예루살렘이 심판받을 만한 이유를 보여주고 싶으셨습니다. 그래서 그를 순간적으로 공간 이동을 시키셨지요. 그를 바벨론에서 예루살렘 성전으로 옮기시고 성전 안에 우상이 가득한 것과 백성들이 우상숭배한 것을 다 보여주셨습니다. 그리고 하나님의 영이 성전에서부터 점점 올라가면서 마지막에 성전을 떠나는 것까지 그에게 보이셨습니다(8장-11장). 처음에는 하나님의 영광이 성전에 가득했습니다(10:4). 그리고 성전에서 떠나 동문에 머물다가(10:17-19) 다시 성읍에서 올라가 성읍 동쪽 산에 머물렀습니다(11:22,23).

결국 여호와의 영광이 떠나자 성전은 더 이상 하나님을 섬기는 거룩한 예배처가 아닌 건물에 불과했습니다. 이스라엘 백성들은 그것도 모르고 여전히 하나님께서 예루살렘 성전에 계시기 때문에 자신들은 안전하다고 생각했습니다. 더 이상 예루살렘을 보호해주시는 이는 없었습니다. 에스겔은 예루살렘이 결국 함락되고 성전도 파괴되었다는 슬픈 소식을 듣게 됩니다(33:21). 훗날 하나님의 영광이 성전에 가득하기 위해 돌아오시지만, 그 성전은 건물이 아닌 예수 그리스도로 말미암은 신약 시대의 교회입니다(43장).

하나님께서 약속하시기를 만일 죄 가운데 있다 할지라도 이스라엘이 악한 마음과 우상을 버리고 하나님께로 돌아온다면 모든 죄를 다 사해주시고 그들에게 새 영과 부드러운 마음을 주어 회복시키겠다고 약속하십니다. 사람 중심의 삶에서 하나님 중심의 삶으로 돌이킬 때 비로소 진정한 변화가 옵니다.

선지자들

선지자들은 파수꾼입니다(3:16-21, 33:1-9). 파수꾼은 나팔을 불어 경고하는 사람으로, 하나님의 말씀을 듣고 백성들에게 경고합니다. 에스겔서도 예레미야서와 마찬가지로 거짓 선지자들이 등장합니다(13장). 백성들이 듣기 좋아하는 말을 하는 사람들이지요. 백성들의 죄를 책망하지 않고 헛된 위로로 거짓 소망을 줍니다. 그들의 예언은 자기 생각을 제멋대로 말하는 것에 불과합니다.

선지자들은 중보기도자입니다. 하나님은 하시고자 하는 일들을 그의 선지자들에게 먼저 보이시지 않고는 결코 행하시지 않습니다(암 3:7). 이유는 그들이 중보기도 하기를 원하시기 때문입니다. 에스겔서에서 가장 중요한 영역이 바로 중보기도입니다. 하나님께서는 그들이 비록 심각한 죄 가운데 있어도 간절히 중보기도하는 사람들이 있다면 그들을 건지시겠다고 약속하십니다.

특히 22장 25-29절은 이스라엘의 총체적인 범죄를 잘 말해줍니다. 25절은 선지자들의 죄, 26절은 제사장들의 죄, 27절은 정치 지도자들의 죄, 28절은 영적 지도자들이 정치가들과 결탁하여 옳지 못한 행위를 하고 있는 것을 보여줍니다. 29절은 온 백성들조차도 포학하고, 강포를 일삼고, 궁핍한 자를 압제하면서 악을 행하는 모습을 보여줍니다. 도시 전체가 니느웨처럼 심판의 위기에 놓여있습니다.

그렇지만 22장 30절에 "이 땅을 위하여 성을 쌓으며 성 무너진 데를 막아서서 나로 하여금 멸하지 못하게 할 사람을 내가 그 가운데에서 찾다가"라고 말씀하십니다. 아무리 심각한 죄 가운데 처해 있다 할지라도 비난하며 멀리서 방관하는 게 아니라 내 죄로 여기고 하나님 앞에 서서 두 팔을 벌리며 그 땅을 멸하지 않도록 막아서는 중보자를 하나님은 찾으십니다. 그런 사람이 있다면 그 땅을 회복시키겠다고 약속하십니다.

34장-37장은 이스라엘을 향한 하나님의 회복의 계획으로 꽉 차 있습니다. 특히 37장은 골짜기의 마른 뼈들이 살아나서 큰 군대가 되는 것을 보여주면서 이스라엘 백성을 회복시키겠다고 말씀하십니다. 그러면서 36장 37절을 통해 중요한 원칙을 말씀하십니다. "주 여호와께서 이같이 말씀하셨느니라 그래도 이스라엘 족속이 이같이 자기들에게 이루어주기를 내게 구하여야 할지라."

하나님께서 "내가 너희를 회복하리라"라고 약속하셨다고 그것이 저절로 이루어지는 게 아닙니다. 누군가는 하나님 앞에 나아가 회개하며 회복하게 해달라고 간절히 기도할 때 비로소 들으시고 응답하겠다고 말씀하십니다. 이때는 말이 많고 판단이 앞서는 사람이 아니라 하나님 앞에 나아가 중보기도하는 사람을 주목하십니다.

또 에스겔서에서 우리가 관심있게 볼 것은 '가계에 흐르는 저주를 끊으라'는 말이 옳은가 하는 것입니다. 18장 20절에서 "아들은 아버지의 죄악을 담당하지 아니할 것이요 아버지는 아들의 죄악을 담당하지 아니하리니 … 악인의 악도 자기에게로 돌아가리라"라고 말씀하십니다. 다시 말하면 각자는 자기의 죄로 죽을 것이며, 아비의 죄가 자식에게로 흘러가지 않는다고 말합니다.

비유들

에스겔서에는 유독 비유가 많은데, 이는 메시지를 좀 더 쉽게 이해시키기 위해서입니다.

- **포도나무**(15장), 하나님은 에스겔에게 말씀하십니다. "포도나무가 숲 속의 다른 나무보다 나은 것이 무엇이냐? 그 나무로 무엇을 제조할 수 있느냐? 불에 던져 땔감 외에는 아무 쓸모가 없다." 이처럼 예루살렘 주민도 죄로 인해 버려져서 하나님의 심판을 받을 것입니다. 그 땅이 황폐해져 쓸모없어질 것을 보여주십니다.
- **간음한 여인**(16장), 아무도 돌보지 않는 어린아이를 데려다가 씻기고 입히고 먹이고 정성스럽게 양육하였더니 곱고 아름답게 성장했습니다. 그런데 자신의 화려함을 믿고 명성을 사용하며 가증한 일과 음란을 행했지요. 이는 하나님의 사랑과 돌보심을 배신하고 우상을 섬긴 이스라엘을 상징합니다. 하나님께서 이를 심판하시겠다고 하십니다.
- **독수리 두 마리와 포도나무 한 그루**(17장), 16장은 유다 백성의 죄를, 17장은 유다 왕의 죄를 말합니다. 시드기야는 바벨론과의 언약을 깨뜨리고 애굽과 동맹을 추진합니다. 이 일은 느부갓네살의 군대가 예루살렘을 파괴하는 결과를 가져왔습니다.
- **용광로**(22장 17-22절), "은이 풀무불 가운데에서 녹는 것같이 너희가 그 가운데에서 녹으리니 나 여호와가 분노를 너희 위에 쏟은 줄을 너희가 알리라"(22절). 이스라엘은 죄로 말미암아 용광로에 아무 쓸모없이 남은 찌꺼기같이 되었습니다. 하지만 하나님은 불로 연단하여 이것을 제거(심판)하여 그들을 정결하게 하실 것입니다.
- **두 여인**(23장), 16장처럼 길게 이어지는 이 장은 두 명의 여인이 매춘부처럼 행동한 것을 비유로 들어 이스라엘과 유다가 하나님을 떠나 우상을 섬긴 죄를 말합니다. 결국 그 죄로 인해 심판을 받고 멸망당할 것을 말합니다.
- **끓는 가마솥**(24장 1-14절), 하나님께서 예레미야를 통해서 보여준 것

(렘 1:13)과 같은 방식으로 에스겔에게도 끓는 가마솥을 비유로 말씀하십니다. 장차 예루살렘은 불 위에 펄펄 끓는 가마솥처럼 포위될 거라고 말씀하십니다. 가마 속의 고기를 꺼내어 잔치하는 것처럼 바벨론의 군대에 의해 죽거나 포로가 될 것입니다. 빈 가마를 계속 불 위에 달구어두는 것처럼 성읍은 불길에 휩싸일 것입니다.

- **악한 목자들**(34장), 양치는 악한 목자들은 예루살렘의 잘못된 지도자들을 가리킵니다. 그들은 자신의 본분을 소홀히 함으로 이스라엘이 죄로 나아가고 결국 멸망에 이르도록 했습니다. 하나님이 그들을 직무에서 쫓아내실 것입니다. 그러나 장차 하나님이 메시아를 보내셔서 선한 목자처럼 백성들을 위로하시고 회복하시고 풍성하게 하실 것입니다.

회복에 대한 환상

하나님은 에스겔에게 여러 가지 환상을 보여주심으로 메시지를 쉽게 이해시키셨습니다. 예루살렘의 죄와 그로 인한 심판의 환상들이 있습니다(8장-12장). 그러나 여기서는 예루살렘의 회복에 대한 두 개의 환상을 보고자 합니다. 37장은 이스라엘의 회복이, 47장은 새 이스라엘의 영광이 초점입니다. 물론 이 환상들은 신약의 교회를 향한 예언입니다.

- **골짜기의 마른 뼈들**(37장 1-14절), 하나님은 죽은 자들의 마른 뼈가 가득한 골짜기로 에스겔을 데리고 가셨습니다. 그리고 이 뼈에 생기를 불어넣으셔서 살아나게 하셨습니다. 이스라엘의 회복을 약속하는 환상입니다. 이는 태초에 사람을 지으실 때와(창 2:7), 오순절 성령의 임하심으로 교회가 세워지는 장면을 연상하게 합니다(행 2장).

• **성전의 물**(47장 1-12절), 성전에 관한 환상의 일부 장면입니다(40장-47장). 하나님은 에스겔에게 성전과 그곳에서 스며 나오는 물을 보여주십니다. 그 물은 발목에서 무릎과 허리로 그리고 헤엄을 쳐야 할 정도로 점점 깊어지고 넓어지며 결국 바다에 이르지요. 이 물이 이르는 곳마다 심지어 바다까지도 소성蘇醒합니다. 강 좌우에 많은 나무와 열매가 있고, 치료하는 잎사귀가 나옵니다. 후에 사도 요한이 본 것이기도 하지요(계 22:1,2). 하나님의 성령으로 개인과 교회 공동체의 풍성함과 세상을 축복하는 영광을 보여줍니다.

에스겔의 상징적 행위와 표적

에스겔서는 선지자 에스겔의 상징적 행위를 많이 표현하고 있습니다. 선지자의 행위는 하나님이 전달하시고자 하는 메시지이기도 합니다.

• 하나님은 에스겔에게 커다란 돌 위에 만든 예루살렘 지도를 에워싸는 행위를 명하셨습니다. 이는 장차 예루살렘 성이 바벨론 군대에 의해 포위되고 공격받을 것을 미리 말씀하신 것입니다(4:1-3).

• 에스겔이 예리한 칼로 자신의 머리털과 수염을 벤 후에 3분의 1은 불사르고, 3분의 1은 칼로 치고, 나머지 3분의 1은 바람에 흩어버렸습니다. 이는 장차 유다에 임할 하나님의 심판을 보여줍니다. 불에 타 죽고, 칼에 죽고, 산산이 사방으로 흩어질 것을 미리 보여주신 것입니다(5:1-4).

• 가재도구를 급히 챙긴 후 밤에 몰래 성을 빠져 나가도록 명령하실 때는 이와 같이 백성들이 처참하게 바벨론으로 끌려갈 것을 미리 보여주신 것입니다(12:1-6).

• 칼을 공중에 휘두르며 슬피 울면서 자기 넓적다리를 치도록 말씀

하신 것은 예루살렘이 대적의 칼에 죽을 것을 보여주신 것입니다(21:8-17).

- 땅에 갈라지는 두 길을 그린 후에 각각 지시표를 만들라고 한 것은 장차 바벨론 왕이 지시된 길을 따라 예루살렘 성을 공격할 것을 보여주신 것입니다(21:18-23).
- 가마에 물을 부은 후 양고기의 좋은 부위를 넣고 오래 불을 때는 것은 하나님께서 맹렬한 불같은 심판으로 유다의 죄를 제거하실 것을 보여주신 것입니다(24:3-14).
- 에스겔에게 아내의 죽음에도 울지 말라고 말씀하셨습니다. 눈물도 마를 만큼이나 철저하게 멸망당할 것을 미리 보여주신 것입니다(24:15-27).
- 두 막대기를 하나로 묶으라고 하신 것은 이스라엘이 장차 연합될 것을 보여주신 것입니다(37:15-23).

에스겔의 애가

에스겔서에도 애가가 있습니다. 하나님은 에스겔에게 슬픈 노래를 지어 부르라고 명하셨습니다.

- **이스라엘 고관들을 위한 애가**(19장), 유다의 왕가인 다윗 가문의 멸망을 예언하는 곡입니다. 요시야의 아들들과 손자(여호아하스, 여호야김, 여호야긴, 시드기야)가 재앙을 만나 죽게 되고, 결국 시드기야에 이르러 영광스러운 왕통은 끊어집니다. 애가를 지어 부르며 애통한 마음을 표현했습니다. 또 두 가지의 비유로 애가를 부르는데 하나는 유다 왕국이 사자와 같아서 용맹하고 위엄이 있었으나 이제는 그물에 걸렸다는 것입니다. 또 하나는 유다 왕국이 무성한 포도나무 같았으나 이제는 꺾여 불태워졌다는 것입니다.

• **두로에 대한 애가**(27장), 두로 왕국의 장례식을 지켜보며 도시의 멸망을 애도하는 노래입니다. 두로는 한때 조선업으로 유명하여 세계의 모든 물품이 교역되는 국제무역 도시였습니다. 그러나 한순간에 파선하여 모든 영광이 물에 잠겼지요. 두로의 멸망은 열방을 경악하게 했습니다. 멸망의 가장 큰 원인은 그들의 교만이었습니다.

음성 강의
에스겔

말씀 개요

1장-24장	유다와 예루살렘에 대한 심판
1장	에스겔이 본 하나님의 영광
2장-3장	에스겔의 소명
4장-24장	유다에 대한 심판
	심판의 메시지, 표적, 환상, 비유, 애가
25장-32장	여섯 개의 주변국에 대한 심판
25장	암몬, 모압, 에돔, 블레셋에 대한 심판
26장-28장	두로에 대한 심판
29장-32장	애굽에 대한 심판
33장-39장	회복의 약속
	주께 돌아올 이스라엘
34장	목자들
37장	골짜기의 마른 뼈들
40장-48장	성전에 대한 환상
	새 예루살렘 성전과 영광

성경 본문
에스겔

100일 통독

	CHECK
70일 에스겔 1장-11장	☐
71일 에스겔 12장-24장	☐
72일 에스겔 25장-39장	☐
73일 에스겔 40장-48장	☐

다니엘 열방을 향한 하나님의 경륜과 섭리

D A N I E L

다니엘서는 에스겔서와 함께 이스라엘 백성이 바벨론에 포로로 잡혀가 있으면서도 여전히 유대인의 정체성을 지키며 하나님의 뜻을 따라 살아가고, 그들을 통해 그 뜻이 이루어지는 것을 잘 보여주는 책입니다. 에스겔이 포로기 전반에 주의 약속의 말씀을 전하며 포로들에게 소망을 불어넣었다면, 다니엘은 포로기 후반에 소망과 용기를 불어넣어 주었습니다.

특히 두 책을 보며 우리가 질문할 수 있는 것은 '하나님께서 약속하시고, 땅과 자손을 주심으로 약속을 성취하셨는데 왜 이스라엘이 세상 나라에 의해 멸망당하게 하시는가'입니다. 또한 '흐지부지할 나라를 하나님께서는 왜 시작하셨는가' 하는 질문도 하게 됩니다. 두 책에서 이 답변을 들을 수 있습니다. 아무리 그들의 죄로 이방인의 손에 붙여져 심판을 받았다 할지라도 여전히 하나님은 그들 가운데 계시며, 그들을 통해 일하시며, 그의 뜻을 이루시고, 영광을 받으십니다.

묵시 문학

다니엘서와 에스겔서는 신약의 요한계시록과 함께 '묵시 문학'이라고 할 수 있습니다. 꿈과 환상을 아우르는 문장체로 구성되어 있지요. '묵시' 또는 '계시'는 하나님께서 세우신 앞날에 대한 계획을 보여주는 것을 말합니다. 그러므로 이 책들은 하나님만이 역사를 주관하시는 유일한 주권자이시며, 모든 강대한 제국들도 그분이 정하신 때에 심판을 받고 종말을 고하게 될 것을 중점적으로 드러냅니다.

또한 하나님나라가 궁극적으로 승리할 것을 보여주지요. 특히 다니엘서는 영원한 하나님나라와 만왕의 왕이신 예수 그리스도를 잘 나타냅니다. 우리가 잘 아는 것처럼 다니엘서 2장에 나오는 바벨론 왕 느부갓네살의 꿈은 이후 전개될 세계 역사를 하나님이 미리 보여주신 것입니다. 다니엘서 2장에 담긴 메시지는 "느부갓네살 왕아, 왕은 네가 아니라 바로 나 예수 그리스도이다. 내가 네게 이 나라를 주었다. 그러나 네 나라는 영원히 가지 않을 것이며, 오직 내 나라가 온 땅을 다스리며 영원할 것이다"입니다.

바벨론, 페르시아, 그리스, 로마 등 모든 거대한 제국들도 결국은 왕이신 예수 그리스도 앞에 굴복하게 될 것입니다. 오직 하나님만이 역사의 주관자이십니다. 역사의 중심은 제국들이 아니라 갈보리 언덕에 우뚝 선 십자가이며, 역사의 주인공은 제국의 왕들과 영웅들이 아니라 오직 예수 그리스도 한 분이십니다. 다니엘서는 포로로 잡혀가 좌절에 빠져 있는 이스라엘에게 이것을 아주 명확하게 보여줍니다.

하나님의 사람, 다니엘

다니엘의 히브리식 이름은 '다니엘'이고, 갈대아식 이름은 '벨드사살'입니다. 그는 유다 지파 출신으로 왕족이었을 것으로 봅니다. 그는 당대에 지혜와 경건으로 이름을 날렸습니다. 그는 이방 땅에서 하나님의 영광을 드러낸 사람이었습니다. 당시 그는 전설적인 인물이었지요. 바사의 중심지인 이란과 중앙아시아에는 지금도 다니엘을 기념하는 곳들이 많이 있습니다.

동시대 인물이지만 그보다 연장자인 에스겔은 놀랍게도 '두로의 왕이 자기가 다니엘보다 더 지혜롭다고 자부하며 스스로 교만한 것'에 대해 책망하며 다니엘을 언급합니다(겔 28:3). 또한 다니엘을 노아와 욥과 더불어 가장 영향력있는 세 인물 중의 하나로 꼽습니다(겔 14:14,20). 그는 에스겔이 사역하던 시기부터 유명해지기 시작하여 그후 오랫동안 명성을 유지했습니다. 천사 가브리엘은 그를 '하나님의 큰 은총을 받은 사람'이라고 불렀습니다(10:11).

다니엘은 역사상 가장 위대한 왕이던 느부갓네살의 궁전에서 지내면서 제국에 강력한 영향을 주며 오랫동안 활동했습니다. 그는 당시의 교육제도 아래서 많은 학문을 익혔고, 하나님의 말씀에 대해서도 여느 선지자에 뒤지지 않았습니다. 또한 정치가로서 이방의 왕을 모시는 신하의 자리에 있으면서도 하나님과의 친밀함을 유지하며 하나님을 경외하고 그분의 영광을 드러냈습니다.

그런 위치에 있는 그리스도인들이 믿음을 지키기가 어렵다며 헌신되지 못한 삶을 합리화한다면 다니엘은 그들을 책망할 것입니다. 그러나 그 위치에 있으면서 하나님을 경외하며, 누구에게나 존경을 받으며, 오직 하나님의 영광이 드러내며 수고하는 정치인들이나 리더들에게는 용기와 격려를 보낼 것입니다. 지금은 다니엘과 같은 대통령과 장관과 국회의원, 도지사와 시장 등이 필요한 때입니다.

하나님은 예레미야나 에스겔과 같은 선지자를 통해서 일하시고, 다니엘과 같은 정치가를 통해서도 일하십니다. 하나님이 일하시는 방법과 계층은 정말 다양합니다.

구성

다니엘서는 크게 두 부분으로 이루어집니다. 처음 여섯 장은 역사적인 이야기로 읽고 이해하기가 쉽습니다. 마지막 여섯 장은 예언들로 이해하기가 힘든 것들이 많습니다. 그러나 이스라엘과 주변국들에 대한 역사적 이해가 있다면 예언들을 깨닫는 데 도움이 될 것입니다. 흔히 말하는 '신구약 중간사'에 대한 이해가 필요합니다. 바벨론, 페르시아, 그리스, 알렉산더 이후의 분열된 나라들, 그리고 대통합을 이룬 로마 제국에 대한 이해가 필요하지요.

다니엘서는 바벨론에 의해 예루살렘이 멸망한 때부터 로마에 의해 예루살렘이 다시 멸망할 때까지의 긴 역사를 다룹니다. 시간적으로 600년 이상의 역사를 미리 바라봅니다. 다니엘서를 이해한다면 당시 세계 역사뿐 아니라 예수님이 재림하실 때까지 온 땅을 다스리시는 하나님의 주권과 섭리와 경륜을 이해하는 데 도움이 될 것입니다.

1장 1절-2장 3절은 히브리어로, 2장 4절-7장은 아람어로, 8장부터 마지막 12장까지는 다시 히브리어로 쓰였습니다. 갈대아인들이 다니엘을 선하게 대하여 그의 요청을 받아들여 왕의 포도주와 진미 대신에 채식과 물을 먹도록 허락한 것 때문에 그들이 다니엘에게 가르친 언어가 하나님의 책에 기록되게 하셨습니다. 이는 하나님께서 그들이 하나님의 사람들을 대접한 상급을 잃지 않도록 하기 위함입니다. 하나님은 환난 중에 있는 그의 백성뿐만 아니라 하나님을 존중히 여기는 나라들도 위로하고 격려하셨습니다.

오직 주님만 섬김

전반부 1장부터 6장까지는 우리의 영웅들인 다니엘과 세 친구가 바벨론과 페르시아에서 살았던 시간적, 공간적 사실을 잘 보여줍니다. 바벨론 제1차 포로 시절에 바벨론이 세계 정복 경영에 대한 계획을 가지고 유대인의 유능한 청소년들을 뽑아서 특별한 교육을 시켰습니다.

이는 제국의 세계 경영에 사용하고자 함이었습니다. 따라서 이들은 뛰어남을 인정받은 사람들이었지요. 다니엘과 세 친구들은 그중에서도 더 두드러졌다고 말합니다.

특히 느부갓네살 왕의 꿈을 해석하면서 다니엘의 지혜는 빛났습니다(2장). 느부갓네살의 꿈은 머리는 순금, 가슴과 두 팔은 은, 배와 넓적다리는 놋, 종아리는 쇠, 발은 쇠와 진흙으로 구성된 거대한 신상이었습니다. 이것은 바벨론과 메대와 바사, 그리스와 로마로 이어지는 세상 나라를 미리 보여준 것입니다. 그러나 이런 막강한 제국들도 뜨인 돌 하나에 가루처럼 부서지고 사라지고, 이 돌은 점점 커져서 온 땅을 덮는 태산을 이룹니다. 이는 하나님이 그의 교회를 통해서 세상을 다스리는 것을 보여줍니다. 또한 하나님만이 역사의 주관자이시며, 오직 예수 그리스도만이 만왕의 왕이시며 만유의 주이심을 잘 보여줍니다.

바벨론은 세계 경영을 꿈꾸면서 청소년들을 발탁하여 그들의 왕국으로 끌고 갔지만, 하나님은 이들을 통해 오히려 바벨론 안에 하나님의 영광을 드러내셨습니다. 느부갓네살의 꿈을 해석한 다니엘, 느부갓네살이 만든 신상 앞에서 절하지 않음으로 7배나 뜨거운 풀무불에서 하나님의 영광을 드러낸 사드락과 메삭과 아벳느고는 바벨론 내에서 하나님께 충성하며 더 나아가 하나님을 영화롭게 한 사람들입니다(3장).

느부갓네살의 두 번째 꿈도 다니엘이 해석합니다(4장). 4장을 기록한 사람은 왕 자신입니다. 그에게 일어난 일들을 그가 직접 작성했기 때문에 공표한 그대로의 말로 표현되어 있습니다. 하나님은 다니엘에게 이것도 기록하게 하십니다.

느부갓네살은 자신의 교만을 정직하게 알렸습니다. 그는 오직 하나님만이 온 땅을 다스리신다는 것을 삶으로 직접 체험했습니다. 그래서 백성들과 나라들에게 지극히 높으신 이가 사람의 나라를 다스리시며 자기의 뜻대로 누구에게든지 주시는 줄을 알았음을 조서로 알렸지요(4:32). 그리고 이렇게 끝맺음을 합니다.

"그러므로 지금 나 느부갓네살은 하늘의 왕을 찬양하며 칭송하며 경배하노니 그의 일이 다 진실하고 그의 행하심이 의로우시므로 교만하게 행하는 자를 그가 능히 낮추심이라"(4:37).

또 벨사살 왕의 거창한 잔치 자리에서 다니엘이 벽에 쓰인 글씨를 해석한 그날 밤, 바벨론은 메대의 다리오 왕에게 함락을 당하며 바벨론의 세계 경영의 꿈은 산산조각이 났습니다(5장). 그리고 새로운 제국인 페르시아가 등장합니다. 바벨론의 멸망은 이미 오래 전부터 자주 예언되었습니다. 아주 오래 전에 이사야가, 그리고 근간에는 예레미야와 에스겔이 예언했습니다. 벨사살이 그 신비한 글자들을 명확하게 알게 된 그 밤에 죽임을 당하고, 바벨론 제국이 멸망함으로 그 해석이 즉시 성취되었습니다(5:30,31).

다니엘은 바벨론 제국에서처럼 페르시아 제국에서도 여전히 영향력을 행사하는 위치에 있었습니다. 하나님은 다니엘의 적들이 파놓은 사자굴의 함정에서 사자들의 입을 막으셨습니다. 다니엘은 어떤 상황에서도 하나님만을 섬기는 믿음으로 하나님의 영광을 더 드러냈습니다(6장).

메시아 예언

다니엘서의 후반부인 7장-11장은 전반부와는 상당히 다른 내용과 형태로 전개됩니다.

다니엘이 7장의 환상을 본 때는 6장보다 앞에 일어난 일입니다. 6장은 바벨론이 멸망한 후 메대와 바사 왕국의 다리오 때의 사건입니다. 그러나 7장은 다리오 왕 바로 직전, 바벨론의 마지막 왕 벨사살 원년의 일입니다. 다니엘이 본 네 짐승의 환상은 신속하게 이루어질 바벨론,

메대와 바사, 헬라, 로마대제국을 보여줌과 동시에 미래에 일어날 일들을 말합니다.

또한 8장의 숫양과 숫염소 환상은 머지않은 때 바사 제국과 헬라 제국에 있게 될 사건들을 말합니다. 그리고 8장부터는 다시 히브리어로 기록됩니다. 8장의 내용은 알렉산더의 죽음으로 나라가 넷으로 나눠짐으로 말씀이 성취됩니다.

9장은 다니엘의 중보기도의 내용입니다. 그는 예레미야서에서 예레미야의 예언을 살피며 바벨론 포로 70년 만에 하나님이 그들을 예루살렘으로 돌이키시는 구절을 읽습니다. 그가 할 일은 그 예언하신 바가 이루어지기를 간구하는 것입니다. 중보기도자는 하나님으로 기억하시게 하고, 약속하신 바를 이루시기까지 그분을 쉬시지 못하게 하는 자들입니다(사 62:6,7). 중보기도자에게는 하나님의 보좌를 움직이는 특권이 있습니다. 하나님은 다니엘의 기도에 응답하겠다고 약속하십니다. 그것은 단지 바벨론 포로 귀환을 넘어서서 메시아의 오심을 명확히 보여줍니다. 이것은 구약에서 가장 분명하고 명쾌한 메시아에 관한 예언입니다.

젊은 영웅들

10장-12장은 다니엘서의 결론입니다. 이 세 장의 환상과 예언은 앞의 7장과 8장과는 달리 징조나 상징이 아니라 명시적인 말을 통해서 다니엘에게 주어집니다. 10장에는 예언과 관련된 서론적인 내용, 11장에는 예언의 상세한 내용, 12장에는 예언의 결론이 나옵니다.

이 예언은 다니엘 때부터 약 300년 이후에 일어날 일들입니다. 즉 알렉산더의 죽음 이후 네 나라로 나뉘어 팔레스타인을 중심으로 서로 쟁탈전을 벌이는 일입니다. 특히 안티오커스 4세인 에피파네스가 이스라엘에게 행한 악한 일들과 그의 종말에 대한 것이지요. 그러나 그 예언은 그보다 조금 더 후에 일어날 일들도 보여줍니다. 즉 예수 그리스도의 오심과 그분의 교회에 관한 것도 포함되지요.

다니엘서 11장 32절에 "오직 자기의 하나님을 아는 백성은 강하여 용맹을 떨치리라"라고 했습니다. 아무리 악한 자들이 거대한 세력으로 하나님의 백성을 삼키려한다 할지라도 하나님을 아는 백성들은 조금도 영향을 받지 않는 강한 힘이 있을 뿐만 아니라 오히려 하나님의 영광을 드러내는 용맹을 발할 것이라고 합니다. 이 말씀은 실제로 다니엘과 세 친구들이 살았던 1장부터 6장까지 역사적 시간과 공간 속에서 명백하게 증명됩니다.

마지막 때에 하나님과 하나님의 말씀을 무시하는 거대한 바벨론 제국 같은 이 세상 가운데서 하나님의 영광을 드러내는 일들이 필요합니다. 바벨론 때 다니엘과 세 친구들과 같은 젊은 영웅들을 통해 하나님이 영광을 드러내셨다면 지금도 하나님만을 경외하며 성령만을 의지하는 젊은 영웅들, 즉 10대부터 헌신하여 자신을 준비하고, 20대부터 80세가 넘을 때까지 하나님의 영광을 드러내는 이들이 나타나도록 간절히 기도하는 것이 필요합니다.

이러한 영웅들의 특징은 '자기의 하나님을 아는 백성'입니다. 하나님을 아는 것이야말로 가장 중요합니다. 말씀의 부흥을 통해 하나님을 알기를 기도해야 합니다.

음성 강의
다니엘

말씀 개요

1장-6장	**역사적인 밤**
1장	다니엘과 세 친구-영웅들의 출현
2장-4장	느부갓네살의 꿈-하나님의 영광
5장	벨사살의 환상-대변화
6장	다리오의 조서-대역전
7장-12장	**예언적인 빛**
7장	네 짐승의 환상
8장	숫양과 숫염소의 환상
9장	기도와 환상-일흔 이레
10장-12장	이스라엘의 미래에 대한 환상

성경 본문
다니엘

100일 통독

CHECK

74일 다니엘 1장-12장 ☐

소선지서

호세아서부터 말라기서까지 12권을 '소선지서'라고 부르는 것은 대선지서보다 권위나 내용이 뒤떨어지거나 덜 중요해서가 아닙니다. 단지 책의 분량이 대선지서보다 적기 때문이지요. 이들도 대선지서를 기록한 사역자들 못지않게 활동한 뛰어난 사역자들입니다.

오늘날도 마찬가지입니다. 교회나 단체의 규모, 강의나 저작 활동 등으로 유명한 사역자들이 그렇지 않은 사역자들보다 더 뛰어나거나 성공했다고 쉽게 단정해서는 안 됩니다. 잘 알려지지 않은 사역자라도 활활 타오르며 밝게 빛나는 숨은 영웅들이 많습니다.

열두 명의 선지자들도 바로 그런 사람들입니다. 이들 가운데 호세아, 요엘, 아모스, 오바댜, 요나, 미가, 나훔, 하박국, 스바냐는 바벨론 포로기 이전에, 학개, 스가랴, 말라기는 포로기 이후에 활동했습니다. 소선지서 중 바벨론 포로기에 기록된 것은 없습니다. 대선지서로 분류되는 에스겔과 다니엘이 이때 사역했습니다.

호세아 하나님의 사랑

H O S E A

이 책을 기록한 사람은 선지자 호세아입니다. 호세아와 여호수아는 원래 같은 이름으로, 그 뜻은 '구원'입니다. 호세아 선지자는 하나님의 사랑으로 세상을 품은 대표적인 인물입니다. 그는 아모스와 동시대 사람으로 미가보다 연장자이고, 이사야와는 비슷한 연배입니다. 그는 오랫동안 사역을 하면서 북이스라엘의 멸망을 예언했지요. 호세아는 북이스라엘의 멸망을 지켜보며 통곡합니다. 그리고 그 사건은 남유다에게 경고를 주는 데 사용됩니다.

호세아서의 목적은 하나님을 떠나 우상을 섬기는 백성이 돌이켜 주님께로 돌아올 것을 말씀하시고, 그렇게 하면 주님의 축복으로 그들이 회복될 것이라고 하십니다. 특이하게도 하나님께서 호세아 개인의 가정을 예증으로 이러한 메시지를 전달하십니다.

고멜을 향한 호세아의 사랑

1장-3장은 하나님의 명령으로 호세아가 결혼하고, 세 자녀를 낳는 내용입니다. 호세아의 아내 고멜은 부정한 여인이었습니다. 하나님께서는 둘 사이에 태어난 세 아이들의 이름을 당시 상황을 그대로 보여주는 의미를 담아 짓게 하십니다.

첫째 '이스르엘'은 '하나님께서 흩어 뿌리신다'는 뜻입니다. 실제로 이스라엘은 심각한 우상숭배로 하나님의 심판을 받아서 앗수르 왕국에 의해 멸망당하고, 포로로 잡혀가 온 앗수르 제국에 흩어져 살게 됩니다. 둘째 '로루하마'는 '긍휼히 여김을 받지 못하는 자'라는 뜻입니다. 셋째 '로암미'는 '내 백성이 아니다'라는 뜻입니다. 모두 하나님을 떠나 우상을 섬기는 이스라엘을 그대로 보여줍니다.

히브리어에서 '로-'는 '아니다'라는 뜻입니다. 그러나 하나님은 긍휼과 사랑의 하나님이십니다. 그러한 이스라엘 백성이라 할지라도 용서하시고 회복시킬 거라고 말씀하십니다. 그래서 하나님은 호세아에게 세 아이의 이름을 바꾸라고 하십니다. 첫째 '이스르엘'은 '이스라엘'로, 둘째 '로루하마'는 '루하마', 긍휼히 여김을 받지 못하던 자에서 긍휼히 여김을 받는 자라는 뜻으로, 셋째 '로암미'는 '암미'로, 내 백성이 아니었던 자가 내 백성이라는 뜻으로 바뀐 것입니다.

호세아의 아내, 고멜

2장은 하나님께서 그의 백성들을 회복하시는 과정을 말해줍니다. 6절에 하나님께서 "가시로 그 길을 막으며 담을 쌓아 그로 그 길을 찾지 못하게 하리니"라고 하십니다. 하나님을 떠나서 제멋대로 살아가면 하나님은 그들이 돌이키도록 가시로 그 길을 막으십니다. 환경적으로 힘든 고통 때문에라도 돌이키기를 원하시는 하나님의 마음입니다. 담을 쌓아서 더 이상 갈 길이 없는 데까지 가게 하셔서 결국 절망 속에서 주의 은혜를 구하게 하시겠다고 말씀하시는 것입니다.

14,15절에 하나님은 백성을 광야로 데리고 가서 말로 위로하고 비로소 그의 포도원을 그에게 되돌려주고, 아골 골짜기로 소망의 문으로 삼겠다고 말씀하십니다. 광야는 힘들고, 두렵고, 불안하고, 방황할 수밖에 없는 거친 땅입니다. 안정된 것이 하나도 없는 곳이지요. 그러나

그곳에서 하나님은 그들을 위로하겠다고 말씀하십니다. 또 아골 골짜기는 '환난의 골짜기'라는 뜻입니다. 우리가 주를 떠나서 제멋대로 살며, 방황하며, 환난 속에 살지만 긍휼히 여기셔서 절망을 놀랍게도 소망으로 들어가는 출입구로 바꾸겠다고 하십니다.

또한 하나님께서 그의 백성에게 장가드시겠다고 말씀하십니다. 한 번도 아니고 세 번이나 말씀하심으로 사랑과 은혜와 긍휼로 말미암은 결심을 보여주십니다. "내가 네게 장가들어 영원히 살되 공의와 정의와 은총과 긍휼히 여김으로 네게 장가들며 진실함으로 네게 장가들리니 네가 여호와를 알리라"(2:19,20).

하나님의 사랑으로 우리를 품으시고 회복시키시고자 하십니다. 하나님을 떠나 주변국들에게 도움을 청하는 이스라엘과 유다에 대해서 책망하시면서 남편을 버리고 떠난 아내과 똑같다고 말씀하십니다. 그래서 이스라엘 백성이 호세아의 결혼생활을 통해서 하나님의 메시지를 듣길 원하십니다.

"내가 나를 위하여 그를 이 땅에 심고 긍휼히 여김을 받지 못하였던 자를 긍휼히 여기며 내 백성 아니었던 자에게 향하여 이르기를 너는 내 백성이라 하리니 그들은 이르기를 주는 내 하나님이시라 하리라"(2:23).

3장에서 호세아는 그를 떠났던 부정한 아내를 은 열다섯 개와 보리 한 호멜 반으로 사서 다시 데려옵니다. 이스라엘과 유다는 정치적인 입지를 다지기 위해 동맹국들을 신뢰했습니다. 이에 선지자는 오직 하나님만을 신뢰해야 한다고 지적합니다. 그러나 이스라엘과 유다는 이방국가들과 동맹을 맺으며 하나님을 무시했습니다. 이는 하나님의 선민으로서의 절개를 팔고 창녀 노릇을 한 것이나 마찬가지였습니다.

하나님은 호세아의 결혼생활을 통해 이스라엘이 깨닫기를 바라셨습니다. 하나님은 이스라엘의 뿌리를 뽑아 이방 땅 앗수르에 흩뿌리실 것입니다. 실제로 북이스라엘은 B.C.722년에 앗수르에 의해 멸망하여 포로로 잡혀갑니다. 그러나 하나님은 그들을 다시금 포로에서 돌이켜 회복하실 것입니다.

이스라엘을 향한 하나님의 사랑

4장-14장은 하나님의 모습을 세 부분으로 나눠볼 수 있습니다. 4장-7장은 거룩하신 하나님을 소개합니다. 이스라엘의 모든 죄를 주께서 지적하시면서 하나님의 거룩하심 앞에서 살아야 된다고 촉구하십니다. 이스라엘의 죄의 가장 큰 원인은 '하나님을 알지 못하는 것'입니다. 그러므로 하나님을 떠난 삶에서 돌이켜 돌아오며 하나님을 알기를 간절히 원한다고 말씀하십니다.

6장 3절에 "우리가 여호와를 알자 힘써 여호와를 알자", 6절에 "나는 인애를 원하고 제사를 원하지 아니하며 번제보다 하나님을 아는 것을 원하노라", 4장 6절에 "내 백성이 지식이 없으므로 망하는도다"라고 하십니다.

7장은 이스라엘 백성의 죄의 상태를 네 가지 비유를 통해 말씀하십니다. 첫 번째는 '달궈진 화덕'과 같다고 하십니다(4절). 이는 악한 생각으로 가득 찬 상태를 말해줍니다. 두 번째는 마치 '뒤집지 않은 전병'과 같다고 하십니다(8절). 빵을 한쪽으로만 구우면 그쪽은 타버리고, 다른 쪽은 덜 익어서 못 먹게 됩니다. 이스라엘이 그런 상태와 같다고 말씀하십니다.

세 번째로 '어리석은 비둘기' 같다고 말씀하십니다(11절). 비둘기는 원래 자기 집을 잘 찾아가지만 어리석은 비둘기는 다른 곳으로 간다고 합니다. 하나님께로 가야 하는데 이방 국가들에게로 간 이스라엘을 잘 보여주는 비유입니다. 네 번째는 '속이는 활'과 같다고 말씀하십니다(16절). 처음에는 과녁을 잘 맞추었지만 마지막에는 엉뚱한 방향으로 쏘는 활과 같다는 것입니다. 하나님을 향하지 않고 이방을 향해 나아가는 이스라엘을 잘 보여주지요. 하나님은 거룩하셔서 이들이 모든 죄를 다 회개하고 돌이켜 돌아오기를 요청하십니다.

8장-10장은 하나님이 공의로우시다고 말합니다. 그렇기에 그들에게 죄의 결과가 얼마나 고통스러운지를 보여주십니다. 그들은 바람을 심고 광풍을 거두었다고 말씀하십니다(8:7). 헛된 것을 심었더니 더 큰 헛된 삶으로 왔다는 것입니다. 하나님의 말씀을 거부한 백성들은 '나라들 사이에 방랑자들'이 될 것이고, 그들의 왕통王統은 끊어질 것입니다. 하나님은 그들이 주께로 돌아오기를 간절히 원하십니다. 두 마음이 아닌 오직 한 마음을 품기를 원하십니다.

11장-13장은 하나님이 사랑이시라는 것을 잘 보여줍니다. 이스라엘 백성들의 하나님을 떠난 삶에도 불구하고 그분은 변함없는 사랑으로 그들을 대하십니다. "내가 사랑의 줄로 그들을 이끌었다"라고 하십니다(11:4). 그래서 그들의 자녀들에게 걸음마를 가르치고, 넘어지면 팔로 안아서 치료해주시는 부드러운 사랑의 아버지로 보여주십니다. "내 마음이 내 속에서 돌이키어 나의 긍휼이 온전히 불붙듯 하도다" 하시듯(11:8), 우리가 죄를 지으면 화를 내시기보다는 함께 마음으로 아파하시며 돌봐주기를 원하시는 하나님 아버지의 모습입니다.

12장-13장에서 에브라임의 죄를 지적하십니다. 풍요 속에 젖어 죄를 죄로 여기지 않고, 자기의 능력으로 부를 모았다고 교만해지고, 더욱이 하나님을 잊어버리까지 합니다. 하나님은 재물로 가난한 자와 고아와 과부와 나그네를 돌보라고 하십니다.

회개하는 자에 대한 풍성한 약속

14장의 어조는 이제까지와는 사뭇 다릅니다. 앞에서 죄에 대한 책망과 진노와 경고를 말했다면 이 장은 회개의 권면과 긍휼로 인한 회복의 약속들로 이루어져 있습니다. 그래서 회개하는 자들을 위한 지침서와 같습니다. 죄사함과 용서해주신다는 약속의 말씀으로 나아갑니다. 우리의 입술로 죄를 모두 자백함으로 나아갑니다. 그러면 하나님은 우리를 고치시고 회복시켜주실 것입니다.

요한일서 1장 9절에 "만일 우리가 우리 죄를 자백하면 그는 미쁘시고 의로우사 우리 죄를 사하시며 우리를 모든 불의에서 깨끗하게 하실 것이요"라고 하십니다.

14장 5-8절은 우리를 어떻게 회복시켜주실지를 열거합니다. 우리가 죄 가운데로 더 빠져들어 점점 더 파멸의 나락으로 떨어질 때 하나님은 우리에게 회개하고 돌이켜서 주께로 나오라고 말씀하십니다. 그러면 큰 축복과 풍성한 열매로, 견고하고 아름다운 삶으로 우리를 회복하겠다고 약속하십니다.

호세아서에서는 끊임없이 범죄한 백성을 일방적으로 사랑하셔서 계속 기회를 주시고, 용서하시고, 회복하시며 결국에는 큰 축복으로 이끄시는 하나님의 마음을 알 수 있습니다.

음성 강의
호세아

말씀 개요

1장-3장	고멜을 향한 호세아의 사랑 하나님의 사랑의 예표, 호세아의 결혼
1장	호세아의 자녀, 2남 1녀
2장	호세아의 아내, 고멜
3장	은 열다섯 개와 보리 한 호멜 반으로 아내를 사서 데려오라
4장-14장	이스라엘을 향한 하나님의 사랑
4장-7장	이스라엘의 범죄(하나님은 거룩하시다)
8장-10장	이스라엘의 심판(하나님은 공의로우시다)
11장-13장	이스라엘의 회복(하나님은 사랑이시다)
14장	회개하는 자에 대한 풍성한 약속

성경 본문
호세아

100일 통독

CHECK

75일 호세아 1장-14장 ☐

요엘 여호와의 날

J O E L

요엘 선지자가 어떤 사람이고 언제 사역했는지는 성경에 나와 있지 않습니다. 단지 사도행전 2장 16절에 오순절 성령강림 이후에 베드로와 사람들에게 일어난 놀라운 성령충만의 역사로 요엘의 예언이 성취되었다는 것 외에는 언급된 것이 없습니다.

일반적으로 요엘 선지자는 아모스와 동시대 사역자라고 생각합니다. 그 이유는 요엘도 아모스가 탄식했던 것과 동일하게 메뚜기 떼나 기근이나 불의 심판들에 대해서 예언했기 때문이지요(암 4:7-11, 7:1-6). 아모스는 북이스라엘에서, 요엘은 남유다에서 사역했습니다. 요엘은 호세아와 오바댜와도 동시대에 사역했을 것으로 봅니다.

여호와의 날

요엘서는 '여호와의 날'을 5회나 언급합니다(1:15, 2:1,11,31, 3:14). 여호와의 날이 아주 가까이 왔다고 합니다. 그날은 슬픈 날, 멸망의 날, 주민들이 떠는 무시무시한 날입니다. 어둡고 캄캄한 날이요 짙은 구름이 덮인 날로 심히 두렵다고 표현합니다. 여호와의 날은 지금 닥친 일일 수도 있고, 더 큰 심판이 임할 거라는 서곡에 불과할 수도 있습니다. 그러나 그때가 언제든 항상 깨어 있고, 하나님께 나아가 부르짖어야 한다고 말합니다.

1장 1절-2장 11절에는 재앙의 날들에 대한 예언이 나와 있습니다. 그것은 유례를 찾아볼 수 없는 엄청난 것입니다. 이것을 후대에 걸쳐서 말해주라고 하십니다. 단순히 신기한 이야깃거리로 삼으라는 게 아니라 '가르치라'라고 하십니다. 이것을 교훈으로 삼아서 하나님을 경외하고 죄를 미워하는 법을 배우기를 원하십니다.

특별히 메뚜기 떼로 인해 대자연의 황폐화가 일어나는 것을 말합니다. 팥중이와 메뚜기와 느치와 황충이 때문에 남은 게 하나도 없이 철저하게 황폐해집니다(1:4). 자연재해로 인한 재앙은 오히려 모든 백성들이 회개할 기회를 갖게 하고, 하나님 앞에 나아가서 그분의 얼굴을 구할 때라는 것을 알려줍니다. 1장 14절에 "너희는 금식일을 정하고 성회를 소집하여 장로들과 이 땅의 모든 주민들을 너희 하나님 여호와의 성전으로 모으고 여호와께 부르짖을지어다"라고 말씀하십니다.

돌아오라

요엘은 "여호와의 말씀에 너희는 이제라도 금식하고 울며 애통하고 마음을 다하여 내게로 돌아오라 하셨나니 너희는 옷을 찢지 말고 마음을 찢고 너희 하나님 여호와께로 돌아올지어다 그는 은혜로우시며 자비로우시며 노하기를 더디하시며 인애가 크시사 뜻을 돌이켜 재앙을 내리지 아니하시나니 주께서 혹시 마음과 뜻을 돌이키시고 그 뒤에 복을 내리사 너희 하나님 여호와께 소제와 전제를 드리게 하지 아니하실는지 누가 알겠느냐"(2:12-14)라고 말합니다.

이는 하나님이 어떤 분이신지를 다섯 영역으로 설명합니다. 첫째 은혜로우시며, 둘째 자비로우시며, 셋째 노하기를 더디 하시며, 넷째 인애가 크셔서 뜻을 돌이켜 재앙을 내리지 아니하시고, 다섯째 더 나아가서 복을 내리시는 분이라고 말합니다. 일반적으로 계획을 변경하거나 취소하거나 연기할 경우는 애초에 계획을 잘못 세웠거나 그것을 실현할 수 있는 능력이 없을 때지요. 그러나 하나님께서 세우신 계획을 돌이키실 때는 전적으로 우리를 긍휼히 여기는 마음 때문입니다. 하나님의 성품을 의지하여 회개하며 나아가서 은혜를 간절히 구하면 주께서는 심판의 계획을 세우셨다 할지라도 뜻을 돌이키시고 심판하지 않겠다고 말씀하십니다.

요엘서에는 악한 죄악 가운데 있을지라도 하나님의 성품을 의지하면서 주께로 돌아가 간절히 부르짖으면 우리를 긍휼히 여기시어 재앙을 돌이키실 뿐만 아니라 더 나아가서 복을 주신다고 말씀하십니다. 우리가 하나님 앞에 나아가서 회개할 때 중심은 우리의 행위를 기반으로 하는 게 아니라, 이 같은 하나님의 성품을 의지하며 기도하는 것입니다.

풍성한 삶으로의 회복

2장 18-32절에서 하나님은 백성들이 비록 죄를 지었다 할지라도 회개하면 긍휼을 베푸실 것이라고 약속하십니다. 특히 18-27절까지의 말씀을 통해 이를 다섯 가지로 말씀하십니다.

첫째, 우리에게 양식을 주셔서 풍족한 삶을 살게 하겠다고 하십니다. 둘째, 다시는 이방 나라들로부터 수치를 당하지 않게 하시겠다고 하십니다. 셋째, 이스라엘을 괴롭혔던 모든 군대들을 메마르고 적막한 땅으로 쫓아내어 다시는 괴롭히지 못하도록 하겠다고 하십니다. 넷째, 회개하여 돌이키는 이스라엘 백성에게 이른 비와 늦은 비를 적당히 내려주겠다고 하십니다. 다섯째, 그들에게 이전에 있었던 팥중이와 메뚜기와 느치와 황충이가 먹은 햇수대로 도로 갚아주겠다고 약속하십니다.

더 놀라운 것은 28-32절에 성령을 부어주시겠다는 말씀입니다. 이것을 사도행전에서는 시간적으로 명확하게 '말세에'라고 말씀하셨습니다. "말세에 내가 내 영을 부어주리니"라고 했지요(행 2:17). '말세'라는 시간은 예수님께서 이 땅에 오셨을 때부터 다시 오실 때까지의 기간을 말합니다. 하나님께서는 요엘 선지자를 통해 마지막 때에 온 백성에게 성령을 부어주심으로 영적으로 풍성한 삶을 살도록 약속하십니다.

여호사밧 골짜기

3장에서 주님은 때가 되면 하나님의 백성의 원수들을 벌하시고, 모든 억울함을 풀어주시고, 예루살렘을 영광스럽게 회복하여 형통하고 영원한 삶을 살게 할 거라고 말씀하십니다. 여호사밧 골짜기는 하나님이 그의 백성을 위해 열방을 심판하는 법정입니다(3:2).

열방의 죄목은 첫째는 이스라엘 백성을 여러 나라로 흩어버리고 그들의 땅을 나누어 가져간 것. 둘째는 포로로 잡아 온 유대인의 젊은 남녀를 인신매매업자에게 판 것. 셋째는 하나님의 금과 은을 부당하게 빼앗고 성전의 보물을 그들의 신전으로 가져간 것입니다.

열방에 내려진 선고는 다음과 같습니다. 첫째는 하나님은 그의 백성을 다시 돌아오게 하실 것입니다. 둘째는 그들이 행한 그대로 당하게 될 것이고, 셋째는 하나님이 직접 그들을 심판하실 것입니다. 그러나 하나님이 그의 백성에게는 피난처와 산성이 되실 것입니다.

심판의 결과는 다음과 같습니다. 애굽은 황무지가 되고, 에돔은 황무한 들이 될 것입니다. 그러나 유다는 영원히 있을 것이고, 예루살렘은 대대로 있을 것입니다. 이 약속들은 이스라엘 백성에게 부분적으로 성취가 되었습니다. 그러나 신약의 교회들에게서 온전히 성취될 것입니다.

요엘서는 역사 속에서 하나님이 주권적으로 역사하심을 강조합니다. 하나님을 거역하는 악인은 멸망을 받을 것이나 죄악 가운데 있다 할지라도 그분의 성품을 의지하여 회개하고, 간절히 그분의 얼굴을 구하면 긍휼히 여기시고 반드시 회복시키실 것을 약속하십니다.

음성 강의
요엘

말씀 개요

1장-2장 11절	여호와의 날과 재앙의 날에 대한 예언
2장 12-17절	회개로의 부르심
2장 18-32절	놀라운 일을 행하시는 하나님
3장	여호사밧 골짜기, 신원하시는 하나님

성경 본문
요엘

100일 통독

	CHECK
76일 요엘, 아모스, 오바댜, 요나	

아모스 하나님의 공의

A M O S

이 책은 선지자 아모스가 기록했습니다. 하나님께서 부르실 때 그는 양치는 목자였습니다. 그의 동네 드고아는 베들레헴에서 동남쪽으로 10킬로미터 가량 떨어진 곳에 있는 작은 마을입니다. 하나님은 그를 부르셔서 북이스라엘에 대한 메시지를 전달하도록 하셨지요.

아모스는 이사야보다는 약간 앞서 호세아와 요엘과 요나와 같은 시대에 주를 섬겼습니다. 1장 1절 "유다 왕 웃시야의 시대 곧 이스라엘 왕 요아스의 아들 여로보암 시대 지진 전 이년에"를 보면 알 수 있습니다. 이사야는 왕족으로 궁중에서 살았지만 아모스는 시골에서 농부로 생활했습니다.

경고의 말씀

아모스는 '무거운 짐' 또는 '부담감'이라는 뜻입니다. 그의 메시지는 이름처럼 무거운 경고의 말씀입니다. 그러나 그는 다른 선지서보다 더 소박하고 투박합니다. 그는 유다 사람이지만 주로 벧엘에서 이스라엘을 향해 예언했습니다(7:10-15).

아모스는 벧엘의 제사장 아마샤의 반대에 부딪히지만 자신의 사역에 있어서 조금도 뒤로 물러서지 않습니다. 죄를 책망하고 하나님의 심판을 담대하게 선포하며 회개할 것을 권면했지요. 그는 주께서 맡겨주신 일을 담대하고 신실하게 흔들리지 않고 행했습니다.

아모스서와 호세아서는 동일한 대상과 주제의 메시지이지만 내용은 정반대입니다. 호세아서는 하나님의 조건 없는 놀라운 사랑을, 아모스서는 하나님의 공의를 전합니다.

또한 아모스와 요엘은 동시대의 선지자로서 메시지의 내용과 형태가 비슷합니다. 책망과 경고의 말씀을 통해 그들의 잘못을 먼저 보여주어 상처를 드러낸 후 하나님의 은혜의 약속을 통해 치료책을 제시하지요. 이 시기는 남유다는 웃시야가, 북이스라엘은 여로보암이 다스리며 모두 번성하던 때이지요.

엄숙한 경고

이 책의 기록 목적은 북이스라엘의 죄에 대해 엄숙한 경고를 하는 것입니다. 그들의 죄는 크게 다섯 가지로 나눠볼 수 있습니다.

첫째는 우상숭배입니다. 둘째는 가난한 자를 억압한 것입니다. 갈수록 빈부차이가 커져가고 있는 게 당시 심각한 문제였습니다. 셋째는 지도자들의 불공정한 재판이었습니다(5:10-13). 사람들을 억울하게 압박하고 핍박하는 일이 빈번했지요. 넷째는 초호화판 생활이었습니다(6:4-6). 권력자들이나 부자들은 자기들을 위해서만 사치하고 방탕을 일삼았습니다. 다섯째 불공정한 거래입니다(8:4-6). 뇌물을 주고받으면서 정직하지 못한 일들이 만연해 있었지요.

이런 다섯 가지의 죄에 대해 하나님은 아모스를 통해 경고하셨습니다. 놀라운 사실은 후반부에 이런 엄격한 심판 후에 하나님의 큰 긍휼이 있다는 것입니다.

여덟 개국에 대한 심판의 선언

1장-2장은 여덟 개국에 대한 경고입니다. 유다와 이스라엘 두 왕국에 대한 경고와 주변의 여섯 개 나라에 하나님의 심판이 있을 거라고 경고합니다. 처음에는 다메섹과 블레셋 지방에 있는 가자, 두로, 에돔, 암몬, 모압 등에 대한 심판도 함께 있습니다.

여덟 개국의 죄를 고소할 때 공통으로 반복되는 네 가지가 있습니다.

첫 번째는 "여호와께서 이같이 말씀하시되"입니다. 이들이 하나님을 믿든지 믿지 않든지 분명한 것은 하나님은 이스라엘의 하나님만이 아니라 모든 나라의 하나님이시라는 것입니다(시 117:1). 말라기서는 '만군의 여호와'를 20번이나 언급하며 하나님이 열방의 하나님이심을 보여줍니다.

두 번째는 "서너 가지 죄"입니다. 이는 '세 가지나 네 가지 죄' 또는 '세 번째와 네 번째 죄'라고 할 수 있습니다. 이는 '수많은 죄'라는 것입니다. 한두 가지는 적다는 것을, 서너 가지는 많다는 것을 의미합니다. 또 다른 의미는 여러 가지 죄들이 있지만 네 번째에 해당하는 죄가 매우 심각하다는 의미이기도 합니다. 특히 하나님은 이 네 번째 죄를 구체적으로 거론하십니다. 이것의 공통적인 특징은 '박해'입니다. 이는 가장 심각한 죄이기 때문이지요.

세 번째로 하나님께서 "내가 그 벌을 돌이키지 아니하리니"라고 하십니다. 하나님이 오랫동안 집행을 유예하며 기회를 주셨지만 더 이상은 기다릴 수 없기에 공의에 따라 처리하실 수밖에 없음을 보여줍니다. 이는 매우 엄격한 말씀이지요.

네 번째로 "내가 불을 보내리니"라고 하십니다. 불로 집이나 도시를 잿더미로 만들겠다는 것입니다.

각 국의 죄에 대한 고소장

다메섹의 죄는 잔인함이었습니다(1:3-5). 블레셋 다섯 분할구의 최남단 지역에 있는 가자의 죄는 이스라엘을 에돔에 노예로 판매한 것이었지요(1:6-8). 두로는 노예 매매의 에이전트 역할을 했습니다(1:9,10). 에돔의 죄는 증오심과 용서하지 않는 마음이었습니다. 그래서 그들은 하나님의 백성을 끈질기게 추격하여 무자비하게 대합니다(1:11,12). 암몬은 잔인하게 이웃 나라들을 학살하고 전쟁을 일삼았습니다(1:13-15). 모압의 죄는 죽은 자를 다시 태우는 것이었지요(2:1-3). 유다는 하나님의 말씀을 거역하고 불순종했습니다(2:4,5).

다른 나라들의 죄를 언급하실 때는 두세 구절이었지만 북이스라엘은 11구절이나 됩니다. 북이스라엘 왕국의 죄는 다섯 가지입니다. 뇌물의 성행, 가난하고 궁핍한 자들을 핍박한 것, 거룩하지 못함, 우상숭배, 하나님 말씀 듣기를 거부한 것입니다(2:6-16).

심판에 관한 세 편의 설교

3장-6장에서 특별히 북이스라엘의 죄에 대해 말씀하십니다. 이 설교들의 주제는 "이스라엘 자손들아 여호와께서 너희에 대하여 이르시는 이 말씀을 들으라"입니다(3:1, 4:1, 5:1). 왜냐하면 그들은 다른 민족과 달리 하나님의 이름을 알았고, 그 이름으로 불리는 특별한 민족이었기 때문입니다. 그러나 그들은 반복해서 하나님의 말씀 듣기를 거부합니다. 이제 '최후의 논고'가 있을 것이기에 '들으라'는 것입니다.

첫 번째 설교는 이스라엘의 특권과 책임을 언급합니다(3장).

"이제까지 은혜가 있었으나 너희가 먼저 하나님과 화목하지 않으면 더 이상 기대하지 말라. 너희의 악행이 심판의 원인임을 알라. 너희가 겪는 모든 환난들은 너희로 회개하게 하기 위한 하나님의 손길이었다. 너희는 내 선지자들을 통해 준 경고를 마땅히 들었어야 했다"라고 합니다. 그러고는 하나님께서 선지자에게 이스라엘을 심판하시는 것을 이웃 나라들에게 알리라고 하십니다. 그들에게도 경고하시는 것이지요.

두 번째 설교는 이스라엘이 하나님의 경고를 듣지 않음을 말씀하십니다(4장). 압제자들은 낮아질 것이며, 우상숭배자들은 더 완악해질 것이라고 하십니다. 하나님은 그들에게 환난을 통해 회개할 기회를 여러 번 주셨으나 그들이 고칠 생각이 없는 것을 보고 탄식하십니다. 그래도 하나님은 한 번 더 돌이킬 기회를 주고자 하십니다.

세 번째 설교는 이스라엘을 향한 탄식입니다(5장-6장). 하나님은 여호와를 찾고, 더 이상 우상숭배하지 말기를 원하십니다. 또한 그들이 하나님을 만나기 위해 왜 준비해야 하는지를 소상히 말씀하십니다. 그리하여 회개하여 돌이키는 길 외에는 다른 구원의 길이 없음을 보여주십니다. 하나님의 경고와 기회를 계속 무시한다면 결국 심판이 있을 것입니다. 그들은 철저하게 황폐해질 것입니다.

다섯 개의 환상

7장 1절-9장 10절은 심판에 대한 다섯 가지 환상을 보여주십니다. 여기서도 각 환상에 대한 공통점이 있습니다. 먼저는 "주 여호와께서 내게 보이신 것이 이러하니라"입니다. 하나님은 그에게 현재의 상황과 미래의 일을 보이시고, 행하실 일도 미리 보여주십니다. 하나님은 하실 일을 먼저 그의 종들에게 보이시기 때문입니다(3:7).

선지자의 역할은 경고하는 것 외에 중보기도를 하는 것입니다. 경고의 메시지를 전달하는 것만이 아니라 중보기도로 하나님 앞에 나아가는 것이지요. 만일 경고는 하지 않고 뒤에서 비방하거나, 판단하거나,

방관하거나, 험담만 한다면 하나님은 더 이상 그를 메시지 전달자로 사용하시지 않을 것입니다. 하나님은 아모스의 중보기도를 들으시고 뜻을 돌이키십니다.

첫 번째 환상은 메뚜기 떼의 심판입니다(7:1-3). 그렇지만 아모스의 간절한 중보기도로 하나님은 이 심판을 하지 않기로 결정하십니다.

두 번째는 불로 온 땅을 심판하겠다고 말씀했지만 이 역시 아모스의 간절한 중보기도로 뜻을 돌이키셨습니다(7:4-6).

세 번째는 다림줄입니다(7:7-9). 하나님은 아모스에게 담이 올바로 세워졌는지를 측정하는 다림줄을 보여주십니다. 이것은 하나님의 말씀을 의미합니다. 하나님은 말씀으로 백성들의 삶을 측정하시고, 무너뜨릴 것은 주저없이 무너뜨리겠다고 하십니다.

네 번째는 여름 과일 한 광주리입니다(8장). 무르익은 여름 과일이 당장은 좋지만 곧 썩게 된다는 것을 보여주시면서 이스라엘이 심판받을 만큼 썩었다는 것을 말씀하십니다.

다섯 번째 성전 기둥이 부서지는 것을 통해 이스라엘도 죄악으로 말미암아 부서질 것이라고 미리 경고하십니다(9:1-10).

이스라엘의 회복

9장 11-15절에서 하나님은 결국 심판 이후에 이스라엘에게 회복의 축복을 주겠다고 약속하십니다. 회복의 약속은 다섯 가지입니다. 첫 번째는 메시아를 통해 다윗의 나라가 회복될 것(11절), 두 번째는 많은 나라의 사람들이 합류함으로 다윗의 나라는 커지고 영토는 광대해질 것(12절), 세 번째는 모든 것이 풍성해질 것(13절), 네 번째는 사로잡힌 자들이 돌아와 재건할 것(14절), 그리고 다섯 번째는 그들이 땅에 깊이 심겨져 다시는 뽑히지 않을 것입니다(15절).

하나님은 아모스서를 통해 우리에게 공의와 공평을 행하고, 가난하고 환난 당한 사람들을 돌아보라고 말씀하십니다.

음성 강의
아모스

말씀 개요

1장–2장	여덟 개국에 대한 심판의 선언
3장–6장	세 편의 설교 이스라엘의 죄의 과거와 현재와 미래의 심판
7장–9장 10절	다섯 개의 환상 이스라엘의 심판 묘사
9장 11–15절	다섯 개의 약속 이스라엘의 회복

성경 본문
아모스

100일 통독

CHECK

76일 요엘, 아모스, 오바댜, 요나	☐

오바댜 에돔의 멸망

O B A D I A H

오바댜서는 1장 21절로 구약에서 가장 짧습니다. 아주 중요한 에돔의 멸망에 관해 기록하고 있습니다. 에서의 후손인 에돔은 항상 유다를 미워했습니다. 느부갓네살의 군대가 예루살렘을 침공하고 멸망시키려 할 때 에돔은 바벨론 편에서 유다의 멸망을 도왔습니다. 극심한 환난의 날에 유다는 형제 나라인 에돔에게 도움을 기대했지만 그들은 방관했고, 더 나아가 예루살렘의 멸망을 도와주며 기뻐했습니다. 이러한 에돔에 대해 멸망의 심판을 선포하는 게 바로 오바댜서입니다.

표제는 1절에 있듯이 '오바댜의 묵시'입니다. 오바댜가 누구인지는 성경에 언급되지 않습니다. 묵시는 하나님이 그에게 보이신 것을 말합니다. 자기의 의견이나 생각을 전하는 게 아니라 하나님께서 보이신 것만을 말해야 합니다. 이것은 메시지 전달자에게 있어 가장 중요한 원칙이지요. 오바댜는 에돔의 죄에 대해서만 언급합니다.

에돔에 대한 심판의 이유

에돔에 대한 선전포고입니다. 하나님이 그의 전령관들을 나라들에게 보내셨습니다. "너희는 일어날지어다. 함께 나가서 에돔과 싸우라"(1절). 에돔은 결국 전쟁에서 패배하여 작은 나라로 전락할 것입니다(2절).

에돔에 대한 심판의 첫 번째 이유는 교만이었습니다(3절). 그들은 다음의 다섯 가지를 의지하며 교만히 행했습니다.

1. 에돔은 높은 지역에 위치했습니다. 난공불락難攻不落의 천연의 요새에 살았지요. 그래서 절대 함락되지 않을 거라고 생각했습니다. 그러나 하나님은 그들을 끌어내리십니다(4절). 교만하면 스스로를 높이다 안일한 생각에 빠집니다.
2. 부와 재물을 의지했습니다. 그러나 그것도 그들을 보호하지 못합니다(6절).
3. 주변국들과의 동맹을 의지했습니다. 그러나 그들은 에돔의 환난의 날에 약속을 지키지 않을 것입니다(7절).
4. 모사들의 책략을 믿었습니다(8절). 그러나 그들의 책략은 어리석어서 실패할 것입니다.
5. 그들의 용사들을 믿었습니다(9절). 그러나 용사들도 사기를 잃고 전투에서 패배할 것입니다. 결국 에돔은 더 죽임을 당하여 멸절될 것입니다.

에돔의 심각한 두 번째 죄는 형제가 환난을 당할 때 방관하고, 기뻐하고, 조롱한 것이었습니다. 더 나아가 바벨론을 도와서 예루살렘을 침공하는 일에 가담했지요.

11-14절은 에돔의 죄를 구체적으로 설명합니다.

"네가 멀리 섰던 날 곧 이방인이 그의 재물을 빼앗아가며 외국인이 그의 성문에 들어가서 예루살렘을 얻기 위하여 제비 뽑던 날에 너도 그들 중 한 사람 같았느니라"(11절). 그러면서 에돔이 해서는 안 되는 여덟 가지를 말씀하십니다.

1. 네 형제가 재앙을 만날 때 방관할 것이 아니니라.
2. 네 형제 유다 자손이 패망하던 날에 네가 기뻐할 것이 아니니라.
3. 형제의 고난의 날에 네가 입을 크게 벌릴 것이 아니니라.

4. 내 백성이 환난 당할 때 네가 그 성문에 들어가지 말 것이라.

5. 내 백성이 환난을 당하는 날에 네가 그 고난을 방관하지 말라.

6. 내 백성이 환난을 당하는 날에 네가 그 재물에 손을 대지 말라.

7. 네거리에 서서 도망하는 자를 막지 말라.

8. 고난의 날에 남은 자를 원수에게 넘기지 말라.

실제로 에돔은 이 모든 것을 어기고 형제 나라인 유다 왕국이 환난 당할 때 외면하며 오히려 그들의 재물을 탈취하고 원수와 협조하여 멸망을 도왔습니다.

15절에 하나님은 "네가 행한 대로 너도 받을 것이라"라고 하십니다. 그러고는 17-21절에서 그의 백성을 회복시킬 것이라고 하십니다. 이스라엘 왕국이 바벨론에게 멸망 당할 때 그것을 도왔던 에돔은 동일하게 멸망할 것이지만 이스라엘 백성은 회복시키셔서 그 땅으로 돌아오게 한다고 약속하십니다.

회복의 약속

이 말씀은 창세기 14장의 말씀을 생각나게 합니다. 조카 롯이 당시 근동 전쟁에 휩싸여서 포로로 잡혀갔다는 소식을 들은 아브라함은 곧바로 집에 있던 모든 사람들을 데리고 가서 붙잡혀 있는 롯을 건져냅니다.

아마 이웃 사람들이 이렇게 말렸을지도 모릅니다. "당신만이라도 전쟁 중에 무사한 것을 감사하십시오. 어떻게 저 큰 연합군과 상대해 민간인인 당신이 싸워서 조카를 구원하겠다고 말합니까?", "가서 도울 생각은 하지도 마십시오." 혹 아브라함도 속으로 롯의 고난을 판단했을 수도 있습니다. '내가 뭐라 그랬냐? 전부터 그곳은 올바른 땅이 아니라고 했지? 그렇게 하나님의 뜻 바깥에 살고 있으니까 어려움을 당하지.' 이렇게 롯이 어려움을 당하는 원인만 분석하고 있었을지도 모릅니다.

그러나 아브라함은 원인을 따지지 않고, 사람들이 만류하는 것도 다 뿌리치고, 자기 집에 있는 사람들을 모두 데리고 오직 환난 중에 있는 조카를 건지겠다는 마음으로 갑니다. 그는 형제의 어려움을 방관하지도, 뒤에서 판단하며 원인만을 따지고 있지도 않았지요. 더구나 조롱이나 비방도 하지 않았습니다.

아브라함은 목숨의 위협을 느끼면서도 환난 중에 있는 형제를 도왔습니다. 하나님은 그런 그를 귀하게 여기시고, 큰 승리를 거두게 하셨지요. 형제가 고난 당할 때 생명을 걸고 도움을 주는 것이 하나님께서 원하시는 뜻입니다. 방관하거나, 판단하거나, 원인을 분석하거나, 비방하거나, 조롱하는 것은 하나님께서 기뻐하지 않으십니다. 내가 할 수 있는 희생을 다해 어려움을 당한 형제를 돕는 것을 기뻐하십니다. 그것을 감당할 힘이 있는지 없는지 계산하지 않고, 온 힘을 다해 도와주는 게 아름답습니다.

오늘날처럼 이웃과 형제의 어려움에 무관심하고 이기주의가 팽배한 시대에 오바댜서는 놀라운 메시지를 전해줍니다.

"새 계명을 너희에게 주노니 서로 사랑하라 내가 너희를 사랑한 것 같이 너희도 서로 사랑하라 너희가 서로 사랑하면 이로써 모든 사람이 너희가 내 제자인 줄 알리라"(요 13:34,35).

"그가 우리를 위하여 목숨을 버리셨으니 우리가 이로써 사랑을 알고 우리도 형제들을 위하여 목숨을 버리는 것이 마땅하니라 누가 이 세상의 재물을 가지고 형제의 궁핍함을 보고도 도와줄 마음을 닫으면 하나님의 사랑이 어찌 그 속에 거하겠느냐 자녀들아 우리가 말과 혀로만 사랑하지 말고 행함과 진실함으로 하자"(요일 3:16-18).

음성 강의
오바댜

말씀 개요

1장 1-16절	에돔에 대한 심판
1-2절	심판의 선언
3-14절	심판의 두 가지 이유
15,16절	심판의 결과
1장 17-21절	이스라엘의 회복

성경 본문
오바댜

100일 통독

CHECK

76일 요엘, 아모스, 오바댜, 요나 ☐

요나 하나님의 긍휼

J O N A H

요나서는 선지서로 분류하지만 예언이라기보다는 이야기에 가깝습니다. 물론 예언도 나옵니다. "사십 일이 지나면 니느웨가 무너지리라"(3:4), 이 한 줄이 예언이고 나머지는 이 예언의 전후로 벌어지는 이야기입니다. 요나는 모세를 비롯한 몇몇 성경 기록자들과 마찬가지로 자신의 잘못을 기록합니다. 이는 자신의 연약함을 드러내는 게 목적이 아니라 그럼에도 불구하고 하나님의 용서와 긍휼을 통해 하나님의 영광을 드러내고자 하는 것이지요.

열왕기하 14장 25-27절에 의하면 요나는 이스라엘 스불론 지파의 성읍 갈릴리 지역의 가드헤벨 출신입니다. 그는 여로보암 2세 시대에 이스라엘에 대한 하나님의 긍휼의 메시지를 전했습니다.

요나서는 기록된 목적이 아주 다양합니다. 첫째는 하나님께서 이스라엘뿐 아니라 열방도 사랑하신다는 것을 보여줍니다. 둘째는 하나님께 순종하고 의지하는 것이 예수 안에 즐겁고 복된 길임을 보여줍니다. 하나님의 사랑과 자비는 모든 나라를 위한 것입니다. 하나님은 그의 백성들이 이러한 사실을 알길 원하십니다.

비록 심각한 죄를 범하여 하나님의 심판의 자리에 놓여 있다 할지라도 회개하고 돌이키면 모든 죄를 사하시고 구원을 주신다는 것을 말씀하십니다. 예를 들어 이스라엘의 가장 악한 왕으로 말하는 아합이 하나님의 심판의 메시지를 듣고 금식하고 회개하며 간절히 은혜를 구하자 그에게 내리려던 모든 심판을 그의 아들 대代로 연기하셨습니다. 만일 아합의 아들도 동일하게 하나님 앞에 회개하며 나아갔다면 하나님은 심판을 또 연기하시고, 그 죄를 완전히 소멸시키셨을 것입니다. 아무리 큰 죄라 할지라도 삼사 대 이상 가지 않도록 하시기 때문이지요.

하나님의 심장이 없는 선교사

요나서에서 중요한 또 한 가지는 복음을 전하는 사명을 받은 선교사에 대한 것입니다. 선교에 있어서 가장 어려운 것은 선교지의 강퍅한 종족이 아닙니다. 견디기 힘든 기후나 열악한 음식 등 물리적인 환경도 아닙니다. 선교에 대한 지식이나 전략의 부족이나 재정이 아닙니다. 하나님의 심장이 없는 선교사 자신입니다. 요나는 바로 그런 선교사의 대표적인 모습입니다.

그는 하나님의 사랑이 아닌 공의로 나아갔습니다. 니느웨는 심각한 죄를 지었기 때문에 마땅히 심판 받고 멸망 당하는 것이 합당하다고 여겼지요. 더구나 니느웨는 수시로 요나의 조국인 이스라엘을 괴롭혔습니다. 그는 내심 니느웨의 멸망에 관한 소식에 쾌재를 부르며 기뻐했을 것입니다. 그런데 요나는 하나님께서 얼마나 용서하기를 기뻐하시는지 알고 있었지요. 그가 심판의 메시지를 전했을 때 그들이 듣고 회개하고 돌이킨다면 하나님께서 분명히 그들을 용서하실 것을 알았기에 말씀에 순종하지 않고 멀리 떠납니다.

요나는 헌신도 되어 있고, 하나님의 열정도 가지고 있지만, 하나님의 사랑과 긍휼, 뜨거운 그분의 심장을 갖지 못하고 공의만 부르짖는 선교사의 모습을 잘 보여줍니다.

준비하시는 하나님

하나님은 준비하시는 분이십니다. 1장 4절에 요나가 불순종하여 멀리 도망갈 때 그가 가는 바다 위에 '큰 바람'을 준비해서 내리치셨지요. 요나가 니느웨와 정반대 방향인 다시스로 가고자 욥바 항구에 갔을 때 "마침 배가 있었다"라고 했습니다. 그는 속으로 생각하기를 '하늘이 나를 돕는구나' 하며 기분이 좋았을 것입니다.

그러나 하나님은 큰 폭풍을 준비해서 요나가 타고 있는 배를 흔드셨습니다. 그는 곤경에 빠진 배에 있는 무리에게 "이 큰 폭풍을 만난 것은 나 때문이라"라고 말합니다. 그리고 "나를 들어 바다에 던지라 그리하면 바다가 너희를 위하여 잔잔하리라"라고 하지요. 배에 있는 사람들을 위해 희생하겠다는 놀라운 희생정신의 소유자 요나, 그러나 그에게는 다른 속셈이 있었습니다. 그는 원수의 나라 니느웨의 멸망을 위해 자기 몸을 바치는 것도 마다하지 않았던 것입니다(1:11,12).

그러나 요나가 바다 속으로 빠졌을 때 하나님은 '큰 물고기'를 준비하셔서 그를 삼키게 하셨지요. 4장 말씀에 보면 '박 넝쿨'을 준비하셔서 요나에게 그늘을 만들어주십니다. 요나는 기분이 좋았습니다. 그런데 하나님이 '벌레'를 준비하셔서 박 넝쿨의 잎사귀들을 순식간에 갉아먹게 하셨지요. 또한 '뜨거운 동풍'도 준비하셨습니다. 요나는 정신이 혼미해져서 몹시 화를 냅니다.

하나님은 이처럼 준비하시는 분입니다. 일을 계획하시면 그 뜻에 따라 순종하는 모든 이들이 충분히 감당하도록 준비하여 공급하십니다. 우리가 말씀에 순종하여 최선을 다하면 환경과 사람과 재정과 능력 등 모든 면에서 부족함이 없도록 준비하셔서 그 일을 감당하게 하십니다.

사도행전에서도 준비하시는 하나님을 여러 곳에서 볼 수 있지요. 고넬료가 주 앞에서 기도할 때 그에게 베드로를 초청하라고 말씀하십니다. 당시의 문화로 볼 때 베드로가 이방인인 자신에게 오지 않을 거라고 생각했지만 그는 하나님의 말씀을 믿고 순종합니다. 놀랍게도 하나님은 고넬료가 보낸 사람이 도착하기 전에 베드로가 그의 초청에 응답할 수 있도록 마음을 움직이셨지요. 이처럼 우리가 할 일을 다 하면 나머지 일들은 하나님께서 다 준비하실 거라고 믿어야 합니다.

기회

하나님은 기회를 주시는 분입니다. 하나님나라는 언제나 또 다른 기회가 주어진다는 것을 잘 보여줍니다. 3장 1절에 "여호와의 말씀이 두 번째로 요나에게 임하니라"라고 말씀하십니다. 왜 '두 번째'라고 하셨을까요? 첫 번째 말씀에 불순종해서 요나가 정반대의 길로 갔지만 그가 큰 물고기 속에서 회개했을 때 하나님께서 그에게 두 번째 기회를 주셨기 때문입니다. 여기 두 번째라고 말한 것은 항상 두 번째second chance입니다. 다시 말하면 세 번째도 두 번째요, 네 번째도 두 번째입니다.

한 번의 우리의 죄와 실수로 우리의 삶을 끝내시는 게 아니라 우리가 회개하고 돌이키면 언제나 '또 다른 기회'를 주셔서 주님의 나라를 섬기게 하시는 걸 볼 수 있습니다. 니느웨의 심판을 계획하셨지만 그들이 회개하고 돌이키자 심판을 취소하시면서 다시 기회를 주신 것만 보아도 알 수 있지요. 지혜의 하나님은 강퍅한 선교사인 요나의 마음을 돌이키게 하여 다시 기회를 주십니다.

전무후무한 회개 운동

또 한 가지 특이한 점은 역사 안에서 전무후무한 회개 운동이 니느웨에서 일어난 것입니다. 니느웨 왕은 회개할 때 자기만 회개한 게 아니라 모든 신하와 백성들, 심지어 어린아이들과 짐승들까지 다 금식하며 회개하라고 명령했습니다.

“왕이 보좌에서 일어나 왕복을 벗고 굵은 베 옷을 입고 재 위에 앉으니라 왕과 그의 대신들이 조서를 내려 니느웨에 선포하여 이르되 ‘사람이나 짐승이나 소 떼나 양 떼나 아무것도 입에 대지 말지니 곧 먹지도 말 것이요 물도 마시지 말 것이며 사람이든지 짐승이든지 다 굵은 베 옷을 입을 것이요… 하나님이 뜻을 돌이키시고 그 진노를 그치사 우리가 멸망하지 않게 하시리라 그렇지 않을 줄을 누가 알겠느냐’ 한지라”(3:6-9).

이렇게 나라 전체가 회개에 동참한 일이 세계 역사에 한 번도 없었습니다. 여기서 발견하는 것은 우리가 주 앞에 전심으로 나아가 회개한다면 주께서는 어떠한 상황에 있다 할지라도 우리의 모든 죄를 용서하시고, 설령 심판에 있다 할지라도 돌이키게 하여 하나님의 구원에 이르게 하신다는 것을 알 수 있습니다.

하나님나라 안에는 절망은 없고 오직 소망만 있습니다. 우리가 회개하고 주의 은혜를 간절히 구하면 언제나 우리 가운데 소망으로 역사하시는 분이십니다. 하나님나라 안에는 항상 기회가 있습니다. 아무리 큰 실수로 죄 가운데 있다 할지라도 회개하고 돌이키면 또 다시 기회를 주십니다.

- 이름 : 요나
- 주소 : 이스라엘 스불론 지파의 갈릴리 지역의 가드헤벨
- 직업 : 선교사
- 장점 : 열정적이며 예배에 적극적임. 이스라엘을 향한 애국심이 강함.
- 단점 : 혈기가 왕성하고 고집이 셈. 마음이 강퍅하고 죽고 싶다는 말을 자주함. 가장 심각한 것은 하나님의 심장이 없음.

- 종합 평가 : 선교사로서 자질이 의심됨. 내적 치유와 성품 훈련이 더 필요함. 아직 준비가 되어 있지 않음.
- 하나님의 의견 : 그래도 내가 그를 사용하겠다. 그에게 지금 기회를 줄 것이다.

음성 강의
요나

말씀 개요

1장–2장	요나의 첫 번째 부르심
1장 1–3절	요나의 불순종
1장 4–17절	큰 바람과 큰 폭풍과 큰 물고기
2장 1–9절	요나의 회개 기도
2장 10절	구원받은 요나
3장–4장	요나의 두 번째 부르심
3장 1–4절	요나의 순종
3장 5–10절	큰 성읍과 큰 회개와 큰 용서
4장 1–3절	요나의 불평 기도
4장 4–11절	책망 받은 요나

성경 본문
요나

100일 통독

CHECK

76일 요엘, 아모스, 오바댜, 요나 ☐

미가 심판과 회복

M I C A H

이 책을 기록한 사람은 선지자 미가입니다. 그를 예루살렘 남서쪽으로 약 30킬로미터 가량 떨어진 가드 모레셋 사람이라고 소개합니다. 1장 1절에 나와 있듯이 그는 이사야 선지자(사 1:1)와 동시대에 사역했고, 그의 예언은 이사야와 유사합니다. 예를 들어 이사야서 2장 2,3절과 미가서 4장 1,2절은 거의 동일한 단어를 사용합니다.

이사야는 '유다와 예루살렘'에 관해 말씀하고, 미가는 '사마리아와 예루살렘'에 관해 말씀합니다. 사마리아는 북이스라엘의 중심지이고, 예루살렘은 남유다의 중심지입니다. 미가서는 유다 왕들의 연대를 말하지만 이 말씀의 수신자들은 남유다와 북이스라엘입니다.

그는 북이스라엘의 멸망을 바라보면서 활동한 마지막 선지자이지요. 미가는 주로 평민들을 상대로 사역하고, 이사야는 주로 왕실을 상대로 사역했습니다.

미가서의 기록 목적은 이스라엘의 죄의 목록을 나열하면서 그들의 죄를 깨우치고, 그로 인한 심판을 예언하는 것입니다. 그러나 하나님의 긍휼로 말미암아 회복이 일어날 것에 대한 하나님의 약속으로 백성들을 위로하고자 합니다. 미가는 두 개의 큰 사건을 예언합니다. 하나는 예루살렘의 멸망에 대한 것이고(3:9-12), 다른 하나는 메시아의 탄생에 관한 것입니다(5:2).

전반적인 내용을 요약해본다면 북이스라엘이 앗수르에게 멸망 당할 것을 예언하면서 앗수르의 군대가 성읍들을 차지하며 나라가 멸망하는 환상을 보여줍니다. 동시에 성 안에 사는 부자들의 탐심과 바닥에 떨어져 있는 경제 상태와 공의와 공평을 상실한 사회에서의 가난한 자들의 어려움을 지적했지요. 특히 제사장들의 탐욕을 지적하며 몹시 비통해합니다.

심판의 선언

전체 7장을 세 부분으로 나눌 수 있습니다.

1장-3장은 예루살렘과 사마리아의 죄를 보여주며 그로 인한 심판이 곧 올 것을 말합니다. 사마리아와 예루살렘은 하나님을 섬기는 중심도시가 아니라 우상을 숭배하는 중심 도시로 변했습니다. 그러나 장차 우상들은 부서지고 불살라지며 깨뜨려질 것입니다.

미가는 백성들의 죄를 낱낱이 열거합니다(2:1-11). 그들은 침상에서부터 죄악을 계획합니다. 머리는 온통 악을 도모하는 데 몰두합니다. 그리고 그들이 가진 부와 권력과 영향력을 이용하여 수단 방법을 가리지 않고 악한 계획을 신속하게 실행합니다. 또한 그들은 선지자들을 배척하고, 가난한 자들을 압제했습니다.

특히 하나님은 미가를 통해 지도자들의 심각한 부패로 인한 공의와 심판이 있을 것을 일깨워주고, 백성들에게는 하나님의 구원으로 이르게 할 거라는 소망을 심어주십니다. 사람들은 본성적으로 힘을 악하게 사용하려고 합니다. 힘 있는 자들은 남의 재산과 땅을 탐내며 불법으로 빼앗고자 합니다. 미가는 이런 모든 행위에 대해 엄중하게 경고합니다.

하나님은 힘을 가진 자들이 연약하고 가난한 이들이나 환난 가운데 있는 이들을 도와주길 바라십니다. 그들이 나라를 공의와 공평으로 다스리고, 힘 없는 사람들을 붙들어주기를 원하십니다. 사람들에게 부富를 주어서 부자가 되게 하신 것도 가난하고 궁핍한 사람들을 도와 그들을 회복시키려고 주신 것입니다. 그런데 당시 지도자들은 권력을, 부자들은 부를 이렇게 사용하지 않았기 때문에 심판이 임박했다고 하신 것입니다.

앗수르의 왕이 북이스라엘을 멸망시킬 것이요 남유다도 풍전등화의 위기를 맞이할 것입니다. 선지자 미가가 상주喪主가 되어 슬픔 가운데 애가哀歌를 부릅니다(1:8-16).

세 가지 약속

4장-5장에서 하나님의 은혜가 곧 임할 것이고, 장차 회복이 일어날 거라는 축복의 약속을 하고 있습니다.

4장 1절은 3장의 끝 부분과 비교하며 '그러나'로 시작합니다(한글성경에는 이 단어가 나오지 않습니다). 네 가지의 일들이 일어날 것입니다.

1. 장차 열방이 말씀을 듣기 위해서 예루살렘으로 올 것이며, 온 땅에는 진정한 평강이 있게 될 것입니다. "칼을 쳐서 보습을 만들고 창을 쳐서 낫을 만들 것"은(4:3) 전쟁이 그치게 될 것을, "포도나무와 자기 무화과나무 아래에 앉을 것"은(4:4) 두려움이 사라지고 평화가 올 것을 말합니다.
2. 포로 된 자들이 돌아올 것이며, 예루살렘은 궁극적으로 승리할 거라고 예언합니다.
3. 베들레헴에서 메시아가 나올 것이며, 백성들을 회복시킬 것입니다(5:2).
4. 모든 환난 가운데 믿음을 지킨 남은 자들은 하나님 앞에서 거룩하

게 쓰임 받을 것입니다. 그들은 사람을 기다리지도 의지하지도 않고, 오직 하나님의 은혜를 기다리며 의지하는 이슬 같고 단비 같을 것입니다(5:7). 하나님의 축복을 받고 그것으로 열방을 축복할 것입니다. 또한 사자Lion 같을 것입니다(5:8). 하나님의 능력으로 담대해져서 원수들을 밟을 것입니다(5:9).

회개의 촉구

그렇기 때문에 6장-7장에서 현재의 삶을 회개하라고 촉구합니다. 1장 2절에서 "백성들아 너희는 다 들을지어다"로 시작했듯이 6장 1절도 "너희는 여호와의 말씀을 들을지어다"로 시작합니다. 1장은 그들의 죄로 말미암은 하나님의 심판을 들으라고 했다면, 6장은 다시금 이스라엘의 죄들을 열거하면서 회개를 촉구합니다. 그들에게 하나님의 말씀을 경청하길 촉구하지요.

6장 3-5절은 매우 감동적인 하나님의 메시지입니다.

"내가 언제 너를 힘들게 한 적이 있느냐? 내가 언제 너를 실망시킨 적이 있느냐? 내가 네게 어떻게 행했는지를 기억하라! 출애굽하여 광야에서 인도할 때, 또 싯딤에서 길갈까지의 일을 기억하라! 너희가 내가 베푼 구원과 사랑과 은혜에 감격할 것 외에 무엇이 있느냐?"

하나님은 우리에게 무엇을 원하시나요? 놀라운 기독교의 정수를 보십시오(6:6-8). 그분은 우리가 종교적인 삶을 살기를 원하지 않으십니다. 일반적인 종교에서 행하는 종교의식, 재물, 예물, 몸을 원하시는 게 아닙니다. 우리는 그러한 종교인이 아닙니다. 하나님은 우리가 공의를 행하며, 인자를 사랑하며, 겸손히 하나님과 동행하는 삶을 원하십니다. 이것의 요약이 십계명이지요. 바로 하나님 사랑과 이웃 사랑입니다!

하나님은 그의 백성들이 거룩한 삶을 살기를 원하십니다. 이것은 어떤 외적인 예배를 말하는 게 아니라 깨끗하고 겸손하며 순종의 삶을 사는 것입니다. 부정한 방법으로 사람을 억압하지 말고 공의를 행하기를 원하십니다. 하나님께서 원하시는 것은 올바른 지도력을 우리가 발휘하는 데 있습니다.

또한 6장 후반부에는 세상에 속한 부자들인 속부俗富의 모든 행동과 결과를 잘 말해줍니다. 불의하게 재물을 모으고, 그것을 전부 자기를 위해서만 사용하는 것을 하나님은 엄하게 지적하십니다. 재정은 올바르게 모아야 하며, 자기를 위해서는 적게 쓰고, 대부분은 가난하고 궁핍한 사람들을 섬기는 데 쓰는 것이 거룩한 부자인 성부聖富라고 말씀합니다.

7장 1-6절에는 미가의 탄식 "재앙이로다, 나여!"를 들을 수 있습니다.

"경건한 자가 끊어졌고 정직한 자가 없도다. 남에게 해를 끼치려는 악한 자가 많도다. 지도자와 재판관은 뇌물을 구하며 권세자는 이들과 함께 악한 일을 꾸민다. 주변에 믿을 만한 사람이 없다. 자녀들은 부모를 멸시하며 대적한다. 집안에서 싸움만 일어난다."

7-13절은 주변의 악한 상황만 바라보고 있으면 영혼이 더욱 상합니다. 이때 하나님을 바라보아야 합니다. 그러면 소망이 일어납니다. "오직 나는 여호와를 우러러보며 나를 구원하시는 하나님을 바라보나니!"라는 미가의 고백입니다. 하나님을 의지하여 구원을 바라보아야 합니다. 하나님께서 반드시 기도에 응답하실 것입니다.

미가는 다음과 같은 아름다운 고백으로 글을 마칩니다(7:18,19).

주와 같은 신이 어디 있으리이까!

주께서는 죄악과 그 기업에 남은 자의 허물을 사유하시며

인애를 기뻐하시므로 진노를 오래 품지 아니하시나이다
다시 우리를 불쌍히 여기셔서 우리의 죄악을 발로 밟으시고
우리의 모든 죄를 깊은 바다에 던지시리이다

그리고 그 해변가에 이런 팻말이 세워져 있습니다.

"낚시 금지-주인 백"

하나님은 우리의 죄를 깊은 바다에 던지셨습니다. 가장 깊은 바다는 태평양 마리아나 해구입니다. 가장 깊은 곳은 11,000미터이고, 평균 수심이 7,000-8,000미터입니다. 히말라야 산맥의 높이보다 더 깊습니다. 더 이상 떠오르지 않게 하셨습니다.

음성 강의
미가

말씀 개요

1장-3장	심판의 선언
1장-2장	백성의 죄에 대한 심판
3장	지도자의 죄에 대한 심판
4장-5장	회복의 예언(세 가지 약속)
4장 1-5절	왕국이 다가온다는 약속
4장 6절-5장 1절	이스라엘이 포로에서 돌아온다는 약속
5장 2-15절	왕이 온다는 약속
6장-7장	회개의 촉구
6장 1-9절	하나님의 첫 번째 회개의 촉구
6장 10절-7장 6절	하나님의 두 번째 회개의 촉구
7장 7-20절	구원에 대한 약속

성경 본문
미가

100일 통독

CHECK

77일 미가, 나훔, 하박국, 스바냐 ☐

나훔 니느웨에 임박한 심판

N A H U M

이 책은 니느웨의 심판에 관한 예언으로 가득 차 있습니다. 니느웨는 당시 세계를 제패하던 앗수르 제국의 중심 도시입니다. 오래 전에 요나에 의해 놀랍게 회개했던 곳이기도 하지요. 그들은 회개가 나라의 운명을 바꿀 수 있다는 것을 직접 체험했지요. 그러나 회개를 통한 하나님의 긍휼과 자비를 잊어버리고 다시 죄를 범합니다. 제국주의의 야망을 버리지 못한 채 계속 악을 더해 갔습니다.

요나가 메시지를 전하고 약 150년이 지난 후 나훔이 앗수르의 멸망을 다시 선포합니다. 그리고 나훔의 예언 선포 18년 후에 이 일은 니느웨와 앗수르 제국에 그대로 이루어졌습니다.

멸망의 원인

나훔서는 전체 3장입니다. 1장은 니느웨의 멸망을 선포하며 하나님께서 무엇을 심판하실지를 말합니다. 2장은 니느웨의 멸망을 묘사하며 어떻게 심판하실지를 말합니다. 3장은 니느웨가 멸망당할 수밖에 없는 이유를 말합니다.

나훔은 1장 2절에 그 원인을 "하나님을 거스르며 하나님을 대적하였다"라고 말합니다. 14절에는 각종 우상을 만들고 악을 행했다고 말합니다. 우상을 섬기는 것은 하나님을 거스르며 대적하는 일입니다.

여호와는 질투하시며 보복하시는 분이십니다. 맹렬히 노하시고, 악을 행하는 자를 단호히 심판하십니다.

또한 3장 1절에 니느웨가 야만적인 살인을 저지르고 무죄한 자의 피를 흘려 '피의 성'이라고 하십니다. 성 전체가 피와 거짓과 포악이 가득하고 탈취가 떠나지 않았습니다. 또 영적 음행인 우상숭배와 마술을 행하는 일들이 성행했습니다. 그것으로 여러 나라를 미혹했는데 이것이 니느웨 멸망의 원인이 되었습니다.

하나님은 니느웨가 어떻게 멸망할 것인가도 말씀하십니다. 1장 "여호와께서 범람하는 물로 그곳을 진멸하시고 자기 대적들을 흑암으로 쫓아내시리라"(8절), "하나님께서 온전히 멸하시리니"(9절), "그들이 비록 강하고 많을지라도 반드시 멸절을 당하리니 그가 없어지리라"(12절), "네 이름이 다시는 전파되지 않을 것이라"(14절)라고 하십니다.

또한 2장 6절에는 "강들의 수문이 열리고 왕궁이 소멸될 것이다"라고 하고, "은과 금, 아름다운 기구가 풍부했던 니느웨가 공허하고 황폐해질 것이다"(9,10절), "만군의 여호와가 앗수르의 대적이 되어 니느웨를 멸하실 것이다"라고 예언합니다(13절).

전쟁과 물

니느웨 멸망의 키워드는 '전쟁'입니다. 장차 바벨론에 의해 앗수르가 멸망할 것입니다. 무시무시하며 막강한 군대를 묘사하고 있습니다(2:3-5). 왕후가 끌려가고 재물이 노략당하고 온갖 비싼 가구들이 빼앗기고 보물들이 약탈당할 것입니다. 부유했던 도시가 텅 빌 것이고(2:7-10), 앗수르에게 압제를 받던 주변국들은 기뻐할 것입니다(2:11,12). 니느웨가 전쟁으로 도륙을 당해 죽은 자의 시체에 걸려 넘어질 정도입니다(3:3).

또 하나의 결정적 키워드는 '물'입니다. 강들의 수문이 열리고 왕궁이 물에 잠겨 소멸될 것입니다(2:6). 하나님께서 범람하는 물로 그곳을 진멸할 것입니다(1:8). 앗수르 제국의 멸망에 대한 역사적 사실이 이것을 증명합니다. 앗수르는 520년을 지속하던 거대한 제국이었습니다. 그러나 B.C.609년에 신흥 강대국 바벨론에 의해 멸망 당하는데 흔적도 없이 사라집니다. B.C.612년-609년 사이에 앗수르 제국은 깃발을 내리고 역사 속으로 사라져버렸지요. 많은 사람들이 앗수르 제국에 대한 이야기가 허구라고 생각했습니다.

그러다가 19세기 중반에 영국의 고고학자 오스틴 헨리 레이어드 Austen Henry Layard가 니느웨를 발굴하면서 앗수르가 역사적 제국인 것이 입증되었지요. 그 유적으로 니느웨는 도시를 둘러싼 성벽의 길이가 13킬로미터, 성벽의 높이가 60미터, 성벽의 두께가 마차 두 대가 나란히 달릴 만큼 넓었다는 사실을 보여주었습니다. 또 도시 변두리에는 30층이 넘는 사원들이 금과 은으로 찬란하게 빛나고 있었지요. 그런데 주께서 예언하신 대로 물로 그 도시가 다 덮였습니다.

물이 범람하고 흙이 밀려오면서 60미터 이상인 성벽을 덮어버리고도 거대한 도시 위에 6미터 높이의 흙이 쌓였습니다. 66미터 이상의 어마어마한 물결과 흙 때문에 거대 도시 니느웨는 역사에서 흔적도 없이 사라졌습니다. B.C.609년부터 A.D.1846년에 발굴될 때까지 2,455년 동안 앗수르와 니느웨의 존재는 깊은 땅 속에 묻혀 있었지요.

공평한 심판

니느웨가 아무리 강하다고 해도 하나님이 그들을 대적하시기 때문에 무너질 거라고 합니다. 나훔은 역사에서 예를 들어 말합니다(3:8-10). '노아몬'이라는 도시는 천혜의 요새였습니다. 그곳은 강 사이에 있었고, 바다를 끼고 있었습니다. 바다가 성루가 되고 방어벽이 되었지요. 구스의 용병이 있었고, 애굽도 든든한 힘이 되었습니다. 그러한 노아몬도 무참하게 무너졌습니다. 가장 강하고 안전하다고 여겼던 노아몬도 결국 포로로 사로잡혀 갔지요. 그곳은 역사에 기록되지는 않았지만 나훔 당시에는 잘 알려진 도시인 것이 분명합니다.

"이러한 노아몬도 하나님의 심판을 견디지 못했는데 니느웨가 견딜 수 있겠는가"라고 선지자는 질문합니다. 또한 니느웨가 의지하던 용사들도 환난의 날에 용맹을 발하지 못할 것입니다. 또 그들이 의지하던 튼튼한 성벽과 수비대들도 휴지 조각처럼 아무 쓸모가 없을 것입니다. 전쟁의 날을 위해 비상식량을 최대한 비축했을지라도 소용이 없을 것입니다.

부자들은 전쟁의 불안으로 재산을 몽땅 들고 나라를 빠져나갔다고 합니다(3:16). 그들이 의지하던 왕과 권위자들도 아무 방어막이 되어주지 못합니다. "네 방백들이나 네 장수들은 힘 없고 쓸모 없는 메뚜기 같을 것이다"라고 하십니다(3:17).

나훔은 다음과 같은 슬픈 소식으로 끝을 맺습니다(3:18,19).

앗수르 왕이여
네 목자가 자고 네 귀족은 누워 쉬며
네 백성은 산들에 흩어지나 그들을 모을 사람이 없도다
네 상처는 고칠 수 없고 네 부상은 중하도다
네 소식을 듣는 자가 다 너를 보고 손뼉을 치나니
이는 그들이 항상 네게 행패를 당하였음이 아니더냐

나훔을 통해 예언하신 것처럼 세계를 제패하던 거대 도시도 불의와 불법을 행하면 주님께서 말씀하신대로 온전히 멸망하여 다시는 그 이름이 전파되지 않을 것입니다. 나훔서를 통해서 또 다시 발견하는 것은 모든 역사의 주인은 하나님이시며, 그분은 공평하게 심판하신다는 것입니다.

음성 강의
나훔

말씀 개요

1장	니느웨의 멸망을 선포함
2장	니느웨는 어떻게 멸망했는가
3장	니느웨는 왜 멸망했는가

성경 본문
나훔

100일 통독

CHECK

77일 미가, 나훔, 하박국, 스바냐 ☐

하박국 의인은 믿음으로 말미암아 살리라

H A B A K K U K

이 책을 기록한 사람은 선지자 하박국입니다. 그런데 성경에는 그에 대해 알려진 게 전혀 없습니다. 이 예언서는 어떤 특정한 개인이나 집단에게 보내진 게 아니라 바벨론에 정복당하기 전에 유다에게 보내진 것입니다. 북이스라엘이 앗수르에게 멸망 당한 것에 대한 언급은 없고, 대신 바벨론의 위협이 임박한 것을 묘사한 것으로 봐서 이 책의 기록 시기는 히스기야 왕 이후 바벨론에 의해 예루살렘이 멸망되기 이전까지일 것이라고 추측합니다.

하박국서는 전체 3장으로 되어 있는데 1장과 2장은 하박국 선지자의 질문과 하나님의 답변 형식으로 되어 있습니다. 3장은 하박국의 하나님을 향한 기도와 찬양입니다.

첫 번째 질문과 응답

선하고 거룩한 자가 고난을 당하는 반면에 악인이 형통하는 현실에 대해 하박국은 많은 고민을 합니다. 시편 37편도 동일한 고민의 고백입니다. 그래서 그가 하나님께 질문합니다. 1장 2절에 "어찌하여 내가 도와달라고 부르짖어도 주께서 듣지 아니하십니까? 어느 때까지 들어주지 않으시니이까? 어찌하여 이러한 일들이 일어납니까?" 3절에 반복하여 '어찌하여' 또는 '어느 때까지'라고 질문하며, 13절에도 '어찌하여' 하면서 선지자는 현실에 일어나고 있는 불공평함에 관해 하나님께 질문합니다.

1장 3,4절에 "어찌하여 나로 하여금 불의를 보게 하십니까? 어찌하여 악을 그대로 내버려두십니까? 내 앞에서 파괴 행위와 폭력이 일어나고 다툼과 싸움이 이어지고 있습니다. 율법이 효력을 잃고 공의가 시행되지 않습니다. 악인이 의인을 에워쌌으므로 정의가 굽게 행해지고 있습니다"라고 질문합니다.

그는 불의를 당하는 사람, 근심하고 압박 당하는 사람과 함께 눈물을 흘렸습니다. 선량한 사람들이 고통을 당하는 현실을 보고 마음 아파합니다. 악인이 여전히 활개를 치고 거리를 활보하고 있습니다. 법이 제대로 시행되지 않고, 공의가 무너져 있습니다. 이러한 일들이 공공연하게 일어나는 현실을 보며 안타까워합니다.

하나님은 5-11절에서 답변하십니다. 바벨론을 도구로 사용하시면서 그의 백성들의 모든 악한 행위를 심판하신다고 말씀하십니다. "너와 네 백성들아 나라들을 보아라. 그들을 지켜보아라. 내가 너희 가운데 놀라운 일을 행하는 것을 보고 놀랄 것이다. 내가 바벨론 사람을 시켜 악한 백성을 심판하겠다. 그들은 잔인하기로 유명하다. 그들이 와서 악을 행하는 사람들을 심판하여 포로로 잡아갈 것이다."

하나님은 이같이 악을 행하는 이스라엘에 대한 '하나님의 의의 집행관'으로 바벨론을 사용하신다고 말씀하십니다. 그들은 사납고 성급하며 두렵고 무서운 자들입니다. 그들의 군마軍馬는 표범보다 빠르고, 저녁 이리보다 사납다고 하십니다. 온종일 굶은 이리들은 저녁에 가장 사나워집니다. 그들은 먹이를 포착하고 쏜살같이 내려오는 독수리와도 같습니다. 그들은 무시무시한 집행관으로 포로들을 사로잡아 바벨론으로 끌고 갈 것입니다.

두 번째 질문과 응답

하나님의 응답을 들은 하박국은 더욱 혼란스러워 다시 하나님께 질문합니다(1:12-17). "그런데 유다의 백성들의 죄로 말미암아 주께서 심판하시는데 그 사용하는 도구가 하필이면 왜 바벨론입니까? 바벨론은 그들보다 더 악한데 왜 사용하십니까?" 이는 "악한 자를 징계하는 도구는 당연히 선한 자여야 하지 않습니까? 어찌하여 더 악한 자를 사용하십니까?"라는 뜻이지요.

특별히 1장 13절에 "주께서는 눈이 정결하시므로 악을 차마 보지 못하시며 패역을 차마 보지 못하시거늘 어찌하여 거짓된 자들을 방관하시며 악인이 자기보다 의로운 사람을 삼키는 데도 잠잠하시나이까?"라고 질문합니다.

하박국은 하나님을 정확하게 알고 있는 사람이었지요. "주님은 정결하고 의로운 분이신데 왜 불의한 자들을 징계하시는 데 더 불의한 자들을 사용하십니까?" 선지자의 마음은 여전히 불만과 탄식으로 가득합니다. "하나님을 조금도 인정하지 않는 백성들을 사용하여 하나님의 백성을 심판하십니까? 이것을 어떻게 이해해야 합니까?"

악이 행해지고 있는 것만으로도 마음이 아픈데 그보다 더 큰 악이 행해지는 것을 보며 선지자는 혼란에 빠져 말합니다. "내가 이제 하나님이 내 질문에 무엇이라 답하실지 기다리겠습니다"(2:1).

하나님의 답변은 이것입니다.

"내가 대답하겠다. 내가 네게 보여주는 것을 적어라. 그것을 멀리서 달려가면서도 쉽게 읽을 수 있게 돌판 위에 뚜렷이 새겨라. 이 묵시는 정한 때가 있다. 아직은 이루어지지 않았지만 곧 그때가 올 것이다. 비록 더디게 이루어지는 것처럼 보여도 참고 기다려라. 그 일은 이루어진다. 미루어지지 않을 것이다… 오직 의인은 그의 믿음으로 말미암아 살리라"(2:2-4).

하나님이 약속하신 것을 믿는 믿음으로 힘을 얻고 평안히 살 것입니다. 믿음은 눈에 보이는 대로 반응하는 게 아니라 하나님의 약속의 말씀을 따라 반응하는 것입니다.

하나님은 바벨론을 사용하셔서 그의 백성의 믿음과 인내를 시험하십니다. 그렇지만 하나님의 백성을 심판했던 바벨론도 교만함 때문에 심판받게 될 것이라고 하십니다. 하나님께서 바벨론 왕국을 낮추시고 그들을 무너뜨릴 것이라고 하십니다. 그들이 세계 정복에 대한 끝없는 야욕과 만족할 줄 모르는 야망으로 말미암아 결국 망하게 될 거라고 말씀하십니다.

또한 바벨론만 심판받는 게 아니라 그들과 비슷한 행동을 하는 유다 주변의 국가들도 동일하게 심판하실 거라고 말씀하십니다(2:5-8).

2장 9-11절에 나타난 이들의 특징은 재물을 탐하여 부당한 이익을 취하는 것입니다. 12-14절은 이들이 남에게 해를 끼치며 압제하는 사람들이며 불의와 약탈로 재물을 모으는 자들이라고 말합니다. 또한 15-17절에 이웃을 수치로 몰아넣기 위해 술 취하도록 하는 자들이라고 합니다. 하나님은 이 모든 사람들과 나라들의 행위에 따라서 결국 심판하실 것입니다. "이는 물이 바다를 덮음같이 여호와의 영광을 인정하는 것이 세상에 가득함이니" 하심같이 온 세상이 하나님의 의로우심과 그분의 영광을 인정하게 될 것입니다.

하박국의 기도와 찬양

1장과 2장에서 의문에 대한 하나님의 답변을 통해 하박국은 하나님의 거룩하심과 의로우심과 능력을 충분히 이해하게 됩니다.

3장에서 하박국은 그의 모든 의문에 대한 하나님의 답변을 듣고 하나님께로 나아가 기도하며 찬양합니다. 의문에 대한 답변을 들으면서 하나님의 영광과 의로우심과 능력과 다스리심에 대해 고백하며 기쁨과 감격과 감사함으로 하나님 앞에 나아갑니다.

특히 하박국은 출애굽 당시의 하나님의 능력을 다시 보여주시기를, 또한 부흥을 주시기를 기도합니다. 3장 2절에 "여호와여 주는 주의 일을 이 수년 내에 부흥하게 하옵소서 이 수년 내에 나타내시옵소서 진노 중에라도 긍휼을 잊지 마옵소서"라고 고백하면서 하나님께서 긍휼 가운데 부흥을 주시도록 간절히 기도합니다.

하박국은 현재의 우울하고 낙담할 만한 환경에 빠지지 않았습니다. 그는 하나님의 긍휼과 능력을 믿었습니다. 이때야말로 부흥할 때이며, 반드시 부흥이 올 것을 믿었습니다. 지금은 하박국처럼 우리도 기도할 때입니다. 우울한 상황을 바라보며 부정적으로 말하거나 낙담할 게 아니라 "주여, 우리에게 부흥을 주소서! 수년 내에 부흥을 주소서! 진노 중에라도 긍휼을 잊지 마소서!"라고 기도해야 합니다.

뿐만 아니라 하박국은 모든 것이 다 사라져도 오직 하나님으로만 기뻐할 것이라는 믿음의 고백을 합니다. "비록 무화과나무가 무성하지 못하며 포도나무에 열매가 없으며 감람나무에 소출이 없으며 밭에 먹을 것이 없으며 우리에 양이 없으며 외양간에 소가 없을지라도 나는 여호와로 말미암아 즐거워하며 나의 구원의 하나님으로 말미암아 기뻐하리로다"(3:17,18).

우리가 물질적으로 풍족하지 못하고, 환경적으로 만족하지 못한다 할지라도 우리의 모든 만족과 기쁨은 오직 하나님께 있음을 고백하는 것이지요. 하박국은 현재의 환경만 바라보고 낙심하고 우울해하지 않기로 결정합니다. 오히려 기뻐하기로 결정합니다. 그의 기쁨은 오직 하나님께만 있습니다. 마치 감옥 안에 있는 바울이 감옥 밖에 있는 빌립보 형제들에게 "항상 기뻐하라. 주 안에서 항상 기뻐하라"라고 한 것처럼 그는 환경에 갇히기를 원하지 않았습니다. 기쁨의 근원이요 이유는 오직 하나님 한 분입니다!

선지자는 "주 여호와는 나의 힘이시라 나의 발을 사슴과 같게 하사 나를 나의 높은 곳으로 다니게 하시리로다"라고 말합니다(3:19). 사슴의 발은 앞발은 짧고 뒷발은 길어서 높은 데 올라가기에 적합합니다. 주님은 우리의 발을 영적으로 사슴의 발처럼 되게 하셔서 높은 곳으로 다니게 하겠다고 말씀하십니다. 하나님 안에서 모든 환경을 넘어서는 기쁨과 만족의 삶을 살게 하겠다고 하십니다. 하박국은 이처럼 승리의 고백과 감사의 고백으로 메시지를 마칩니다.

음성 강의
하박국

말씀 개요

1장-2장	질문과 답변 하나님은 무엇을 원하시는가
1장 1-4절	하박국의 첫 번째 질문
1장 5-11절	하나님의 첫 번째 대답
1장 12절-2장 1절	하박국의 두 번째 질문
2장 2-20절	하나님의 두 번째 대답
3장	기도와 찬양 하나님은 누구신가
3장 1-15절	하나님의 영광과 능력을 다시 나타내소서
3장 16-19절	오직 하나님으로만 기뻐합니다

성경 본문
하박국

100일 통독

CHECK

77일 미가, 나훔, 하박국, 스바냐 ☐

스바냐 시온의 남은 자들이 구원을 받음

ZEPHANIAH

스바냐는 시기적으로 가장 늦게 활동했기에 그가 쓴 이 책이 포로기 이전의 모든 소선지서들 중에 마지막에 놓였습니다. 그는 예레미야의 사역이 시작될 즈음, 유다 왕 요시야 시대에 사역했습니다. 스바냐서의 어조는 상당히 준엄합니다. 그래서 요시야가 왕이 된 지 12년, 즉 그가 20세에 국가적인 부흥 운동을 시작했는데, 아마도 스바냐는 그 이전에 사역했을 것으로 예상합니다. 왜냐하면 부흥 이전의 유다 왕국에 우상숭배로 인한 혼합주의와 사회의 불의와 부정이 있었기 때문이지요. 그러므로 그는 요시야의 개혁 운동에 선한 영향을 끼쳤을 것입니다.

스바냐는 이사야와 함께 왕족 출신의 선지자입니다. 그는 1장 1절에서 자신을 '히스기야의 현손'이라고 소개합니다. 경건하고 하나님을 경외한 히스기야 왕은 스바냐의 고조 할아버지이지요. 요시야의 부흥 운동에 하나님은 두 명의 선지자를 일으켜서 함께 사역하게 하셨는데 부흥 운동 직전에는 스바냐를, 부흥 운동의 시작점에는 예레미야를 부르셨습니다. 젊은 왕 요시야와 왕족 출신의 선지자 스바냐와 젊은 제사장 가문 출신의 선지자 예레미야는 유다 왕국의 말기에 놀라운 부흥의 중심에 있었습니다.

스바냐의 메시지

북이스라엘이 앗수르에 의해 멸망하고 포로로 사로잡혀간 후에 남아 있는 유다 왕국에 대해 스바냐를 통해서 하나님께서 말씀하십니다. 그는 유다와 예루살렘이 갈대아 사람들에 의해 멸망하게 될 것을 예언합니다. 하나님의 진노를 불러일으켜 멸망을 초래하게 한 그들의 죄를 열거하며 회개하라고 부르짖습니다.

또한 이웃 나라들에게도 유다와 마찬가지로 멸망을 당하게 될 거라고 경고하지요. 그리고 때가 되면 유다 백성이 포로에서 돌아오게 될 거라고 예언합니다. 죄악 가운데서 충성되게 끝까지 주 앞에 믿음의 삶을 살고자 하는 남은 사람들을 위로하지요.

스바냐서에는 '여호와의 날'이라는 단어가 20번이나 언급됩니다. 또 '황폐'는 7번, 또 '남은 자'는 4번 나옵니다.

주의 날에 임할 심판

스바냐서는 전체 3장으로 되어 있는데, 1장은 유다에게 다가올 하나님의 심판, 2장은 열방에게 임할 하나님의 진노, 3장은 심판 후에 올 유다의 회복에 대해 말씀합니다. 그러므로 1장은 '안을 보라', 2장은 '주위를 보라', 3장은 '그 너머를 보라'입니다.

1장에서 하나님은 왜 그리고 어떻게 유다를 심판하시는지 말씀합니다. 스바냐는 서론도 없이 단도직입적으로 예언을 시작합니다. "여호와께서 이르시되 내가 땅 위에서 모든 것을 진멸하리라"라고 하지요. 다시 말해 "내가 모든 것을 거두어 가리라"라고 하십니다(1:2). 이 얼마나 준엄한 말씀입니까! 마치 노아의 홍수 때 주의 말씀을 연상하게 합니다. "내가 창조한 사람을 내가 지면에서 쓸어버리되 사람으로부터 가축과 기는 것과 공중의 새까지 그리하리니"(창 6:7).

3-6절은 진멸 리스트를 보여줍니다. 사람, 짐승, 공중의 새, 바다의 물고기, 거치게 하는 것, 악인들, 우상과 우상 숭배자들, 범죄자들, 여호와를 배반하고 따르지 아니하는 자들, 여호와를 찾지도 않고 구하지도 않는 자들이 바로 그것입니다.

7-13절은 심판의 날에 대한 하나님의 통보입니다. 누구를 심판하고, 그들의 죄목은 무엇인가를 말씀하십니다. 왕족들의 죄목은 세상의 패션에 관심이 많고 화려하고 사치한 것이고(1:8), 귀족들과 그들의 종들은 권력 남용과 불의한 방법으로 재물을 모으는 것입니다(1:9). 상인들과 부자들은 모두 파산할 거라고 말씀하십니다(1:11). 여기에 언급된 막데스는 금장색과 상인들이 사는 곳입니다(느 3:32).

그리고 영적으로 미지근하고, 방탕하고 사치한 사람들, 무신론자들(1:12)도 심판의 대상입니다. 이들은 하나님에 대한 기대와 믿음이 없어서 그 마음이 찌꺼기같이 가라앉은 사람들이지요. 하나님은 이같이 하나님에 대한 불신앙으로 영적으로 축 늘어지고 탈진한 상태의 사람들을 심판하십니다.

14-18절은 '여호와의 날'에 대한 하나님의 경고의 말씀입니다.

- **"그날이 매우 가까이 왔다."** 먼 장래의 일이 아닙니다. 매우 다급합니다.
- **"그날은 매우 무섭다."** 용사들이라도 심히 슬퍼서 울 것입니다. 환난과 고통의 날입니다.
- **"그날은 패망의 날이다."** 견고한 성읍들조차도 파괴되며 무수한 사람들이 죽을 것입니다.
- **"그날은 누구도 피하지 못할 것이다."** 그날에는 재물이 아무 소용이 없을 것입니다.

유다 주변국에 임할 심판

2장에서 하나님은 그런 진노의 날이라 할지라도 주의 얼굴을 간절히 구하는 겸손한 자들은 구원하실 거라고 약속하십니다. 1장에서의 하나님의 무시무시한 심판의 경고는 백성들을 절망으로 내몰려는 게 아니라 그들이 회개하여 주의 얼굴을 구하게 하기 위함입니다.

"하나님의 뜻대로 하는 근심은 후회할 것이 없는 구원에 이르게 하는 회개를 이루는 것이요 세상 근심은 사망을 이루는 것이니라"(고후 7:10) 하심같이 하나님은 백성들을 절망에 이르게 하는 게 아니라 소망을 주고자 하심입니다.

2장 1-3절은 선지자 스바냐의 촉구입니다. 회개의 장으로 나와 하나님 앞에 자신의 마음을 살피라고 합니다. 죄를 보여주시면 회개하라고 합니다. 시간이 없으니 신속히 진행하라고 합니다. 늦기 전에 주께 나아가라고 재촉합니다. "보라 지금은 은혜 받을 만한 때요 보라 지금은 구원의 날이로다"(고후 6:2).

다른 일을 제쳐두고 이것부터 먼저 행하라고 합니다. "하나님을 찾으며 공의와 겸손을 구하라. 하나님이 너희에게 긍휼을 베푸시기를 구하라. 은혜주시기를 구하라"(2:3).

4-15절은 유다 주변의 여러 이방 나라들도 동일하게 하나님이 심판하실 것을 말씀합니다. 블레셋의 중심 도시들인 가사와 아스글론과 아스돗과 에그론을 심판하십니다(2:4-7). 블레셋의 또 다른 도시인 가드가 언급되지 않은 점은 이미 그 도시가 유다에 속해 있기 때문입니다. 8-11절은 모압과 암몬의 심판입니다. 이들의 죄는 하나님의 백성을 조롱하고 비난한 것이고 교만하다는 것입니다. 12-15절은 구스와 앗수르, 앗수르의 중심 도시인 니느웨에 대한 심판입니다. 구스 사람들은 아라비아 사람들입니다. 특히 니느웨는 이전에 대단히 번성했지만

곧 황폐해질 것입니다.

예루살렘에 임할 심판

3장에서 우리는 주변의 나라에서 다시 예루살렘으로 시선을 돌려야 합니다. 1-7절은 예루살렘을 향한 책망과 경고입니다. 도시 전체가 아주 악하다고 묘사합니다. 하나님의 명령을 듣지 않으며, 교훈을 받지도 않고, 하나님을 의뢰하지 않으며, 하나님께 가까이 나아가지 않습니다. 예루살렘의 지도자들의 악함도 자세히 설명합니다(3:3,4). 방백들은 부르짖는 사자 같아서 권력을 남용하고, 재판장들은 저녁 이리 같아서 잔인하고 탐욕스럽습니다. 선지자들은 경솔하고 간사하며, 제사장들은 성소를 더럽히고 율법을 범하여 자기의 직분을 버리기까지 합니다.

예루살렘은 다른 어떤 나라보다도 큰 특권과 이점을 가졌습니다. 하나님은 그들 가운데 계셨고, 그들에게 말씀하셨습니다. 또한 하나님은 이스라엘의 목전에서 열방을 다스리시는 분이심을 그들에게 보여주셨습니다. 이처럼 그들은 다른 어느 나라보다도 하나님을 경외하며 섬길 수 있는 위치에 있었지요. 그럼에도 불구하고 그들은 새벽부터 부지런히 일어나 하루 종일 그들의 모든 행위를 더럽혔습니다(3:5-7).

8-13절에서 하나님은 예루살렘이 그분의 호의를 무시했지만 이들이 돌아오기를 기다리십니다. 또한 그의 백성을 괴롭히는 열방을 친히 심판하시고 잘못된 부분을 바로잡으실 것입니다.

14-20절은 심판 후에 회복의 약속이 담겨 있습니다. 하나님을 찾고, 하나님의 말씀을 삶의 기준으로 삼기로 결정하고, 소망을 하나님께 두며, 교만을 버리고, 겸손과 거룩함으로 살기로 작정한 사람에게는 심판 후에라도 회복을 주시겠다고 약속하십니다. "내가 네 형벌을 제거

하리라. 네 원수를 쫓아내리라. 내가 너와 함께하리니 네가 다시는 화를 당하지 않을 것이다", "기쁘게 노래를 부르라. 전심으로 기뻐하며 즐거워하라", "두려워하지 말라. 네 손을 늘어뜨리지 말라."

나를 향한 하나님의 감동적인 고백

하나님은 자신의 죄로 근심하고 슬퍼하는 자를 위로하십니다. 포로된 자를 돌아오게 하십니다. 그의 백성들을 존귀하게 하셔서 모든 사람들로부터 명성과 칭찬을 얻게 하실 것입니다.

"너의 하나님 여호와가 너의 가운데에 계시니 그는 구원을 베푸실 전능자이시라 그가 너로 말미암아 기쁨을 이기지 못하시며 너를 잠잠히 사랑하시며 너로 말미암아 즐거이 부르며 기뻐하시리라"(3:17).

음성 강의
스바냐

말씀 개요

1장-3장 8절	주의 날에 임할 심판
1장 1-3절	온 땅에 임할 심판
1장 4절-2장 3절	유다에 임할 심판
2장 4-15절	유다 주변국에 임할 심판
3장 1-7절	예루살렘에 임할 심판
3장 8절	온 땅에 임할 심판
3장 9-20절	주의 날에 임할 구원
3장 9-13절	변화의 약속
3장 14-20절	회복의 약속

CHECK

100일 통독 **77일** 미가, 나훔, 하박국, 스바냐 ☐

성경 본문
스바냐

학개 제2성전 건축

H A G G A I

학개 선지자는 스룹바벨과 함께 바벨론에서 제1차 포로 귀환 시에 예루살렘으로 돌아온 레위 사람입니다. 학개서는 총독 스룹바벨과 대제사장 여호수아뿐 아니라 포로에서 귀환한 모든 유다 백성들에게 하시는 말씀입니다. 학개서를 기록한 제일 큰 목적은 포로에서 돌아온 유대인들이 성전 건축을 다시 할 수 있도록 격려하기 위한 것입니다. 이전에 성전 건축을 시도하다가 여러 가지 반대에 부딪히면서 중단한 상태였습니다.

구성

학개서는 2장으로 구성되어 있습니다. 내용은 네 편의 설교로 이루어져 있고, 말씀을 전한 정확한 날짜가 기록되어 있습니다.

- 첫 번째 메시지(1:1-15) B. C.520년 6월 1일, 일어나 성전을 지으라
- 두 번째 메시지(2:1-9) B. C.520년 7월 21일, 내가 너와 함께하리라
- 세 번째 메시지(2:10-19) B. C.520년 9월 24일, 오늘부터 내가 복을 주리라
- 네 번째 메시지(2:20-23) B. C.520년 9월 24일, 내가 너를 취하고 인장으로 삼으리라(스룹바벨에 대한 약속)

학개서는 우리의 삶에서 먼저 해야 할 것과 나중에 해야 할 것이 무엇

인지를 잘 설명합니다. 이스라엘 백성들은 포로에서 돌아와서 성전 건축을 하려고 시도하다가 많은 방해와 반대로 인해 중단합니다. 하지만 그러한 중에도 자기들의 집은 짓고 살았지요. 하나님께서는 그것에 대해 학개 선지자를 통해 엄하게 책망하십니다. 이들은 하나님의 말씀에 순종하여 성전 건축을 다시 시작합니다.

첫 번째 메시지

1장 1절에서 "여호와의 말씀이 선지자 학개로 말미암아 유다 총독 스룹바벨과 대제사장 여호수아에게 임하니라"라고 하신 것은 중요한 의미가 있습니다. 이스라엘이 바벨론 포로에서 돌아올 때는 고레스 원년(B.C.536년)이었지요. 그 이후로 하나님께서 한동안 말씀하지 않으셨습니다. 그리고 다리오 왕 제이년 6월 1일(B.C.520년)에 학개를 통해 말씀하십니다. 16년간의 침묵이 있었지요.

이것은 마치 어린 사무엘 시대에 "여호와의 말씀이 희귀하여 이상이 흔히 보이지 않았더라"(삼상 3:1), 하나님이 아브라함에게 86세를 지나 99세 때 말씀하셨다는 것을 기억하게 합니다(창 16:16, 17:1).

하나님의 말씀이 없다는 것은 슬픈 일입니다. 왜냐하면 "주의 말씀은 내 발에 등이요 내 길에 빛"이기 때문입니다(시 119:105). 우리 삶의 목적과 방향, 그리고 구체적인 삶에서 주의 뜻을 따라 살아가지 않고 제멋대로 살기 때문입니다. 그것은 목적과 방향, 확신과 안정이 없는 삶이 될 수밖에 없습니다. 우리는 하나님의 말씀을 들어야 합니다. 올바르게 가고 있는지, 행하고 있는지를 점검해야 하기 때문입니다.

감사하게도 포로에서 돌아온 이스라엘에게 하나님께서 다시 말씀하시기 시작합니다. 그것은 그들의 삶을 점검하도록 도와주었지요. 이들은 포로에서 돌아와 성전 건축을 시도합니다. 그러나 주변의 많은 방해로 중단됩니다. 그들은 성전 건축에 대한 부담감은 있었지만 때가 아니라고 생각하고 바쁜 일상생활로 돌아갑니다.

누구나 이런 삶을 살기 쉽습니다. 먼저 해야 할 것과 나중에 해야 할 것의 우선순위를 알면서도 순위가 바뀐 삶을 사는 데 익숙합니다. 먼저 해야 할 것은 중요한 것입니다. 그러나 급한 것처럼 보이지 않습니다. 더구나 환경이나 조건이 갖추어져 있지 않으면 더 그렇습니다. 나중에 해야 할 것은 중요한 것은 아니지만 급한 것일 수도 있습니다. 우리는 자연스럽게 급한 것부터 먼저 하려는 경향이 있습니다. 그러나 안타깝게도 그런 삶은 많은 효과를 거두지 못합니다.

이럴 때 하나님의 말씀이 필요합니다. 말씀으로 내 삶의 중간 점검을 할 수 있게 되고, 삶의 패턴을 밝히 보게 됩니다. 은혜는 정기적으로 하나님 앞에 나아가 머무는 데서 옵니다. 그러나 습관적으로 예배를 드리고, 종교 의식의 한 순서처럼 말씀과 기도의 시간을 가진다면 하나님의 말씀은 없습니다. 내 삶을 돌아볼 안목도 갖지 못합니다. 우리가 습관적인 종교생활에서 벗어나 인격이신 하나님 앞에 머물 때 하나님의 음성이 들리기 시작합니다.

하나님의 말씀이 희귀하다는 것은 하나님이 계시지 않거나 말씀하지 않으시기 때문이 아닙니다. 하나님은 언제 어디서나 우리와 함께 계십니다. 우리가 일상적인 사소한 일에 매여 말씀을 들을 여유가 없는 것입니다. 하나님이 침묵하시는 이유는 우리가 그분의 음성을 들을 마음의 여유가 없음을 아시기 때문입니다.

1장 2-11절에 총독 스룹바벨과 대제사장 여호수아와 남은 백성들은 하나님의 말씀을 들었습니다. 하나님께서는 두 번이나 "너희는 너희의 행위를 살필지니라"라고 말씀하십니다(1:5,7). 어떤 일들을 경험하고 있는지 살펴보라고 하십니다. 그들은 계속 궁핍하게 살고 있습니다. 하나님은 그 원인을 삶의 우선순위가 바뀌었기 때문이라고 하시며(1:4,9), 해결책을 알려주십니다. "너희는 산에 올라가서 나무를 가져다가 성전을 건축하라"라고 하십니다(1:8). 이는 우선순위를 바로 하라는 것이지요.

12-15절에서 그들은 하나님을 경외합니다. 그래서 하나님의 말씀을 듣고 한동안 중단되었던 성전 공사를 다시 시작합니다. 처음 말씀을 듣고 24일 후에 신속하게 순종합니다. 하나님은 두 번이나 "내가 너희와 함께하노라"라고 말씀하시며 순종하는 그들을 위로하시며 격려하셨습니다(1:13, 2:4). 또한 "내가 너희와 함께 있어서 너희 손을 견고하게 하여주겠고 너희의 일을 형통하게 하겠다. 너희를 원수들로부터 보호하고 너희를 도울 것이다"라고 하십니다.

물론 학개서는 눈에 보이는 건물로서의 성전을 말하지만 하나님이 우리에게 주시는 메시지는 성전이나 교회당을 말하기보다는 하나님 중심의 삶을 말합니다. 성전 중심이란 하나님 중심을 말합니다. 하나님 중심이란 말씀과 기도의 삶, 성령의 능력을 구하는 삶, 하나님의 뜻을 먼저 구하는 것이 항상 우선되는 삶을 말합니다. 삶의 우선순위를 다시 재정비해서 먼저 하나님 중심의 삶을 살아간다면 하나님은 우리에게 복 주시고 풍성한 삶을 살도록 도우실 것입니다.

마태복음 6장 33절에 "너희는 먼저 그의 나라와 그의 의를 구하라 그리하면 이 모든 것을 너희에게 더하시리라"라고 말씀하십니다.

두 번째 메시지, 여섯 차례의 격려

성전 건축 공사가 시작된 지 한 달 후에 하나님께서 다시 말씀하십니다. 첫 번째 메시지가 책망이었다면, 두 번째는 격려입니다. 왜냐하면 그들이 성전 건축을 시작하는 동안에 듣는 말 때문입니다. 포로에서 돌아온 사람들 중에는 나이 많은 사람들도 있었습니다. 솔로몬이 지은 성전이 파괴된 것은 B.C.586년이고, 다시 성전을 건축하고 있는 시기가 B.C.520년이니 66년이 지난 후입니다. 만일 솔로몬의 성전을 본 소년들이 살아 있다면 80~90세일 것입니다. 이들은 지어져 가는 성전을 보면서 감격하기보다는 울며 통곡했다고 합니다. 솔로몬의 성전에 비해 매우 초라했기 때문이지요(2:3, 스 3:12).

스룹바벨과 여호수아는 솔로몬의 성전에 대해 말로만 들었지 실제로 본 적은 없습니다. 이들 포로 2세들은 성전 건축이 되어 가는 것을 보며 기뻐하고, 즐거워하며, 하나님을 찬양했습니다(스 3:10-12). 그날의 광경을 "백성이 (즐거워서) 크게 외치는 소리가 멀리 들리므로 즐거이 부르는 소리와 통곡하는 소리를 백성들이 분간하지 못하였더라"라고 했지요(스 3:13).

그러나 이들은 노인들의 탄식을 들으며 점차 마음이 우울해지고, 기쁨이 반감되고, 의기소침해집니다. 그들의 손의 힘이 점점 빠져갔습니다. 나이 든 사람들은 이전의 영광을 들먹이며 현재와 비교하면 안 됩니다. 분발하도록 격려하며 용기를 북돋아주어야 하는데 오히려 주눅들게 한다면 지혜라고 말할 수 없습니다. "옛날이 오늘보다 나은 것이 어찜이냐 하지 말라 이렇게 묻는 것은 지혜가 아니니라"라고 전도서 7장 10절은 말씀하십니다.

또한 공사하는 사람들은 훨씬 더 잘하는 사람들만큼 해내지 못한다는 비교의식에 사로잡혀서도 안 됩니다. 이 모든 것은 마음이 교만해서 생기는 것입니다. 하나님은 우리가 있는 힘을 다해서 충성되게 그분을 섬기기만 한다면 우리를 기뻐하십니다. 스룹바벨과 여호수아에게 "너희가 있는 힘을 다해서 성전을 건축한다면 내가 그것으로 말미암아 기뻐하고 또 영광을 얻으리라"(1:8)라고 하셨지요.

바로 이러한 때 하나님은 학개를 통해 성전 건축을 진행하는 사역자들을 격려하십니다.

격려 1

"비록 이 성전이 이전 성전보다 훨씬 못한 것처럼 보일지라도 스룹바벨아 여호수아야 스스로 굳세게 할지어다 백성들아 스스로 굳세게 하여 일할지어다 하나님이 너희와 함께하노라"(2:3,4). 하나님은 이들을 더 격려하십니다. "내가 출애굽 때에 그들과 함께 있어서 내 능력으로 그들을 능히 애굽에서 나오게 한 것처럼 지금도 내가 너희와 함께 있다. 성령이 계속하여 너희 가운데 머물러서 너희에게 힘을 주고 지혜를 줄 것이다. 그러므로 너희는 두려워하지 말라"(2:5).

격려 2

"조금 있으면 내가 하늘과 땅과 바다와 육지를 진동시킬 것이며, 또한 모든 나라를 진동시킬 것이다"(2:6,7). 하나님은 그분의 일을 성취하시기 위해 열방을 사용하실 것입니다. 그때는 거룩한 소동이 일어납니다. 예수님이 오신다는 소식을 듣고(마 2:3), 오순절 성령의 임하심으로 예루살렘이 소동했습니다(행 2:6). 바울과 그 팀이 가는 곳마다 도시가 소동했지요. 바울을 가리켜 "이 사람은 전염병 같은 자라 천하에 흩어진 유대인을 다 소요하게 하는 자요 나사렛 이단의 우두머리라"(행 24:5)라고 했으며 바울의 팀을 가리켜 "천하를 어지럽게 하는 사람들"(행 17:6)이라고 불렀습니다.

저는 이러한 소동을 '거룩한 혁명'이라고 부릅니다. 어두움에서 빛으로, 사망에서 생명으로, 저주에서 축복으로, 매임에서 놓임으로, 불의에서 공의로, 거짓에서 정직으로, 미움에서 사랑으로, 슬픔에서 기쁨으로, 병듦에서 건강함으로 옮겨가는 것이 진정한 혁명입니다.

하나님은 "내가 하늘과 땅과 바다와 육지 그리고 모든 나라를 진동시킬 것이다"라고 하셨습니다. 이러한 진동은 개인의 차원, 가족이나 교회 공동체 차원, 도시와 지역과 나라 차원에서 일어나게 됩니다.

격려 3

"조금 있으면 모든 나라의 보배(사모하는 것)가 이르리라"(2:7). 모든 나라가 간절히 기다리며 사모하던 메시아가 오실 거라고 말합니다.

격려 4

"내가 이 성전에 영광이 충만하게 하리라"(2:7). 모세가 시내산에서 장막을 완성했을 때와 솔로몬이 성전을 완공했을 때 하나님의 영광이 그곳에 충만했습니다. 스룹바벨의 성전에도 하나님의 영광이 충만할 것입니다. 일반적으로 솔로몬의 성전을 '제1성전'이라 하고 스룹바벨 성전을 '제2성전'이라고 부릅니다.

격려 5

"이 성전의 나중 영광이 이전 영광보다 크리라"(2:9). 하나님의 성전의 영광은 금이나 은이나 보석의 치장으로 되는 게 아닙니다. 물론 건물 규모도 아닙니다. 그것은 하나님께 다 속해 있습니다. 더 중요한 것은 용도에 있습니다. 하나님의 뜻을 행하고, 그분의 영광을 드러내는 성전이 더 중요합니다. 비록 스룹바벨의 성전은 솔로몬의 성전보다 초라하게 보일지 모르나 하나님께 영광을 돌리는 용도로 쓰일 것입니다.

격려 6

"내가 이곳에 평강을 주리라"(2:9). 예수님은 "나의 평강을 너희에게 주노라. 나의 평강은 세상이 주는 것과는 다르다"(요 14:27)라고 말씀하십니다. 주의 평강은 환경을 초월하는 내면의 고요함을 유지하는 힘입니다. 어떤 상황에서도 내적 고요함을 유지한다면 참으로 아름다운 삶입니다. 이것은 우리에게 꼭 필요한 선물입니다.

세 번째 메시지

2장 10-19절에서 하나님은 우리가 올바른 일을 올바른 방식으로 하기를 원하십니다. 하나님의 성전 건축은 올바른 일이지만 건축하는 사람들의 손이 깨끗하지 못하다면 열납하지 않으실 것입니다. 우리의 삶이 거룩할 때 우리가 드리는 예물도 거룩하여 하나님이 열납하실 것입니다.

만일 우리의 삶이 거룩하지 않다면 우리가 드리는 예물도 거룩하지 못하여 하나님이 열납하지 않으실 것입니다. 그러므로 겉만 깨끗하게 하지 말고 속도 깨끗해야 합니다. 거룩한 삶으로 드리는 거룩한 예물을 하나님께 열납하십니다.

우리의 삶을 깨끗이 하며 성전을 건축하라고 말씀하십니다. "예물을 제단에 드리려다가 거기서 네 형제에게 원망들을 만한 일이 있는 것이 생각나거든 예물을 제단 앞에 두고 먼저 가서 형제와 화목하고 그 후에 와서 예물을 드리라"(마 5:23,24).

행위도 중요하지만 마음의 태도도 중요합니다.

네 번째 메시지

2장 20-23절에서 하나님은 스룹바벨에게 미래의 복을 약속하셨습니다. 앞으로 하나님께서 열방을 흔드실 것입니다. 여러 왕국들의 보좌를 엎으시며, 여러 나라의 세력을 멸할 것입니다. 그러나 하나님을 의지하는 그의 종들은 보호하시며 붙들어주실 것입니다. 자연재해나 재정의 어려움이나 질병이나 여러 일들이 일어나서 사람들이 두려워하고, 흔들리며, 넘어질 것이지만 하나님을 의지하는 그의 백성들은 보호하시며 안전하게 하실 것입니다.

음성 강의
학개

말씀 개요

1장	**첫 번째 메시지**(책망) 제2성전의 공사 시작
2장 1-9절	**두 번째 메시지**(격려) 제2성전의 영광
2장 10-19절	**세 번째 메시지**(책망) 순종에 대한 현재의 복
2장 20-23절	**네 번째 메시지**(격려) 순종에 대한 미래의 복

성경 본문
학개

100일 통독

	CHECK
78일 학개, 스가랴, 말라기	

스가랴 이스라엘의 구원자 메시아

Z E C H A R I A H

스가랴서는 학개서와 함께 두 선지자가 동일 시대에 동일한 메시지를 바벨론 포로에서 돌아온 이스라엘 백성들에게 전하는 내용으로 되어 있습니다. 이 두 권의 책은 포로에서 돌아온 이스라엘 백성들이 성전 건축을 하다가 여러 가지 방해에 부딪혀서 중간에 포기하고 낙심하고 피곤하여 지쳐 있을 때 그들을 격려합니다.

포로기 이전의 선지자들은 이스라엘과 유다의 왕들의 연대를 사용했지만 이 두 권의 책은 바사 제국의 왕들의 연대를 사용합니다. 당시에 바사 제국의 지배 아래 있었기 때문이지요.

1장 1절에서 "베레갸의 아들 선지자 스가랴"라고 소개합니다. 예수께서 "의인 아벨의 피로부터 성전과 제단 사이에서 너희가 죽인 바라갸의 아들 사가랴의 피까지 땅 위에서 흘린 의로운 피가 다 너희에게로 돌아가리라"(마 23:35)라고 하신 말씀에 나온 인물입니다. 역사에는 유대인들이 스가랴 선지자를 죽였다는 어떠한 언급도 없습니다. 그런데 유대인 역사가인 플라비우스 요세푸스는 민족의 수치인 이 사건을 사람들이 은폐했을 거라고 말합니다.

그리스도께서 팔리셔서 그의 친구들의 집에서 상처를 입으시고 죽임을 당할 거라는 스가랴의 예언이 그 자신에게도 그대로 이루어졌습니다. 스가랴는 자신을 박해하는 자들을 피해 제사장의 뜰로 갔다가 성전과 제단 사이에서 죽임을 당했을 것입니다.

여덟 개의 환상, 네 개의 메시지, 두 번의 경고

스가랴서는 환상과 메시지와 경고로 이루어져 있습니다. 1장-6장에는 여덟 개의 환상이 나옵니다. 7장-8장에는 네 개의 메시지가 나오고, 9장-14장에는 두 번의 예언적 경고가 있습니다.

스가랴에게 하나님의 말씀이 처음 주어질 때는 다리오 왕 제이년 여덟째 달이었습니다. 학개는 같은 해 여섯째 달에 첫 설교를 전했습니다. 학개를 통해 주신 말씀에 이스라엘 백성이 순종하기 시작한 2개월 후에 하나님은 스가랴를 통해서도 말씀하셨습니다. 하나님의 말씀에 순종하면 말씀을 더욱 풍성하게 듣게 됩니다. 하나님의 은혜는 갈급한 자에게 더하게 됩니다. 누가복음 1장 53절에 "주리는 자를 좋은 것으로 배불리셨으며 부자는 빈 손으로 보내셨도다"라고 하셨습니다.

그의 첫 설교 제목은 '너희 조상들을 본받지 말라' 였습니다(1:3-6). 이러한 제목으로 설교한다는 것은 쉬운 일이 아닙니다. '너희 조상들을 본받으라'라는 설교가 더 좋습니다. 그러나 스가랴는 순종했습니다. 설교자는 자신이 좋아하는 것을 전해서는 안 됩니다. "하나님의 말씀이 스가랴에게 임하니라"라고 했습니다. 하나님의 말씀을 전달하는 것이 설교자의 의무입니다.

하나님의 말씀을 듣지 않고, 귀를 기울이지 않으므로 스스로 고난을 자초했던 조상들을 본받지 말라는 것입니다. 말씀이 그때에 기준이었다면 지금도 마찬가지입니다. 하나님의 말씀은 변함이 없습니다. 그러므로 조상들의 전철을 밟지 말라는 것입니다. 하나님은 약속하십니다. "너희는 내게로 돌아오라 … 내가 너희에게로 돌아가리라"(1:3).

그의 두 번째 설교는 첫 번째 설교와는 매우 달랐습니다(1:7-6장). 다리오 제이년 열한째 달 24일에 하나님의 말씀이 임했습니다. 첫 설교를 한 지 3개월 후였지요. 첫 설교는 아주 짧았지만 두 번째 설교는 길었습니다. 하나님이 여덟 가지의 환상을 보여주시며 말씀하십니다. 환상은 청중들을 일깨우고 하나님의 뜻을 마음에 확실하게 각인시키는 방법입니다. 포로에서 돌아온 백성들을 위로하고 성전 재건을 격려하기 위한 것입니다. 그들은 버림 받은 게 아니고 하나님이 항상 함께 계시며 돌보신다는 것을 깨닫게 하는 소망의 메시지입니다.

더 나아가서 영원한 왕국을 세우실 미래의 왕에 대해서도 보여줍니다. 이 환상 중에 스가랴는 이해하기 어려울 때마다 "내 주여 이들이 무엇이니이까?"(1:9,19, 4:4, 5:6, 6:4)라고 다섯 차례나 질문합니다. 에스겔도 질문했고, 다니엘도 질문했습니다. 우리가 하나님나라의 비밀을 알고자 한다면 천사들에게 질문하지 말고, 오직 예수님께 해야 합니다. 두루마리와 그 인봉을 떼기에 합당하신 분은 오직 그분이시기 때문입니다(계 5:9).

여덟 개의 환상

1. **말 탄 네 사람**(1장 7-17절), 붉은 말을 타신 그리스도와 그 뒤로 붉은 말, 자주빛 말, 백마를 탄 주의 사자들입니다. 이 환상은 하나님이 그의 백성을 포로에서 돌아오게 한 후에 예루살렘을 견고하게 재건하고 번성케 하시며, 장차 그리스도께서 오셔서 열방을 심판하고, 이스라엘을 회복할 것을 말합니다.
2. **네 뿔과 네 대장장이**(1장 18-21절), 네 뿔은 당시 성전 건축을 방해하는 세력들과 4대 제국을 말합니다. 네 대장장이는 그 뿔들, 즉 성전 건축을 방해하는 세력들과 제국들을 심판할 하나님의 사자를 말합니다.

3. **측량줄**(2장), 하나님께서 예루살렘을 재건하시고 영화롭게 일으켜 세우실 것입니다. 예루살렘에 사람이 다시 많아지므로 성곽 없는 성읍이 될 것입니다. 그리고 하나님이 친히 그 성을 불로 둘러싼 성곽이 되실 것이기에 예루살렘은 안전할 것입니다(2:4,5). 또한 그 가운데 영광이 되실 것입니다. 두 번이나 "내가 네 가운데에 머물 것이다"(2:10,11)라고 하셨지요. 또한 하나님은 그의 백성을 돌보실 것입니다. "너희를 범하는 자는 그의 눈동자를 범하는 것이라"(2:8). 이 일들은 당시 백성들에게 큰 위로가 되었습니다. 신약의 교회에서도 마찬가지입니다.
4. **여호수아의 옷을 새로 입히는 것**(3장), 하나님의 백성이 의롭다 하시는 칭의의 옷을 입고 거룩하게 될 것을 약속하십니다. 또한 하나님이 주신 직분을 성실히 수행하는 자에게 주시는 약속이 있습니다(3:7). 하나님의 집을 다스릴 것이며, 그분의 뜰을 지킬 것이며, 그분의 사자들 가운데 왕래할 것입니다. 즉 교회를 견고히 세울 것이며, 예배를 회복하며, 존귀히 여김을 받을 것입니다. 대제사장 여호수아는 모든 사역자와 중보기도자와 하나님의 백성들을 가리키기도 하며 동시에 우리 주 예수 그리스도를 가리키기도 합니다. "이들은 예표의 사람들이라 내가 내 종 싹을 나게 하리라"(3:8)라고 하셨습니다. 주께서 오셔서 십자가로 모든 죄를 해결하시고, 우리로 하나님과 화목하며 형제들과 화목하게 하실 것입니다(3:9,10).
5. **등대와 감람나무**(4장), 성령께서 스룹바벨과 여호수아에게 능력으로 임하셔서 그들에게 맡겨진 일을 다 마칠 거라는 것을 보여줍니다. 또한 감람나무이신 그리스도로 말미암아 나오는 성령의 기름 부음으로 교회는 활활 타올라 그리스도의 영광을 온 세상에 나타낼 것입니다.

6. **날아가는 두루마리**(5장 1-4절), 두루마리는 길이 9미터, 너비 4.5미터정도로 매우 큽니다. 그 안에는 각 사람이 지은 죄에 대해 하나님께서 명백하게 심판하실 것을 기록한 경고의 말씀이 있습니다.
7. **에바에 앉아 있는 여인과 옮겨진 에바**(5장 5-11절), '에바'란 곡식의 양을 재는 데 사용하는 됫박입니다. 여인은 곧 죄와 반역을 상징하는 이스라엘 백성입니다. 여인이 에바에 앉아 있는 것은 곡식이 그릇에 채워지듯이 이스라엘의 죄악이 그릇에 가득 차게 됨을 보여줍니다. 그 에바가 납 조각으로 밀봉된 것은 회개하지 않는 백성들의 상태입니다. 에바가 옮겨지는 것은 죄로 말미암아 그들이 바벨론으로 옮겨질 것을 말합니다.
8. **네 대의 병거**(6장 1-8절), 네 대의 병거는 당시의 4대 제국을 가리키기도 하나 근본적으로 온 세상을 다스리시는 하나님의 경륜과 섭리를 말합니다. 온 땅에 임할 하나님의 심판을 말하며, 온 땅을 다스리시는 하나님의 주권을 선포합니다.

이제까지의 것들은 하나님께서 환상으로 보여주시며 그 뜻을 알려주셨습니다. 그러나 6장 9-15절의 말씀은 모형을 통해 말씀하십니다. 여호수아는 예수 그리스도의 모습을 보여줍니다. 또한 "싹이라 이름하는 사람"도 예수 그리스도를 가리키지요(6:12). 여호수아가 성전을 재건했다면 예수 그리스도로 말미암아 교회가 견고히 세워질 것이며, 평화가 선포될 것입니다. 하나님과의 평화, 그리스도인 사이에서의 평화, 그리고 세상을 향한 하나님의 평화입니다.

네 개의 메시지

두 번째 영역인 7장과 8장은 이전까지와는 전혀 논의의 방향이 다릅니다. 첫 번째 설교를 한 지 3개월 후에 하나님은 환상을 통해 말씀하십니다. 그리고 2년 후에 이 메시지들이 주어집니다. 이것은 질문과 하나님의 답변의 형식을 취합니다.

포로에서 돌아온 백성들이 사레셀과 레겜멜렉을 제사장들과 선지자들에게 보내어 금식에 관한 일로 질문을 합니다. "내가 여러 해 동안 행한 대로 오월 중에 울며 근신하리이까?"(7:3). 하나님께서는 이스라엘 백성들에게 오직 일 년에 한 번씩 대속죄일에 하나님 앞에 나와서 예배하기만을 원하셨습니다.

그러나 이스라엘 백성들은 예루살렘과 예루살렘 성전의 파괴를 기억하는 또 다른 날을 추구하여서 그때도 축제를 벌였습니다. 그래서 그런 날들을 계속 지켜야 하는지를 알고 싶었습니다. 이에 대한 네 번의 답변이 있습니다. 매번 "여호와의 말씀이 임하니라"로 시작합니다.

- 첫 번째 메시지(7장 4-7절)-이스라엘 백성은 금식을 올바르게 사용하지 않았습니다. 그들은 금식의 본질보다는 형식이나 의식에 치중했지요. 하나님을 위해 한 게 아니라 그들 자신을 위해 했다고 지적하십니다. 금식의 목적은 죄를 회개하고 삶을 고치는 데 있습니다.
- 두 번째 메시지(7장 8-14절)-올바른 금식이란 하나님의 말씀을 귀를 기울여 듣고 순종하며 이웃을 사랑하는 것입니다. 하나님이 원하시는 것은 우리가 공의를 행하고, 인자를 사랑하며, 겸손히 하나님과 동행하는 것입니다(미 6:8).
- 세 번째 메시지(8장 1-17절)-올바른 금식을 행하면 하나님이 그들과 함께 계시며 보호해주시고, 예루살렘을 회복시키시며, 그들의 삶은 개혁될 것이며, 다시 번성하고 부요해지고, 그들의 명성이 회복되며 모든 일들이 형통할 것입니다. "너희의 손을 견고히 하라 너

희는 두려워하지 말라"라고 격려하십니다(8:9,13,15). 이전과는 달리 풍성한 양식을 주실 것입니다. 또한 하나님이 미워하는 일을 하지 말라고 하십니다.

- 네 번째 메시지(8장 18-23절)-성전을 건축하고 있는 이들을 향해 말씀하십니다. 금식일에 관한 질문의 답변을 주십니다. 이전의 금식일이 기쁨과 즐거움과 희락의 절기들로 바뀌게 될 거라고 하십니다. 열방이 주의 은혜를 구하기 위해 예루살렘으로 올 것입니다. 그리고 주를 더 간절히 알기를 원하는 이들이 주와 연합된 삶을 살게 될 것입니다.

두 번의 경고

9장-14장에서 하나님은 두 편의 경고의 메시지를 전하게 하십니다. 첫 번째가 메시아를 배척하는 유대인에 대한 엄중한 경고라면, 두 번째는 메시아를 환영하며 섬기는 그의 백성에 대한 축복입니다.

첫 번째 경고(9장-11장)

스가랴가 '여호와의 엄중한 말씀'이란 제목으로 설교합니다. 이스라엘의 주변국에 대한 심판의 말씀으로 시작하지요. 왜냐하면 하나님께서 "내가 내 집을 둘러 진을 쳐서 적군을 막아 거기 왕래하지 못하게 할 것이라"라고 말씀하셨듯이 주께서 이스라엘을 둘러 진을 치고 보호하시며 긍휼을 베풀기 위함입니다(9:8). 악한 이웃인 아람의 수도 다메섹, 두로와 시돈, 블레셋의 네 도시 국가들(아스글론, 가사, 에그론, 아스돗)을 심판하십니다(9:1-6).

포로에서 돌아온 백성에게 허락된 구원은 언약의 피와 메시아에 대한 약속 덕분입니다. 하나님의 긍휼과 은총으로 그들은 그 땅에서 복을 받을 것입니다(9:9-17). 비록 원수들과 위험에 둘러싸여 있으나 하나님이 그들을 축복하셔서 밖으로는 승리할 것이며 안으로는 형통하게 될 것입니다(10장). 그리고 이들에게 주어지는 가장 놀라운 축복은 그토록 기다리던 메시아가 오심으로 이루어질 것입니다. 그러나 이 세상의 참 목자로 오시는 메시아를 배척하는 유대인들은 철저히 버리시고 멸망에 내어주실 것입니다(11장).

두 번째 경고(12장-14장)

"이스라엘에 관한 여호와의 경고의 말씀이라"고 시작합니다(12:1). 첫 번째와 마찬가지로 엄중한 말씀입니다. 특히 '그날에' 일어날 여러 가지 일들과 '장차 올 여호와의 날'에 주어질 심판에 관한 말씀입니다. 12장-13장에 '그날'이 10번 언급되고, 14장에 '여호와의 날'로서의 '그날'이 7번 반복됩니다. 이스라엘의 원수들에게는 무겁게 받아들여져야 하지만 이스라엘에게는 위로와 유익을 위한 말씀입니다.

이스라엘의 친구들은 성공할 것이나 해하고자 하는 원수들은 도리어 위태로워지고 결국 파멸 당할 것입니다. 하나님은 그의 백성들을 보호하시며, 견고하게 하시고, 구원하실 것입니다(12장).

메시아가 오시면 먼저 그의 백성들의 죄를 사하시며 행실을 고치실 것입니다. 그가 고난을 받으실 때 그의 제자들은 흩어질 것입니다. 믿지 않는 유대인들은 버림을 받을 것이나 믿는 자들은 연단하시며 보존하실 것입니다(13장). '여호와의 날'은 심판과 긍휼의 날입니다. 그의 백성에게는 긍휼이, 그의 원수들에게는 심판이 있을 것입니다. 큰 무리가 주께로 올 것이며, 주는 그의 백성을 정결하게 하여 경건한 백성이 되게 하실 것입니다(14장).

마지막 14장 20,21절의 말씀은 마지막 때에 일어날 놀라운 한 가지 일을 말씀합니다. 이전까지 성물은 성전 안에 있는 것만으로 한정했었지만 때가 되면 성전 안에 있는 그릇과 일반 사람들의 집에 있는 그릇이 다 똑같이 거룩할 것입니다. 우리가 가진 모든 것을 하나님께 드린 바 되면 거룩함으로 살게 될 것입니다. 특정한 직업만 거룩한 게 아니라 어느 곳에 있든지, 무슨 일을 하든지 하나님을 예배하는 자이기에 그 일 자체가 거룩하다고 말씀하십니다.

네덜란드의 신학자이자 수상이었던 아브라함 카이퍼Abraham Kuyper는 다음과 같이 말했습니다.

"사람이 어느 곳에서 무엇을 하든지, 농업이든, 상업이든, 산업이든, 예술과 과학분야이든 어떤 일에 전념하든지, 언제나 '하나님의 면전'에 서 있으며 그분을 섬기는 일에 종사하고 있는 것이다. 사람은 철저히 하나님께 순종해야 하며, 무엇보다도 그분의 영광을 인생의 목표로 삼아야 한다."

음성 강의
스가랴

말씀 개요

1장-6장	여덟 가지 환상
7장-8장	네 번의 메시지
9장-14장	두 번의 예언적 경고

성경 본문
스가랴

100일 통독

CHECK

78일 학개, 스가랴, 말라기	☐

말라기 메시아의 사자

M A L A C H I

말라기서는 구약의 마지막 책입니다. 단지 순서상으로만이 아니라 시간적으로도 마지막에 해당합니다. 각 시대마다 하나님은 선지자들을 보내셔서 하나님과 그의 나라를 증언하시고, 그분의 능력과 영광을 드러내셨습니다. 그리고 그의 백성에게 공통적으로 메시아를 증거했습니다. 우리는 구약으로서는 마지막 증인의 말을 듣고 있습니다. 솔로몬 성전을 이은 제2성전 시대와 함께 한동안 선지자의 시대가 마감된다고 하여 말라기서를 '예언의 봉인'이라고 부릅니다. 그러나 놀랍게도 신약의 메시아의 오심을 준비하는 엘리야를 소개함으로 큰 기대와 여운을 남깁니다.

하나님의 사랑

말라기서는 "여호와께서 말라기를 통하여 이스라엘에게 말씀하신 경고라"라고 그 제목을 달았습니다(1:1). 이 책 또한 이스라엘을 향한 하나님의 경고의 메시지입니다.

이스라엘 백성들이 포로에서 돌아와서 하나님의 크신 사랑에 대한 은혜의 감격이 점점 무뎌지고, 신앙도 형식적으로 되어갔습니다. 학개와 스가랴를 통해 성전은 완공되었지만 그들의 삶은 율법적이고 종교적으로 변해서 매너리즘에 빠진 신앙생활을 하고 있었지요. 말라기서는 그런 백성들의 영적 상태를 책망하고, 일깨워주며, 다시 믿음을 회복하도록 요청합니다.

무엇이 사람들의 마음을 강퍅하고 딱딱하게 하며 냉랭하게 만들었을까요? 말라기서는 죄 때문에 그렇다고 말합니다. 죄는 우리를 있는 그대로 볼 수 없게 만듭니다. 또한 말라기서는 성전을 소홀히 여기고 예배도 형식적으로 드린다고 심하게 책망합니다. 물질에 대해 정직하지 않은 거짓과 불공평하고 부당한 거래에 대해서 지적하고, 십일조의 삶에 대해서도 엄격하게 책망하지요. 하지만 하나님과 우리가 서로 마주앉아서 대화하듯이 우리를 설득하면서 말합니다. 하나님이 원하시는 예배는 형식으로 드리는 의식도, 예물도 아니라고 하십니다. 우리가 사랑의 마음으로 예배하기를 원하십니다.

말라기서에서 말하는 두 가지의 큰 악이 있는데 하나는 '형식주의'요 또 하나는 '회의주의'입니다. 이것이 신약으로 넘어가면서 형식주의는 바리새인들이 계승했고, 회의주의는 사두개인들이 이어서 행합니다.

신약과 구약의 바통

말라기서는 예수님이 오심으로 시작하는 신약과 구약의 바통 역할을 합니다. 실제로 3장과 4장은 주가 오심을 예언합니다. 메시아가 오셔서 백성들을 깨끗하게 하시며 치유하실 것입니다. 또한 메시아가 오시기 전에 그의 종이 앞서 그 길을 예비할 거라고 말씀합니다.

말라기서 4장 5,6절 말씀은 누가복음 1장 17절 말씀과 서로 연결됩니다. "보라 여호와의 크고 두려운 날이 이르기 전에 내가 선지자 엘리야를 너희에게 보내리니 그가 아버지의 마음을 자녀에게로 돌이키게 하고 자녀들의 마음을 그들의 아버지에게로 돌이키게 하리라 돌이키지 아니하면 두렵건대 내가 와서 저주로 그 땅을 칠까 하노라 하시니라"(말 4:5,6), "그가 또 엘리야의 심령과 능력으로 주 앞에 먼저 와서 아버지의 마음을 자식에게, 거스르는 자를 의인의 슬기에 돌아오게 하고 주를 위하여 세운 백성을 준비하리라"(눅 1:17).

말라기서는 앞으로 오실 메시아를 예언하면서 신약 시대를 구약 시대와 연결하는 다리 역할을 합니다.

첫 번째 대화(1장 2-5절)

말라기서는 하박국서처럼 하나님과 이스라엘 백성의 대화 형식을 취하고 있습니다. 하나님은 "내가 너희를 사랑하였노라"라고 말씀하십니다(1:2). 그분의 모든 행위의 동기는 '사랑'입니다. 그런데 백성들은 그 사랑에 어떻게 보답할까 하기보다 도리어 반문합니다. "주께서 어떻게 우리를 사랑하셨나이까"(1:2). 즉, "우리는 비록 포로에서 돌아왔지만 여전히 빈곤에 허덕이고 우리의 땅은 초토화되어 있습니다. 사방을 둘러보니 하나님의 사랑을 모르겠습니다"라는 뜻입니다.

이에 하나님은 "내가 야곱을 사랑하였고 에서는 미워하였다"라고 그들의 역사에 나타난 구체적인 증거를 제시하십니다. 에서가 미움을 받을 행동은 했지만 그렇다고 야곱이 사랑받을 만한 행동을 한 것도 아닙니다. 이것은 하나님의 일방적이고 무조건적인 사랑, 절대적인 주권에 의한 것입니다.

두 번째 대화(1장 6-14절)

하나님은 "내가 아버지인데 나를 공경함이 어디 있느냐? 내가 주인인데 나를 두려워함이 어디 있느냐?"라고 하십니다. 하나님은 우리의 아버지이시며 주이시고, 우리는 그분의 자녀요 종입니다. 그러므로 우리는 당연히 하나님을 공경하고 두려워해야 합니다. 그런데 백성들은 그렇게 하지 않으면서 "우리가 어떻게 주의 이름을 멸시하고 주를 더럽게 하였습니까?"라고 반문합니다.

그들은 자신을 살피는 일에 소홀해서 자신의 행위를 옳게 파악하지 못합니다. 그들은 하나님의 말씀을 무시했기에 자신들의 행동에 문제가 없다고 생각합니다. 하나님과의 친밀감이 없고, 말씀을 소홀히 여길 때 우리의 영이 둔감해져서 분별력과 판단력을 잃어버립니다.

그래서 그들은 하나님께 예물을 드릴 때 흠이 있는 것과 눈 먼 것, 저는 것과 병든 것을 드렸습니다. 영적 감각이 둔해져서 살아계신 하나님을 체험하지 못하고 의식적이며 형식적인 예배를 드렸지요. 하나님을 경외하는 마음이 없었습니다. 그러면서도 하나님의 은혜를 구합니다. 하나님께서 "내가 그것을 너희 손에서 받겠느냐?"라고 말씀하십니다. 하나님은 기도에 응답하지 않으시고, 예배를 받지도 않으십니다.

제사장들의 직무(1장 6절, 2장 1절)

제사장들의 가장 큰 직무는 하나님을 섬기는 것입니다. 그러나 그들은 하나님을 섬기기는커녕 하나님을 공경하지도 두려워하지도 않았습니다(1:6-14). 제사장들의 두 번째 직무는 말씀으로 백성을 가르쳐서 하나님을 섬기고 거룩함으로 살아가게 하는 것입니다. 그러나 그들은 직무에 충실하지 않았고, 레위의 언약을 깨뜨렸습니다. 하나님의 말씀을 무시하고 소홀히 여겼습니다. 그 결과 그들의 받을 복이 오히려 저주가 되었습니다(2:2). 백성들 앞에서 멸시와 천대를 받을 것입니다(2:9). 하나님이 그들의 섬김을 받지 않으실 것입니다(2:3). 그들은 하나님을 섬길 특권을 잃을 것입니다.

제사장들의 죄는 결국 백성들을 죄 가운데 살게 했습니다(2:10-16). 하나님은 "너희 심령을 삼가 지켜 거짓을 행하지 말지니라"라고 하십니다(2:16). 이는 "모든 지킬 만한 것 중에 더욱 네 마음을 지키라 생명의 근원이 이에서 남이니라"라고 하신 말씀과 같습니다(잠 4:23). 우리의 죄는 마음의 상태에서 시작됩니다. 그러므로 무엇보다 마음을 지켜야 합니다. 최고의 길은 하나님의 말씀에 주목하는 것입니다(잠 4:20,21).

세 번째 대화(2장 17절-3장 6절)

하나님은 "너희가 말로 하나님을 괴롭게 하였다"라고 하십니다. 하나님의 말씀이 없으면 마음을 지키기가 어렵고, 그 결과는 말과 행동이 죄악으로 나아갑니다. 부정적이고, 원망하고, 불평하며, 비방하는 말을 합니다. 그리고 악인이 형통하는 것을 보며 그들이 악을 행해도 하나님은 너그럽게 봐주실 것이라고 말합니다. 하나님의 공의와 공평을 부정합니다. 그러고는 "정의의 하나님이 어디 계시냐?"라고 질문합니다. 즉 "정의의 하나님은 계시지 않다"라고 말합니다. 이러한 말은 하나님을 괴롭게 하는 것입니다. 그러면서도 그들은 "우리가 어떻게 여호와를 괴롭혔습니까?"라고 반문합니다(2:17).

하나님은 이처럼 오만하며 무신론적인 사고 방식의 소유자들에게 직접적으로 대답하십니다. "정의의 하나님은 여기 있다. 내가 곧 나타날 것이다. 나는 함부로 말하는 사람들을 심판할 것이다"(3:1-6).

네 번째 대화(3장 7-12절)

하나님께서 "너희가 내 것을 도둑질하였다"라고 하시자 그들이 "우리가 어찌 주의 것을 도둑질하겠습니까?"라고 반문합니다. 하나님은 "내게 돌아올 십일조와 봉헌물을 도둑질했다"라고 하십니다. 이들은 십일조에 대해 올바른 이해가 없었습니다. '내 것' 중에 십분의 일을 떼어서 하나님께 드린다고 생각하는 것입니다. 십일조는 처음부터 하나님의 것입니다. 신명기 26장 12-15절에 십일조를 '성물'이라고 했습니다. 십일조는 처음부터 내 것이 아니라 하나님의 것으로 구별된 것입니다. 내 것 중에서 십분의 일을 드리는 게 아니라 처음부터 하나님의 것입니다.

십일조가 '내 것'이라는 생각에 드리지 않아도 된다고 합니다. 하나님은 "너희가 내 것을 도둑질했다"라고 말씀하십니다. 십일조 생활을 올바르게 하지 않으면 "내가 신앙생활을 잘못했다", "내 것을 하나님께 드리지 않았다"가 아니라 "내가 하나님의 것을 도둑질했다"라고 말해야 합니다.

왜 하나님께서 이처럼 십일조를 강조하실까요? 하나님께서 돈이 모자라시거나 십일조가 없으면 하실 일을 못하시기 때문이 아닙니다. 성경은 '만물이 다 하나님의 것'이라고 말씀하십니다. "은도 내 것이요 금도 내 것이라"라고 말씀하십니다(학 2:8).

이것은 전적으로 우리를 향한 하나님의 사랑입니다. 우리에게 복 주기 원하시는 하나님의 은혜로 말씀하신 것이지요. "만군의 여호와가 이르노라 너희의 온전한 십일조를 창고에 들여 나의 집에 양식이 있게 하고 그것으로 나를 시험하여 내가 하늘 문을 열고 너희에게 복을 쌓을 곳이 없도록 붓지 아니하나 보라"(3:10).

십일조는 '하늘 창고 문을 여는 열쇠'이며, 우리의 삶에 복을 쌓을 곳이 없도록 붓게 하는 '하나님의 축복의 보장'입니다.

더 나아가 3장 11,12절에 "만군의 여호와가 이르노라 내가 너희를 위하여 메뚜기를 금하여 너희 토지 소산을 먹어 없애지 못하게 하며 너희 밭의 포도나무 열매가 기한 전에 떨어지지 않게 하리니 너희 땅이 아름다워지므로 모든 이방인들이 너희를 복되다 하리라 만군의 여호와의 말이니라"라고 말씀하십니다.

우리가 십일조 생활을 한다면 메뚜기를 금하겠다고 말씀하십니다. 때로는 예상치 못한 곳에 돈이 나갈 때가 있고, 질병이나 사고를 예고 없이 당할 수도 있습니다. 하나님께서는 그런 것들로부터 우리를 보호하시고, 또 도난으로부터 보호하십니다. 기한 전에 열매가 떨어지지 않도록 주께서 붙들어주십니다. 우리의 땅을 복되게 하시고 환경을 축복하심으로 풍성한 삶을 살도록 하십니다. 십일조는 하나님께서 우리에게 복 주시기 위한 축복의 샘의 '마중물'과 같습니다.

다섯 번째 대화(3장 13절–4장 3절)

하나님이 "너희가 완악한 말로 나를 대적하였다" 하시니 그들은 "우리가 무슨 말로 주를 대적하였나이까?"라고 반문합니다.

다음은 그들의 완악한 말입니다(3:13–15).

- "하나님을 섬기는 것이 헛되다", 고생하며 하나님을 섬겨봤자 아무 소용이 없다. 고생해봤자 돌아오는 것은 더 큰 고통뿐이다.
- "하나님의 말씀을 지킨 것이 무슨 유익이냐?", 하나님의 말씀을 지켜서 어떤 재물을 얻었느냐? 십일조를 드리면 형통한다고 하는데 오히려 더 손해만 보았다.
- "교만한 자가 복되고 악을 행하는 자가 번성하며 하나님을 시험하는 자가 화를 면한다."

이에 하나님께서 대답하십니다(3:16–4:3). 하나님이 오셔서 그들의 말을 심판하실 것입니다. 의인과 악인, 하나님을 섬기는 자와 섬기지 아니하는 자를 분별하시고 심판하실 것입니다.

오게 될 엘리야(4장 4-6절)

4장 1-3절은 오실 메시아를 말씀하시고, 4-6절은 메시아의 길을 예비하러 오는 엘리야를 말씀합니다. 메시아가 오시면 이같이 선악을 심판하실 것이기에 그의 오실 길을 준비하며 내 삶을 살펴야 합니다. 세례 요한이 주의 오실 길을 예비함같이 나 자신이 내 삶을 준비하여 메시아를 맞이해야 합니다. 하나님의 말씀을 기억해야 합니다. 말씀에 귀를 기울이고 순종해야 합니다. 말씀을 부지런히 대해야 합니다.

음성 강의
말라기

말씀 개요

1장 1-5절	하나님의 사랑
1장 6절-2장 9절	제사장들의 죄
2장 10절-3장 15절	백성들의 죄
3장 16-18절	기념책
4장 1-3절	오실 메시아
4장 4-6절	오게 될 엘리야

성경 본문
말라기

100일 통독

CHECK

78일 학개, 스가랴, 말라기 ☐

ΚΑΤΑ ΜΑΘΘΑΙΟΝ

The Genealogy of Jesus Christ
(Lk 3.23–38)

일러두기

1. 이 책의 성경 각 권의 내용을 먼저 읽습니다.
2. 각 권의 마지막에 정리된 개요의 QR코드를 검색하여 저자의 음성 강의를 듣습니다.
3. 그 아래 '100일 통독표'의 QR코드를 검색하여 날짜에 해당하는 분량의 성경을 통독합니다.
4. 성경통독 QR코드를 검색하여 '갓피플 성경통독' 어플을 이용해보세요(476p).
5. 이 책에 언급된 성경 안의 단어나 어구의 사용 빈도는 원어성경과 영어성경을 참조하여 한글성경과 다를 수 있습니다.

〈저자 음성 강의〉 〈성경본문 통독〉 〈갓피플 성경통독 어플〉

신약

New Testament

사복음서

마태복음, 마가복음, 누가복음, 요한복음을 '복음서'라고 말합니다. 복음은 '복된 소식, 굿 뉴스'입니다. 이 4권은 이런 소식을 전하는 책이기에 복음서라고 명합니다. 가장 놀라운 복음은 '예수 그리스도'입니다. 이 책들은 예수 그리스도가 초점입니다. 이 땅에 오시어 놀라운 일을 행하시고, 말씀을 가르치시고, 우리를 위해 고난을 받으시어 십자가에서 돌아가시고, 사흘 만에 부활하시고, 하늘로 올라가신 예수님의 전 생애와 말씀과 사역을 기록한 것입니다.

특히 이 중에서 마태복음과 마가복음과 누가복음은 상당히 많은 내용들을 공통의 관점으로 기록해서 '공관복음'이라 일컫습니다. 마태복음의 45퍼센트, 마가복음의 76퍼센트, 누가복음의 41퍼센트가 서로 중복됩니다. 특히 마가복음의 94퍼센트가 마태복음에 들어 있습니다. 마태복음에만 기록된 것은 20퍼센트, 마가복음에만 있는 것은 3퍼센트, 누가복음에만 있는 것은 35퍼센트입니다. 공관복음이 상호의존적이라면 요한복음은 독자적으로 기록되었습니다. 요한복음의 90퍼센트가 나머지 세 복음서에는 없습니다.

복음서의 이해 1 – 수평적, 수직적 이해

복음서를 이해하려면 수평적으로 살펴보는 게 중요합니다. 본문의 전후 문맥을 자세히 보고, 같은 사건이나 메시지를 다른 복음서와 병행해서 살피는 것입니다. 같은 사건이라도 각 책에 따라 강조되는 메시지가 다를 수 있기 때문이지요. 성령께서 각 책을 통해 말씀하시는 각각의 특징이 있습니다.

또한 수직적으로도 보아야 하는데, 사적私的인 상황을 살피는 것입니다. 예수께서 처한 역사적 상황과 복음서를 기록한 때의 상황을 이해하는 것이지요. 왜냐하면 복음서를 기록하면서 그 내용을 전달할 때 예수님의 생애를 단지 역사적으로만 살피지 않았다는 것을 알아야 합니다. 또한 전후 문맥과 사건과 메시지를 살펴보아야 합니다. 복음서는 지난 일들을 기록하면서 놀랍게도 현재의 형태로 주어져서 바로 지금 우리에게 주시는 하나님의 말씀에 초점이 맞추어져 있습니다.

복음서의 이해 2 – 시간적, 공간적 이해

복음서는 전기傳記나 역사의 기록이 아니기에 연대나 시간순으로 기록되어 있지 않습니다. 누가복음은 비교적 시간순으로 기록되어 있으나 마태복음, 마가복음, 요한복음은 대부분 주제별로 묶여 있지요. 따라서 각 장의 내용들을 시간적 배열로 이해한다면 말씀 전체를 정확하게 이해하는 데 어려울 것입니다.

오히려 복음서 안에서 시간과 공간 개념의 요소로 보면 좋겠습니다. 이것은 마치 날줄과 씨줄 같은 것이지요. 복음서를 시간 개념의 관점으로 보면 예수님이 사적으로 사셨던 30년의 기간이 짧게 기록되어 있고, 대부분은 그 후 3년 반의 예수님 사역(공생애) 기간에 대한 내용입니다. 예수님의 모든 사역의 상당히 많은 영역은 유월절 사건이 중심입니다. 예수님의 공생애 사역

중에 유월절이 네 번 있었는데 이것을 기준으로 예수님의 사역을 살펴보는 것입니다. 예수께서 유월절마다 예루살렘에 가시고, 다시 북쪽으로 올라가 사역하시는 내용이 복음서 전반에 기록되어 있습니다.

또한 복음서를 이해하려면 공간 개념도 알아야 합니다. 예수께서 사역하시던 장소, 사역의 주 무대를 살피는 것이지요. 사역의 중심은 당연히 예루살렘이지만 많은 경우 북부 지방의 갈릴리와 가끔씩 중부 지방의 사마리아에서 사역을 하셨습니다. 동시에 동쪽 베레아Perea 지역이나 북쪽 두로와 시돈 같은 이방 지역에서도 사역하셨지요. 이곳들을 살펴보는 것도 중요합니다.

예루살렘은 예수님의 사역에 있어서 중요한 위치입니다. 유다 지방의 중심 도시이며, 성전이 있는 곳이지요. 정치와 경제와 교육과 종교의 중심지이고, 로마 정치인들이 머무는 곳이며, 로마 문화와 맞닿은 곳입니다. 바리새파와 사두개파와 서기관과 제사장 그룹들이 활동하는 주 무대이기도 하지요.

예수님은 공생애 중 일 년에 한 번 맞는 유월절에는 반드시 예루살렘 성전을 방문하셨습니다. 그런 모든 여정과 말씀과 사역의 중심에는 제자훈련이 반드시 있었지요. 예수님은 대중적인 사역보다는 제자훈련에 더 집중하십니다. 어느 특정 과목을 설정하지 않으시고, 모든 상황에서 일어나는 것들을 통해 제자들을 훈련시키시는 '움직이는 교실'이었지요. 일상적인 삶에서 일어나는 일들을 통해 말씀하시고, 그것을 개인의 삶에 적용할 수 있게 하는 매우 효과적인 교육이었습니다.

사자와 종과 사람과 하나님이신 예수님

사복음서는 예수님을 각각 다르게 보여주며 강조합니다. 마태복음은 왕으로서의 예수님의 모습을 부각합니다. 특히 유다 지파의 '사자'Lion이신 예수님의 모습이 강조되지요. 마가복음은 섬김을 받는 게 아니라 오히려 섬기러 오신 '종'으로서의 모습, 누가복음은 온 세상을 구속하는 희생 제물이 되신 '사람'으로서의 모습을 부각합니다. 요한복음은 하나님이 아버지이심을 나타내시고자 오신 '하나님'이신 예수님을 강조합니다.

예수님을 소개할 때 에스겔서 1장 10절의 "그 얼굴들의 모양은 넷의 앞은 사람의 얼굴이요, 넷의 오른쪽은 사자의 얼굴이요, 넷의 왼쪽은 소의 얼굴이요, 넷의 뒤는 독수리의 얼굴이니" 하는 하나님의 모습을 각 책마다 소개합니다. 마태복음은 사자인 왕의 모습으로, 마가복음은 소, 섬기러 오신 종으로, 누가복음은 사람, 온 세상을 구속하는 희생제물로, 요한복음은 높이 올라가 태양을 직시하는 독수리로 소개하지요. 마태복음과 마가복음에는 다스리는 왕과 섬기는 종의 대조를 이루고, 누가복음과 요한복음에는 예수님의 사람 되심인 인성人性과 하나님이심인 신성神性의 대조를 이룹니다.

또한 사복음서는 모든 사람과 세대를 대상으로 기록되었지만 특정한 그룹에게 독특한 방법으로 예수님을 소개합니다. 마태복음은 유대인에게, 마가복음은 로마인에게, 누가복음은 이방인에게, 요한복음은 모든 민족에게 중점적으로 소개하지요.

마태복음과 누가복음은 예수님의 출생으로 시작합니다. 마가복음은 예수님이 세례를 받으심으로 시작하고, 요한복음은 태초부터 계신 말씀으로 시작합니다.

마태와 요한은 예수님의 제자이고, 마가와 누가는 예수님 제자의 제자들입니다. 즉 마태와 요한은 직접 경험한 예수님을 전하고, 마가와 누가는 사도들에게 들은 예수님을 전합니다. 그러나 분명한 것은 사복음서의 저자는 성령 하나님이시라는 것이지요. 네 명의 기록자의 상황과 경험이 그대로 묻어나면서도 근본적으로는 같은 하나님의 메시지를 전합니다.

마태복음 하나님나라의 왕으로 오신 예수 그리스도

M A T T H E W

마태복음은 하나님나라가 임하는 것을 배경으로 왕으로 오신 예수님을 중점적으로 소개합니다. 이런 관점으로 마태복음을 다섯 영역으로 나눌 수 있습니다. 특히 "예수께서 말씀을 마치시다"가 7장 28절, 11장 1절, 13장 53절, 19장 1절의 네 군데에 있습니다. 이를 중심으로 내용을 분류하면 다음과 같습니다.

- 하나님나라의 시민으로서의 삶은 어떤 것인가(1:1-7:29).
- 하나님나라의 사역자들은 어떻게 살아야 할 것인가(8:1-11:1).
- 하나님나라는 어떤 나라인가(11:2-13:53).
- 하나님나라에서의 관계와 제자도란 어떤 것인가(13:54-19:1상).
- 하나님나라는 어떻게 완성되는가(19:1하-28:20).

'하나님나라'라는 큰 주제 아래 왕이신 예수 그리스도와 그의 나라, 그의 시민, 그의 대분부로 이루어져 있습니다.

하나님나라

1장은 예수님의 족보를 먼저 말합니다. 이는 예수 그리스도께서 이 땅에 다윗의 혈통을 따라 합법적으로 오신 유대인의 왕이며 온 인류의 왕이라는 것을 말해줍니다. 이 책에 '다윗의 자손'이란 말이 다른 복음서보다 더 많이 언급됩니다(1:1, 15:22, 21:9, 21:15).

2장은 누가 왕인지에 대한 내용입니다. 동방박사들이 유대인의 왕으로 오신 이를 경배하러 왔다고 하자 온 예루살렘에 소동이 일어납니다. 이 일로 헤롯은 매우 두려워하며 경쟁의식을 갖게 되고, 두 살 미만의 남자아이들을 모두 죽일 것을 명령하지요.

3장은 예수께서 왕으로 오시는 것과 그분을 영접하기 위해 우리를 준비시키시는 말씀입니다. 세례 요한의 주 사역은 왕이신 예수 그리스도의 오심을 전하고 사람들이 왕을 맞이할 준비를 하게 하는 것이지요. "회개하라 천국이 가까이 왔느니라"라는 그의 메시지는 왕이신 주님을 우리가 어떻게 모실 것인가를 알려줍니다.

4장은 예수님 사역의 시작을 알립니다. 예수님의 세 가지 중심 사역은 '가르치심, 전파하심, 고치심'입니다.

5장-7장은 '산상수훈'이라고 하며, 하나님나라의 시민들이 이 땅에서 어떻게 살아갈 것인가를 말합니다.

10장은 하나님나라의 사역자들의 사역 원리를 말합니다.

13장은 하나님나라를 비유로 설명하는 '비유장'입니다. 천국의 비밀을 일곱 가지 비유로 말씀하십니다. 씨 뿌리는 비유, 겨자씨 비유, 누룩 비유, 가라지 비유, 밭에 감추인 보화의 비유, 진주의 비유, 그물의 비유입니다.

17장은 변화산에서의 장면입니다. 왕이신 예수 그리스도의 변화된 모습을 보여줍니다. 예수님의 얼굴이 해같이 빛나고 옷은 빛과 같이 희어졌습니다. 또한 모세와 엘리야가 예수님과 더불어 말합니다. 모세와 엘리야는 구약, 즉 '율법과 선지자'의 대표자들입니다. 구약의 모든 성경은 예수 그리스도께 초점이 맞추어져 있습니다.

18장은 제자도의 원리, 즉 '섬김'과 '회복'과 '용서'의 삶을 설명합니다.

21장은 드디어 예루살렘에 왕으로 입성하는 예수님의 모습을 보여줍니다.

24장은 '말세장'이라고 불리며 하나님나라가 언제, 어떻게 임하는가에 대한 내용입니다.

25장은 하나님나라에 대한 또 다른 영역에서의 비유를 들고 있지요. 열 처녀 비유, 달란트 비유, 그리고 양과 염소의 구분 등 세 가지 천국의 비유입니다.

27장에서 예수님은 빌라도 앞에서 왕이란 명칭을 사용합니다. 십자가 위와 그의 머리 위에 왕이심을 나타냅니다.

그리고 마지막 장인 28장은 부활하신 예수께서 '하늘과 땅의 모든 권세를 가진' 왕으로서 그의 백성인 교회에게 명하는 대분부로 마칩니다. 예수 그리스도는 단지 유대인의 왕만이 아니라 모든 나라의 왕이시기에 "가서 모든 민족을 제자로 삼으라"라고 분부하십니다. 마태복음의 예수님은 왕으로서 자색 옷을 입고 금관을 쓰고 나타나십니다.

교회, 예수 그리스도의 동역자

마태복음은 특히 교회에 대한 관심을 보여줍니다. 그래서 공관복음 가운데서도 마태복음만 '교회'라는 단어를 사용하지요. 가이사랴 빌립보에서 베드로의 신앙 고백 후에 예수님은 교회에 대한 가장 중요한 핵심을 말씀하십니다(16:13-19). 교회는 건물이 아니라 예수 그리스도 안에서 믿는 자가 서로 교제하는 게 교회의 신분이며, 더 나아가 세상에 영향을 주어 하나님나라를 이루는 게 교회의 사명임을 명백하게 보여줍니다.

두세 사람이 주의 이름으로 모이는 것이 교회요(18:20), 주의 권세로 각 나라, 즉 사회의 각 영역과 종족들을 제자로 삼는 게 교회의 사명입니다(28:18-20). 그리스도인 사이의 관계 해결을 교회가 해야 한다고 말한 것도 마태복음뿐입니다(18:17). 왕이신 그리스도는 그의 나라를 이루는 데 교회를 동역자로 부르셨습니다.

유대인, 마태의 관심 대상

마태는 유대인들이 먼저 주를 믿고 나오기를 원했습니다. 가나안 여인이 예수님께 도움을 청했을 때 "나는 이스라엘 집의 잃어버린 양 외에는 다른 데로 보내심을 받지 아니하였노라"라고 하셨습니다(15:24). 또한 열두 제자를 파송할 때도 "이방인의 길로도 가지 말고 사마리아인의 고을에도 들어가지 말고 오히려 이스라엘 집의 잃어버린 양에게로 가라"라고 하셨지요(10:5,6).

물론 유대인에게만 복음이 필요하다고 하는 게 아닙니다. 예수께서 "너희는 가서 모든 민족을 제자로 삼으라" 하심에서도 알 수 있듯이 예수님은 세상을 구원하기 위해 오셨습니다(28:19). 마태는 유대인을 향한 하나님의 마음을 강조해서 보여주고 있는 것이며 이방인을 소외시키는 게 아닙니다.

한편 서기관과 바리새인에 대해서는 엄중히 꾸짖습니다. 예수님은 그들의 교훈을 조심하라고 경고하십니다(16:12). 마태복음 23장만큼 서기관과 바리새인을 심하게 책망한 곳이 없습니다.

선지자로 하신 말씀을 이루려 하심이라

마태복음에서 우리가 관심 있게 볼 것은 "하나님이 선지자로 하신 말씀을 이루려 하심이라" 하는 구약의 말씀을 인용하여 예수님의 사역은 이미 오래 전에 선지자들을 통해 예언된 것임을 보여준다는 것이지요.

동정녀를 통해서 이 땅에 오심(1:22,23), 베들레헴에서 태어나심(2:5,6), 애굽으로 피난 가심(2:14,15), 많은 사내아이들이 헤롯에게 죽임을 당함(2:16-18), 주님께서 애굽에서 돌아오셔서 나사렛에 사신 것도 이미 구약에서 나사렛이라는 동네에서 사실 것을 예언한 말씀대로 응한 것임(2:23), 세례 요한의 사역도 이미 구약에서 예언된 것임(3:3)을 말씀하십니다.

예수님의 오심이 창세 전부터 하나님께서 계획하시고, 그분의 섭리 가운데 이루어진 것임을 보여줍니다. "그는 창세 전부터 미리 알린 바 되신 이나 이 말세에 너희를 위하여 나타내신 바 되었으니"(벧전 1:20), "때가 차매 하나님이 그 아들을 보내사 여자에게서 나게 하시고"(갈 4:4), 또한 하나님은 예수 그리스도 안에서 우리에 대한 구원의 계획을 "때가 찬 경륜을 위하여 예정"하셨습니다(엡 1:9).

특히 예수님의 모든 삶과 사역에 관한 결정은 전적으로 구약의 선지자들에게 하신 하나님의 말씀에 순종하는 것입니다. 4장에서 주님께서 거주지를 옮기실 때도 말씀에 순종해서 옮기십니다(4:12-16). 어디에 살 것인가를 정할 때도 세상의 기준이 아니라 하나님의 기준을 따라서 옮기신 것이지요. 여기서 우리는 하나님나라의 시민으로서의 삶에 대한 원칙을 볼 수 있습니다. 롯처럼 인간의 관점과 기준으로 거주할 곳을 정하지 말고, 아브라함처럼 하나님의 관점과 기준으로 정하는 게 필요합니다(창 13장).

8장은 예수님의 치유 사역에 대한 말씀입니다(8:16,17). 사람들의 상함을 치유하시고, 회복하시는 일들을 통해 구약의 말씀에 순종하셨지요. 사역을 정할 때도 하나님께서 원하시는 사역을 하는 게 중요합니다. 세상에서 인기 있고 내가 원하는 사역이 아니라 하나님의 말씀에 따라 사역해야 합니다.

13장에서 예수께서 주로 비유로 말씀하신 이유도 구약의 하나님의 말씀에 순종하시기 위함이었지요(13:34,35). 말씀을 전할 때도 내가 원하는 메시지가 아니라 하나님이 전하기를 바라시는 걸 전해야 합니다. 내가 얼마나 인기를 얻을 것인가가 아니라 오직 하나님의 뜻을 전달하는 게 초점이 되어야 합니다.

21장에서 종려주일에 왕으로서 예루살렘에 입성하실 때도 예수님은 나귀를 타셨습니다. 말이나 마차를 타고 화려하게 입성하신 게 아니라 초라한 나귀를 타고 겸손하게 오신 예수님을 소개합니다(21:1-5). 그런 모습으로 입성하신 이유도 구약의 말씀대로 순종하신 것이지요.

끝으로 26장에 가룟 유다의 음모로 예수님이 붙잡히실 때 사람들이 칼과 몽치를 갖고 와서 예수님을 잡으려고 하자 베드로가 칼을 빼어 말고의 귀를 베었습니다. 그때 주님께서 "내가 힘이 없어서 붙잡히는 게 아니다. 내가 지금이라도 아버지께 요청해서 하늘나라의 열두 군단 더 되는 천사들을 보내시게 할 수 없는 줄 아느냐? 그러나 내가 만일 그렇게 하면 이런 일이 있으리라 한 성경이 어떻게 이루어지겠느냐"라고 하십니다(26:51-54). 예수께서 자신의 권위와 능력을 사용하지 않으시고 힘없이 붙잡히신 것도 선지자들의 예언을 이루기 위함이라고 하셨지요.

이처럼 마태복음은 예수께서 하나님의 뜻에 전적으로 순종하며 그의 뜻을 이루신 것을 강조합니다. 또한 왕으로 오신 예수님을 설명하기 위해 130번 이상이나 구약을 인용하면서 소개하지요. 마태복음에서만 동방박사에 대한 것과 예수께서 애굽으로 피신하신 것과 산상수훈을 기록하여 예수님이 왕이시라는 것과 그의 나라인 왕의 나라를 언급합니다. 어떤 복음서보다도 구약과 예수 그리스도의 관계를 구체적으로 강조하면서 기록했습니다.

산상수훈의 열 가지 내용

1. 하나님나라의 시민이 받는 팔복(5:3-12)
2. 세상에 영향을 주는 그리스도인의 삶(5:13-16)
3. 하나님의 율법의 참된 의미(5:17-48)
4. 구제와 기도와 금식의 올바른 동기(6:1-18)
5. 하나님을 섬기는 올바른 목적(6:19-34)
6. 판단에 대한 경고, 이웃을 판단하지 말라(7:1-6)
7. 기도의 삶으로 초대, 기도의 특권과 복(7:7-12)
8. 두 길, 넓은 길과 좁은 길(7:13,14)
9. 열매의 중요성, 열매로 나무를 알라(7:15-20)
10. 행동의 중요성, 하나님을 향한 순종(7:21-29)

또 다른 구조

4장 17절과 16장 21절, "이때부터 예수께서 비로소 … 을 시작하시니라from that time on Jesus began"를 중심으로 세 부분으로 나눌 수 있습니다.

"이때부터 예수께서 비로소 전파하여 이르시되 '회개하라 천국이 가까이 왔느니라' 하시더라"(4:17), "이때로부터 예수 그리스도께서 자기가 예루살렘에 올라가 장로들과 대제사장들과 서기관들에게 많은 고난을 받고 죽임을 당하고 제삼일에 살아나야 할 것을 제자들에게 비로소 나타내시니"(16:21).

이 두 구절을 중심으로 다음과 같이 구성할 수 있습니다.

- 왕과 왕의 나라가 준비됨(1:1-4:16)
- 왕의 나라의 원칙들(4:17-16:20)
- 왕이 나타나심-왕국은 정치적인 힘에 의한 게 아닌 고난과 십자가의 죽음, 그리고 부활로 이루어짐(16:21-28:20).

음성 강의
마태복음

말씀 개요

1장-7장	하나님나라의 시작
8장-11장 1절	하나님나라의 사역자
11장 2절-13장 53절	하나님나라의 비유
13장 54절-19장 1절 상	하나님나라의 제자도
19장 1절 하-28장	하나님나라의 완성

성경 본문
마태복음

100일 통독

		CHECK
79일	마태복음 1장-10장	☐
80일	마태복음 11장-18장	☐
81일	마태복음 19장-28장	☐

마가복음 놀라우신 예수님

M A R K

마가복음은 '이 땅에 섬기는 종으로 오신 예수 그리스도'를 중점적으로 다룹니다. 이 복음서는 예수님을 가장 사실에 가깝게 기록했습니다. 거의 다큐멘터리에 가까운 책이라고 할 수 있지요. 왜냐하면 마가는 예수님의 최측근인 제자 베드로의 통역관이자 그의 영적 아들이기 때문입니다. 그는 베드로가 예수님의 생애와 가르침과 사역에 대해 전할 때마다 통역하면서 누구보다도 예수님에 대해 가장 많은 감동을 받은 사람이었지요.

마가복음은 전체 16장, 109부분, 678절로 이루어져 있습니다. 그중에 93부분, 606절이 마태복음과 같습니다. 또한 81부분, 320절이 누가복음에 나타납니다. 단지 마가복음의 4부분, 24절만 마태복음과 누가복음에는 없습니다. 마태복음과 누가복음을 기록할 때는 이미 마가복음이 있었다고 봅니다. 그래서 두 복음서가 마가복음에 기초를 두고 기록되었다고 볼 수 있지요. 같은 내용을 다루면서도 다른 관점으로 기록했습니다.

마가복음은 베드로의 설교를 바탕으로 한다는 점에서 의미가 있습니다. 그래서 그의 시각과 관점으로 읽는다면 감동이 배가될 것입니다.

극적인 묘사

마가복음은 예수님의 생애를 사실에 입각해 가장 생생하면서도, 간결하고, 극적인 방법으로 묘사합니다. 예수님이 하나님의 아들이심을 처음부터 강조합니다. 1장 1절에 "하나님의 아들 예수 그리스도의 복음의 시작이라"로 시작하면서 예수 그리스도가 얼마나 놀라운 분이신지를 소개합니다. 19번이나 '놀라운 분 예수 그리스도'라고 하며 제자들이 그분을 얼마나 놀라워했는지를 생생하게 기록하지요. 예수님의 사역과 말씀과 인품에 대해 측근의 제자들이 감동을 받아 경탄하는 모습을 있는 그대로 표현합니다.

동시에 예수님의 인성도 잘 기록하고 있습니다. 6장 3절은 직업을 목수의 아들로 소개하고, 31절은 피곤하여 쉬시는 모습, 34절은 사람을 불쌍히 여기시는 모습, 7장과 8장은 마음속 깊이 탄식하시는 모습, 10장은 부자 청년을 사랑하시는 모습, 11장은 배고픔을 느끼셔서 굶주림을 표현하시는 모습을 보여줍니다. 이 모든 것이 예수께서 이 땅에 사람으로 오셨다는 것을 나타내지요.

생생한 기술

전체적으로 리얼리즘을 바탕으로 소박한 문장으로 기록되었습니다. 문장이 투박하고 다듬어지지 않았으며, 어린아이가 말하는 것처럼 '또'라는 말을 자주 씁니다. 34번이나 이 말을 썼으며 41번이나 '즉시'라는 말을 사용하면서 굉장히 빠르게 내용이 전개됩니다.

또한 예수님의 사역을 현재시제로 설명하면서 마치 눈앞에서 일어나는 일을 생중계하듯 말하지요. 예를 들어 1장에서 예수께서 오전에 가버나움 회당으로 가서 말씀을 전하시고, 점심 때 베드로의 집에서 식사를 하십니다(베드로의 집은 가버나움 회당 맞은편에 있습니다). 늦은 오후에는 그 집 앞에 몰려온 많은 병자들을 고치십니다. 그리고 이른 새벽에 일어나셔서 한적한 곳에 가서 기도하시고, 다시 전도하러 나가시어 병자를 고치시지요.

1장 35절에 "새벽 아직도 밝기 전에 예수께서 일어나 나가 한적한 곳으로 가사 거기서 기도하시더니"라고 현재시제를 사용하여 지금 우리의 눈앞에서 일어나는 것처럼 기록했습니다. 이같이 예수님의 하루 일과표를 보여주듯이 표현합니다.

또한 전체적으로 헬라어로 기록하면서도 예수께서 말씀하신 아람어를 그대로 기록한 곳도 여러 군데 있습니다. 5장 41절의 '달리다굼', 7장 11절의 '고르반', 7장 34절의 '에바다', 14장 36절의 '아바', 15장 34절의 '엘리 엘리 라마 사박다니' 등이 예수님이 말씀하신 언어를 그대로 옮긴 것이지요.

구조

- **종의 신분**–네 가지 신분(1:1-13)

  하나님의 아들(1:1), 주(1:3), 능력 많으신 이(1:7), 나의 아들(1:11)
- **종의 사역**–능력 있는 사역(1:14-8:26)

  첫 메시지(1:14,15), 첫 능력 있는 사역(1:21-2:12), 네 사람을 제자로 부르심(1:16-20), 열두 제자를 선택하심(3:7-19), 그들을 파송하심(6:7-13)
- **종의 고통**(8:27-15:47)–세 번에 걸친 십자가 예고(8:31-9:1, 9:2-13, 9:30-32).

  고난 주간(11장-15장)

  –첫째 날: 승리의 입성(11:1-11)

  –둘째 날: 성전 정결, 무화과 저주(11:12-19)

  –셋째 날: 감람산 설교(11:20-13:37)

–넷째 날: 베다니 방문, 배신 당하심(14:1-11)

–다섯째 날: 유월절 만찬, 겟세마네 기도, 잡히심,
베드로의 부인(14:12-72)

–여섯째 날: 빌라도 재판, 십자가, 장사 지냄(15장)

• **종의 승리**: 네 가지 승리(16:1-20)

–부활하심(1-8절): 빈 무덤

–나타나심(9-18절): 막달라 마리아, 시골로 가는 두 사람, 열한 제자에게
나타나시고 명하심

–승천하심(19절): 승천하시어 하나님 우편에 앉으심

–역사하심(20절): 제자들이 나가 복음을 전파할 때 주께서 역사하심

고난과 죽으심과 부활

공관복음은 고난 주간에 예수님이 행하신 일과 말씀, 그리고 붙잡혀 고난 받으심, 십자가를 지심, 죽으시고 부활하심에 대한 내용이 전체의 3분의 1 이상을 차지하면서 예수님의 고난을 복음서의 중심에 둡니다. 이러한 배경을 바탕으로 마가복음에는 하나님의 아들의 모습과 섬기는 종의 모습이 중점적으로 기록되어 있지요. 고난을 통해서 섬기는 종의 모습이 드러납니다.

또 여러 차례 예수께서 자신이 메시아이심을 숨기십니다. 이는 죽음을 통해서 그 목적을 성취하시는 고난의 종이신 예수님을 설명하고자 하는 것이지요. 하지만 제자들은 예수님이 고난 당하신다는 것을 깨닫지 못합니다. 왜냐하면 '섬기는 고난의 종'에 대한 이해가 전혀 없었기 때문이지요. 마가복음은 예수님의 이런 모습을 수차례 기록하면서 주님이 고난을 통해서 우리를 섬기시는 모습을 보여줍니다.

주님께서 눈먼 자를 한 번 안수하시어 고치실 때도 있었지만 어떤

경우에는 두 번 안수하십니다. 소경에게 안수하시고 "무엇이 보이냐?"라고 물으시니 그가 "나무 같은 것이 걸어가는 것이 보입니다" 하고 대답합니다. 그때 주님은 다시 안수하셔서 그가 밝히 볼 수 있게 하셨지요. 우리도 기도할 때 한 번에 응답되지 않았다고 포기하지 말고, 다시 시도할 필요가 있습니다. 병자를 위해 기도하거나 하나님나라를 위해 사역할 때도 여러 차례 시도하는 것을 두려워하지 말아야 합니다.

또한 마가복음은 예수님의 사역을 지리적으로도 구별해서 설명합니다. 갈릴리 지방에서의 사역하심(1:1-6:13), 갈릴리 북부에서의 사역(6:14-8:30), 예루살렘으로 향하심(8:31-10:52), 고난 주간을 예루살렘에서 보내심(11:1-16:8) 등을 살펴볼 수 있습니다.

우리를 위해 일하신다

마가복음의 특이한 점은 1장 1절입니다. "하나님의 아들 예수 그리스도의 복음의 시작이라"라고 말씀하십니다. 이것은 창세기 1장 1절 "태초에 하나님이 천지를 창조하시니라"와 대조되는 말씀이지요. 즉 천지를 창조하신 하나님이 사람이 되셔서 우리 가운데 계시며 우리를 위해 일하신다는 것입니다.

또 요한복음 1장 1절의 "태초에 말씀이 계시니라"와 요한일서 1장 1절의 "태초부터 있는 생명의 말씀에 관하여"도 좋은 대조입니다. 요한복음의 하나님이신 태초에 생명의 말씀이 사람으로 오셔서, 요한일서에서는 사람으로 오신 하나님이 사람과 사귄다는 것입니다. 더 나아가 우리 모두는 말씀 안에서 서로 사귐을 갖게 됩니다.

요한복음은 '하나님이 세상을 이처럼 사랑하시다'이고, 요한일서는 '우리가 서로 사랑하자'입니다. 하나님의 놀라운 사랑을 받았기에 그 사랑으로 서로 사귐을 가져야 한다는 것입니다. 요한복음은 하나님의 수직적인 사랑을, 요한일서는 하나님의 수평적인 사랑을 설명합니다.

마가복음은 복음으로 시작해서 복음으로 마치는 것이 특징입니다(16:19,20). 1장 1절에 이 세상에 오신 예수 그리스도의 복음을 전파하는 세례 요한이 나오고, 마지막 16장 20절에는 제자들이 다시 오실 예수 그리스도를 전파하는 복음으로 마칩니다.

음성 강의
마가복음

말씀 개요

1장 1–13절	**종의 신분** 네 가지 신분으로 묘사
1장 14절–8장 26절	**종의 사역** 능력 있는 네 가지 사역
8장 27절–15장 47절	**종의 고통** 고난과 십자가
16장 1–20절	**종의 승리** 네 가지 승리

성경 본문
마가복음

100일 통독

일	본문	CHECK
82일	마가복음 1장 – 9장	☐
83일	마가복음 10장 – 16장	☐

누가복음 사람의 아들로 오신 메시아

L U K E

누가복음은 특히 사람의 아들로 오신 예수님의 인성을 강조하면서 기록합니다. 내용과 문장과 문체가 매우 아름답기 때문에 '이 세상에서 가장 아름다운 책'이라고도 불립니다.

이 책을 기록한 누가의 직업은 의사입니다. 골로새서 4장 14절 "사랑을 받는 의사 누가와 … 문안하느니라"를 통해 이를 알 수 있지요. 그는 신약 성경의 기록자 중에 유일하게 유대인이 아닌 이방인으로서 복음서를 기록했습니다.

상세한 기록

목사는 사람의 가장 선한 것을 보고, 법관은 사람의 가장 나쁜 것을 본다면, 의사는 사람을 있는 그대로 본다고 말할 수 있습니다. 그런 면에서 하나님께서 의사로서의 누가를 사용하시어 복음서를 기록하게 하실 때는 대단히 신중하게, 있는 그대로 정확하게 기록하도록 하신게 분명합니다. 예를 들어 3장 1,2절은 세례 요한의 사역에 대해 누가가 얼마나 정확하고 신중하게 기록했는지를 보여주지요. 세례 요한의 사역 시기의 역사적 상황을 여섯 가지나 제시하며 설명합니다.

첫째는 디베료가 로마의 황제 된 지 15년째입니다. 둘째는 본디오 빌라도가 유대 총독으로 있을 때, 셋째는 헤롯이 갈릴리의 분봉 왕으로 있을 때, 넷째는 그 동생 빌립이 이두래와 드라고닛 지방의 분봉 왕으로 있을 때, 다섯째는 루사니아가 아빌레네의 분봉 왕으로 있을 때, 마지막으로 안나스와 가야바가 당시의 대제사장으로 있을 때 하나님의 말씀이 요한에게 임했다고 하면서 역사적 사실에 입각해 정확하게 기록된 것임을 증명합니다.

누가의 이런 상세한 기록은 하나님의 마음을 잘 보여줍니다. 하나님은 구체적인 역사적 상황 속에서 일하시며 우리의 일상생활에 큰 관심이 있으십니다. 하나님은 세례 요한을 구체적인 역사적 상황으로 부르시고 일을 맡기십니다. 그의 주 사역은 오실 메시아의 길을 예비하는 것인데, 그가 사역할 때의 역사적인 상황은 절대로 만만하지 않았습니다.

그 일을 할 만한 어떤 것도 준비되어 있지 않은 것처럼 보입니다. 황제가 보좌에 앉아서 자신이 신적 능력을 가진 자라고 공언하고, 무능하고 부도덕한 정치가들이 판을 치는 세상이었습니다. 영적 지도자들은 정치인처럼 자신의 자리와 권력을 유지하기 위해 노력할 뿐 하나님의 백성들의 영적 상태에는 관심이 없었습니다. 세례 요한이 '사역하기 어렵다', '사람들의 마음이 딱딱해서 복음에 관심이 없다', '힘들다'라고 말할 만한 환경이었지요. 하나님은 그러한 구체적인 상황 속에 세례 요한을 보내신 것입니다.

오늘의 상황도, 하나님의 부르심도 달라진 게 없습니다. 우리에게도 다시 오실 예수 그리스도의 길을 예비하는 일이 주어졌습니다. 하나님은 누가복음을 통해 우리에게 도전하고 격려하십니다. 세례 요한을 통해 일하신 하나님은 지금도 우리를 통해 일하십니다. 우리에게 필요한 것은 세례 요한 같은 믿음과 순종이지요.

주께서 우리의 눈을 열어주셔서 역사와 지금 이 세상을 바로 보게 해달라고 기도해야 합니다. 그리고 지금 이러한 때 일하시는 하나님의 모습을 볼 수 있게 해달라고 기도해야 합니다. 무엇보다 세례 요한 같은 믿음을 구해야 합니다.

이방인들을 위한 복음

누가복음은 70명의 사역을 특별히 언급합니다. 10장에 주께서 70명의 제자들을 파송하는 장면이 나오는데 매우 독특합니다. 이 장면은 창세기 10장에 나오는 70족속을 연상하게 합니다. 이방인들까지 구원받기를 바라시는 하나님의 마음이 잘 나타나 있지요. 그래서 누가복음의 가장 놀라운 특징은 '이방인을 위한 복음'입니다.

누가복음은 날짜의 기록을 로마의 황제와 연대로 합니다. 마태복음과는 달리 구약의 예언의 성취로서의 예수님에 대해서는 가급적 인용을 피했습니다. 헬라인들이 이해할 수 있도록 히브리어를 기록할 때는 반드시 헬라어로 명칭을 표기했지요. 예를 들어 '가나안인 시몬'은 '셀롯인 시몬'으로, '갈보리'는 히브리어 '골고다' 대신에 헬라어인 '크라니온'으로 했습니다. 그러면서 이 두 단어의 뜻이 '해골의 장소'라는 걸 덧붙입니다.

예수님에 대해서도 '랍비'라는 말을 사용하지 않고, 한결같이 '선생'이라는 뜻의 헬라어를 사용하지요. 예수님의 족보도 유대 민족의 조상인 아브라함으로 시작하지 않고, 인류의 조상인 아담으로 시작하면서 예수님이 온 땅의 구주이심을 설명합니다.

기도하시는 예수님

누가복음의 또 다른 특징은 기도하시는 예수님의 모습을 가장 많이 설명한다는 것입니다. 예수님이 요한에게 세례를 받으시고 기도하실 때 하늘이 열리고 성령이 임하시며, 하나님의 음성을 들으셨습니다(3:21,22). 사역이 많아 바쁘실수록 더욱 기도하셨습니다(5:15,16). 열두 사도를 택해야 하는 중요한 결정을 하시기 전에는 산에서 밤새 기도하셨습니다(6:12,13).

예수께서 따로 기도하실 때 제자들에게 주께서 어떤 분인지와 또한 십자가의 죽음과 부활에 대해 최초로 말씀하셨습니다(9:18-27). 예수님이 베드로와 야고보와 요한을 데리고 산에 올라가셔서 기도하실 때 용모가 변화되고 옷이 희어 광채가 났습니다(9:28-36). 예수께서 한 곳에서 기도하고 마치셨을 때 제자들도 예수님이 기도하시는 모습을 보면서 기도를 배우기를 원했습니다. 기도의 모범을 가르쳐주셨는데 이것이 '주기도문'입니다(11:1-4).

또한 십자가를 지시기 전에 감람산에서 "예수께서 힘쓰고 애써 더욱 간절히 기도하시니 땀이 땅에 떨어지는 핏방울같이 되더라" 하신 것처럼 아버지 앞에 무릎을 꿇고 간절히 기도하셨습니다(22:44).

22장 31,32절에 "시몬아, 시몬아, 보라 사탄이 너희를 밀 까부르듯 하려고 요구하였으나 그러나 내가 너를 위하여 네 믿음이 떨어지지 않기를 기도하였노니 너는 돌이킨 후에 네 형제를 굳게 하라" 하신 말씀에서 베드로와 제자들을 위해 기도하심을 알 수 있습니다.

특히 5장 15,16절은 예수님의 기도의 삶을 보여줍니다. "예수의 소문이 더욱 퍼지매 수많은 무리가 말씀도 듣고 자기 병도 고침을 받고자 하여 모여 오되 예수는 물러가사 한적한 곳에서 기도하시니라"라고 되어 있지요. 누가는 예수님이 점점 유명해지시고 사역은 더욱 바빠졌지만 항상 시간을 내서 기도하신 모습을 강조합니다.

기도는 예수님의 라이프스타일입니다. 예수님은 우리에게 기도의 삶의 본을 보여주십니다. 밤에 찾아와 도움을 청하는 친구의 비유(11장)

와 불의한 재판관의 비유를 통해서(18장) 기도가 얼마나 중요한 것인가를 말씀하십니다. 또한 "시험에 들지 않게 일어나 기도하라"라고 제자들에게 말씀하십니다(22:46). 구하는 자에게 성령을 주신다고 하시며 구하는 기도를 강조하십니다(11:13).

보편적 복음

누가복음은 '여자의 복음'이라고도 합니다. 여자들에게 특별한 지위를 부여하고 있기 때문이지요. 마리아, 엘리사벳, 안나, 나인성 과부, 시몬의 집에서 예수님의 발에 기름을 붓고 닦은 여인, 마리아와 마르다, 막달라 마리아 등 다른 복음서에 비해 여인들이 주를 섬기는 사역들을 많이 보여주면서 그들의 사역에 지위를 부여하십니다. 당시에 여인들을 비하하는 이방인들에게 여자에 대한 하나님나라의 가치 기준을 제시한 것이지요.

또 '찬양의 복음'이라고 할 수 있습니다. 찬양의 구절이 다른 복음서들을 합친 것보다 훨씬 더 많습니다. 마리아의 찬양(1:46-55), 세례요한의 아버지 제사장 사가랴의 찬양(1:68-79), 천사의 찬양(2:14), 시므온의 찬양(2:29-32), 예루살렘 입성하실 때 무리들의 찬양(19:38) 등입니다.

누가복음은 '보편적 복음'이라고 할 수 있습니다. 특별히 돌보아야 할 그룹들이 있는 게 아니라 모든 사람에게 하나님의 사랑이 필요하다고 강조합니다. 장벽과 차별을 없애신 예수 그리스도가 만민을 위해 계신다는 것을 반복해서 말합니다.

하나님나라가 사마리아 사람들에게도 열려 있다는 것을 말씀하시고(9:51-56), 선한 사마리아인의 비유(10:25-37), 나병환자 중에서도 감사함을 표시한 이방인을 설명하시고(17:11-19), 사렙다 과부와 나아만을 본보기로 삼으시며(4:25-27), 이방인인 백부장의 믿음을 칭찬하시고(7:2-10), 동서남북에서 와서 하나님나라의 잔치에 참석할 거라는 말씀을 통해서도 설명합니다(13:29).

또한 가난한 사람들에 대한 특별한 관심을 표현합니다. 가난한 사람이 드리는 예물(2:24), 가난한 자에게 복음이 전파됨(7:22), 부자와 가난한 사람의 비유(16:19-31), 가난한 자는 복이 있다고 하신 말씀(6:20) 등입니다. 이와 같이 누가복음은 가난하고 소외되고 약한 자와 여자, 그리고 이방인 등 모든 사람들을 위한 복음인 것을 설명합니다. 특히 세리와 죄인들의 친구로서의 예수님의 모습을 자주 설명합니다. 눈물로 발 닦는 여인의 모습이나(7:36-50) 예루살렘으로 가시는 도중에 사마리아를 지나가시는 모습(9:51-56) 등이 바로 그런 예입니다.

당시 이스라엘 사람들이 북부의 갈릴리 지방에서 남부의 유대 땅으로 갈 때 가장 지름길인 사마리아 지방을 통과하지 않고 먼 길을 우회해서 지나갔습니다. 마찬가지로 남부 사람들도 북부로 갈 때 사마리아를 통하지 않고 외곽 길로 돌아갔습니다. 왜냐하면 역사적으로 사마리아인들은 이방인들과 접촉했기 때문에 그들을 순수한 이스라엘 사람이 아니라 이방인으로 취급했던 것이지요. 그러나 예수님은 사마리아를 통과하셨습니다. 그들을 절대로 소외시키지 않으셨지요.

15장의 탕자의 비유에서 둘째 아들인 탕자를 받아들이고 사랑으로 회복하는 장면을 기록합니다. 17장은 나병환자에 대해, 18장은 바리새인과 세리의 기도를, 19장은 세리장인 삭개오에 대해, 23장은 회개하는 강도에 대해 설명하면서 주께서 그들을 얼마나 사랑하시는지를 보여줍니다. 그리고 그들 또한 하나님나라의 구원받는 자가 됨을 언급합니다.

이런 면에서 누가복음은 인종과 계급과 성性을 초월하고, 부자나 가난한 자 모두를 하나님나라의 백성으로 모으는 넓은 의미에서의 복음을 가장 잘 표현한 책입니다.

음성 강의
누가복음

말씀 개요

1장-4장 13절	**인자로 오신 메시아 : 준비**
4장 14절-19장 27절	**인자의 메시지와 사역** 메시지(하나님나라) 사역(의인이 아닌 죄인을, 건강한 자가 아닌 병든 자를 위해)
19장 28절-23장	**인자의 고난과 죽음 : 순종하심**
24장	**인자의 부활과 승천 : 위임령**

성경 본문
누가복음

100일 통독

		CHECK
84일	누가복음 1장-9장	☐
85일	누가복음 10장-19장	☐
86일	누가복음 20장-24장	☐

요한복음 하나님의 아들로 오신 메시아

J O H N

요한복음은 정신의 양식을 얻고, 마음의 자양분을 받으며, 영혼의 안식을 얻을 수 있는 책입니다. 요한복음을 독수리에 비유하기도 하는데, 모든 생물 중에서 오직 독수리만이 태양을 직시하는 것처럼 우리로 하나님과 예수 그리스도를 바라보도록 하기 때문이지요. 또한 독수리가 높은 데서 예리한 눈으로 멀리 바라보는 것처럼 하나님의 마음으로 온 세상을 바라볼 수 있는 예리한 통찰력을 줍니다.

특징

요한복음은 다른 공관복음과 여러 면에서 다릅니다. 다른 복음서의 내용들 중 많은 부분을 건너뜁니다. 누구보다도 가장 자세하게 설명할 것같이 보이는 예수님의 탄생, 세례, 시험, 최후의 만찬, 겟세마네 기도, 승천에 대한 것 등이 없습니다. 더 놀라운 점은 예수님의 비유가 하나도 기록되어있지 않다는 것이지요.

다른 복음서에는 예수님 사역의 중심지가 갈릴리이며, 가끔씩 예루살렘에 올라가신 것으로 되어 있다면 요한복음에는 예루살렘과 유대로, 가끔 갈릴리에 가신 것으로 되어 있습니다. 주님은 매년 유월절에 예루살렘에 계셨습니다. 그래서 요한복음에는 유월절이 세 번 언급됩니다. 성전을 정결하게 하시던 때(2:13), 오병이어로 5천 명을 먹이시던 때(6:4), 십자가를 지러 가시던 때입니다. 또 다른 명절(5:1), 초막절(7:2,10), 겨울철인 수전절에도 그곳에 계셨습니다(10:22).

그리고 요한복음에만 기록된 것들이 있습니다. 갈릴리 가나의 혼인 잔치에서 물을 포도주로 만드신 것(2:1-11), 니고데모가 예수님을 찾아온 것(3:1-15), 사마리아의 우물가의 여인을 만나신 것(4:7-42), 죽은 나사로의 부활(11장), 제자들의 발을 씻기신 것(13장), 무엇보다 여러 군데 언급한 보혜사 성령입니다(14장-17장). 이 사건들은 그리스도인의 신앙에 있어서 매우 중요한 부분을 차지합니다.

또한 몇몇 제자들을 생생하게 묘사합니다. 부활하신 예수님에 대한 도마의 말(11:16, 14:5, 20:24-29), 전도자 안드레의 순수함과 열정(1:40,41, 6:8,9, 12:22), 똑똑한 빌립의 개성(6:5-7, 14:8,9), 예수님의 발에 비싼 기름을 붓는 여인을 보고 트집 잡는 유다를 볼 수 있습니다(12:4-6).

요한복음을 기록한 사람은 예루살렘의 거리를 손바닥을 보듯 훤히 알고 있음이 분명합니다. 양문과 그 곁의 베데스다 연못이 있다는 것(5:2), 실로암 못(9:7), 솔로몬 행각(10:23), 기드론 시내(18:1), 가바다라고 불리는 돌을 깐 뜰(19:13), 해골이라 불리는 골고다(19:17) 등을 언급합니다. 예루살렘은 A.D.70년에 파괴되었고, 요한복음은 그후 약 30년 정도 지나서 기록되었음에도 정확하게 기억하여 기록하고 있지요.

기록자 요한

요한복음의 기록자인 요한은 세베대의 아들이자 야고보의 동생입니다. 이들은 비교적 부유한 환경에서 성장했지요. 어머니 살로메는 오늘날 치맛바람의 원조입니다. 그런데 예수님은 거기에 휘둘리지 않으시고, 지혜롭게 대처하십니다. 요한과 야고보는 또 다른 동업자인 베드로와 안드레와 함께 가장 먼저 제자로 부르심을 받습니다. 이들 형제는 ‘보아너게’ 즉 ‘우레의 아들’이라고 불렸을 정도로 극단적이고 배타적이며 편협적이었지요(막 3:17).

예수님은 베드로와 야고보와 요한, 이 세 사람을 더 가까이 대하십니다. 중요한 일이 있을 때마다 이들을 데리고 가십니다(막 5:37, 9:2, 14:33). 요한은 누구보다도 예수님과 가장 가까이 있는 특권이 있었습니다. 최후의 만찬 때도 예수님의 품에 의지해 기대어 있었지요(13:23-25). 그는 예수님의 행하심과 말씀과 최후의 시간들을 직접 보고 들은 목격자입니다(19:35). 그래서 “이 일들을 증언하고 이 일들을 기록한 제자가 이 사람이라 우리는 그의 증언이 참된 줄 아노라”라고 했습니다(21:24). 요한은 열두 사도 중에서도 리더십 팀의 일원이었는데, 초대교회에서도 마찬가지였습니다. 베드로와 야고보와 요한을 ‘교회의 기둥’이라고 일컬었지요(갈 2:9).

아바 아버지

요한복음은 하나님의 아들로 오신 예수님의 신성을 중점적으로 설명합니다. 하나님을 아버지로 130번 이상 소개하면서 예수님이 하나님의 아들이심을 보여주지요.

1장 18절에 아버지의 품 안에 안겨 있는 독생자 예수님을 소개합니다. 예수께서는 여러 차례 하나님을 ‘아바 아버지’라고 부르십니다. ‘아바’abba는 아람어로 ‘아빠’라는 뜻입니다. 동시에 예수님은 우리에게 하나님이 우리 아버지이심을 소개하십니다. 14장 6절에 예수께서 “내가 곧 길이요 진리요 생명이니 나로 말미암지 않고는 아버지께로 올 자가 없느니라”라고 말씀하실 때, 길과 진리와 생명이신 예수님보다 아버지이신 하나님을 소개하십니다. 이 말씀은 다음과 같이 설명할 수 있습니다. “하나님은 나의 아버지이시며 동시에 너희의 아버지이시다. 나는 너희 모두가 내 아버지요 너희의 아버지이신 그분을 깊이 만나기를 원한다. 내가 바로 그 아버지를 만나는 길이다."

요한복음은 하나님을 무서운 심판자나 왕으로 소개하기보다는 우리를 가장 잘 이해하시고, 우리의 모든 필요를 돌보시고, 우리를 아끼시며, 도우시고, 사랑하시며, 지지하시는 아빠 아버지로 소개합니다.

일곱 개의 표적

요한복음에서는 예수께서 행하신 일들을 설명할 때 기적이라 하지 않고 '표적'이라고 표현합니다. 예수님이 하나님의 아들이심을 예수님의 사역들이 증거한다는 의미로 말씀하신 것이지요. 이 책에서 예수님이 행하신 것 중에 대표적인 일곱 개의 표적을 살펴보겠습니다.

1. **물로 포도주를 만드심**(2:1-11)
2. **왕의 신하의 아들을 고치심**(4:46-54)
3. **38년 된 병자를 고치심**(5:1-18)
4. **오병이어**(6:1-15)
5. **물 위를 걸어오심**(6:16-21)
6. **날 때부터 소경 된 자를 고치심**(9:1-41)
7. **죽은 나사로를 살리심**(11:1-57)

이 모든 놀라운 일들은 예수님이 하나님의 아들이시고, 그분을 보내신 이가 하나님이심을 증거합니다. 이러한 표적을 행하신 후에 예수님은 긴 설교를 하십니다. 오병이어의 표적 이후에 예수님이 '생명의 떡'이라는 말씀을 하셨고(6장), 소경을 치유하신 후에는 예수께서 '세상의 빛'이라고 하셨고(9장), 나사로의 부활은 예수께서 '부활이요 생명'이시라는 것을 보여주십니다(11장).

그러므로 요한복음에 나타난 예수님의 기적의 사건은 놀라운 일을 넘어서는 것입니다. 히브리서 13장 8절의 "예수 그리스도는 어제나 오늘이나 영원토록 동일하시니라" 하심같이 예수 그리스도는 시간과 공간을 넘어서서 항상 우리와 함께 계십니다.

요한복음을 기록한 목적은 예수께서 하나님의 아들이심을 믿게 하려 함입니다. "예수께서 제자들 앞에서 이 책에 기록되지 아니한 다른 표적도 많이 행하셨으나 오직 이것을 기록함은 너희로 예수께서 하나님의 아들 그리스도이심을 믿게 하려 함이요 또 너희로 믿고 그 이름을 힘입어 생명을 얻게 하려 함이니라"(20:30,31).

보내심을 받았다

'보내심을 받았다'라는 단어가 40번 이상 언급됩니다. 세례 요한을 "하나님께로부터 보내심을 받은 사람"이라고 소개합니다(1:6). 세례 요한뿐 아니라 우리 각 사람은 하나님이 보내셔서 이 세상에 왔습니다. 우리 중에 스스로 오거나 우연히 온 사람은 없고, 어쩌다가 실수로 태어난 사람도 없고, 우리는 진화된 존재도 아닙니다. 하나님이 보내셔서 이 세상에 온 것입니다. 하나님이 보내셨다는 것은 '사명을 주어 보내셨다'는 것입니다. 그만큼 우리는 특별한 존재입니다!

예수님은 "내가 아무것도 스스로 할 수 없노라 듣는 대로 심판하노니 나는 나의 뜻대로 하려 하지 않고 나를 보내신 이의 뜻대로 하려 하므로 내 심판은 의로우니라"라고 말씀하십니다(5:30). 보내심을 받은 사람이 가져야 할 것은 '순종'입니다. 보내신 이의 뜻을 따라서 살아가는 것이지요. 예수님은 우리에게 순종의 본을 잘 보여주셨습니다.

예수님은 하나님께서 보내셔서 이 땅에 오셨고, 오직 하나님이 보내신 그 일만 행하셨습니다. 그분의 모든 행동과 말씀은 스스로 결정한 게 아니라 먼저 아버지의 뜻을 듣고 순종하신 것이지요. 이는 하나님 아버지께서 사명을 주시고, 예수님을 이 세상에 보내셨기 때문입니다. 8장 28,29절에 "내가 스스로 아무것도 하지 아니하고 오직 아버지께서 가르치신 대로 이런 것을 말하는 줄도 알리라 나는 보내신 이가 나와 함께하시도다 나는 항상 그가 기뻐하시는 일을 행하므로 나를 혼자 두지 아니하셨느니라"라고 하셨습니다.

17장 4절의 말씀은 이 모든 것의 결론입니다. "아버지께서 내게 하라고 주신 일을 내가 이루어 아버지를 이 세상에서 영화롭게 하였사오니"라고 하십니다. 예수님의 삶의 목표는 아버지를 이 세상에서 영화롭게 하는 것입니다. 또한 모든 사역의 초점은 '이 땅에 나를 보내신 아버지의 뜻을 이루는 것'입니다.

우리도 마지막 날에 하나님 아버지 앞으로 갈 때 예수님처럼 고백하기를 원합니다. 우리의 마음과 뜻대로 살아가는 게 아니라 오직 이 땅에 나를 보내신 아버지의 뜻을 따라 살아가는 것을 삶의 목표로 삼아야 합니다.

예수님에 대한 일곱 개의 증거

예수님이 하나님의 아들이시고, 하나님이 온 세상의 구원을 위해 보내셨다는 것을 누가 증거할까요? 예수님에 대한 증거가 일곱 번 나옵니다.

1. **세례 요한**이 예수님을 증거합니다(1:7,8,15, 29-34, 5:33).
2. **모세**가 예수님을 증거합니다(5:46).
3. 예수님의 **제자들**이 예수님을 증거합니다(15:27).
4. **하나님** 아버지가 친히 예수님을 증거하십니다(5:37, 8:18).
5. **성령**께서 이 땅에 오셔서 하신 제일 큰일은 예수님을 증거하는 것입니다(15:26).

6. **성경**이 예수님을 증거합니다(5:39).

성경은 이 땅에 오신 예수님을 증거하고, 또 오실 예수님을 증거합니다. 따라서 우리는 성경을 볼 때마다 예수 그리스도를 발견하게 됩니다. 예를 들면 창세기 1장 1절, "빛이 있으라"라는 말씀에서 빛이신 예수님을, 22장의 희생하는 이삭의 모습에서 십자가에서 죽으시는 아들 예수님을, 24장에서 신부 리브가를 취하는 이삭에서 신랑이신 예수님을 봅니다. 광야의 만나는 생명의 떡이신 예수님을, 사막의 반석에서 나오는 물은 생수이신 예수님을 발견합니다. 이처럼 성경 전체가 예수님을 증거합니다.

7. 예수님이 **하시는** 일 자체가 예수님을 증거합니다(5:36).

그러므로 예수님은 "나는 사람에게서 증언을 취하지 아니하노라"라고 하셨습니다(5:34). 사람에게서 인정을 받고자 하지 않으셨습니다. 이미 하나님 아버지로 말미암아 만족하셨습니다. 사람을 기쁘게 하려고 하지 않으시고, 하나님 아버지만을 기쁘게 하셨습니다(2:23-25). 바울은 "내가 사람들에게 기쁨을 구하랴 내가 지금까지 사람들의 기쁨을 구하였다면 그리스도의 종이 아니니라"라고 했습니다(갈 1:10). 우리도 사람을 기쁘게 하려고 하지 말고, 오직 하나님만을 기쁘시게 해야 합니다.

일곱 개의 'I am'

요한복음에는 일곱 개의 'I am'(나는 … 이다)이 있습니다. 다음은 "예수님, 당신은 누구십니까?"에 대한 일곱 가지 답입니다.

1. 나는 **생명의 떡**이다(6:35,41,48,51).
2. 나는 **세상의 빛**이다(8:12, 9:5).
3. 나는 **양의 문**이다(10:7,9).

4. 나는 **선한 목자다**(10:11,14).

5. 나는 **부활이요 생명**이다(11:25).

6. 내가 곧 **길이요 진리요 생명**이다(14:6).

7. 나는 **참포도나무다**(15:1,5).

이처럼 예수님은 자기의 신분과 사명을 명확하게 아셨습니다. 이것은 오늘날 우리의 신분과 사명을 이해하는 데 큰 도움이 됩니다. 요한복음은 우리가 이 땅에서 무엇을 위해, 어떻게 살 것인가를 발견하게 하는 놀라운 책입니다.

내용 요약

- 1장: 서론-**예수님의 일곱 가지 모습**
  - -태초부터 계신 하나님
  - -말씀이신 하나님
  - -세상의 빛이신 하나님
  - -말씀이 육신이 되심
  - -은혜와 진리가 충만하신 하나님
  - -독생하신 하나님
  - -하나님의 어린양
- 2장-12장: **예수님의 공적 사역, 일곱 가지 표적**
  - -물로 포도주를 만드심
  - -왕의 신하의 아들을 고치심
  - -38년 된 병자를 고치심
  - -오병이어로 5천 명을 먹이심
  - -물 위를 걸어오심
  - -날 때부터 소경 된 자를 고치심

-죽은 나사로를 살리심

- 13장-17장: **예수님의 개인적 사역, 일곱 가지 사역**

-세상에 있는 제자들을 끝까지 사랑하심

-제자들의 발을 씻기심

-가룟 유다가 배반할 것을 말씀하심

-새 계명을 주심-서로 사랑하라

-베드로가 부인할 것을 말씀하심

-보혜사 성령을 보내실 것을 약속하심

-제자들을 위해 중보기도를 하심

- 18장-20장: **예수님 사역의 완성, 일곱 가지 사건**

-붙잡혀 고난을 당하심

-빌라도 앞에 서심

-십자가를 지심

-십자가에 못 박혀 죽으심

-아리마대 요셉의 무덤에 장사되심

-3일 만에 부활하심

-제자들에게 나타나심

- 21장: 결론-**베드로와 연관된 일곱 가지 말씀**

-너희에게 고기가 있느냐?

-그물을 배 오른편에 던지라!

-지금 잡은 생선을 좀 가져오라!

-와서 조반을 먹으라!

-시몬아 네가 나를 사랑하느냐?

-내 양을 먹이라!

-너는 나를 따르라!

음성 강의
요한복음

말씀 개요

1장	**서론**(예수님의 일곱 가지 모습)
2장-12장	**예수님의 공적 사역**(일곱 가지 표적)
13장-17장	**예수님의 사적 사역**(일곱 가지 사역)
18장-20장	**예수님 사역의 완성**(일곱 가지 사건)
21장	**결론**(베드로와 연관된 일곱 가지 말씀)

성경 본문
요한복음

100일 통독

		CHECK
87일	요한복음 1장-11장	☐
88일	요한복음 12장-21장	☐

사도행전 온 세상을 향한 하나님의 마스터플랜

A C T S

역사를 기술하는 방법에는 대체로 두 가지가 있는데 하나는 일어나는 사건을 연대순으로 기술하는 연대기법이고(:크로노스), 또 하나는 어떤 시대의 큰 사건이나 특징에 초점을 맞추어 자세히 기록하는 것입니다(:카이로스). 후자는 몇 개의 중요한 창문을 열어서 역사를 보게 하는 방법으로, 사도행전이 이 방법으로 기록되었습니다.

모든 사도의 행적을 다 기록하지 않고 단 세 명만 언급합니다. 그것도 베드로에게 집중되어 있지요. 그리고 나머지는 바울에게 초점을 맞추고 있습니다. 12장 2절에 요한의 형제인 야고보가 헤롯에 의해 죽어서 최초의 순교자가 된 것을 간단하게 언급하고, 요한에 대해서는 여러 번 언급합니다. 하지만 그가 직접 말하는 것은 한 번도 들어볼 수는 없습니다.

이처럼 사도행전은 전반부에는 베드로를, 후반부에는 바울을 집중적으로 부각시킵니다. 그러나 베드로와 바울의 전 생애를 소개하는 게 아니라 하나님의 복음이 순종하는 사람들을 통해 어떻게 전파되고 있는가에 초점이 맞추어져 있습니다.

사도행전의 저자가 누군지에 대해 책 속에는 언급이 없습니다. 그러나 초대교회 때부터 의사인 누가가 기록했다고 익히 알려져 있지요. 특히 1장 1,2절의 서두에 언급된 "내가 먼저 쓴 글"은 누가복음을 가리킵니다. 누가는 의사로서 날카로운 관찰력으로 누가복음에서 예수님의 사역을, 사도행전에서 베드로와 바울의 사역을 기록합니다.

사도행전은 신약 성경에서 매우 중요한 위치를 차지하는데, 이 책을 통해 초대교회의 모습을 이해할 수 있기 때문이지요. 초대교회의 형성 과정과 복음이 어떻게 확산되어 가며, 교회가 어떻게 세워져 가는지를 알 수 있습니다. 기독교 신앙이 단지 하나의 이론이나 종교적 신념이 아니라 우리의 삶에 구체적으로 나타나는 영적 실재實在임을 잘 설명합니다. 그래서 오늘날 많은 교회들이 교회의 롤모델을 이 책에서 찾습니다. 하나님은 교회가 변형되지 않고 원형을 그대로 유지하도록 우리에게 사도행전을 선물로 주셨습니다.

구조

전체 구조는 1장 8절에 "오직 성령이 너희에게 임하시면 너희가 권능을 받고 예루살렘과 온 유대와 사마리아와 땅끝까지 이르러 내 증인이 되리라"라고 말씀하신 대로 이루어져 있습니다. 성령 받은 사람들이 복음을 전파하면서 어떻게 하나님나라가 이루어지고, 확장되고, 교회가 견고히 서는가를 잘 설명합니다.

1장 1절-6장 7절은 예루살렘에서의 여러 복음 전파의 사건을 설명하며 "하나님의 말씀이 점점 왕성하여 예루살렘에 있는 제자의 수가 더 심히 많아지고 허다한 제사장의 무리도 이 도에 복종하니라"로 마칩니다.

6장 8절-9장 31절은 복음이 온 유대와 사마리아 지방에 퍼지고, 스데반의 순교와 사마리아에 복음이 전파되는 것을 설명하면서 "그리하여 온 유대와 갈릴리와 사마리아교회가 평안하여 든든히 서 가고 주를 경외함과 성령의 위로로 진행하여 수가 더 많아지니라"로 마칩니다.

9장 32절-12장 24절은 다메섹 도상에서의 바울의 회심, 안디옥에서의 복음 전파 사역, 베드로가 최초의 이방인 고넬료에게 복음을 전파한 것을 말하고 "하나님의 말씀은 흥왕하여 더하더라"로 마칩니다.

12장 25절-16장 5절은 바울과 바나바에 의해 복음이 소아시아 지방과 갈라디아 지역으로 확산되는 것을 말하고 "이에 여러 교회가 믿음이 더 굳건해지고 수가 날마다 늘어가니라"로 마칩니다.

16장 6절-19장 20절은 바울이 중심이 되어 전도팀에 의해 복음이 아시아에서 유럽으로, 마게도냐와 아가야로, 오늘날의 그리스 지방에 전파되는 과정을 말하고 "이와 같이 주의 말씀이 힘이 있어 흥왕하여 세력을 얻으니라"로 마칩니다.

19장 21절-28장 31절은 바울이 당시 세계의 중심인 로마에 가기까지의 과정을 설명하고, "하나님의 나라를 전파하며 주 예수 그리스도에 관한 모든 것을 담대하게 거침없이 가르치더라"로 마칩니다.

사도행전 29장의 사람

사도행전은 사도 바울이 많은 역경을 뚫고 드디어 로마에 도착한 것으로 끝을 맺습니다. 마치 1부가 끝나고 2부를 예고하는 것처럼 여운을 남기며 마무리를 짓지요. 그래서 우리로 이런 궁금증을 갖게 합니다.

'과연 사도 바울은 어떻게 되었을까? 대도시 로마는 어떻게 되었을까? 바울이 제1,2,3차 전도 여행에서 보여준 것처럼 복음의 능력이 어떻게 나타났을까? 로마 사람들은 복음을 들었을까? 바울의 재판 결과는 어떻게 되었을까?'

그뿐 아니라 베드로도 1장부터 무대 중심에 등장하다가 12장 이후부터는 그에 대한 언급이 없습니다. 오직 15장에서 예루살렘의 중요한 회의를 할 때 등장한 것 외에는 더 이상 언급이 없어서 그 이후 '베드로는 어떻게 사역했을까? 그의 최후 사역지는 어디였을까?' 하는 질문이 생깁니다.

성령은 사도행전을 통해 우리의 초점이 베드로나 바울에게 머무르지 않고, 하나님의 복음이 어떻게 확산되어가는지에 맞춰지기를 원하십니다. 그리고 순종하는 예수 그리스도의 사람들에 의해 성령의 능력으로 복음이 전파되는 것에 더 주목하기를 원합니다. 누가 베드로와 바울을 이어서 복음을 전파할 것인가에 더 집중하길 원하십니다. 그래서 마치 1부를 마친 것처럼 사도행전을 마무리한 것입니다.

하나님은 베드로와 바울에 이어서 복음 전할 사람을 찾으십니다. 성령은 그런 이들에 의해 사도행전 29장이 시작되기를 원하십니다. 그를 '사도행전 29장의 사람'이라고 합니다.

성장

사도행전을 보면 '성장'을 여러 차례 언급합니다. 하나님의 교회가 어떻게 성장하며, 하나님나라가 어떻게 확장되어 가는가에 대해 말합니다. 공관복음에서 예수님은 하나님나라를 겨자씨나 누룩의 비유로 소개하셨습니다. 작은 겨자씨 한 알이 큰 나무로 자라는 것을 통해 하나님나라가 성장하는 것을 말하지요. 또 누룩이 가루 전체에 퍼지는 것으로 하나님나라가 확장되는 것을 설명합니다. 이처럼 사도행전에는 하나님나라가 확장되고 성장하는 게 잘 드러나 있습니다.

2장 47절에 믿는 자들의 수가 날마다 더했다고 합니다. 또 5장 14절에 믿고 주께로 나오는 자가 더 많으니 남녀의 큰 무리였다고 합니다. 6장 7절에는 말씀이 전파되는 곳에 제자의 수가 더 심히 많아진다고 합니다. 9장 31절에 온 유대와 갈릴리와 사마리아의 교회가 든든히 서 가고, 성령의 위로로 진행하며, 믿는 자의 수가 더 많아졌다고 합니다.

16장 5절에 교회가 든든해지고, 믿는 자의 수가 날마다 늘어났다고 증거하지요. 이와 같이 여러 차례에 걸쳐서 복음이 전파되는 곳마다 교회들이 확장되는 것이 원칙이라고 사도행전은 말합니다.

그리고 숫자도 중요하게 언급합니다. 2장에 베드로의 설교로 믿는 자의 수가 3천 명이나 더했다고 하고, 4장 4절에는 성전 미문에 있는 앉은뱅이가 주 예수의 이름으로 낫자 이로 인해 남자만 5천 명이 믿었다고 하고, 5장 14절에는 믿고 주께로 나오는 남녀의 수가 큰 무리였다고 말합니다. 또 6장 7절에 제자의 수가 더 심히 많아지고 있다고 하고, 9장 31절에도 믿는 자의 수가 점점 많아져 간다고 말합니다. 14장 1절에도 복음이 소아시아에 전파될 때 유다와 헬라의 허다한 무리가 믿더라고 말합니다. 이처럼 특별히 숫자를 언급함으로 복음이 확장되어 가는 것을 보여줍니다.

변화

사도행전에서 관심 있게 볼 것은 복음이 전파되는 곳마다 개인과 가정과 도시와 사회의 구조에 변화가 일어났다는 것입니다. 특히 이것을 '소동한다'라고 말하고 있지요. 2장에서 오순절에 성령이 임하실 때 '예루살렘이 소동했다', 17장에 복음이 전파됨으로 '데살로니가 지역 전체가 소동했다'라고 합니다. 또 19장에 에베소 도시가, 25장에 예루살렘이 소동했다고 말합니다.

사도 바울과 그 전도팀에 대해 말하기를 17장 6절에 "천하를 어지럽게 하던 이 사람들이 여기도 이르매"라고 하고, 24장 5절에 이들에 대해 "이 사람은 전염병 같은 자라 천하에 흩어진 유대인을 다 소요하게 하는 자요"라고 말합니다.

이처럼 복음이 전파된 곳은 잠잠하지 않았습니다. 개인의 삶이 변화되고, 사회 전체가 소동했지요. 마치 오랫동안 그늘에 가려져 어둠만이 있던 곳에 갑자기 빛이 비치면 굉장한 소동이 일어나는 것처럼 말입니다. 벌레들이 요동하고, 빛이 없어 죽어가던 식물들이 살아나는 대소동이 일어나지요.

마찬가지로 하나님의 말씀이 전파되는 곳도 잠잠할 수가 없습니다. 어둠에서 빛으로, 절망에서 소망으로, 사망에서 생명으로, 모든 매였던 자들의 삶이 자유한 삶으로, 거짓말이 난무하던 도시가 정직한 사회로, 사람들을 불신하던 사회가 신뢰의 사회로, 미움과 질투가 있던 곳에 사랑이 가득하게 됩니다. 이 모든 것을 한마디로 '소동이 일어났다'라고 하는 것입니다.

이는 주께서 바울을 보내시며 "내가 너를 구원하여 그들에게 보내어 그 눈을 뜨게 하여 어둠에서 빛으로, 사탄의 권세에서 하나님께로 돌아오게 하고 죄사함과 나를 믿어 거룩하게 된 무리 가운데서 기업을 얻게 하리라"라고 하신 것과 같은 일입니다(26:17,18).

사도행전은 이와 같은 일들이 복음 전파와 함께 반복적으로 일어난다고 말합니다. 이런 소동의 가장 근본적인 원인은 하나님의 말씀입니다. 19장 20절에 "주의 말씀이 힘이 있어 흥왕하여 세력을 얻으니라"라고 합니다. 에베소를 변화시키는 말씀의 능력을 말하고 있는 것이지요. 18장 5절에 "바울이 하나님의 말씀에 붙잡혀" 복음을 전하여 아덴 도시를 흔들었고, 17장 11-13절에 "베뢰아 사람들이 간절한 마음으로 말씀을 받고 날마다 성령을 상고하므로" 그 말씀이 베뢰아 도시를 움직였습니다.

말씀이 전파되는 곳마다 도시가 흔들리며 소동하고, 이로 인해 교회가 세워지고, 믿는 자의 수가 늘어나며, 성장하는 일이 일어난다고 기록합니다. 말씀에는 개인과 교회와 도시에 변화를 일으키고 성장하게 하는 놀라운 능력이 있습니다. 그래서 말씀을 날마다 상고하는 게 매우 중요합니다.

온 땅에 대한 하나님의 마스터플랜

하나님은 온 땅에 대한 그분의 계획을 어떻게 성취하실까요? 그분의 전략은 무엇일까요? 사도행전 전체에 이 계획과 전략이 잘 드러나 있습니다.

첫째, 하나님은 사람을 세우시고 그를 통해 일하십니다. 사도행전은 처음부터 마지막까지 충성된 믿음과 순종의 사람들을 통해서 일하심을 보여줍니다(열두 사도들, 베드로와 요한, 일곱 집사, 스데반, 빌립, 아나니아, 바울과 바나바, 실라와 디모데, 아볼로 등).

둘째, 하나님은 사람들에게 성령의 능력을 부어 그것으로 감당하게 하십니다. 초대교회가 성령의 능력으로 무장되는 모습이 오순절에 예루살렘의 교회에(2장), 사마리아의 교회에(8장), 바울에(9장), 고넬료의 가정에(10장), 에베소의 교회에 반복됩니다(19장).

셋째, 하나님은 언제나 사람들의 기도와 간구를 통해 일하십니다. 120명이 다락방에서 기도합니다(1:14,15). 베드로와 요한이 오후 3시(제구시)에 기도하러 성전에 올라가다가 앉은뱅이를 고칩니다(3:1-10). 또한 고넬료가 오후 3시에(10:3), 베드로가 점심을 기다리며 지붕에서 기도하는 모습을 볼 수 있습니다(10:9).

넷째, 하나님은 그분의 일꾼들이 서로 협력하여 그의 계획을 성취하길 원하십니다. 사도행전에서 혼자 사역하는 경우는 극히 드물고 항상 두 명 이상의 팀으로 사역했습니다. 사도 바울의 선교팀은 10-12명으로 구성되어 있었습니다.

다섯째, 하나님은 파트너로 교회 공동체를 부르셨습니다. 교회는 단

지 믿는 자의 모임이 아니라 온 땅에 대한 하나님의 파트너입니다. 하나님은 교회를 통해, 교회와 함께 그의 일을 이루십니다.

여섯째, 하나님의 말씀은 그의 뜻을 이루는 가장 강력한 전략 무기입니다. 말씀의 부흥은 개인과 공동체와 사회 공동체에 변화를 줍니다.

음성 강의
사도행전

말씀 개요

1장-7장	교회의 형성과 성장
1장-2장	오순절 성령강림과 교회의 형성
3장-6장	교회의 성장
7장	순교자의 피는 교회의 씨앗 1
8장-12장	교회의 성장 과도기
8장	다리(사마리아와 에티오피아 내시)
9장	전환점(바울의 회심)
10장	장벽을 제거함(베드로와 고넬료)
11장	회의 1(장벽을 넘어섬)
12장	순교자의 피는 교회의 씨앗 2
13장-28장	교회의 확장
13장-14장	바울의 제1차 전도 여행
15장	회의 2(장벽을 넘어섬)
16장-18장	바울의 제2차 전도 여행
19장-21장	바울의 제3차 전도 여행
22장-28장	바울의 제4차 전도 여행

성경 본문
사도행전

100일 통독

	CHECK
89일 사도행전 1장-10장	☐
90일 사도행전 11장-20장	☐
91일 사도행전 21장-28장	☐

로마서 하나님의 의가 나타남

R O M A N S

로마서 전체가 하나님의 의義를 설명합니다. 오직 믿음으로만 의롭다 함을 얻는 것을 말합니다. 바울의 서신들은 일반적으로 그가 직접 개척한 교회의 현안들을 다룹니다. 그러나 로마서는 그가 개척하지 않은 로마교회에게 보낸 편지입니다.

로마서는 바울의 서신 중에 가장 조직적이고 논리적입니다. 갈라디아서와 로마서와 에베소서는 근본적으로 복음을 다루지만 설명하는 방법이 각각 다릅니다.

로마서를 알면 기독교를 알게 됩니다. 마르틴 루터는 "로마서는 신약의 으뜸이요, 복음을 가장 잘 설명한 서신이다"라고 말했습니다. 많은 사람들이 로마서의 영향을 받았습니다. 어거스틴은 386년에 13장 13,14절 말씀으로, 마르틴 루터는 1513년에 1장 17절에서, 요한 웨슬리는 1738년에 마르틴 루터의 로마서 강해를 읽으면서 큰 영향을 받았지요.

사도 바울이 제3차 전도 여행 중 고린도에서 사역할 때 로마서를 기록했습니다. 그는 예루살렘을 거쳐서 로마로 가려는 계획을 세우고 먼저 로마교회에 서신을 보냅니다. 로마교회의 유대인 그리스도인과 이방인 그리스도인들 사이의 갈등을 해결하기 위해 기록되었지요. 아마도 제2차 전도 여행을 하며 그가 고린도에서 함께 사역한 브리스길라와 아굴라를 통해 로마교회의 상황을 더 자세히 알게 되었을 것입니다.

구조

1장-8장과 12장-16장, 둘로 나눌 수 있습니다. 1장-8장은 하나님께서 우리의 죄를 어떻게 해결하셔서 우리가 의롭게 되며 성화되어 가는지를 설명하고, 12장부터는 의로워진 우리가 어떻게 올바른 삶을 살아야 하는지를 말합니다. 이처럼 전반부는 '구원의 도리'를, 후반부는 '구원의 실천적 삶'을 말합니다.

그런데 9장-11장은 그 내용이 로마서의 전반부, 즉 1장-8장의 부록 혹은 보충자료처럼 보입니다. 이 세 장은 근본적으로 하나님의 주권에 의해 우리가 의롭게 되는 과정을 말해줍니다. 9장은 이스라엘과 이방인의 과거를, 10장은 이스라엘과 이방인의 현재를, 11장은 이스라엘과 이방인의 미래를 보여줍니다.

9장은 과거 이스라엘은 하나님의 긍휼로 택함 받은 백성이요, 이방인은 불순종하는 삶으로 하나님으로부터 제외된 것을 보여줍니다. 그런데 10장은 이스라엘이 놀라운 은혜를 저버리고 불순종으로 하나님을 거절하는 현재를 보여주지요. 반면에 이방인은 하나님의 은혜를 구하며 긍휼함을 입어 순종하여 선택받습니다. 그리고 11장에는 하나님께서 먼저 이방인을 온전히 회복시키시고, 그 후에 이스라엘도 회복하신다는 말씀으로 결론짓습니다. 이 세 장은 온 땅을 향한 하나님의 주권적인 경륜과 섭리를 잘 보여줍니다.

하나님의 의가 나타남 : 전반부(1장 1절-8장 39절)

하나님께서 우리의 죄를 어떻게 다루시는지, 그리고 그 결과가 무엇인가를 설명합니다.

1장 1-16절에서 복음의 능력은 믿는 자를 구원에 이르게 합니다. 로마서는 (하나님의) 복음으로 시작해(1:1), (나의) 복음으로 마칩니다(16:25).

1장 17절-3장 20절에서 율법이 있는 유대인이나 율법이 없는 이방인이나 모든 사람은 죄인입니다. 죄는 모든 관계를 깨뜨립니다. 나와 나 자신, 나와 너, 나와 하나님과의 관계를 깨뜨리고 단절시키지요. 더 나아가서 나와 피조물과의 관계도 깨뜨립니다.

그래서 모든 사람에게 하나님의 의가 필요합니다. 의란 올바른 관계를 말하며 깨어진 모든 관계가 회복된 상태입니다. 나와 나, 나와 너, 나와 하나님과의 올바른 관계를 의미합니다. 그러기 위해서는 하나님의 말씀을 그대로 믿고, 그분의 긍휼과 사랑에 자신을 맡겨야 합니다.

중요한 것은 우리가 죄를 해결하기 위해 무엇을 할 수 있는가가 아니라 하나님께서 우리의 죄를 해결하기 위해 무엇을 하셨는가를 아는 것입니다. 내 죄의 해결을 위해 무엇인가를 열심히 하지만 아무 효과가 없습니다. 무엇을 하고자 애를 쓸수록 우리가 죄인인 것과 무력함만이 더 드러나 절망에 빠지게 됩니다. 우리가 절망에 처해 도움이 절실한 바로 그때 하나님의 의가 나타납니다.

죄행과 죄성

3장 21절-8장에 하나님의 의가 나타납니다. 바로 예수 그리스도이십니다. 이것이 우리의 죄를 향한 하나님의 놀라운 해결책입니다. 예수 그리스도의 피와 십자가, 그리고 성령으로 해결하십니다. 우리 믿음의 기반이 여기에 있습니다.

우리의 죄는 '죄행'罪行과 '죄성'罪性으로 크게 둘로 나뉩니다. 죄행은 죄를 지은 구체적인 행동을, 죄성은 죄를 행동으로 옮기지는 않았지만 언제든지 행동으로 나타낼 수 있는 죄의 성질을 말합니다. 다르게 말하면 '죄를 지었기 때문에 죄인인가' 아니면 '죄인이기 때문에 죄를 짓는가' 하는 것이지요. 세상은 죄를 지었기 때문에 죄인이라고 말하지만 성경은 근본적으로 죄인이기 때문에 죄를 짓는다고 말씀합니다.

세상은 단지 죄를 지은 행동만 처벌하기에 죄가 근본적으로 처리되지 않습니다. 마치 눈에 보이는 잡초만 제거한 것과 같습니다. 처음에는 모든 것이 해결된 것 같지만 다시 잡초가 자랍니다. 근본적으로 제거하려면 땅 속의 뿌리까지 제거해야 합니다. 마찬가지로 죄의 행위만이 아니라 죄를 짓게 하는 죄성도 다루어야 합니다. 그래서 하나님은 우리의 죄를 다루실 때 죄의 행동과 함께 죄의 본성도 다루십니다.

3장 21절-5장 11절은 우리의 죄행을 예수 그리스도의 보혈로 다루시는 내용입니다. 예수님의 보혈은 우리의 지은 죄(죄행)를 깨끗하게 하는 능력이 있습니다. "이 예수를 하나님이 그의 피로써 믿음으로 말미암는 화목제물로 세우셨으니 이는 하나님께서 길이 참으시는 중에 전에 지은 죄를 간과하심으로 자기의 의로우심을 나타내려 하심이니"(3:25), "이제 우리가 그의 피로 말미암아 의롭다 하심을 받았으니 더욱 그로 말미암아 진노하심에서 구원을 받을 것이니"라고 하셨습니다(5:9).

5장 12절-7장은 우리의 죄성을 예수 그리스도의 십자가로 다루시는 내용입니다. 예수님의 십자가는 우리의 모든 죄성을 처리하는 능력이 있습니다. "우리가 알거니와 우리의 옛 사람이 예수와 함께 십자가에 못 박힌 것은 죄의 몸이 죽어 다시는 우리가 죄에게 종노릇 하지 아니하려 함이라"(6:6), "내가 그리스도와 함께 십자가에 못 박혔나니 그런

즉 이제는 내가 사는 것이 아니요 오직 내 안에 그리스도께서 사시는 것이라 이제 내가 육체 가운데 사는 것은 나를 사랑하사 나를 위하여 자기 자신을 버리신 하나님의 아들을 믿는 믿음 안에서 사는 것이라" 라고 고백합니다(갈 2:20).

새 생명, 새 생활

예수님의 죽으심과 부활하심, 그리고 그것을 믿는 믿음으로 말미암아 새 사람, 새 생명을 얻은 우리는 성령으로 새 생활을 하게 됩니다. 8장은 하나님께서 성령으로 말미암아 우리로 능히 새 생명 가운데서 행하도록 우리를 도우심을 말씀하십니다. "예수를 죽은 자 가운데서 살리신 이의 영이 너희 안에 거하시면 그리스도 예수를 죽은 자 가운데서 살리신 이가 너희 안에 거하시는 그의 영으로 말미암아 너희 죽을 몸도 살리시리라"(8:11), "너희가 육신대로 살면 반드시 죽을 것이로되 영으로써 몸의 행실을 죽이면 살리니"라고 하십니다(8:13).

예수님의 보혈로 우리의 죄의 행위를 용서하고 깨끗하게 하며, 예수 그리스도의 십자가로 우리 죄의 본성을 다루어 우리를 의롭게 하셨습니다. 그렇다면 이제는 의의 생활을 해야 합니다. 그런데 그것도 내 힘으로 행하는 게 아니라 오직 성령으로 행할 때 성령이 능히 그와 같은 삶을 살게 하십니다.

하나님의 의를 실천함 : 후반부(12장 1절-15장 13절)

후반부는 이런 놀라운 예수 그리스도의 십자가와 보혈로 은혜를 입은 우리가 성령으로 말미암아 어떻게 살아야 하는가를 설명합니다.

12장은 산상수훈과 거의 동급의 내용입니다. 성령의 능력으로 교회를 섬겨야 합니다. 섬기는 공동체, 기도의 공동체, 말씀과 예배 공동체,

포용하는 공동체, 소망의 공동체를 이루어갑니다. 또한 올바른 그리스도인의 삶의 세 방향을 알려줍니다. 하나님께 대한 내 의무는 나 자신을 주께 헌신해야 하고(12:1,2), 형제들에 대한 의무에는 그리스도의 몸에 관계하여 자신의 은사와 사랑으로 섬겨야 하고(12:3-16), 모든 사람에 대한 내 의무는 그들과 화목하는 것입니다(12:17-21).

13장은 세상에서의 그리스도인의 의무를 알려줍니다. 정부 관계에 대한 내 의무는 권위에 복종하는 것입니다. 우리는 세상의 빛과 소금으로 살아야 합니다. 권위자를 거역하고 비방하며 행하는 게 아니라 그리스도인으로서 우리의 의무를 행해야 합니다. 공의와 사랑과 근신으로 살아야 합니다.

14장 1절-15장 13절은 교회의 일원으로서의 의무에 대해 말합니다. 초대교회에는 특정한 음식을 삼가고, 특정한 날과 의식을 중요시하는 편협한 사람들이 있었습니다. 바울은 그들을 더 연약하게 여겼습니다. 그들은 외적인 규례나 규칙들에 의존을 했기 때문이지요. 그런데 이것에서 자유한 사람들이 있었습니다. 바울은 이들을 더 견고한 사람이라고 말합니다. 그도 여기에 속했습니다.

하지만 그는 믿음이 연약한 자의 양심을 아프게 하거나 그들 앞에 거침돌을 놓아서는 안 된다고 말합니다. "우리가 화평의 일과 서로 덕을 세우는 일을 힘쓰나니"(14:19), "우리 각 사람이 이웃을 기쁘게 하되 선을 이루고 덕을 세우도록 할지니라"라고 권면합니다(15:2). 왜냐하면 "하나님의 나라는 먹는 것과 마시는 것이 아니요 오직 성령 안에 있는 의와 평강과 희락"이기 때문입니다(14:17).

우리의 자유가 다른 사람들의 믿음과 양심에 손상을 주도록 사용되어서는 안 됩니다. "모든 것이 가하나 모든 것이 유익한 것은 아니요 모든 것이 가하나 모든 것이 덕을 세우는 것은 아니니 누구든지 자기의 유익을 구하지 말고 남의 유익을 구하라"라고 하십니다(고전 10:23,24).

그리스도께서 우리를 있는 그대로 용납하시듯이 우리도 서로 요구하거나 판단하지 말고, 서로를 있는 그대로 용납하여 받아들이라고 하십니다. 그리할 때 서로 뜻이 같아서 한마음으로 하나님께 영광을 돌릴 수 있습니다.

15장 14-33절은 바울의 사역과 그 계획을 알 수 있습니다. 바울은 복음의 제사장 직분을 잘 감당하길 원했습니다. 그가 이방인에게 복음을 전함으로 그들이 주께 나아가 예배를 드린다면 이는 곧 제사장으로서 이방인을 하나님께 제물로 드리는 것이라 말합니다. 복음 전파가 자신의 가장 큰 의무이기에 복음이 전해진 적이 없는 지역에서 전하기를 더 힘썼습니다. 그래서 그는 성령의 능력으로 이방인의 사도로 사역하며 예루살렘을 거쳐 로마를 방문하고, 더 나아가 서바나(스페인)에까지 복음을 전하고자 계획을 세웁니다.

16장은 앞으로 만날 로마교회의 형제들에게 안부를 전하는 내용입니다. 바울은 26명이나 되는 사람들에게 일일이 문안합니다. 바울의 안부 명단을 통해 주께서 나에 대해 개인적이며 구체적인 관심을 가지시며, 내 수고를 기억하심을 알 수 있습니다. 또한 7명이나 되는 여자의 이름이 언급된 것으로 보아 여성에 대한 존중과 여성 리더십을 세워주는 것을 볼 수 있지요. 그리고 13명의 고위직 관리들의 명단을 통해 복음의 능력이 사회의 각층의 사람들을 구원에 이르게 함을 알 수 있습니다.

음성 강의
로마서

말씀 개요

1장 1-17절	서론(인사)
1장 18절-3장 20절	모든 사람은 하나님의 의가 필요함
1장 18-32절	정욕대로, 욕심대로 상실한 마음대로 내버려두심
2장 1-16절	하나님의 심판은 진리와 고집과 회개하지 않는 마음과 행위와 율법을 따라, 율법 없는 자는 본성과 양심을 따라 행해짐
2장 17절-3장 8절	하나님의 심판(유대인과 율법)
3장 9-20절	하나님의 선언 ("모두가 죄인이다. 의인은 없다.")
3장 21절-8장	하나님의 의가 나타남 (예수 그리스도)
3장 21절-5장 11절	죄행을 예수 그리스도의 피로 해결함
5장 12절-8장	죄성을 예수 그리스도의 십자가로 해결함
5장 12-21절	죄성(죄의 DNA)
6장	죄로부터의 자유
7장	율법으로부터의 자유
8장	성령으로 승리
9장-11장	하나님의 주권
9장	이스라엘의 과거, 이방인의 과거(선택과 버림받음)
10장	순종, 이스라엘의 현재, 이방인의 현재(불순종과 순종)
11장	회복, 이스라엘의 미래, 이방인의 미래(회복)
12장-15장 13절	하나님의 의의 선물의 결과(섬김)
12장-13장	그리스도인의 책임과 의무
14장-15장 13절	그리스도인의 자유
15장 14절-16장	결론(인사)

성경 본문
로마서

CHECK

100일 통독

92일 로마서 1장-16장 ☐

고린도전서 사랑으로 행하라

1 CORINTHIANS

고린도전서와 고린도후서에는 공통적으로 교회와 교회 사역과 사역자에 관한 내용으로 가득 차 있습니다. 고린도전서는 교회의 실질적인 문제를 어떻게 다룰 것인가를 전반적으로 설명하고, 고린도후서는 교회 리더십의 이슈를 다룹니다. 즉 후서는 사역과 사역자에 대한 것을 다루지요. 고린도전서는 영적인 자녀를 꾸짖어서 잘못된 점을 지적하면서 책망하고, 고린도후서는 격려하면서 잘못된 점을 지적합니다.

그래서 초대교회의 지도자들은 바울의 다른 어떤 서신들보다 고린도전후서를 더 많이 인용했지요. 그만큼 중요하고 유용하기 때문입니다. 두 책은 교회의 문제와 교회의 리더십에 관한 실제적인 교과서입니다.

고린도는 그리스의 남부 지역인 아가야 지방의 중심 도시입니다. 당시 고린도는 인구가 60-70만 명인 대도시였습니다. 중요한 상업 도시이며 헬라의 중심 도시였지요. 헬라의 남북 통로는 고린도를 통과해야 했으며 동서 무역의 중심지이기도 했습니다. 로마제국의 다른 대도시들처럼 고린도도 체육이 성행했습니다. 당시 올림픽에 버금가는 큰 경기를 자주 개최했습니다(고전 9:24-27).

그러나 도덕적인 수준이 아주 낮았으며 그리스 신화의 미의 여신 아프로디테의 신전이 있었습니다. 이 신전과 관련된 1,000명 이상의 여

사제들이 도덕적으로 매우 문란했지요. '고린도'라는 단어가 부요와 사치, 술 취함과 방탕이란 말뿐 아니라 불결이란 말과도 동의어가 될 정도였습니다.

바울과 고린도교회

바울이 제2차 전도 여행 시에 마게도냐를 지나 아덴을 거쳐 고린도에 와서 1년 6개월 동안 머물며 개척하여 성장한 것이 바로 고린도교회입니다(행 18:1-18). 한창 때는 2만 5천에서 3만 명의 그리스도인들이 있었지요.

고린도에서 바울은 로마에서 온 아굴라와 브리스길라의 집에 유숙하면서 유대인의 회당에서 전도하여 큰 성공을 거둡니다. 그는 회당 근처에 사는 유스도의 집으로 이사합니다. 그리고 회당장 그리스보를 개종시킵니다. 갈리오가 고린도의 총독으로 부임했을 때 유대인들은 그에게 바울을 고소합니다. 그러나 갈리오는 그 고소를 받아들이지 않습니다.

바울은 별 어려움 없이 여러 날 더 머물다가 그곳을 떠나서 안디옥으로 돌아와 제2차 전도 여행을 마무리 지었습니다. 그가 안디옥으로 돌아오는 길에 에베소에 잠시 들렀습니다. 그때 동행했던 브리스길라와 아굴라를 그곳 에베소에 머물게 했지요.

그러나 고린도교회가 성장하다가 여러 가지 문제에 봉착합니다. 교회 성도들이 이 문제들을 해결하기 위해 바울에게 편지를 씁니다. 고린도전서를 쓸 당시 바울은 제3차 전도 여행으로 에베소에 장기간 머물면서 사역합니다. 그는 고린도전서를 보낸 후 근심 중에 고린도교회를 잠시 방문합니다(고후 2:1). 후서는 전서를 기록한 후 고린도를 다시 방문한 지 얼마 되지 않아 바울이 에베소를 떠나 마게도냐 지방에 머물며 사역할 때 써서 디도 편에 보낸 것이지요. 그 후에 바울은 다시 고린도를 방문하여 3개월간 머무릅니다. 그것이 그의 최종 방문이었지요(행 20:1,2, 고전 16:5-7, 고후 13:1).

문제에 대한 해답

고린도교회는 참으로 놀라운 교회입니다(1:4-9). 모든 언변과 지식이 풍족했지요. 그리스도의 증거가 견고했으며, 은사에 부족함이 없는 교회였습니다. 그러면서도 문제가 많은 교회였지요(1:10-17). 제일 큰 문제는 교회의 분열이었습니다. 바울파派, 아볼로파, 베드로파, 그리고 그리스도파 네 그룹으로 나뉘어져 서로 분쟁하며 마음과 뜻이 나뉘었습니다.

그러므로 고린도교회의 가장 선결되어야 할 것은 서로를 향한 그리스도의 사랑이었습니다. 고린도전서는 사랑을 강조합니다. 그러나 이것이 은사를 무시하거나 소홀히 여기라는 게 아닙니다. 성령의 은사가 사랑 가운데 드러나는 게 아름다운 그리스도인의 삶입니다.

고린도전서는 성도들의 질문에 답변하는 형식으로, "무엇 무엇에 대하여는"으로 시작합니다.

1장 1-10절에 '예수 그리스도'의 이름이 10번이나 언급됩니다. 교회의 어려운 문제를 해결하는 일은 쉽지 않지만 이런 문제를 처리할 때는 우리의 생각이나 감정이나 방법이 아니라 오직 예수께로 나아가서 성령의 지혜로 해결하는 게 중요하다는 것을 잘 보여줍니다. 바울은 성령의 인도를 받으며 아비의 마음으로 그들의 질문에 답변 형식으로 편지를 씁니다.

답변 내용

1장-4장에서 바울은 교회에 대해 그들을 책망합니다. 지식과 은사가 풍성하다고 자랑하지 말라고 합니다. 영적으로 어린 사람은 육신으로 행하고, 영적으로 성장한 사람은 성령으로 행합니다. 성령의 능력과 은사가 아무리 많이 나타난다 할지라도 서로 분열하며 다툰다면 그들은 여전히 영적 어린아이입니다. 분열과 다툼과 교만이 그들의 특징입니다. 그들에게 이것을 버리고 겸손함과 성령으로 행하기를 권합니다.

5장은 그리스도인들의 방종을 다루며 그같이 행하는 사람들을 교회에서 추방하도록 지시합니다. 또한 교회의 순결을 위해 묵은 누룩을 내버리라고 권면하지요. 예수를 믿는 죄를 지은 형제들을 엄격히 대하되 예수를 믿지 않는 자들과의 교제조차 단절하는 건 아닙니다. 교회 안에 있는 자들의 죄와 오류는 단호히 다루어야 합니다. 교회 안에서 악을 행하는 사람을 그대로 두면 마치 묵은 누룩을 두는 것과 같아서 교회 전체에 악한 영향을 끼칩니다. 그러나 교회 밖에 있는 사람들에게는 거룩한 영향력을 주어야 합니다.

6장은 성도들이 다툼으로 법정까지 가는 것을 책망합니다. 그리스도인들이 교회에서 문제를 해결하지 못하고 세상의 법정으로 간다는 것은 기독교를 크게 욕되게 하는 것이기 때문이지요. 교회가 오히려 세상을 책망해야 하는데, 거꾸로 세상으로부터 책망을 받으면 이보다 더 부끄러운 것은 없습니다. 하나님의 말씀으로 모든 문제를 해결할 수 있습니다. 세상이 교회를 보며 사랑을 배워야 합니다. 그러려면 내부의 문제는 사랑과 지혜로 해결해야 하지요.

7장은 결혼할 것인가 혼자 살 것인가, 이혼할 것인가 함께 살 것인가에 대한 언급입니다. 바울은 독신이 결혼보다 더 낫다고 말합니다. 그러나 온갖 종류의 불법적인 정욕을 피하려면 결혼을 하라고 합니다. 결혼을 무시해서도, 절대시해서도 안 됩니다. 무엇보다 중요한 것은 주를 향한 사랑과 헌신과 거룩함입니다. 결혼은 중요한 문제이기 때문에 적절한 고려와 상황에 대한 세밀한 판단과 확실한 근거에 따라 신중히 다루어야 합니다.

8장은 우상에게 바쳤던 제물을 먹을 것인가, 먹지 않을 것인가에 대한 답변입니다. 바울의 믿음은 우상의 제물을 먹는 것에 꺼리는 것이 없으나 믿음이 약한 형제를 실족하게 한다면 스스로 제한을 받겠다고 고백합니다. 우상의 제물에 대한 지식보다 더 중요한 것은 형제를 향한 사랑입니다. 대원칙은 "지식은 교만하게 하며 사랑은 덕을 세우나니"입니다(8:1).

9장은 사도적 권리를 언급합니다. 신명기 25장 4절의 "곡식을 (밟아) 떠는 소에게 망을 씌우지 말라"라는 말씀을 인용하며 하나님의 일꾼들에게 먹을 것을 공급하는 게 옳다고 말합니다. 그러나 바울 자신은 그런 권리를 사용하지 않겠다고 합니다.

10장 1절-11장 1절은 우상숭배에 대한 것입니다. 우상숭배는 가장 심각한 죄입니다. 그러므로 우상을 숭배하는 자리에 참여하여 음식을 먹는 것은 피해야 합니다. 비록 우상에게 드렸던 것이라도 그 음식을 먹는 것은 상관없지만, 우상에게 제사하는 행사에 참여하는 것은 금해야 합니다. 8장의 사랑의 원칙대로 동일하게 행할 것을 말합니다. 즉 "누구든지 자기의 유익을 구하지 말고 남의 유익을 구하라"입니다(10:24). 바울은 담대하게 "내가 그리스도를 본받는 자가 된 것같이 너희는 나를 본받는 자가 되라"라고 말합니다(11:1).

11장 2-16절은 남자와 여자에 관한 질서를 다룹니다. 17-34절은 성찬을 대하는 올바른 태도를 설명합니다.

12장-14장은 공적인 예배 질서와 올바른 은사의 사용을 말합니다. 12장은 은사의 전반적인 영역을, 13장은 사랑을 다루는 '사랑장'입니다. 14장은 은사 중에서도 방언과 예언의 은사 사용법을 다룹니다. 은사를 올바르게 적극적으로 사용하라고 합니다. 그러나 거기에는 질서가 있고, 사랑과 은사가 함께 움직여야 한다고 말합니다.

15장은 부활을 자세하게 언급하고 있는 '부활장'입니다.

16장은 예루살렘을 위한 헌금은 어떻게 할지를 말합니다.

결론적으로 바울은 교회 안에 있는 모든 문제의 해결은 율법이 아니라 사랑으로 해야 한다고 합니다. 8장 1절에 "지식은 교만하게 하고 사랑은 덕을 세운다"라고 말씀한 것처럼 문제를 해결할 때 무조건 율법으로 해결하는 게 아니라 율법을 기반으로 한 사랑으로 해결하는 게 기독교 정신이라고 말합니다.

접근 방식

바울은 고린도교회의 문제를 다룰 때 세 가지 면으로 접근합니다.

첫째, 목자로서 대합니다. 목자는 긍정적인 마음으로 그들에게 소망을 가져야 합니다. 그들의 부족하고 약한 점을 짊어지고 그들 밑으로 들어갑니다.

둘째, 형제로서 대합니다. "형제들아 내가 우리 주 예수 그리스도의 이름으로 너희를 권하노니"라고 말하며(1:10), 형제로서 명령이 아니라 청한다고 했습니다. 옆에서 동행하는 형제로서 자신의 자리를 두었지요.

셋째, 아비로서 대합니다. "내가 너희를 부끄럽게 하려고 이것을 쓰는 것이 아니라 오직 너희를 내 사랑하는 자녀같이 권하려 하는 것이라"라고 하며(4:14), 아비로서 그들을 사랑하는 자녀로 품에 안고 사랑으로 대했습니다.

음성 강의
고린도전서

말씀 개요

1장 1-9절	서론(인사와 감사)
1장 10절-4장 16절	교회의 분열에 대하여
4장 17절-6장	교회 내의 불공정성에 대하여
7장	결혼에 대하여
8장-11장	그리스도인의 자유에 대하여
12장-14장	영적인 은사들과 사랑에 대하여
15장	부활에 대하여
16장	실제적인 계획, 그리고 인사

성경 본문
고린도전서

100일 통독

CHECK

93일 고린도전서 1장-16장 ☐

고린도후서 사역과 사역자

2 CORINTHIANS

고린도후서는 내용이 고린도전서와는 완전히 다릅니다. 고린도후서가 쓰인 가장 큰 이유는 고린도교회가 바울에 대한 오해와 어려움, 그리고 그를 향한 여러 가지 공격에 대해 변명하는 형식으로 쓰였습니다. 어떤 이들은 바울의 사도직이 잘못되었다고 공격했습니다. 다른 사도들은 예수 그리스도와 함께 공생애를 지냈던 사람들인데 반해 그는 예수 그리스도와 직접적인 사역의 경험이 없는데 어떻게 사도라고 말할 수 있는지가 공격의 포인트입니다.

그러나 바울은 담대하게 다메섹 도상에서 부활하신 예수님을 만나 주께로부터 직접 사도로 부르심 받은 것을 강력하게 증명합니다. 또한 그의 사도 된 표시는 모든 참음과 표적과 기사와 능력을 행한 거라고 했습니다(12:12). 이는 마치 예수님이 "내게는 요한의 증거보다 더 큰 증거가 있으니 아버지께서 내게 주사 이루게 하시는 역사 곧 내가 하는 그 역사가 아버지께서 나를 보내신 것을 나를 위하여 증언하는 것이요"라고 하시는 것과 같습니다(요 5:36).

또한 바울을 여러 가지 면에서 비방하고 거역하는 성도들을 어떤 자세로 대하고, 그들의 잘못된 점은 어떻게 고쳐줄 것인가를 설명합니다.

고린도후서는 바울과 고린도교회 사이를 아버지와 반항하는 아들의 관계처럼 묘사합니다. 바울은 편지를 쓰면서 고통스러운 아비의 심정을 표현합니다. 또한 고린도교회가 회개하고 돌이킨 것에 대해 들으면서 기쁜 마음도 표현하지요. 고린도후서에는 바울의 풍부한 감성과 목자의 마음, 그리고 교회를 향한 사랑이 가득합니다.

또한 고린도후서의 놀라운 특징은 소위 '연보장'이라고 말하는 8장과 9장입니다. 두 장 전체에 걸쳐서 헌금과 재정에 대한 성경 원칙을 충분히 설명합니다. 성경에 헌금에 대해 이만큼 자세하고 풍성하게 설명한 곳이 없습니다.

주요 내용

바울은 에베소에서 큰 위험에 직면합니다. 그는 드로아로 가서 디도를 만나기를 기대했으나 만나지 못합니다. 그래서 마게도냐로 건너가 디도를 만나 그에게서 고린도교회가 바울의 편지를 받고 다소 위로를 받았음을 보고받습니다. 바울은 그들에게 몇 가지를 말합니다.

첫째, 예루살렘에 있는 가난한 성도들을 위해 헌금을 준비하도록 추가 지시를 합니다. 둘째, 자신의 사도직과 권위에 대해 추가 설명을 합니다.

화해의 사역(1장-7장)

1장 3-11절에서 바울은 환난 가운데 베푸신 하나님의 위로에 대해 감사를 드립니다. 이 구절에는 '위로'라는 말이 10번, 환난과 고난이 각 4번 언급됩니다. 하나님은 위로의 하나님이요 자비의 아버지이십니다. 우리가 환난 중에 받은 위로로 그와 같은 처지에 있는 형제들을 위로하기 원하시는 하나님의 뜻을 보여줍니다.

환난 중에 감사하는 이유는 하나님으로부터 위로를 받기 때문입니다. 고난이 넘치면 위로도 넘친다고 했습니다. 또 다른 감사의 이유는 환난 중에 있는 사람들을 위로할 수 있기 때문입니다. 세 번째 이유는 하나님을 더욱 의지하게 되기 때문입니다. 내가 연약할 때 오히려 더 하나님을 신뢰하고 의지하게 됩니다. 신실하신 하나님은 항상 나와 함께하십니다. 네 번째는 형제들이 기도로 내 환난에 동참하기 때문입니다. 내가 어려울 때 형제들에게 기도의 도움을 청하는 것을 배워야 합니다.

1장 12절-2장 4절에서 바울은 계획했던 고린도 방문을 연기합니다. 그들을 난처하게 하고 싶지 않아서입니다. 바울의 대적자들은 그것을 기회로 삼아 헐뜯고 비난합니다. 바울은 자신의 양심이 깨끗함을 말합니다. "우리가 너희 믿음을 주관하려는 것이 아니요 오직 너희 기쁨을 돕는 자가 되려 함이니"라고 담대히 말합니다(1:24). 방문 계획을 연기한 이유가 그들의 믿음의 주관자가 아니요 돕는 자가 되고자 함이었음을 설명합니다. 바울은 고린도교회를 향한 넘치는 사랑으로 눈물의 편지를 씁니다(2:4).

2장 5-13절은 교회 공동체에서 죄를 지은 형제가 있다면 용서하고 다시 받아들일 것을 요청하는 내용입니다. 그렇지 않으면 많은 근심에 잠길 위험이 있기 때문이지요. 또한 사탄에게 속지 않기를 바랐습니다. 용서하지 않는 마음은 사탄에게 속는 것입니다.

14-17절에서 하나님은 항상 우리를 승리하게 하시는 분이라고 말합니다. 우리는 '그리스도의 향기'입니다. 하나님의 말씀을 혼잡하게 하지 말아야 하며 순전함으로 받아들이고 전해야 합니다. '혼잡하게 하다'의 뜻은 '물건을 속여 팔아서 부당한 이득을 취하다, 값싼 물건을 떨이로 팔다'라는 뜻입니다. 하나님의 말씀은 금이나 은보다 더 귀합니다. 다윗은 하나님의 말씀을 "금 곧 많은 순금보다 더 사모할 것"이라고 말합니다(시 19:10).

3장은 사도 바울의 자기 추천서입니다. 그것은 교만함에 이르게 함이 아니라 하나님께 영광을 돌리기 위한 것입니다. 우리는 '그리스도의 편지'입니다. 우리의 만족은 오직 하나님께 있습니다. 우리는 새 언약의 일꾼이며, 우리의 직분은 영광스럽습니다.

4장에서 우리는 사역자로서 낙심하지 않는다고 말합니다. 수고할 때 어려움이 있지만 낙심하지 않습니다(1절). 환난 가운데서도 우리를 지켜준 것은 믿음과(13절) 부활에 대한 소망과(14절) 장차 올 영광입니다(15절).

5장에서 우리는 이전 것은 지나가고 새 것이 된 새로운 피조물입니다. 더 나아가 우리는 '그리스도의 대사'입니다. 하나님이 보내시어 사람들과 하나님을 화목하게 하는 사명을 받았습니다.

6장 1-10절은 하나님의 일꾼의 표시가 나열되어 있는 감동적인 구절입니다. 이 구절에는 11장 21-33절의 말씀과 함께 복음의 일꾼 된 바울의 삶이 잘 나타나 있습니다. 하나님의 복음의 일꾼 된 목록을 우리의 삶에 적용하기 바랍니다.

6장 11절-7장 1절에서 바울은 "너희는 마음을 넓히라. 또한 인간관계에서 그리고 일상생활에서 우리를 깨끗하게 하자"라고 말합니다.

7장 2-16절은 복음 사역자들에게 합당한 관심을 보이라고 권합니다. "내가 우리의 모든 환난 가운데서도 위로가 가득하고 기쁨이 넘치는도다"(7:4). 바울은 디도를 만나지 못했을 때는 괴로웠지만, 고린도교회의 사정을 듣고 위로를 받았다고 고백합니다. 더 기쁜 것은 그들의 회개와 열매 때문입니다.

헌금과 재정의 성경적 원칙(8장-9장)

8장 1-6절은 바울이 헌금과 관련해서 마게도냐의 성도들, 곧 빌립보, 데살로니가, 베뢰아 등에 있는 교회들을 칭찬합니다. 그들은 극심하게 가난했지만 헌금만큼은 풍성하게 넘치도록 했습니다. 이것은 아가야 지방의 교회들에게 도전과 격려를 하기 위한 것이지요. 그러나 가장 큰 모델은 바로 우리 주 예수 그리스도이십니다.

"우리 주 예수 그리스도의 은혜를 너희가 알거니와 부요하신 이로서 너희를 위하여 가난하게 되심은 그의 가난함으로 말미암아 너희를 부요하게 하려 하심이니라"(8:9). 예수님은 그의 부요를 우리에게 주시고자 우리의 가난을 대신 짊어지셨습니다. 이것을 '신적대체'神的代替라고 합니다.

8장 16-24절에서 바울은 헌금위원으로 세 사람을 추천합니다. 이들은 아가야 지방의 교회들이 주는 헌금을 예루살렘에 전달하는 책임을 집니다. 바울은 이를 중요하게 여겼습니다. 이 일을 행함에 있어 헌금을 잘못 사용했다는 비방을 받지 않고, 선한 일에 힘쓰려고 신중하게 추진했습니다. 거액의 헌금이었으므로 믿을 만한 세 사람에 대한 신임장을 제출했습니다.

첫째, 디도를 추천합니다. 그는 그들의 유익을 위한 간절한 마음과 섬김의 사역에 준비가 되어 있었습니다. 그는 이 일에 적극적으로 자원했습니다.

둘째, 디도와 함께 보낸 또 다른 형제를 추천했습니다. 그는 아가야 지방에서 칭찬을 받는 사람으로 여러 교회의 택함을 받은 자입니다. 바울과 함께 이 사역을 감당할 것입니다. 이 사람은 아마도 누가일 것으로 짐작합니다.

셋째, 앞의 두 형제와 함께 사역했던 또 다른 한 명의 형제를 추천했습니다. 그는 아마 아볼로일 가능성이 큽니다. 그는 여러 가지 일에 간절함을 보여주었습니다. 그는 고린도 교인들을 신뢰했습니다.

바울은 이 세 사람에 대해 공통적인 결론을 내립니다. "이들은 나의 동역자요, 여러 교회의 사자들이요, 그리스도의 영광입니다."

우리는 헌금을 다룸에 있어서 신중해야 합니다. 비방을 받지 않도록 조심해야 합니다. 신뢰할 만한 사람들에게 맡겨야 하며, 한 명이 아니라 세 명이 관리하는 게 좋습니다.

9장 6-15절에서 재물을 사용함을 농사의 법칙으로 설명합니다. 내게 있는 재물을 필요한 곳에 준다는 것은 마치 씨앗을 땅에 심는 것과 같습니다. 심을 때는 거둘 것을 예상합니다. 그러므로 심고 거두는 법칙을 배워야 합니다. 많이 거두기를 바란다면 많이 심어야 합니다. 또한 헌금을 할 때는 인색하거나 억지로 하지 말고, 너그럽게 자원하는 마음으로 즐겨 내야 합니다.

하나님은 우리의 쓸 것을 넘치도록 주시며 더 나아가 우리가 모든 선한 일을 넘치게 할 수 있도록 넉넉하게 주십니다. 특히 우리가 가난한 자들을 돌보길 원하십니다. 잠언 19장 17절에 "가난한 자를 불쌍히 여기는 것은 여호와께 꾸어드리는 것이니 그의 선행을 그에게 갚아주시리라"라고 하셨습니다.

사도의 사역(10장-13장)

고린도에서만큼 바울이 거짓 사도들에게 심한 공격을 받은 곳도 없습니다. 그는 모든 면에서 겸손하고 훌륭하여 흠잡을 데가 없었지만 그에게 악의를 품고 시기하는 사람들이 있었습니다. 그들은 바울을 헐뜯고 명예를 떨어뜨리려고 애를 썼지요. 고린도교회는 이들로부터 영향을 받았습니다. 바울은 고린도교회를 이들에게서 보호하고자 편지를 씁니다.

11장 5,6절에서 바울은 부드럽고 겸손한 자세로, 그러나 담대함으로 자신을 예수 그리스도의 사도로 소개합니다. 또한 다른 사도들과 동등하다는 것도 겸손하게 설명합니다. 다만 다른 사도들처럼 명쾌하게 말할 줄은 모른다고 인정하지요. 어떤 이들은 바울이 키가 작고, 체구가 아주 왜소하고, 목소리도 작았다고 합니다. 또 어떤 이들은 그가 약간 말을 더듬었다고 합니다.

11장 22-33절은 바울은 자신의 자격과 수고와 받은 고난을 포괄적으로 설명합니다. 얼마나 놀라운 헌신과 수고인가요!

12장 1-10절은 그가 받은 환상과 계시를 간증합니다. 사도의 표시로 고난, 진실한 생활, 희생적인 사랑, 그리고 환상과 계시를 증거로 제시합니다. "사도의 표가 된 것은 내가 너희 가운데서 모든 참음과 표적과 기사와 능력을 행한 것이라"라고 했습니다(12:12). 왜냐하면 우리가 주의 일꾼인 것을 따르는 표적으로 하나님이 확실히 증언하시기 때문입니다(막 16:20).

11-21절은 충성된 복음 사역자로서 바울의 인격에 대해 알 수 있습니다. 그는 재물에 관심이 없고, 오직 영혼 구원에만 관심을 가졌습니다. 그래서 기꺼이 자신의 시간과 재능과 힘과 권리 등을 사용합니다. 그는 그들의 배은망덕에도 불구하고 그들에 대한 사랑을 조금도 줄이지 않습니다. 자신의 모든 것을 그들의 덕을 세우기 위해 행했습니다. '덕을 세운다'는 것은 '건축한다', '든든히 서 가게 한다'는 뜻입니다.

13장 1-6절에서 바울은 고린도교회의 잘못을 교정하고자 권면과 경고를 담은 편지를 두 번이나 보낸 것을 밝히며, 직접 방문할 때는 죄인들은 엄중하게 다스리겠다고 경고하지요.

7-13절은 고린도 교인들을 위해 사도 바울이 하나님께 드리는 기도의 내용입니다. 그들이 죄에서 벗어나 온전하기를 기도합니다. 13절은 고린도교회를 향한 바울의 축도로 마칩니다.

음성 강의
고린도후서

말씀 개요

1장-7장	화해의 사역, 사역의 원리들
8장-9장	연보와 헌금의 원리들
10장-13장	사도의 사역

성경 본문
고린도후서

100일 통독

CHECK

94일 고린도후서 1장-13장 ☐

갈라디아서 종이 아니라 아들이라

G A L A T I A N S

이 책의 주제는 '자유의 복음'입니다. 그래서 '그리스도인의 자유선언문' 또는 '그리스도인의 대헌장(마그나 카르타)'이라고 부르기도 하지요. 이 책은 종교개혁을 일으키는 원동력이 되었습니다. 어떤 이는 갈라디아서는 "위대한 검객의 손에 들려진 번쩍이는 칼과 같다"라고 말했습니다.

로마서와 갈라디아서는 오직 예수 그리스도를 믿는 믿음으로만 구원이 온다는 새 언약에 대한 설명입니다. 바울의 제1차 전도 여행 지역에 유대주의자들(행 15:1에 언급한 그룹)은 계속 영향을 주고자 했습니다. 이들은 율법의 행위와 믿음을 결합하려 했고, 믿음에 행위를 더해야 한다고 했습니다. 특히 모세의 율법을 지켜야 믿음이 완벽해진다고 가르쳤습니다. 이들에게 영향을 받고 있는 갈라디아 지역의 교회에게 바울이 편지를 보냅니다. 오직 믿음으로만 구원받을 수 있다는 걸 강조할 필요가 있다고 생각했기 때문이지요.

갈라디아서는 세 부분으로 나눌 수 있는데 1장과 2장은 바울의 간증, 3장과 4장은 율법과 복음의 관계, 그리고 5장과 6장은 성령으로 말미암아 은혜 안에서 성장하는 것에 대해 언급합니다.

바울의 간증(1장-2장)

바울은 자신을 "사람들에게서 난 것도 아니요 사람으로 말미암은 것도 아니요 오직 예수 그리스도와 그를 죽은 자 가운데서 살리신 하나님 아버지로 말미암아 사도 된 바울"(1:1)이라고 소개합니다. 자신의 사도직은 사람이나 단체로부터 받은 게 아니라 하나님께로부터 받은 것임을 말합니다.

그는 복음에 열정이 있었습니다. 예수 그리스도 안에 있는 복음 외에 다른 복음이 없음을 단호하게 선포하지요. 심지어 천사라도 다른 복음을 전하면 저주를 받으라고 했습니다(1:6-9). 심지어 베드로라도 복음을 거스르는 행동을 한다면 조금도 망설이지 않고 그의 면전에서 두려움 없이 책망을 했습니다(2:11-14). 그는 "이제 내가 사람들에게 좋게 하랴 하나님께 좋게 하랴 사람들에게 기쁨을 구하랴 내가 지금까지 사람들의 기쁨을 구하였다면 그리스도의 종이 아니니라"라고 선언하며(1:10), 예수 그리스도의 종으로서 사람의 기쁨을 구하지 않고 오직 그리스도의 기쁨만을 구한다고 했습니다.

그는 '그리스도의 학교'에서 배운 사람입니다(1:11,12,16,17). 그는 다메섹 도상에서 예수 그리스도를 만나고 성령을 체험한 후 3년 동안 아라비아 광야에서 직접 예수 그리스도께 배웠습니다. 성령은 사역자로서 소명을 감당하도록 그를 준비시키셨습니다. 그는 간증이 있는 사람입니다. 이전에 핍박자였다가 하나님의 사도로 바뀐 게 사람들에게 간증거리가 됩니다(1:21-24).

또한 그리스도의 몸의 질서와 권위를 인정할 줄 아는 사람이었습니다(2:1,2). 그는 주께로부터 사도로 부르심을 받고, 예수 그리스도 앞에서 직접 계시를 받았지만 독불장군은 아니었습니다. 그리스도의 몸의 권위를 존중하고, 질서를 인정하고, 그 안에서 교제하고, 권위 안에서 행할 줄 알았습니다. 그는 예수 그리스도의 십자가만을 자랑하며 십자가에 못 박힌 하나님의 아들 그리스도만을 믿는 사람이었습니다(2:20, 6:14).

간증에서 바울은 아라비아와 다메섹과 예루살렘과 수리아와 길리기아 다소 등 여러 장소를 언급합니다. 이곳들은 바울과 특별한 연관이 있습니다. 아라비아는 예수 그리스도 앞에 홀로 머물며 복음에 대한 계시를 받으며 앞으로의 사역을 준비하던 곳이지요. 다메섹은 핍박자에서 전도자로 바뀌면서 성령세례를 받고 복음 전파를 시작한 곳이요, 예루살렘은 교회의 권위의 질서를 존중하고, 그들과 함께 교제하며 바울의 사역을 인정받은 곳입니다. 수리아와 길리기아 다소는 하나님의 때를 기다리며 사역자로서 훈련하던 장소입니다.

율법과 은혜(3장-4장)

하나님께서 아브라함과 모세를 통해서 맺은 언약이 있습니다. 모세를 통해 맺은 언약은 '율법'이고, 아브라함과 맺은 언약은 '은혜의 복음'입니다. 모세와 맺은 율법의 언약은 우리가 모두 죄인인 것을 증명해줍니다. 율법은 하나님의 약속과 은혜에 반대되는 게 아니라 우리가 죄인임을 알려주는 역할을 합니다. 우리 스스로 구원받을 수 없음을 증명해주지요. 율법은 우리를 예수 그리스도 앞으로 이끌어서 오직 예수로만 구원받음을 말해줍니다. 결국 예수 그리스도의 죽으심과 부활을 믿음으로 말미암아 구원을 얻게 하는 게 바로 율법입니다.

은혜는 우리의 삶을 바꾸는 역할을 합니다. 마치 종신형을 받고 죄수로 평생 감옥에서 노역하던 사람이 어느 날 갑자기 자유인이 된 것과 같습니다. 누군가 내 죄를 대신 다 갚아주어서 더 이상 형벌을 받을 필요가 없기 때문입니다. 복음과 은혜의 역할은 마치 한 아이가 후견인과 청지기에게 보호를 받으며 살다가 성인이 되어 홀로 자유롭게 살게 하는 것과 같습니다. 예수께서 오심으로 우리에게 주어지는 은혜는 미성년자에서 성인의 삶으로, 종의 삶에서 자유인의 삶으로 바뀌는 것과 같은 변화입니다.

이처럼 바울은 두 가지 특별한 은혜를 설명합니다. 하나는 우리가 종의 신분에서 자유인의 신분으로 바뀌는 놀라운 은혜입니다. 또 한 가지는 더 나아가 아들의 신분으로 바뀌는 것이지요. 영화 〈벤허〉는 평생 노예선의 노예로 살아야 할 신분에서 로마 귀족의 아들이 된 유다 벤허가 주인공입니다. 〈몬테크리스토 백작〉의 주인공도 종신형을 받고 오직 죽어서만 나올 수 있는 섬에 갇혔다가 그곳에서 나와 자유의 몸이 됩니다. 이 두 영화는 예수 그리스도의 십자가는 우리를 죄와 사망의 노예에서 자유의 몸으로, 종에서 하나님의 아들로 옮기셨음을 보여줍니다.

3장과 4장은 이와 같이 우리의 근본적인 신분에 놀라운 변화가 예수 그리스도로 말미암아 일어난다고 말합니다. 이는 전적인 은혜로 된 것이며, 이것이 곧 복음입니다.

은혜 안에서 성장(5장-6장)

이런 놀라운 은혜를 받은 우리는 그것을 누리고 삶으로 증명하면서 살아야 합니다. 은혜는 오직 믿음으로 받았지만 행함으로 그 믿음을 보여주어야 합니다.

5장 1절은 '그리스도인의 자유선언문'입니다. "그리스도께서 우리를 자유롭게 하려고 자유를 주셨으니 그러므로 굳건하게 서서 다시는 종의 멍에를 메지 말라"라고 하십니다.

자유가 선포되었는데 노예처럼 살지 말라는 것이지요. 아들인 것을 알면서 더 이상 종으로 살지 말라고 합니다. 예수 그리스도는 우리를 율법의 저주에서 자유하게 하셨습니다. 우리를 죄의 종에서 약속의 아들로 옮기셨습니다. 그래서 자유자로, 아들로 살 때 더 이상 율법이나 내 힘으로 행하지 말고 오직 성령으로 행해야 합니다.

육체의 일은 분명하다고 합니다(5:19-21). 우리의 힘으로 행하고자 하면 '육체의 일'만 더 나타납니다. 그러나 오직 성령으로 행할 때 '성령의 열매'가 열립니다. 5장 16,18절의 "성령을 따라 행하라 … 성령의 인도하심을 받으라"라는 것은 성령의 가르침을 받으며, 성령의 능력으로 행하며, 성령의 인도하심을 받는 것을 가리킵니다.

오직 예수 그리스도를 향한 믿음으로 구원을 받았다면 구원받은 우리가 행할 때도 내 힘이 아니라 성령의 능력과 인도하심을 받으면서 행하는 삶을 살아야 합니다.

6장 1-10절은 성령으로 행하는 삶의 실제적인 지침서입니다. 죄를 지은 형제를 온유함으로 잡아주어야 합니다. "너희가 짐을 서로 지라 그리하여 그리스도의 법을 성취하라"(6:2). 연약한 형제를 관용과 포용으로 대해야 합니다. 이는 그들의 잘못을 무조건 눈감아 주라는 게 아니라 그의 죄에 대해 가혹하게 대하지 말고, 서로 격려하고 도와주며 붙들어주라는 것입니다. 그들에게 기회를 주어야 합니다. 또한 이것을 거울삼아 먼저 자신을 돌아봐야 합니다. 자기의 일을 살펴야 합니다.

"가르침을 받는 자는 말씀을 가르치는 자와 모든 좋은 것을 함께하라"(6:6). 가르침을 받는 자들은 말씀을 가르치는 자들이 물질로 인해 자기 생활에 얽매이지 않도록 그들의 필요한 것을 돌아보고 기꺼이 함께 나누라는 것입니다. 더 나아가서 기회 있는 대로 모든 사람에게 선을 행해야 합니다(6:10). 먼저는 말씀을 가르치는 자들에게, 다음은 믿음의 형제들에게, 그리고 모든 사람에게 선을 행하라고 합니다. 기회가 올 때 놓치지 말아야 합니다. 반드시 상급이 주어질 것입니다. 선을 행하되 낙심하거나 포기하지 말아야 합니다. 때가 이르면 거두게 될 것입니다.

음성 강의
갈라디아서

말씀 개요

1장-2장	복음의 진정성
1장 1-5절	프롤로그(인사)
1장 6절-2장	바울의 사도적 권위
3장-4장	복음의 탁월함
3장	율법의 속박
4장	은혜의 자유
5장-6장	복음으로 누리는 자유
5장-6장 10절	은혜 안에서 성령으로 성장
6장 11-18절	에필로그(후기)

성경 본문
갈라디아서

100일 통독

CHECK

95일 갈라디아서, 에베소서 ☐

에베소서 충만하게 하시는 예수 그리스도의 충만한 교회

E P H E S I A N S

에베소서는 가장 우수한 서신으로 알려져 있습니다. 그래서 '모든 서신서 중의 여왕'이라고도 합니다. 또 시인이며 철학자인 코울리지 Coleridge, Samuel Taylor는 '인간이 쓴 가장 신성한 작품'이라고 극찬했습니다. 또한 골로새서와 55개 이상의 구절이 닮아서 두 책을 '쌍둥이 서신'이라고도 합니다. 골로새서를 "마치 에베소서가 넘쳐나온 듯하다"라고 말하고, 에베소서를 "더 우수한 또 하나의 골로새서다"라고 하기도 합니다.

회람 장

에베소서는 어느 한 교회에만 보낸 편지가 아니라 바울이 개척한 소아시아의 모든 교회들에게 보낸 것입니다. 교회들마다 이 편지를 돌아가면서 읽기에 '회람回覽장'이라고도 하지요. 골로새서 4장 16절에 바울이 "회람장이 있다. 그런데 그 편지가 현재는 라오디게아교회에 있다. 그것이 너희에게 올 때 반드시 읽어라"라고 하는데 그 편지가 바로 에베소서입니다.

"나의 사정 곧 내가 무엇을 하는지 너희에게도 알리려 하노니 사랑을 받은 형제요 주 안에서 진실한 일꾼인 두기고가 모든 일을 너희에게 알리리라"(6:21), "두기고가 내 사정을 다 너희에게 알려주리니"(골 4:7).

바울의 이 말은 로마 감옥에 있는 그가 에베소서를 소아시아의 교회들에게 보낼 때 편지 배달부로 두기고를 세웠다는 것을 알려줍니다. 두기고는 이 편지와 함께 바울의 소식을 전하면서 교회들을 위로했습니다.

에베소서의 내용은 예수 그리스도 안에서 만물이 통일되며 또 예수 그리스도는 모든 충만함이라는 것입니다. 그리고 교회는 예수 그리스도의 몸이며, 그분의 충만함을 공유한다는 것입니다. '충만한 예수 그리스도와 예수 그리스도의 몸 된 교회'가 전체 내용입니다.

교회의 모습

에베소서는 교회의 모습을 몇 가지로 설명합니다.

첫째, 교회는 예수 그리스도의 몸입니다. 사람으로 비유를 들자면 예수님은 머리가 되시고, 교회는 몸입니다. 사람의 머리와 몸이 하나로 연결되듯이 교회의 머리 되시는 예수 그리스도의 충만하심이 그의 몸 된 교회로 그대로 흘러갑니다(1:22,23, 2:4-7).

둘째, 교회는 건물과 같습니다. 예수 그리스도는 건물의 중심이 되는 모퉁잇돌이며, 교회는 그것을 기초로 건축된 건물입니다. 건물이 서로 연결되면서 한 건물이 되듯이 모든 그리스도인들이 서로 연결되어 교회가 되어갑니다(2:20-22).

건물이 기초와 기둥과 지붕과 벽으로 이루어지듯 교회는 기초의 역할을 하는 사도와 선지자와 기둥 역할의 교사와 지붕 역할의 목자와 그 집을 사람들로 채우는 전도자로 이루어집니다(2:20, 4:11,12). 이것은 하나의 조직체나 명칭이나 호칭을 말하는 것보다는 성령으로 교회를 세우는 교회 리더십에게 부으시는 성령의 직임입니다.

셋째, 교회는 신부와 같습니다. 신랑과 신부에 비유한다면 예수 그리스도는 신랑 되시고, 교회는 신부 됩니다(5:22-33). 신랑은 신부를 자기 목숨까지 주면서 사랑하고, 신부는 신랑을 위해 순종하는 모습에서 교회와 예수 그리스도와의 관계를 설명합니다.

넷째, 교회는 영적전쟁하는 군인입니다(6:10-17). 그리스도인의 삶은 구원받고 이 세상을 즐기는 삶이 아니라 어둠의 영과 전쟁하며 하나님 나라를 확장하는 군인의 삶입니다. 그러므로 우리는 누구와 전쟁을 하는지, 군인으로서의 무장은 어떻게 하는지를 알아야 합니다.

앉으라, 행하라, 서라

에베소서는 로마서처럼 논리적이고 체계적으로 기록되어 있습니다. 전체 6장 가운데서 앞의 세 장은 그리스도께서 어디에 계시고 그리스도인들은 어디에 있는지를 말합니다. 4장-6장은 그리스도인들은 어떻게 살 것인가를 말합니다. 앞의 세 장이 그리스도인들의 특권을, 나머지 세 장은 그리스도인들의 책임을 말합니다.

워치만 니Watchman Nee는 에베소서를 설명한 《좌행참》Sit, Walk, Stand이라는 탁월한 책을 썼습니다. '좌'坐는 '앉다'라는 뜻입니다. 하나님은 십자가에 죽으시고 부활하신 예수 그리스도를 하나님 오른편에 앉히셨습니다. 그곳은 모든 것을 다스리는 자리입니다. 허물과 죄로 죽고 어둠의 권세 아래에 살던 우리를 하나님은 그리스도와 함께 살리시고, 일으키시고, 함께 하늘에 앉히신 것이지요. 그러므로 지금 교회는 그리스도와 함께 하늘의 하나님 우편에 앉아 있습니다. 이것이 교회의 위치이며 우리의 영적인 자리입니다. 그리스도와 함께 모든 것을 다스리는 자리에 있습니다. 앞으로 다스릴 것이 아니라 바로 지금 다스리는 것입니다.

사탄의 권세를 명하며 결박하는 영적인 권세를 우리에게 주셨습니다. 누가복음 10장 19절에 “내가 너희에게 뱀과 전갈을 밟으며 원수의 모든 능력을 제어할 권능을 주었으니 너희를 해칠 자가 결코 없으리라”라고 하셨습니다. 우리의 자리는 ‘그리스도 안에’ 있습니다. 에베소서는 ‘그리스도 안에서’라는 단어를 1장에서 3장까지 22회나 언급합니다(1장 12회, 2장 6회, 3장 4회).

‘행’行은 ‘행하라’입니다. 4장 1절-6장 9절은 그리스도인들이 이 세상에서 어떻게 행할 것인가를 다섯 가지 영역으로 설명합니다.

첫 번째, ‘부르심에 합당하게 행하라’(4:1-16). 그것은 ‘하나 됨, 연합’을 말합니다. 성령이 이미 하나 되게 하신 것을 우리 그리스도인들이 힘써 지켜야 합니다. 하나 됨의 요소가 일곱 가지인데 하나 된 몸, 한 분 성령, 부르심의 한 소망, 한 분 주이신, 하나의 믿음, 하나의 세례, 한 분이신 하나님이 그것입니다.

교파가 다르고 강조하는 바가 다를지라도 기반 위에 있다면 하나 됨을 지키는 데 문제가 될 수 없습니다. 큰 그림을 그려야 합니다. 그렇다고 종교 다원주의처럼 모든 종교를 아우르라는 것은 아닙니다. 오직 위의 일곱 가지의 기반이 우리가 하나 됨을 지키는 요소입니다.

두 번째, ‘진리 가운데서 행하라’(4:17-32). 이는 옛 사람을 벗어버리고 새 사람을 입으라는 것입니다. 이같이 행할 수 있는 열쇠는 우리의 사고방식을 새롭게 하는 것입니다.

세 번째, ‘사랑 가운데서 행하라’(5:1-7). 예수께서 우리를 사랑하심같이 우리가 서로 사랑함으로 주님의 새 계명에 순종하며 사는 것입니다(요 13:34,35).

네 번째, ‘빛의 자녀처럼 행하라’(5:8-14). 빛의 열매는 모든 착함과 의로움과 진실함에 있습니다(5:9).

다섯 번째, ‘모든 관계 가운데서 지혜로 행하라’(5:15-6:9). 세월을 아끼고 시간을 잘 사용하며 주의 뜻을 따라 살면서 관계에서 지혜로 행하는 것을 말합니다. 가정에서 남편과 아내, 부모와 자녀의 관계, 또 사회에서 고용주와 고용인의 관계에서 그리스도인들은 지혜롭게 행해야 합니다.

'참'站은 '서라'입니다. 6장 10-20절에서 하나님은 우리에게 이 세상에 하나님나라를 이루려면 방해 세력과 전쟁을 해야 한다고 말씀합니다. 가나안을 유업으로 받은 이스라엘 백성이 여호수아를 앞장세워 가나안의 족속들과 전쟁하며 그 땅을 취했듯이 우리의 유업을 취해야 합니다. 시편 2편 8절에 "내게 구하라 내가 이방 나라를 네 유업으로 주리니 네 소유가 땅끝까지 이르리로다", 마태복음 28장 19절에 "너희는 가서 모든 민족을 제자로 삼으라"라고 하셨습니다.

이 세상을 변화시키는 게 우리의 사명입니다. 잃어버린 영혼을 주께로 돌아오게 하는 것만이 아니라 사회의 구조를 변화시켜 하나님나라가 임하게 하는 것입니다. 그러나 이것은 전쟁을 통해 이루어집니다.

우리의 싸움은 육체가 아니요 사탄의 각 영역의 세력들과의 싸움입니다. 우리의 싸움의 상대는 '통치자들', '권세들', '어둠의 세상 주관자들', '악령들'입니다. 이들은 눈에 보이지 않는 영적 세력들입니다. 그래서 '영적전쟁'이라고 하지요. 이 영적전쟁을 승리로 이끌기 위해서 서서 하나님의 전신갑주를 입으라고 말씀합니다. 진리의 허리띠, 의의 호심경, 평안의 복음 신발, 믿음의 방패, 구원의 투구, 성령의 검이 전신갑주입니다. 무엇보다 이 모든 무장 후에 기도해야 합니다. 깨어 구하기를 힘쓰라고 하십니다(6:14-17).

무엇을 위해 기도할 것인가

에베소서에는 우리에게 가장 모범이 되는 두 개의 기도문이 있습니다. 우리가 무엇을 기도할 것인가를 잘 보여줍니다. 가족과 친구, 동역자와 사역자들을 위해 기도하는 것입니다. '알게 하소서'는 '경험하게 하소서'라고 바꿔도 됩니다.

기도문 1(1장 17-19절)

"하나님 아버지께서 지혜와 계시의 영을 주셔서 OOO가 하나님을 알게 하소서."

하나님을 아는 것은 우리의 삶에 매우 중요합니다. 예레미야서 9장 23,24절에, "여호와께서 이와 같이 말씀하시되 지혜로운 자는 그의 지혜를 자랑하지 말라 용사는 그의 용맹을 자랑하지 말라 부자는 그의 부함을 자랑하지 말라 자랑하는 자는 이것으로 자랑할지니 곧 명철하여 나를 아는 것과 나 여호와는 사랑과 공평과 정의와 땅에 행하는 자인 줄 깨닫는 것이라 나는 이 일을 기뻐하노라 여호와의 말씀이니라"라고 하십니다.

"OOO의 마음의 눈을 밝히셔서 다음의 것들을 알게 하소서."

첫째, "그의 부르심의 소망이 무엇인지 알게 해주소서."

우리의 부르심을 아는 게 중요합니다. 우리 각 사람은 하나님이 사명을 주어 이 세상에 보내셨습니다. 그러므로 자기가 해야 할 일이 무엇인지 알아야 합니다. 그것에 삶의 추진력과 역동성을 얻을 수 있습니다.

둘째, "성도 안에서 그 기업의 영광의 풍성함이 무엇인지 알게 하소서."

현재의 삶이 아니라 영원한 나라에서 주시는 유업이 무엇인지 아는 게 중요합니다. 이 땅의 삶은 종착점이 아니고 경유지입니다. 우리가 영원히 살 곳에서 내게 주시는 유업이 무엇인지 알 때 이 세상에서 어떻게 살아야 하는지도 알게 됩니다.

셋째, "믿는 우리 안에서 일하시는 하나님의 능력이 어떠한지를 알게 하소서."

하나님은 전능하십니다. 하나님의 능력은 믿는 자들을 통해 풀어지고 나타납니다.

기도문 2(3장 16-19절)

첫째, "성령으로 OOO의 속사람을 강건하게 하소서."

겉사람(육신)의 건강도 중요하지만 속사람의 건강은 더 중요합니다. 요한삼서 1장 2절에 "네 영혼이 잘됨같이 네가 범사에 잘되고 강건하기를 내가 간구하노라" 하심같이 먼저 속사람이 강건하면 범사가 잘되고 육체도 건강해집니다.

둘째, "믿음으로 그리스도께서 OOO의 마음에 계시게 하소서."

그리스도와 동행하며 그의 임재 가운데 머무는 삶은 중요합니다. 그럴 때 마음의 평강과 기쁨을 유지할 수 있습니다.

셋째, "OOO에게 지식에 넘치는 그리스도의 사랑을 알게 하소서."

예수 그리스도의 사랑은 4차원의 사랑입니다. 그 넓이와 길이와 높이와 깊이를 경험하는 것이 참으로 귀합니다.

음성 강의
에베소서

말씀 개요

1장-3장	그리스도인의 위치
1장	아버지의 뜻
2장	아들의 구원
1-10절	개인 삶의 B.C.와 A.D.
11-22절	교회 공동체의 B.C.와 A.D.
3장	성령의 사역
4장-6장	그리스도인의 행함
4장-6장 9절	그리스도 안에서의 우리의 부르심
4장 1-16절	하나 됨을 지켜라
4장 17-32절	진리로 행하라
5장 1-7절	사랑 가운데서 행하라
5장 8-14절	빛의 자녀로 행하라
5장 15절-6장 9절	지혜로 행하라
6장 10-20절	영적전쟁(전신갑주를 입으라)

성경 본문
에베소서

100일 통독

CHECK

95일 갈라디아서, 에베소서 ☐

빌립보서 주 안에서 기뻐하라

P H I L I P P I A N S

빌립보서는 '기쁨의 책'이라고 말합니다. 또한 '가장 아름다운 책'입니다. 수신자인 빌립보교회는 빌립보 도시에 있는 교회입니다. 이 도시는 알렉산더의 아버지 빌립이 건설한 도시로, 그의 이름을 따서 지은 것입니다.

빌립보교회

바울의 계획은 아시아로 가는 것인데 마게도냐 사람의 환상을 통해 계획을 변경하여 유럽으로 건너갑니다. 그리고 도착한 곳이 바로 빌립보입니다. 이곳에서 바울과 바울 팀이 복음을 전파하면서 교회가 형성되었지요. 그들이 감옥에 갇혀서 심한 고난을 당했던 곳이기도 합니다.

빌립보교회 교인들은 매우 다양합니다. 그중 자주紫紬 장사 루디아는 아시아 사람으로 상인입니다. 자주 장사는 자주색으로 물감 들인 옷감을 파는 것으로 당시 가장 성행하던 사업이었죠. 루디아는 보따리 장사꾼이 아니라 매우 성공한 사업가로 상류층에 속했습니다.

또한 바울과 실라를 심하게 때렸던 로마 감옥의 간수와 그의 가정도 예수를 믿게 됩니다. 그는 로마 군인으로 당시 사회의 중류층에 속한 자입니다. 또 점占치던 여자가 바울을 통해 자유케 되면서 예수를 믿고 교회의 일원이 되었지요. 그녀는 헬라인이며 노예로 당시 사회의 하류

층이었지요. 이처럼 빌립보교회는 다양한 국적과 사회 계층이 함께 어우러져서 이루어졌습니다.

기뻐하라

빌립보서는 반복적으로 '기뻐하라'라고 말합니다. 감옥에 갇힌 바울이 감옥 밖에 있는 빌립보의 형제들에게 전하는 메시지입니다. 복음을 전파하다가 감옥에 갇힌 바울에게 빌립보 성도들이 "기뻐하십시오, 낙심하지 마십시오, 인내하십시오"라고 편지해야 할 텐데 오히려 감옥에 있는 바울이 감옥 밖의 형제들에게 기뻐하라고 말합니다.

기쁨은 환경에서 나오는 게 아니기 때문이지요. 바울은 비록 감옥에 있지만 그 영은 늘 자유했습니다. 이 땅에 살지만 이 땅의 영향을 받지 않고 항상 하늘의 기쁨을 유지한 사람입니다. 바로 그런 기쁨으로 살라는 게 빌립보서의 내용입니다.

구약의 하박국서 3장 17-19절의 말씀이 이러한 삶을 잘 보여줍니다. "비록 무화과나무가 무성하지 못하며 포도나무에 열매가 없으며 감람나무에 소출이 없으며 밭에 먹을 것이 없으며 우리에 양이 없으며 외양간에 소가 없을지라도(남은 것이 아무것도 없습니다!) 나는 여호와로 말미암아 즐거워하며 나의 구원의 하나님으로 말미암아 기뻐하리로다 주 여호와는 나의 힘이시라 나의 발을 사슴과 같게 하사 나를 나의 높은 곳으로 다니게 하시리로다."

하박국 선지자의 기쁨은 환경이나 물질이나 사람에게 있지 않고 오직 하나님께 있었습니다. 느헤미야는 "여호와로 인하여 기뻐하는 것이 너희의 힘이니라"라고 했습니다(느 8:10). 바울은 환경에 영향을 받지 않았습니다. 예수 그리스도가 그의 기쁨이었기 때문이지요.

빌립보서는 이 기쁨에 대해 여러 가지로 말합니다. 우리가 은혜의 보좌 앞에서 형제들을 위해 기도할 때 기쁩니다(1:4). 그리스도의 심장으로 형제들을 사모하기 때문입니다. 그리스도인들은 슬픔이나 우울함이나 어두운 얼굴이 아니라 어떤 삶과 환경에서든지 빛나는 기쁨의 얼굴로 살아가야 합니다(1:25). 또 모든 성도가 서로 하나가 되어서 교제하는 기쁨이 있습니다(2:2). 그러한 교제는 아버지와 예수 그리스도와 함께하는 것이기 때문입니다(요일 1:3,4). 예수 그리스도를 위해 고난받는 것 또한 기쁨입니다(2:17).

서머나교회의 감독이자 믿음의 사람인 폴리캅Polycarp은 로마 군인들에 의해서 화형을 당하면서 "오 아버지! 나를 이 일에 적합한 자로 판단해주셔서 감사합니다!"라고 순교의 기쁨을 고백했습니다. 빌립보서는 바로 그런 기쁨을 말합니다.

또한 2장 28절은 사랑하는 사람들의 좋은 소식을 들을 때의 기쁨을 말합니다. 잠언 25장 25절에 "먼 땅에서 오는 좋은 기별은 목마른 사람에게 냉수와 같으니라" 하는 기쁨과 같습니다. 2장 29절은 늘 집을 개방해서 많은 손님들과 나그네들을 접대하는 기쁨을 말합니다.

3장 1절과 4장 1절은 예수 그리스도 안에 믿는 자가 서로 교제하는 기쁨을 말합니다. 4장 10-12절에는 어떠한 형편에서도 자족하기를 배워서 비천에도, 풍부에도 처할 줄 아는 일체의 비결을 배웠다고 합니다. 따라서 어떤 상황에서도 기뻐한다고 말합니다.

이처럼 빌립보서는 그리스도인의 표지가 '기쁨'이라고 말합니다. 예수님을 믿으면서 우울하거나 얼굴이 어둡고 슬픔과 번민으로 살아간다면 예수 그리스도를 드러내는 삶이라고 말할 수 없습니다. 우리는 이 세상의 환경을 뛰어넘어 하늘의 기쁨을 가진 사람들입니다.

우리의 롤모델인 놀라우신 예수님

빌립보서에는 예수 그리스도의 참된 신성과 인성을 보여주는 가장 뛰어나고 감동적인 구절이 있습니다. "너희 안에 이 마음을 품으라 곧 그리스도 예수의 마음이니 그는 근본 하나님의 본체시나 하나님과 동등 됨을 취할 것으로 여기지 아니하시고 오히려 자기를 비워 종의 형체를 가지사 사람들과 같이 되셨고 사람의 모양으로 나타나사 자기를 낮추시고 죽기까지 복종하셨으니 곧 십자가에 죽으심이라"(2:5-8).

바울은 빌립보 형제들에게 하나 됨을 권면했습니다. 그들 사이의 불일치와 부조화, 개인적인 야심과 자랑을 버리고 다툼과 허영이 아닌 겸손으로 서로를 섬기라고 했습니다(2:1-4).

그리고 예수 그리스도의 모습을 소개합니다.

첫째, 예수 그리스도는 근본적으로 하나님의 본체이십니다. 예수님의 본질은 하나님이시고, 영원히 변하지 않는 것입니다. 그분의 신성을 말하는 것입니다. 예수님은 하나님과 동등 됨을 취할 것으로 여기지 않으셨습니다. '취하다'는 '움켜쥐다, 붙잡다'라는 뜻입니다. 그분은 본질적으로 하나님이시기에 하나님과 동등 됨을 움켜잡을 필요가 없었습니다.

둘째, 예수님은 자신을 비워 종의 형체를 가지시어 사람의 모습으로 나타나셨습니다. 예수님은 사람이 되기 위해 자신의 신성을 비우시고 노예의 형체를 가지셨지요. 본질적으로 하나님이시지만 잠시 온전히 사람이 되신 것이지요. 외견상 사람이 가질 수 있는 모든 것이 되셨습니다. 시간과 공간의 한계와 감정과 피곤함과 굶주림 등을 그대로 겪으셨지요. 하나님이신 예수님이 사람의 모양을 취하시는 것은 엄청난 희생을 지불하신 것입니다. 이같이 놀라운 일은 우리의 이해력을 초월하는 하나님의 사랑의 비밀입니다.

셋째, 예수님은 자신을 낮추시고 죽기까지 복종하시어 십자가에 죽으셨습니다. 그분의 삶은 한마디로 '겸손'과 '복종'과 '희생'입니다. 섬김을 받으려 하지 않고 오히려 섬기셨습니다. 자신의 길이 아닌 하나님의 길을 선택하셨습니다. 또한 모든 영광을 사람을 위해 버리셨습니다. 오늘의 우리에게도 예수님은 롤모델이십니다. 이기주의, 자기 주장, 자기 과시, 자기 영광은 그리스도인의 교제를 파괴할 뿐입니다. 그리스도인의 표지는 예수 그리스도를 닮는 데 있습니다.

두 장의 추천서

빌립보서에는 두 장의 추천서가 있습니다. 2장에서 바울은 디모데와 에바브로디도를 추천합니다(2:19-25). 먼저 디모데를 소개합니다. "디모데 형제는 뜻을 같이하여 여러분의 사정을 진실히 생각할 자입니다. 사람들은 다 자기 일을 구하고 그리스도 예수의 일을 구하지 않지만 디모데 형제는 먼저 그리스도 예수의 일을 구하는 사람입니다. 또한 그는 연단된 사람입니다. 고난을 믿음으로 통과한 사람입니다. 또한 나와 함께 복음을 위해 수고한 사람입니다."

이어서 에바브로디도를 소개하지요. "에바브로디도 형제는 나의 형제요 나와 함께 주를 위해 수고하고 나와 함께 예수 그리스도의 군사된 자입니다. 에바브로디도 형제는 여러분의 사자로 내 쓸 것을 돕는 자입니다. 그는 그리스도의 일을 위해서는 죽기까지 이르러도 자기 목숨을 돌보지 않는 사람입니다."

만약 누군가가 여러분에 대한 추천서를 써준다면 어떻게 써 있기를 바라나요? 또 어떻게 적혀 있을 거라고 생각하나요? 주께서는 우리가 디모데나 에바브로디도처럼 그런 소개를 받을 수 있는 사람이 되기를 원하십니다.

바울은 "이와 같은 자들을 존귀히 여기라!"라고 말합니다(2:29). 이러한 사람들을 존경하라는 것이지요. 이들은 존경받기에 합당합니다. 주변에 존경할 사람들이 있습니까? 그렇다면 그들에게 존경을 표시하고 이렇게 기도하십시오. "오, 주님, 이와 같은 사람들이 교회에 많이 일어나게 하소서!"

또 바울은 자기 자신을 추천합니다(3:4-9).

"만일 누군가 육체를 자랑한다면 나도 자랑할 것이 있습니다. 나는 8일 만에 할례를 받았습니다. 나는 이스라엘 족속이요 베냐민 지파입니다. 히브리인 중에 히브리인입니다. 율법으로는 바리새인이고 열심으로는 교회를 핍박하고 율법의 의로는 흠이 없는 자입니다. 그러나 무엇이든지 내게 유익하던 것을 그리스도를 위하여 다 해로 여겼습니다. 왜냐하면 그리스도 예수를 아는 지식이 가장 고상하기 때문입니다. 나는 예수 그리스도를 얻기 위해 모든 것을 잃어버리고 배설물로 여깁니다."

이것은 빌립보서에서 가장 놀라운 믿음의 고백입니다. 또한 우리가 이 땅에서 살아가는 삶의 모범적인 표현이지요.

3장 13,14절은 바울의 사명선언문입니다. "형제들아 나는 아직 내가 잡을 줄로 여기지 아니하고 오직 한 일 즉 뒤에 있는 것은 잊어버리고 앞에 있는 것을 잡으려고 푯대를 향하여 그리스도 예수 안에서 하나님이 위에서 부르신 부름의 상을 위하여 달려가노라."

이것을 우리의 사명선언문으로 삼고 이를 성취하기 위해 다음의 약속의 말씀을 내 것으로 굳게 붙드십시오. "너희 안에서 착한 일을 시작하신 이가 그리스도 예수의 날까지 이루실 줄을 우리는 확신하노라"(1:6).

그리고 다음 말씀을 내 고백으로 선포하십시오. "내게 능력 주시는 자 안에서 내가 모든 것을 할 수 있느니라”(4:13), “나의 하나님이 그리스도 예수 안에서 영광 가운데 그 풍성한 대로 너희 모든 쓸 것을 채우시리라”(4:19).

기쁨과 평강의 비결

바울은 또한 “나는 어떤 형편에든지 자족하기를 배웠다”라고 말합니다. 그는 “나는 비천에 처할 줄도 알고 풍부에 처할 줄도 알아 모든 일 곧 배부름과 배고픔과 풍부와 궁핍에도 처할 줄을 아는 ‘일체의 비결’을 배웠노라”라고 합니다(4:11,12). 재물과 연관되어서 자족하는 삶은 중요합니다. 그래야 빚지지 않고 진정으로 만족하는 삶을 살게 됩니다.

4장 6-9절에서 사명을 성취하기 위해 하나님의 평강을 유지하는 것이 매우 중요함을 말합니다. 내면에 평상심을 유지할 때 분별력과 판단력과 이해력과 통찰력이 발휘되어 옳게 행동할 수 있지요.

이러한 기쁨과 평강을 유지하는 비결은 첫 번째, 내 생각을 그리스도로 가득 채우는 데 있습니다. “형제들아 무엇에든지 참되며 무엇에든지 경건하며 무엇에든지 옳으며 무엇에든지 정결하며 무엇에든지 사랑받을 만하며 무엇에든지 칭찬받을 만하며 무슨 덕이 있든지 무슨 기림이 있든지 이것들을 생각하라”(4:8).

“이것들을 생각하라”라고 합니다. 즉 이것들을 내 생각에 머물게 하라는 것입니다. 위의 여덟 가지 요소가 있는 것들만 내 생각에 들어오도록 하는 것입니다. 우리가 무엇을 듣거나 볼 때 여과 없이 다 받아들이지 말고, 여과지로 걸러내는 것처럼 내 생각에 위의 요소들을 올려놓아야 합니다. 우리의 생각에 오직 이것들만 들어와 머물도록 할 때 기쁨과 평강이 있습니다.

기쁨과 평강을 유지하는 두 번째 비결은 감사의 기도입니다. "아무것도 염려하지 말고 다만 모든 일에 기도와 간구로, 너희 구할 것을 감사함으로 하나님께 아뢰라"(4:6). '아무것도'와 '모든 일'은 염려하지 말아야 할 것들과 감사와 기도할 것들의 목록을 작성하게 합니다.

음성 강의
빌립보서

말씀 개요

1장	그리스도와 동행 경험(고난)
2장	그리스도의 마음 그리스도의 백성(복종)
3장	그리스도의 지식 그리스도를 좇아감(구원)
4장	그리스도의 평강 그리스도의 능력(성화)

성경 본문
빌립보서

100일 통독

		CHECK
96일	빌립보서, 골로새서, 데살로니가전서, 데살로니가후서	☐

골로새서 예수 그리스도께 최고의 자리를 드리라

C O L O S S I A N S

이미 에베소서에서 설명했듯이 에베소서와 골로새서는 55개 이상의 구절이 서로 겹치는 '쌍둥이 서신'입니다.

골로새는 브루기아 지방의 중심 도시로 라오디게아와 히에라볼리에서 그리 멀지 않은 곳입니다. 소아시아 교회 중의 하나인 골로새교회는 당시 부흥하고 있었습니다. 에바브라가 세운 교회이고, 빌레몬이 사역했습니다. 바울이 그곳에 방문한 기록은 없습니다.

마땅히 드려야 할 최고의 자리

골로새서의 주제는 '예수 그리스도의 충만함'입니다. 어떤 특정한 상황과 이단의 출현 때문에 예수 그리스도의 충만함이 얼마나 중요하고 놀라운지를 설명합니다.

당시 '그노시스주의'gnosticism라는 이단이 있었습니다. 이들은 영과 육에 대한 이원론적 사상을 갖고 있었습니다. 영은 선하고, 모든 물질은 불완전하고 악하며 육체도 물질에 속하기에 악하다고 말합니다. 그리고 우주는 무에서 창조된 게 아니라 이 세계가 창조될 때 물질이 원료와 소재가 되었다고 말합니다.

이것은 창조 사실과 예수 그리스도의 인성에 잘못된 영향을 주었습니다. 예수께서 이 땅에 육체로 오심을 부인하고, 육체의 부활도 부정합니다. 또한 그리스도인의 윤리적 삶에 영향을 주었지요. '물질은 악하기 때문에 육체도 악하다. 그러므로 육체를 아무렇게나 대해도 괜찮다'라고 주장합니다. 이러한 사상은 육체를 노예처럼 채찍질하며 다스려야 될 것으로 생각하여 금욕주의를 주장하거나 육체는 악하기에 제멋대로 살아도 된다는 쾌락주의에 빠지게 만듭니다. 골로새서는 이 점에 대해 아주 엄격하게 경고합니다. 이러한 잘못된 가르침은 인간의 지혜와 제도를 강조하고, 각종 신화와 전설에 착념하게 만듭니다.

또한 당시에 유대교 전통을 중시하며 강조하는 거짓 교사들이 있었는데 율법주의자들과 손잡고 동반자적 관계를 유지했습니다. 이들은 하나님께 도달하려면 사다리를 타고 올라가는 것처럼 엄격한 금욕생활을 하는 게 필수라고 주장했지요. 그러다 보니 유대교의 율법을 준수하고, 특정한 날짜를 지키며, 특정한 식물을 먹거나 금하는 것들을 요구했습니다.

골로새서는 그리스도인의 믿음은 이 모든 것을 다 초월한다고 가르칩니다. "그노시스주의를 주의하라. 유대주의적 율법주의를 경계하라. 천사 숭배와 거짓 신비주의를 경계하라. 인간적인 철학을 경계하라. 그리고 마땅히 드려야 할 최고의 자리를 오직 예수 그리스도께만 드리라"가 주요 내용입니다.

구성

1장과 2장은 예수 그리스도의 탁월함을, 3장과 4장은 그리스도인들이 이 땅에서의 삶을 통해서 어떻게 놀라운 그리스도를 드러낼 것인가를 설명합니다. 전반부는 그리스도께서 우리를 위해 하신 일을, 후반부는 그리스도인들이 이 땅에서 어떻게 살아야 할 것인가를 말합니다.

1장 3-8절에서 바울은 골로새에 있는 형제들로 인해 하나님께 감사를 고백합니다. 특히 예수 그리스도 안에 있는 그들의 믿음과 모든 성도를 향한 그들의 사랑과 하늘에 쌓아놓은 소망 때문에 감사합니다. 그들의 믿음과 소망과 사랑으로 하나님 곧 예수 그리스도의 아버지께 감사합니다.

9-12절은 골로새교회를 향한 바울의 기도입니다. 이것은 우리가 사람들을 위해 어떻게 기도를 할 것인가를 보여주는 기도 샘플입니다. 크게 다섯 가지 기도입니다.

1. "주께서 형제들을 모든 신령한 지혜와 총명으로 채우사 하나님의 뜻을 알게 하소서"-하나님의 뜻이 무엇인지 알게 해주시길 기도합니다.
2. "주께 합당하게 행하며 살아감으로 모든 일에 주를 기쁘게 하는 삶이 되게 하소서"-하나님을 기쁘시게 하는 삶이 되길 기도합니다.
3. "모든 선한 일에 열매를 맺게 하소서"-선한 일에 힘쓰길 기도합니다.
4. "하나님을 점점 더 알게 하소서"-하나님을 알게 되기를 기도합니다.
5. "하나님의 영광의 권능에서 오는 모든 능력으로 어떤 상황에서도 끝까지 참고 견디며 기쁨으로 살게 하소서"-어떤 상황도 견디며 기쁨으로 살길 기도합니다.

13,14절에는 그리스도의 위대한 구속 사역이 나옵니다. 하나님은 우리를 흑암의 권세에게 건져내시고, 그의 아들의 나라로 옮기시고, 그의 아들 안에서 속량 곧 죄사함을 얻게 하셨습니다.

15-18절에서 예수 그리스도가 누구신지를 여덟 가지 영역으로 말합니다.

1. 예수 그리스도는 보이지 아니하시는 하나님의 형상이십니다.
2. 예수 그리스도는 모든 피조물보다 먼저 나신 분이십니다.
3. 예수 그리스도는 창조주이십니다. 만물이 예수 그리스도 안에서 창조되고, 그로 말미암아 창조되고, 그를 위해 창조되었습니다.
4. 예수 그리스도는 만물보다 먼저 계시고 만물이 그 안에 함께 섰습니다. 그는 영원 전부터 계셨습니다. 만물은 그로 말미암아 존재를 유지합니다. 또한 말씀으로 만물을 붙들고 계십니다(히 1:3).
5. 예수 그리스도는 몸 된 교회의 머리이십니다.
6. 예수 그리스도는 모든 것의 근원이십니다.
7. 예수 그리스도는 모든 죽은 자 가운데서 제일 먼저 살아나신 분입니다. 그는 부활의 첫 열매가 되십니다(고전 15:20).
8. 예수 그리스도는 만물의 으뜸이십니다. 그는 하늘과 땅의 모든 권세를 가지시며 모든 천사들보다 뛰어나십니다.

이 여덟 가지 모습을 이해한다면 우리의 믿음은 더욱 견고해져서 어떤 경우에도 흔들리지 않을 것입니다.

19-23절은 하나님이 예수 그리스도를 통해 무슨 일을 하시는지 말합니다. 하나님께서 예수 그리스도 안에 모든 충만함이 머무르게 하셨습니다. 또한 하나님은 예수님의 십자가의 피로 화평을 이루셨습니다. 하늘과 땅에 있는 모두를 그리스도 안에서 화해시키셨습니다. 전에는 멀리 떠나 하나님과 원수 되었던 우리를 예수 그리스도의 육체의 십자가의 죽으심으로 하나님과 화해시키셨습니다. 하나님은 예수 그리스도로 말미암아 우리를 거룩하고 흠이 없고 책망할 게 없는 사람으로 세우셨습니다. 바울은 이런 놀라운 구원의 복음을 천하 만민에게 전파하기 위해 복음의 일꾼이 되었다고 고백합니다.

2장은 우리가 어떻게 살아갈 것인가를 말합니다. 예수 그리스도 안에서 살아가고, 그 안에서 뿌리를 박고 세우심을 입고, 믿음을 굳게 하여 감사가 넘치는 삶을 살라고 말합니다. 예수 그리스도는 우리로 능히 그러한 삶을 살게 하십니다.

우리의 삶의 원천이요 기반이신 그리스도는 하나님의 비밀입니다. 그 안에 지혜와 지식의 모든 보화가 감추어져 있습니다. 그 안에 신성의 모든 충만이 거하십니다. 그리고 그리스도와 연합 된 우리를 그 안에서 충만하게 하셨지요. 하나님은 우리가 그와 같은 삶을 살도록 세 가지 장애물인 죄와 율법와 어두움의 권세를 제거하셨습니다. 그리스도의 십자가로 우리의 죄를 사하시고, 율법을 십자가에 못박으셔서 해결하시고, 원수의 모든 권세와 능력을 무력화하시고 십자가로 이기셨습니다.

3장-4장은 이 땅의 것을 생각하지 말고 하늘의 것을 생각하며, 우리의 사고가 바뀌어서 하나님나라의 백성답게 생각하고, 말하고, 행동하라고 말씀합니다.

사고방식의 중요성

로마서와 에베소서와 빌립보서와 골로새서는 특히 사고방식 변화의 중요성을 강조합니다. 그러면서 옛 사람과 새 사람의 특징을 열거합니다. 옛 사람의 특징은 음란, 부정, 사욕, 악한 정욕, 탐심, 분함, 노여움, 악의, 비방, 입의 부끄러운 말입니다. 새 사람의 특징은 긍휼, 자비, 겸손, 온유, 오래 참음, 용납, 용서, 사랑입니다. 에베소서는 옛 사람을 벗어버리고 새 사람을 입으라고(엡 4:22-24), 로마서는 변화를 받으라고(롬 12:2), 골로새서는 옛 사람과 그 행위를 벗어버리고 새 사람을 입으라고 합니다(골 3:5-14).

어떻게 하면 이러한 삶을 살 수 있을까요? 삶의 변화의 열쇠는 어디에 있을까요? 우리는 변화된 삶을 살고 싶어 하며 어디서부터 출발해야 하는지에 관심이 있습니다. 위의 성경 구절들은 한결같이 우리의 생각이 변화될 때 가능하다고 합니다. 생각이 새로워지면 모든 것이 변화된다고 하지요.

로마서는 '마음을 새롭게 하라', 에베소서는 '심령을 새롭게 하라', 골로새서는 '지식에까지 새롭게 하라'라고 합니다. 이 모든 말씀은 표현만 다를 뿐 의미는 같습니다. 한마디로 우리의 생각을 새롭게 하라는 것이지요.

빌립보서는 생각해야 할 여덟 가지를 말씀하십니다. "형제들아 무엇에든지 참되며 무엇에든지 경건하며 무엇에든지 옳으며 무엇에든지 정결하며 무엇에든지 사랑받을 만하며 무엇에든지 칭찬받을 만하며 무슨 덕이 있든지 무슨 기림이 있든지 이것들을 생각하라"(빌 4:8).

여덟 가지 영역이 아닌 다른 것이 우리의 생각에 들어오지 못하게 생각의 여과지로 차단하고 걸러내라고 하십니다. "생각을 심으면 행동을 낳고, 행동을 심으면 습관을 낳고, 습관을 심으면 인격을 낳는다"라는 말이 있듯이 우리의 삶은 생각에서 시작합니다.

또한 바울은 그리스도인들의 올바른 관계에 항상 관심을 기울이는데, 이는 그가 그 부분에 있어서 복음의 능력을 경험했기 때문이지요. 남편과 아내, 부모와 자녀, 종과 주인의 관계를 언급합니다(3:18-4:1). "무슨 일을 하든지 마음을 다하여 주께 하듯 하고 사람에게 하듯 하지 말라", 즉 코람데오(:하나님의 면전에서)는 세상에서의 우리 삶의 원칙입니다(3:23). 그리고 "기도를 계속하고 기도에 감사함으로 깨어 있으라"라고 기도의 중요성을 말합니다(4:2). 기도는 우리가 그러한 삶을 살도록 하나님의 능력에 잇대어주는 생명줄입니다.

바울은 로마 감옥에 있을 때 두기고를 통해 골로새의 형제들에게 이 편지를 보냈습니다.

음성 강의
골로새서

말씀 개요

1장–2장	그리스도의 최고권 그리스도께서 우리를 위해 하신 일
1장 1–14절	감사와 기도
1장 15절–2장 3절	그리스도의 탁월성
2장 4–23절	그리스도 안에 있는 자유 여러 가지로 복음을 벗어난 잘못을 경고함
3장–4장	그리스도에게 복종함 우리를 통해 그리스도를 나타냄
3장 1–4절	그리스도인의 위치
3장 5절–4장 6절	그리스도인의 실천
4장 7–18절	끝인사

성경 본문
골로새서

100일 통독

CHECK

96일 빌립보서, 골로새서, 데살로니가전서, 데살로니가후서 ☐

데살로니가전서 그리스도의 재림

1 THESSALONIANS

데살로니가전서와 후서는 예수 그리스도의 재림을 다룹니다. 예수님이 재림하시기까지 어떻게 살아야 하는지와 재림이 어떻게 일어나는지를 설명합니다. 이 책들은 두 통의 편지 형식으로 쓰여 있으며 몇 주일의 짧은 시간 차이로 보내졌습니다.

데살로니가

편지의 수신 지역인 데살로니가는 지리적, 전략적으로 아주 중요한 도시였습니다. 빌립보와 데살로니가와 베뢰아를 포함한 지역을 '마게도냐'라고 부릅니다. 이곳은 알렉산더의 고향이기도 합니다.

데살로니가는 한쪽은 아시아의 관문인 이스탄불과 다른 한쪽은 로마로 통하는 전략적 요충지입니다. 당시 세계의 수도라고 인정하던 곳이 로마와 이스탄불입니다. 그래서 데살로니가는 복음 전파에 있어서 중요한 위치였습니다. 물론 문화적으로 풍성하고, 경제적으로도 번영했습니다.

바울 선교팀이 제2차 전도 여행 중에 마게도냐 사람의 환상으로 아시아로 가려던 계획을 유럽으로 바꾸었습니다. 그리고 마게도냐 지방의 관문 도시인 빌립보에 도착해서 사역을 시작했지요. 그후 데살로니가로 와서 복음을 전합니다. 경건한 헬라인의 큰 무리와 많은 귀부인들이 복음을 믿자 유대인들이 이를 시기하여 불량배들을 동원하여 온 도시를 소동하게 했습니다. 이 도시에서 바울 팀이 "천하를 소동케 하는 사람들"이라고 불리웠습니다(행 17:1-9).

견고한 믿음과 재림에 대한 오해

바울과 실라는 그 소동을 피해서 베뢰아로 갑니다. 그곳에서도 많은 헬라인과 귀부인들이 복음을 받아들이지만 데살로니가의 유대인들이 그곳까지 와서 소동을 일으키지요. 이때 바울은 실라와 디모데를 그곳에 남겨두어 더 사역을 하게 하고 혼자만 아가야 지방으로 갑니다. 아덴에서 복음을 전하고 더 내려가 고린도에서 사역할 때 마게도냐 지방에서 사역하던 실라와 디모데가 와서 합류합니다. 바울은 이들에게서 데살로니가교회에 대해 좋은 소식과 나쁜 소식을 듣게 됩니다.

좋은 소식은 이들의 믿음이 더욱 견고해졌다는 것입니다. 바울은 "너희가 모든 믿는 자의 본이 되었다. 너희 믿음의 소문이 각 처에 퍼졌다"(1:7,8), "우리가 어려움 가운데서도 너희의 믿음으로 위로를 받았다"라고 이들을 칭찬합니다(3:6,7). 데살로니가교회가 많은 환난 중에도 믿음과 사랑과 소망이 있는 것을 보며 바울은 큰 위로를 받습니다.

반면에 나쁜 소식은 데살로니가교회 안에 예수 그리스도의 재림에 대한 오해로 혼란이 있다는 것입니다. 바울은 이들이 재림에 대한 올바른 이해를 갖도록 두 통의 짧은 편지를 보냅니다.

바울은 두 가지 면에서 재림에 대해 말합니다. 하나는 예수님의 재림을 오해해서 일도 하지 않고 규모 없이 사는 사람들에 대한 것입니다. 어떤 그리스도인들은 예수 그리스도가 곧 오실 것이기 때문에 앞날의 계획을 세우거나 열심히 일할 필요가 없다고 여겨서 일을 하지 않았지요. 바울은 이들에게 일하지 않으면 먹지도 말라고 엄하게 말하면서 노동과 계획의 중요성을 설명합니다.

우리는 이 땅에서 마치 예수께서 내일 재림하실 것처럼 살아야 합니다. 날마다 근신하며 정신을 차리고 깨어 있어야 합니다. 그러나 우리에게 맡겨진 주의 일을 행할 때는 예수께서 500년 후에 오실 것처럼 신중하고 장기적인 계획을 세우고 실행해야 하지요. 철저한 계획을 세우며 여유를 가지고 부지런히 맡겨진 일을 해야 합니다.

재림에 대한 또 다른 오해는 '예수님께서 재림하기 전에 죽은 사람들은 어찌 될 것인가' 하는 것입니다. 성경은 예수를 믿고 죽은 사람들도 예수께서 재림하실 때 동일하게 영광에 참여한다고 합니다. 그들은 죽음에서 일어나 모든 믿는 사람들과 함께 구름 속으로 끌어올려져 공중에서 주를 영접합니다. 그러므로 예수님의 재림과 부활의 소망이 없는 사람들처럼 슬퍼하지 말고, 날마다 예수님의 재림을 기억하면서, 소망 중에 서로를 위로하고 격려하며 살아가라고 말씀합니다.

공통점과 차이점

데살로니가전서와 후서는 공통점이 많지만 매우 큰 차이점도 있습니다. 전서 1장과 후서 1장이 그러한데, 전서 1장은 그리스도인들의 올바른 삶의 세 가지 요소인 믿음의 역사와 사랑의 수고와 소망의 인내를 말합니다. 후서 1장도 믿음과 사랑과 소망을 말하지만 이것은 교회가 가져야 할 올바른 표지라고 말합니다. 다시 말해 교회는 믿음이 자라나야 되며, 사랑은 풍성해야 하고, 인내는 점점 더 견고해져서 모든 박해와 환난을 이겨야 한다고 합니다. 데살로니가전서는 개인의 삶에서의 믿음과 소망과 사랑을, 후서는 교회 공동체로서의 믿음과 소망과 사랑이 필요함을 보여줍니다.

또한 전서는 리더와 목자의 모습을 설명합니다. 리더는 하나님만 기쁘시게 하는 삶을 살아야 하며, 돈을 위해 일하지 않고, 그리스도인들을 유모와 아비로서 대해야 한다고 말합니다. 유모는 유순한 자로서 자녀를 양육하는 것을 말하고, 아비는 자녀들을 권면하고 위로하고 징계하는 삶을 말합니다. 그리고 목자의 모습도 여러 면으로 설명합니다. 성도를 향한 애정과 근심으로 성도의 필요를 돕고 기뻐하며, 그를 위해 기도하고 격려함으로 섬겨야 한다고 강조합니다.

후서는 특별히 재림 전에 불법자들이 일어날 것을 말합니다. 이 땅에는 악의 세력이 존재하지만 하나님이 이 모든 것을 다스리셔서 궁극적으로 그리스도인들이 승리하게 되고, 예수님의 재림을 맞이하게 될 것이라고 말합니다. 그렇기 때문에 우리가 이 땅에 살아가면서 인내하며, 무질서의 삶에서 돌이켜 질서 있는 믿음의 삶을 살아가야 한다고 말합니다.

진실된 사역자의 삶의 일곱 가지 특징(2장 1-12절)

1. 먼저 본을 보여야 합니다(2:10-12). 이것은 사역자의 기초입니다. 예수님이 그렇게 행하셨고(행 1:1), 에스라도 본을 보였습니다(스 7:10). 본을 보이는 것도 하나님께 합당하게 행하는 것입니다. 바울은 자신이 본을 보이며 산 것에 대해 데살로니가 형제들과 하나님이 증인이라고 담대히 말합니다.
2. 하나님께 인정을 받아야 합니다(2:4). 끊임없이 테스트를 받고 통과하여 하나님께 인정받아야 합니다. 하나님께로부터 한 번만 테스트를 받는 게 아니라 반복해서 받아야 합니다. 그래야 하나님께서 마음놓고 일을 맡기십니다.
3. 어려운 여건과 환경 가운데서도 포기하거나 핑계 대지 말고 변하지 않는 한결같은 마음으로 신실하게 주를 섬겨야 합니다(2:2).

4. 재정을 위해 일하지 말고 오직 하나님을 기쁘시게 하려는 동기로 사역해야 합니다(2:3-5). 재정을 올바르게 다룰 줄 알아야 하며 돈에 있어서 깨끗해야 합니다. 바울은 재정적으로 아무에게도 폐를 끼치지 않으려고 밤낮으로 일했습니다(2:9).
5. 자신의 권위를 주장하지 말고, 오히려 주어진 권리를 다 쓰지 않습니다(2:7). 베드로는 "맡은 자들에게 주장하는 자세를 하지 말라"라고 합니다(벧전 5:3).
6. 자녀를 기르는 어미의 심정으로 형제들을 대해야 합니다(2:7,8). 유순한 자가 되어 목숨까지 주는 희생적인 삶을 살아야 합니다. '유순한'이란 '친절하고 부드럽고 온유한'이란 뜻입니다.
7. 아비의 태도로 형제들을 대해야 합니다(2:11,12). 아비는 자식을 권면하고, 위로하고, 때로는 엄하게 경계하여 하나님께 합당하게 행하게 합니다.

재림을 기다리는 그리스도인의 삶의 지침서(5장 12-22절)

- 수고하고 다스리며 권하는 자들을 사랑 안에서 가장 귀히 여기라.
- 서로 화목하라.
- 게으른 자들을 권계하라. 무질서하게 행동하는 자들을 경고하라.
- 믿음이 약한 자들을 격려하라 - 이들은 영적으로 어린 자를 가리킵니다(롬 14:1-15:13, 고전 8:10).
- 힘이 없는 자들을 붙들어주라 - 이들은 몸과 마음이 연약한 자들입니다(롬 14:1-15:13).
- 모든 사람에게 오래 참으라.
- 선으로 악을 이기라.
- 항상 기뻐하라.

- 쉬지 말고 기도하라.
- 범사에 감사하라.
- 성령을 소멸하지 말라.
- 예언을 멸시하지 말라.
- 범사에 헤아려 좋은 것을 취하라 - 모든 일에 무엇이 좋은지 시험하여서 입증된 것을 굳게 잡아 내 것으로 소유하라는 것입니다.
- 악은 어떤 모양이라도 버리라 - 악한 것은 가까이 가지도 말고 흉내도 내지 말고 멀리하라는 것입니다.

음성 강의
데살로니가전서

말씀 개요

1장-3장	바울의 과거와 현재의 데살로니가교회와의 문제
1장	그들의 믿음에 대한 감사
2장	사도의 사역
3장 1-10절	데살로니가 형제들의 믿음에 대한 디모데의 보고
3장 11-13절	축도
4장-5장	데살로니가교회의 실질적인 문제
4장 1-12절	그리스도의 재림을 기다리는 그리스도인들의 삶
4장 13-18절	휴거
5장 1-11절	그리스도의 재림
5장 12-27절	권면과 인사
5장 28절	축도

CHECK

100일 통독

96일 빌립보서, 골로새서, 데살로니가전서, 데살로니가후서 ☐

성경 본문
데살로니가전서

데살로니가후서 주의 날

2 THESSALONIANS

데살로니가후서는 데살로니가전서를 보내고 얼마 후에 다시 보낸 편지입니다. 그리스도의 재림에 대한 오해를 바로잡기 위해 전서에 언급되지 않았던 것들을 썼습니다. 또한 고난 가운데 있는 그리스도인들을 위로하며 그들이 해야 할 의무를 기록했습니다. 특히 주의 재림을 핑계로 일을 열심히 하지 않고, 무질서하게 사는 그리스도인들을 권면하여 바로잡고자 했습니다.

"주 예수 그리스도의 강림하심"과(2:1) "주의 날"에(2:2) 관한 가르침이 필요했습니다. 전서에는 재림 전에 죽은 자들이 주의 재림 때 누락될지 모른다는 염려가 있었습니다. 반면 후서에는 데살로니가의 그리스도인들이 주의 재림 전에 있을 대환난과 고난에 대한 염려가 많았습니다. 그리고 현재 그들이 받는 어려움은 시작에 불과하다는 걸 알고 염려했지요. 바울은 성도들을 위로합니다. 공의의 하나님이 환난을 받게 하는 자들에게는 환난으로, 환난을 받는 자들에게는 안식으로 갚으실 것임을 알려줍니다(1:3-10).

신실하신 주께서 그들의 마음을 굳건하게 하시어 하나님을 향한 사랑과 그리스도의 인내로, 어떤 고난 중에도 능히 견디며 이기게 하시고, 주께서 친히 그들을 악한 자에게서 지키실 것입니다(3:3,5).

2장에는 그리스도의 재림 시기에 대해 누가 무엇을 받았다고 말할 때 쉽게 마음이 흔들리거나 두려워하지 말라고 합니다. 성경을 통해서 말씀하신 것 외에 다른 말이나 글에 미혹되지 말아야 합니다.

그러면서 주의 재림 전에 있을 몇 가지 사건들을 말합니다. 먼저 배교背敎가 있을 것이고, 적그리스도가 출현할 것입니다. 그들은 사람들이 섬기고 예배하는 것들은 다 없애버릴 것입니다. 그리고 그 위에 올라 지배하려 할 것이며, 사탄의 힘으로 많은 거짓 기적과 표적을 행할 것입니다. 또한 온갖 꾀를 사용하여 사람들을 자기 편으로 끌어들이려 할 것입니다.

그러나 주님은 우리를 사랑하시고, 성령과 진리의 말씀으로 믿는 자들을 굳건하게 해주실 것이기에 두려워하거나 염려하지 말라고 합니다. 위로의 하나님께서 믿는 자들의 말과 모든 선한 일에 더욱 힘이 되어주실 것입니다. 주님은 신실하셔서 우리의 힘이 되어주시며 악한 자로부터 우리를 지켜주실 것입니다(3:3).

3장 6-15절은 재림의 신앙을 가진 그리스도인으로서 게으름을 피우지 말고 열심히 일하라고 강력히 권면합니다.

"누구에게서든지 음식을 값없이 먹지 말라. 즉 양식을 거저먹지 말고 오직 수고하고 애써 주야로 일하라. 일하기 싫거든 먹지도 마십시오. 조용히 일해서 자기가 먹을 것을 자기가 벌어서 드십시오. 무절제하고 일은 하지 않고 일만 만드는 사람들을 멀리하고 사귀지 마십시오. 그렇다고 그들을 원수처럼 여길 게 아니고 타이르십시오. 우리가 여러분에게 본을 보인 것을 따라 행하기를 바랍니다."

바울의 기도

짧은 세 장의 데살로니가후서의 편지에서 각 장의 끝에 그들을 향한 바울의 은혜로운 기도가 있습니다. "우리 하나님이 너희를 부르심에 합당한 자로 여기시고, 하나님의 선하신 뜻을 이루게 하시고, 너희 믿음의 역사를 능력으로 이루게 하시고, 우리 주 예수의 이름이 너희 가운데서 영광을 받으시도록 그리하여 너희도 영광을 받길 기도합니다" (1:11,12).

하나님은 우리를 부르심에 합당한 자로 여기실 것입니다. 우리의 믿음이 하나님의 능력을 경험하게 할 것입니다. 그래서 하나님의 선하신 뜻을 이루게 하실 것입니다. 그렇게 되면 그리스도의 이름이 우리를 통해 더욱 영광을 받으실 것입니다. 또한 우리도 그리스도 안에서 영광을 누리게 될 것입니다. "우리를 사랑하시고 소망을 주신 하나님 아버지께서 너희 마음을 위로하시고 모든 선한 일과 말에 굳건하게 하시기를 기도합니다"(2:16,17).

하나님 아버지는 우리를 사랑하시고 우리에게 소망을 주시며, 마음을 위로하십니다. 우리가 하는 모든 말과 선한 일에 더욱 힘이 되어주셔서 능히 우리로 행하게 하실 것입니다.

바울은 아름다운 축도로 편지를 끝맺습니다. "평강의 주께서 친히 때마다 일마다 너희에게 평강을 주시고 주께서 너희 모든 사람과 함께 하시기를 원하노라"(3:16). 주님은 환경을 초월하는 평강의 주이십니다. 그리고 주님은 우리와 함께 계셔서 그러한 평강을 때마다 일마다 우리에게 주십니다.

사도 바울은 데살로니가 형제들을 위해 기도할 뿐 아니라 그들에게 기도 요청을 합니다. "주의 말씀이 우리 가운데서와 같이 사방으로 퍼져 나가 영광스럽게 되고, 또한 바울과 그 팀들을 부당하고 악한 사람들에게서 건지시옵소서"(3:1,2). 바울은 데살로니가교회뿐 아니라 고린도교회와 에베소교회, 빌립보교회와 골로새교회, 로마교회에도 기도를 요청했습니다(롬 15:30-32, 고후 1:11, 엡 6:19, 빌 1:19, 골 4:3,4). 기도를 요청하는 것은 아름답습니다. 겸손한 태도이며 성경적입니다. 바울은 중보기도의 능력을 알고 있었습니다.

음성 강의
데살로니가후서

말씀 개요

1장	고난 중의 형제들을 격려
2장	주의 날에 대한 훈계
3장	재림을 기다리는 그리스도인들을 위한 권고

성경 본문
데살로니가후서

100일 통독

CHECK

96일 빌립보서, 골로새서, 데살로니가전서, 데살로니가후서 ☐

디모데전서 경건의 비밀

1 T I M O T H Y

바울의 서신 중 '디모데전서, 디모데후서, 디도서, 빌레몬서'는 약간 다른 형태로 되어 있습니다. 다른 바울서신들은 공적인 반면에 이 네 권은 개인에게 쓴 편지입니다. 그래서 개인적인 느낌과 감정을 가지고 쓰였지요. 하지만 내용은 개인적인 것 이상입니다. 하나님의 집인 교회에서 마땅히 행해야 할 사항들이 담겨 있습니다. 그래서 디모데전후서와 디도서를 '목회서신'이라고 부릅니다.

목회서신을 쓴 시기

사도행전은 바울이 로마에서 2년간 비교적 자유로운 옥중생활을 하며 방해받지 않고 복음을 전했다는 것으로 끝납니다(행 28:30,31). 그의 옥중생활이 어떤 결말을 맺었는지, 그가 석방되었는지 아니면 유죄 판결을 받아 처형으로 끝났는지에 대한 언급이 없지요. 일반적으로 유죄 판결과 순교로 결말을 맺었을 것이라고 추측하지만 다른 의견도 있습니다. 바울이 2년 후에 석방되어 로마에서 2,3년간 자유로이 활동하다가 다시 붙잡혀서 A. D.67년에 순교했다는 것입니다.

그 근거로 목회서신에서 언급하는 지리적 명칭이 사도행전이나 다른 바울서신에 기록된 연대와 맞지 않는 것을 들 수 있습니다. "내가 마게도냐로 갈 때에 너를 권하여 에베소에 머물라 한 것은"에서 알 수 있듯이(1:3), 제3차 전도 여행 중 바울은 에베소에서 마게도냐로 갔을 때 디모데를 남겨두지 않고 팀들과 함께 갔습니다. 그 후에 다시 에베소를 방문했고, 그때 디모데를 남겨두었을 것입니다.

"내가 드로아 가보의 집에 둔 겉옷을 가져오라"에서 보듯이 바울은 드로아와 밀레도 지역을 방문했습니다(딤후 4:13). 그때 드로비모가 병들어서 밀레도에 남겨두었지요(딤후 4:20). 또 그레데를 방문했다가 디도를 남겨둡니다(딛 1:5). 드로아, 밀레도, 그레데 방문 일정이 바울의 제2,3차 전도 여행 경로와는 다르다는 것을 알 수 있습니다.

또 바울이 로마 감옥에 있을 때 쓴 편지에서 석방을 기대한 것을 알 수 있습니다. "나도 속히 가게 될 것을 주 안에서 확신하노라"(빌 2:24). 또한 오네시모를 위해 빌레몬에게 쓴 편지에도 "오직 너는 나를 위하여 숙소를 마련하라 너희 기도로 내가 너희에게 나아갈 수 있기를 바라노라"라고 한 것을 보면(몬 1:22), 그는 석방을 기대하고 있었습니다.

사도 바울의 원래 계획은 로마에 들러서 지금의 스페인인 서바나로 가는 것이었습니다. 이 계획은 제3차 전도 여행 중 예루살렘에서 붙잡히기 전에 기록한 로마서에 나타나 있습니다(롬 15:23,28). 바울의 이 같은 계획이 실현되었을까 하는 것이 큰 관심입니다.

로마의 클레멘트는 A. D.90년 로마에서 고린도교회를 향해 쓴 편지에서 "바울이 순교 전에 서쪽 변경까지 갔다"라고 말합니다. 여기서 '서쪽 변경'은 서바나를 가리키지요. 역사가 요세푸스는 바울이 로마에서 죄수로 2년간 보내고 석방되어 선교 여행을 갔다가 다시 로마로 왔을 때 붙잡혀 순교를 당했다고 기록합니다. 5세기의 위대한 교부 요한 크리소스톰은 "바울은 로마에서 서바나로 갔었다"라고 하고, 같은 시기의 교부인 제롬도 "바울은 네로에 의해 석방되어 서방에 복음을 전했다"라고 언급합니다.

이 모든 것을 종합하면 일반적인 옥중서신들은 처음에 로마에서 갇혀 있을 때, 목회서신들은 두 번째 갇혔을 때, 그의 생애 마지막 전에 기록한 것으로 보입니다.

"전제와 같이 내가 벌써 부어지고 나의 떠날 시각이 가까웠도다 나는 선한 싸움을 싸우고 나의 달려갈 길을 마치고 믿음을 지켰으니" (딤후 4:6,7).

목회 지침서인 디모데전서

디모데전서는 바울이 그의 영적 아들이요, 사역자인 디모데에게 교회 질서와 교회 공동체를 어떻게 이끌 것인지를 제시하고, 디모데후서는 디모데에게 목자로서 어떻게 양들과 교회를 돌볼 것인지를 말합니다. 어떤 기준으로 교회 지도자들을 세우고, 조직을 만들 것인가가 주요 내용들입니다. 교회 리더십의 기준과 성격, 교회의 조직 등은 오직 목회서신에만 기록되어 있습니다. 당시 교회 조직은 장로와 감독과 집사, 세 구조로 되어 있었는데 특이한 점은 과부에 대해 거의 제도화시켰다고 말할 정도로 강조하는 것입니다.

디모데전후서의 목적은 사역자가 하나님의 집에서 어떻게 행해야 하는가, 교회를 이단으로부터 어떻게 보호해야 하는가, 성장하는 교회 가운데 일어날 수 있는 문제들은 어떻게 처리할 것인가를 설명하는 것입니다. 디모데전서는 교회의 질서에 대한 목회 규칙을, 후서는 성도들을 향한 목회자의 양육을 언급합니다. 이같이 목회서신들은 교회를 섬기는 영적인 리더들에게는 '목회 지침서' 혹은 '리더십 매뉴얼'입니다.

교회 내에서의 건전한 교리

1장 5절에 리더가 교훈을 가르칠 때는 청결한 마음, 선한 양심, 거짓 없는 믿음에서 나오는 사랑이 있어야 한다고 말합니다.

3-7절은 기독교 정신과 이단의 차이를 설명합니다.

- 이단은 진리에 무관심하고 오직 새롭고 신기한 것에 관심을 가집니다. 기독교는 하나님의 말씀에 근거한 믿음을 강조합니다.
- 이단은 행동하지 않고 논쟁에만 빠져 있습니다. 기독교는 사랑이 그 동기입니다. 사랑은 우리를 파괴적인 사고방식이나 말버릇에서 구해줄 것입니다.
- 이단은 배우지는 않고 가르치려고만 하고 남을 얕봅니다. 이는 교만에서 나오는 것인데, 기독교는 겸손과 순수한 마음과 올바른 양심에서 나옵니다.
- 이단은 교리주의와 율법주의에 빠집니다. 기독교 신앙은 위선이 없는 진실됨과 진리를 알고자 하는 진지함과 거짓이 없는 믿음을 갖게 합니다.

8-11절에서 죄의 심각성을 말합니다. 죄는 암세포와 같아서 하나님의 율법과 마음을 깨뜨리며, 사람의 관계도 깨뜨립니다. 우리는 하나님의 율법이 아닌 하나님의 사랑으로 행동해야 합니다. 하나님의 사랑이 행동의 법입니다.

12-17절은 바울의 B.C.와 A.D.를 보여줍니다. 바울은 예수를 믿기 전까지는 교회를 모독하는 자요, 핍박자요, 잔인무도한 사람이요, 죄인 중의 괴수였다고 자기를 소개합니다. 그러한 자신에게 예수께서 복음 전파와 교회를 섬기는 직분을 맡기신 것은 전적으로 하나님의 은혜라고 고백합니다.

바울은 예수를 믿기 전의 자기의 삶에 대해 늘 기억했습니다. 그것이 자신을 교만에서 지킬 수 있는 가장 확실한 방법이기 때문입니다. 또한 자기를 불러서 주를 섬기는 은혜를 주신 것에 대해 감사의 마음을 솟구치게 하는 확실한 방법입니다. 뿐만 아니라 끊임없이 노력하게 하며, 듣는 이들에게 용기를 북돋아주기도 합니다. 우리의 B.C.와 A.D.도 우리를 감사와 헌신으로 이끌게 합니다.

특히 12절은 주를 섬기고자 하는 사람마다 깊이 새겨야 할 원칙입니다. 바울은 사역자로서 자신에 대한 세 가지 사실을 말합니다. 첫째, 예수 그리스도께서 그에게 직분을 맡기셨습니다. 그의 직분은 사람으로부터 온 것이 아닙니다. 둘째, 그에게 직분을 맡기시는 기준은 오직 그의 충성됨 때문입니다. 여기서 충성되이 '여기다'라는 단어는 마치 회계장부를 기입하는 것처럼 나의 삶의 전반적인 영역을 먼저 살피시고, 여러 영역에서 테스트하시고, 결론적으로 내 삶이 충성되다고 인정하신다는 뜻입니다. 셋째, 예수 그리스도께서 그에게 능력을 주셔서 맡은 직분을 감당하게 하셨습니다.

예수께서 사람에게 직분을 맡기실 때는 능력이나 학력이나 외모를 기준으로 한 게 아닙니다. 오직 충성됨이 그 기준입니다. 고린도전서 4장 2절에 "맡은 자들에게 구할 것은 충성이니라"라고 하셨습니다. 충성은 내가 해야 할 영역입니다. 내가 무슨 직분을 가질 것인가, 그 일을 감당할 능력이 있는가 하는 것은 내 영역이 아닙니다. 내가 최선을 다하는 것이 오직 충성입니다.

18-20절에서 그리스도인의 삶은 거룩한 군대에 입대한 군인으로서의 전투와 같습니다. 우리는 선한 싸움을 위해 부르심을 받았습니다. 우리의 무기는 믿음과 착한 양심입니다. 이와 다르게 살았던 후메내오와 알렉산더를 경계의 본으로 삼아야 합니다.

교회의 공적 예배

2장 1-7절은 기도에 관한 것을 보여줍니다. 특히 중보기도의 중요성을 강조합니다. 이것은 그리스도인이 세상에 영향을 줄 수 있는 가장 큰 길이고, 하나님이 기뻐하시는 행동입니다. 주님은 우리가 어느 한 개인만이 아니라 도시와 지역과 나라, 또 높은 위치에 있는 사람들에게까지 영향을 주기를 원하십니다. 중보기도는 이를 위한 최고의 도구입니다.

8-15절은 기도의 장벽을 제거해야 함을 말합니다. 마음에 분노나 의심을 품지 말아야 합니다. 즉 기도하기 전에 먼저 사람과의 관계를 올바르게 하고, 하나님께서 응답하심을 믿으며 기도해야 합니다. 또한 교회에서의 여자의 위치가 무엇이며, 그리스도인다운 행위가 무엇인지를 설명합니다. 이 말씀은 문장 그대로 보기보다는 당시 유대적 배경과 헬라적 배경을 이해하며 살펴보아야 합니다. 우리의 유교적 배경 아래 본다면 오해의 소지가 있습니다. 유대인들은 어느 민족보다도 여성에게 중요한 위치를 부여했습니다.

그럼에도 공적인 부분에는 낮은 지위에 있었습니다. 남자는 배우기 위해 회당에 들어가고, 여자는 듣기 위해 들어갔습니다. 여자의 율법 낭독과 공적인 가르침은 금지되어 있었지요. 헬라인 여성들은 자신의 거처에서 유폐된 생활을 했습니다. 한편 헬라 사회에서는 여성들 사이에서 값진 옷, 땋아 늘인 머리가 유행이었지요.

당시 교회는 이 같은 당면한 문제에 대해 그리스도인으로서 올바르게 대응하기 위한 잠정적인 규칙을 세웁니다. 그러므로 이 구절을 이해하고자 할 때는 당시 배경을 고려해야 합니다. “유대인이나 헬라인이나 종이나 자유인이나 남자나 여자나 다 그리스도 예수 안에서 하나이니라”(갈 3:28). 우리가 이미 보았듯이 누가복음은 여성의 위치와 사역을 언급합니다. 브리스길라는 그 남편 아굴라와 더불어 초대교회의 유능한 교사요 사역자였습니다. 로마서 16장에도 교회에서 놀라운 사역을 감당한 여성들의 이름들이 나타납니다.

좋은 목자

3장은 교회의 직분자인 감독과 집사의 자격에 대해 자세히 목록을 작성했습니다(2-13절). 4장은 그리스도 주님의 좋은 일꾼은 경건에 이르도록 경건의 연습을 해야 한다고 말합니다. 특히 말과 행동, 사랑과 믿음, 그리고 순결하고 깨끗한 사람을 통해 본을 보이라고 합니다. 이처럼 3장과 4장은 오늘의 교회에게 주는 리더십 매뉴얼입니다.

5장 1절-6장 2절은 늙은 남자, 늙은 여자, 과부, 젊은이, 장로, 종과 상전 등 성도를 대하는 태도에 대한 것입니다.

6장 3-21절은 그리스도인이 세상에서 어떻게 살아야 할지를 말합니다. 특히 돈을 올바르게 사용하는 지침을 자세히 알려줍니다. 6-10절, 17-19절은 돈의 올바른 사용 지침서입니다.

- 자족하는 마음을 가지라.
- 부하려 하지 말라.
- 돈을 사랑함이 일만 악의 뿌리이다.
- 교만하지 말고 겸손하라. 내 힘으로 재물을 얻었다 하지 말라.
- 재물에 소망을 두지 말고 오직 하나님에게 소망을 두라.
- 선을 행하고, 선한 사업을 많이 하고, 나누어주기를 좋아하고, 너그러운 자가 되라.

음성 강의
디모데전서

말씀 개요

1장	교회 내에서의 건전한 교리
2장	교회에서의 공적 예배
3장	교회의 일꾼들
4장-5장	교회에서의 좋은 목자의 모습
6장	결론적인 훈계들

성경 본문
디모데전서

100일 통독

CHECK

97일 디모데전서, 디모데후서, 디도서, 빌레몬서 ☐

디모데후서 복음과 함께 고난을 받으라

2 TIMOTHY

로마 감옥에 있는 바울은 자기가 세상을 떠날 때가 가까웠다는 것을 알았습니다. 이것은 그의 마지막 서신입니다. 그래서 전서와는 조금 다릅니다. 전서가 사역자로서의 디모데의 직무에 관한 것이라면 후서는 디모데 개인의 삶에 더 초점이 맞추어져 있습니다. 그리스도의 종으로서 어떻게 행할 것인가에 대한 권면이지요. 전서는 사역자의 사역에, 후서는 사역자 자신의 삶에 더 중점을 둡니다.

디모데(1장 3-7절)

디모데는 바울의 영적 아들입니다. 그를 '나의 사랑하는 아들'이라고 불렀지요. 그는 디모데에게 격려합니다. 디모데는 영적인 전통이 훌륭한 가문 출신으로 그의 거짓이 없는 믿음은 외조모 로이스와 어머니 유니게에게 물려받았습니다. 또한 그는 예수께 사역을 부여받았고, 성령의 은사도 받았습니다.

바울은 그리스도인에게 주어지는 네 가지 특징을 그에게 상기시킵니다. 첫째는 '담대함'입니다. 하나님은 우리에게 두려워하는 마음을 주지 않으셨습니다. 대신에 어떠한 상황에도 담대함을 가지는 용기를 주셨습니다. 둘째는 '능력'입니다. 그리스도인은 힘든 일도 감당하는 능력을 주께로부터 받았습니다. 셋째는 '사랑'입니다. 어떠한 사람들일지라도 받아들이며 포용하는 사랑이 있습니다. 넷째는 '절제하는 마음'입니다. 어떠한 상황에도 자기를 자제할 수 있는 힘입니다. 자기 훈련이 되어 있어야 합니다.

복음의 능력(1장 8-14절)

바울은 복음을 자랑했습니다. 어떤 고난도 견디게 하는 것이 복음의 능력이라고 합니다. 죄에서 해방시키는 구원의 놀라운 복음을 들을 때 자발적으로 헌신하여 섬김의 길로 가는 것도 복음의 능력입니다. 바울은 하나님의 놀라운 은혜를 받음으로 복음의 전달자요, 그리스도의 대사요, 말씀의 교사로 부르심을 받은 것에 기꺼이 응답합니다.

복음은 오직 예수 그리스도를 나타냅니다. 복음의 전달자는 복음과 함께 고난도 받게 됩니다. 그리고 고난을 받는 것을 부끄러워하지 않습니다. 바울은 같은 복음의 일꾼 된 디모데에게도 함께 고난을 받으라고 명합니다(2:3, 4:5).

2장 1,2절은 하나님의 말씀을 듣는 것에 그치지 말고, 순종하여 행하고, 전달하는 고리 역할을 해야 한다고 합니다. 천국의 횃불은 꺼지지 않은 채 세대에서 세대로 전달되어야 합니다. 이 놀라운 복음을 충성된 사람들과 그것을 배가시킬 줄을 아는 사람들에게 부탁해야 합니다.

3-13절에서 그리스도 안에서의 우리의 신분을 세 가지로 말합니다. 첫째로 우리는 예수 그리스도의 군사이며, 둘째로 경주하는 경주자이며, 셋째로 농부입니다. 군사는 자기 생활에 얽매이지 않고, 명령에 순종하며, 군사로 모집한 자를 기쁘게 하는 '희생'을 합니다. 경주하는 자는 방종하지 않고 훈련하며, 경기 규칙을 잘 준수하며, 최후의 면류관을 얻기 위해 날마다 절제합니다. 또 농부는 열매를 얻기 위해서 끊임없이 수고하고, 그것을 얻을 때까지 인내로써 기다립니다. 우리는

일하고 인내로 기다리는 법을 배워야 합니다. 빠른 결과를 기다리는 조급증은 절대 금물입니다.

14-26절은 인정받는 일꾼의 삶의 특징을 열거합니다. 함께 일하고 있는 동역자들에게 이미 알고 있는 것들을 일깨워주어야 합니다. 말다툼하지 말고, 망령되고 헛된 말을 버리라고 합니다. 사역에 방해가 될 일을 조심해야 합니다. 하나님의 교회는 견고하여 흔들리지 않습니다. 하나님은 준비된 사람을 사용하십니다. 청년의 정욕을 조심하라고 합니다. 의와 믿음과 사랑과 화평은 정욕을 억제하는 해독제입니다. 또한 어리석고 무식한 변론을 버리라고 합니다. 변론은 아무 유익이 없습니다.

말씀으로 마지막 때를 준비하라

3장 1-14절은 말세의 일을 말하며 대비하라고 합니다. 가장 좋은 대비책은 성경을 아는 것입니다. 15-17절은 성경의 여섯 가지 가치를 말합니다.

첫째로 성경은 구원에 이르는 지혜를 주며, 둘째로 다음 네 가지 영역에서 유익합니다.

1) **교훈**에 유익합니다. 즉 성경은 우리가 가야 할 방향을 제시합니다.
2) **책망**에 유익합니다. 우리가 잘못된 길로 들어섰을 때 경고하여 잘못된 길에서 돌아서게 합니다.
3) **바르게 함**에 유익합니다. 우리에게 경고하며 지적할 뿐아니라 잘못된 길에서 돌이켜 바른 길로 가는 법을 알려줍니다.
4) **의로 교육**하기에 유익합니다. 가야 할 목적지까지 우리를 인도합니다.

셋째, 성경은 모든 선한 일을 행할 능력을 우리에게 줍니다. 우리에게 그냥 선한 일을 하라고 말씀하는 게 아니라 그 일을 행하도록 무장시켜줍니다. 그러므로 말씀을 사모하고 말씀 앞에 날마다 나아가는 것은 우리에게 큰 유익을 줍니다.

복음을 선포하라

4장 1-5절은 그리스도의 사역자의 특성을 열거합니다. 무엇보다 열심이 있어야 합니다. 로마서 12장 11절에 "열심을 품고 주를 섬기라" 하심은 물이 끓듯이 열정을 가진 열심을 말합니다. "때를 얻든지 못 얻든지"는 지속성을 말합니다. 사람을 두려워하지 않고, 면책할 줄 알아야 합니다. 사람들을 설득하며 확신을 갖도록 해주고, 용기와 소망을 심어주어야 합니다. 초조해하고 괴로워하지 말고, 지치지 말고 오직 인내로 행해야 합니다. 그러기 위해서는 실망하지 않는 정신이 필요합니다.

7,8절에서 바울의 고백은 다음과 동일합니다.

"아멘 주 예수여 오시옵소서! 나는 선한 싸움을 싸우고 나의 달려갈 길을 마치고 믿음을 지켰으니 이제 후로는 나를 위하여 의의 면류관이 예비되었으므로 주 곧 의로우신 재판장이 그날에 내게 주실 것이며 내게만 아니라 주의 나타나심을 사모하는 모든 자에게도니라."

17,18절은 사역을 마무리 지으며 디모데를 굳건하게 해주는 말입니다. "주께서 내 곁에 서서 내게 힘을 주심은 나로 말미암아 선포된 말씀이 온전히 전파되어 모든 이방인이 듣게 하려 하심이니 내가 사자의 입에서 건짐을 받았느니라 주께서 나를 모든 악한 일에서 건져주시고 또 그의 천국에 들어가도록 구원하시리니 그에게 영광이 세세무궁토록 있을지어다 아멘."

음성 강의
디모데후서

말씀 개요

1장	복음의 능력 영적 지도자의 책임
2장	신실한 사역자의 특성들
3장	말씀으로 마지막 때를 준비하라
4장	복음을 선포하라

성경 본문
디모데후서

100일 통독

	CHECK
97일 디모데전서, 디모데후서, 디도서, 빌레몬서	

디도서 교회를 굳게 세우라

T I T U S

디도서는 디모데전후서와 함께 '목회서신'으로 분류됩니다. 바울은 성령으로 디도에게 편지하면서 교회를 어떻게 세우며 섬길 것인지를 말합니다. 이 서신은 여러 면에서 디모데전후서와 성격이 같습니다.

디모데와 디도는 바울에 의해 사역자로 부르심을 받았습니다. 이들은 바울의 수고와 고난에 동참한 동역자들로서 사도들이 세운 교회의 부족한 부분을 채워 견고하게 성장하도록 도왔습니다. 디도는 헬라인입니다(갈 2:3). 바울은 디도를 내 아들(딛 1:4), 내 형제(고후 2:13), 내 동역자(고후 8:23) 등 그와 같은 마음으로 같은 길을 가는 사람이라고 불렀습니다. 바울은 고린도에 보내는 서신을 디도에게 부탁했습니다.

그레데는 에게해 입구에 있는 큰 섬으로 바울과 디도가 복음의 씨를 뿌렸던 곳입니다. 바울은 디도가 그곳에서 계속 사역하도록 했습니다. 그는 디도서를 보내어 디도의 사역에 힘을 주고자 했습니다.

영적 지도자 지침서

1장 1-4절에서 바울은 먼저 자신을 소개합니다. 그는 권위의 근거와 의무와 전해야 하는 메시지가 무엇인지를 설명합니다.

5-9절은 장로와 감독에 대해서 말합니다. 장로의 세 가지 자격을 언급합니다. 책망할 것이 없고, 한 아내의 남편이며, 방탕하다는 비난을

받거나 불순종하는 일이 없는 믿는 자녀를 둔 자라야 합니다.

감독의 자격으로는 열세 가지나 언급합니다. 책망할 것이 없고, 제 고집대로 하지 않으며, 급히 분내지 않고, 술을 즐기지 않고, 구타하지 않고, 더러운 이득을 탐하지 않고, 나그네를 잘 대접하고, 선행을 좋아하며, 또 신중하고, 의로우며, 거룩하며, 절제하며, 말씀을 잘 가르치는 사람이어야 합니다.

디도서에서 언급한 장로와 감독에 대한 용어를 오늘날 교회에서 사용하는 용어와 혼동해서는 안 됩니다. 오늘의 교회는 교단과 교파에 따라서 사용하는 용어들이 다양합니다. 그러나 한 가지 분명한 것은 용어를 어떻게 쓰더라도 리더로서 디도서에 언급한 장로와 감독에 관한 사항이 다 해당된다는 것입니다. 디도서도 디모데전후서와 함께 '리더 지침서'로 사용됩니다.

거짓 교사에 대한 경고

1장 10,11절은 그레데인 거짓 교사들의 특성을 열거합니다. 그들은 규율을 지키지 않는 사람들로 마치 불충실한 군인과 같습니다. 교회의 지도력을 인정하지 않고, 헛된 말을 하는 사람들입니다. 골로새서 4장 6절에 "너희 말을 항상 은혜 가운데서 소금으로 맛을 냄과 같이 하라"라고 하셨습니다. 그리고 이들은 속이는 사람들입니다. 진리로 인도하지 않고 진리를 떠나게 합니다. 이들의 가르침은 파괴적이어서 관계를 깨뜨립니다. 또한 이들은 언제나 이득을 노리며 사람들의 영혼보다 재물에 더 관심이 많습니다.

12-16절은 그레데인에 대한 나쁜 평판입니다. 당시 사회에서 그들에 대한 평판이 상당히 나빴습니다. 그들은 거짓말쟁이요 행실이 악하고 탐욕이 가득했습니다. 그런데 바울은 디도에게 "그들은 이같이 나

쁜 사람들이다. 그들은 가망이 없다. 그대로 내버려두어라"라고 말하지 않고 오히려 "가서 이러한 사람들에게 복음을 전하라"라고 합니다. 3장 4-7절에 언급되듯이 하나님은 이들을 사랑하시고, 은혜를 베풀기를 원하십니다. 성령은 이들을 변화시켜 새롭게 하십니다.

그리스도인의 품성

2장에서는 여섯 영역의 그룹의 교회 성도들을 어떻게 이끌 것인가를 말합니다. 그리스도인의 품성에 관한 지침서이지요.

첫째, 늙은 남자들에 대해 말합니다. 이들은 절제해야 합니다. 방종과 쾌락을 거절하며 삶을 경건하게 이끌어야 합니다. 올바르고 진지한 행동을 하는 삶을 살아야 합니다. 이는 근신하며 절제하는 삶을 말합니다. 또 신앙과 사랑 안에서 온전해야 하며 인내로써 온전해야 합니다.

둘째, 늙은 여자에 대해 말합니다. 이들은 행실이 거룩해야 하며, 쓸데없이 잡담이나 험담을 하고 소문내는 것을 금지하고, 남을 중상모략하는 이야기를 퍼뜨리지 말아야 합니다. 또한 술의 종이 되지 말아야 되고, 선한 것을 가르치고, 교회 안에서 젊은 여자들을 교훈할 줄 알아야 합니다.

셋째, 젊은 여자에 대해 말합니다. 이들은 남편과 자녀를 사랑하고, 신중하며, 순전하며, 집안일을 하며, 선하며, 남편에게 복종해야 합니다.

넷째, 젊은 남자에 대해 언급합니다. 이들은 청년기에는 유혹의 힘이 강해 그릇된 길로 가기 쉬우며, 경험 부족으로 지나친 자신감에 사로잡힐 수 있습니다. 그러므로 근신하고 신중한 삶을 살아가야 합니다.

다섯째, 사역자에 대해 말합니다. 이들의 동기는 절대적으로 순수해야 하며, '그리스도의 대사'라는 중요한 책임을 가지고 품위를 지켜야 합니다. 또한 건전한 가르침으로, 말이 아닌 삶의 본을 보여야 합니다.

여섯째, 종들에 대해 말합니다. 당시 사회 구조 속에 노예들 중 예수를 믿는 사람들이 행할 것을 말합니다. 그들은 삶으로 기독교가 무엇인지를 보여주는 길 밖에 없다고 했습니다. 일상생활에서 그리스도의 사랑을 실천함으로 세상 사람들에게 복음을 전하라고 하지요. 주인에게 순종하며, 자기에게 주어진 일에 성실하며, 정직하고, 충성되며, 신실함으로 그리스도를 드러내야 합니다. 오늘날은 당시 사회처럼 종과 주인의 체계는 없지만 이 사항은 우리 그리스도인들이 사회에서 어떻게 빛과 소금의 역할을 해야 하는지를 보여줍니다.

그리스도인들의 사회적 의무

3장은 모든 그리스도인들이 이 땅에서 사회생활에 충실한 삶을 살라고 말합니다. 이것은 오직 디도서에만 나타납니다. 모든 그리스도인들은 이 땅에서 살아가면서 먼저 법을 잘 지켜야 합니다. 봉사를 능동적으로 하며, 선한 일이 있다면 기꺼이 솔선수범해야 합니다. 그리고 중상과 비방과 비판의 말을 조심해야 합니다.

또한 그리스도인들은 관용해야 합니다. 자기 고집을 버리고, 자기 주장을 내려놓을 줄 알아야 합니다. 모든 사람을 대할 때 친절하며, 긍휼을 베풀고, 온유한 삶을 살아야 합니다. 자기의 분노를 잘 통제하며 근신할 줄 알아야 합니다(3:1,2). 이처럼 디도서는 교회 안과 밖에서 여러 계층의 사람들이 그리스도인답게 어떻게 살 것인가를 제시합니다.

그리스도인의 삶에 원동력을 주는 두 가지가 있는데, 첫째는 우리도 그리스도인이 되기 전에는 자랑할 만한 행동을 하지 못했다는 것입니다. 이것은 우리가 사회를 비난하거나 멸시하는 오만한 태도를 가지기보다는 그들을 이해하고, 긍휼히 여기며, 자만하지 않고, 겸손하며, 무엇보다 감사하는 삶을 살게 합니다.

둘째는 우리가 세상의 빛과 소금으로 살아갈 수 있는 것은 우리의 힘이나 노력으로 되는 게 아니라, 오직 우리 주 예수 그리스도가 이루어놓으신 것을 토대로 한다는 것입니다. 예수 그리스도의 십자가와 성령의 능력으로 우리는 새롭게 되었고, 그분이 우리에게 새롭게 살 힘을 주셨습니다(3:3-7).

그러므로 우리는 선한 일에 힘써야 합니다. 여기서 '힘쓰라'는 것은 마치 장사꾼이 자기 물건을 팔려고 애쓰는 것처럼 우리의 삶을 통해 그리스도를 나타내라는 것입니다. 그리고 어리석고 쓸모없는 변론은 피해야 합니다. 신학적인 문제를 토론하는 자리를 피하고, 일상생활에서 사랑으로 사람들을 대하며, 주어진 일을 능률적이고 부지런하고 정직하게 하는 게 더 중요합니다(3:8-11). 행동으로 옮기지 않는 논의를 위한 논의는 시간과 에너지만 낭비하게 합니다.

그리스도인은 선한 일에 힘쓰고 자신의 삶을 책임질 줄 알고 더 나아가 어려운 사람들을 도와주어야 합니다. 자신만을 위해 사는 게 아니라 남을 위해 열심히 일하는 게 그리스도인의 삶입니다(3:14).

음성 강의
디도서

말씀 개요

1장 1-4절	인사
1장 5-9절	영적 지도자 지침서-장로와 감독
1장 10-16절	거짓 교사에 대한 경고
2장-3장 11절	교회의 여섯 그룹에 대한 삶의 지침서
2장 1-10절	늙은 남자들, 늙은 여자들, 젊은 여자들, 젊은 남자들, 사역자들, 종들
2장 11-15절	위의 사람들의 삶의 기초
3장 1-11절	모든 그리스도인들의 사회적 의무
3장 12-15절	부탁과 끝인사

성경 본문
디도서

100일 통독

CHECK

97일 디모데전서, 디모데후서, 디도서, 빌레몬서 ☐

빌레몬서 사랑으로 간구함

P H I L E M O N

빌레몬서는 에베소서와 빌립보서와 골로새서와 함께 바울의 옥중서신 중 가장 짧습니다. 쓰인 연대와 옥중서신의 성격으로 볼 때 신약성경에서 골로새서 다음에 배치될 것처럼 보입니다. 그러나 목회서신인 디도서 다음에 배치된 이유는 다른 옥중서신이 교회 공동체를 향한 것과는 달리 빌레몬서는 목회서신과 마찬가지로 사적인 편지였기 때문입니다.

용서와 사랑의 메시지

빌레몬서는 용서와 사랑에 대한 좋은 본보기가 되는 말씀입니다. 도망간 노예 오네시모에 대한 이야기이지요. 오네시모는 그의 주인 빌레몬에게 심한 경제적인 해를 끼치고 로마로 도망갑니다. 그런데 그곳에서 바울을 만나게 됩니다. 바울은 로마 감옥에 있으면서 도망쳐 온 오네시모를 환영하고, 그를 양육하여 영적인 아들로 삼습니다. 바울에게 양육을 받으면서 그에게 큰 변화가 일어납니다. 그리스도인이 된 것이지요. 오네시모가 바울에게 자기의 과거를 밝혔는지 아니면 바울을 방문한 에바브라가 바울에게 알려서 밝혀졌는지는 모릅니다.

바울에게 있어서 오네시모는 없어서는 안 되는 존재가 되었지요. 바울은 그를 자기 곁에 두고 싶었습니다. 그러나 그의 주인인 빌레몬의 허락 없이는 하지 않으려 했지요. "그를 내게 머물러 있게 하여 … 나를 섬기게 하고자 하나"(1:13). 그렇다면 먼저 오네시모와 빌레몬의 화해가 있어야 합니다. 그래서 바울은 오네시모를 돌려보냅니다. 당시 주인은 노예에 대해 절대적인 권력을 가지고 있었습니다. 생사에 관한 모든 권한을 가졌지요. 노예가 도망을 가다가 붙잡히면 이마에 붉은 글씨로 'F'자를 인 쳤습니다. 이는 'Fugitivus'의 첫 글자로 '도망자'를 뜻합니다.

사랑의 간구

바울은 오네시모에게 그의 주인 빌레몬과 화해할 수 있는 길을 제시합니다. 그는 빌레몬에게 오네시모를 용서해달라고 편지를 씁니다. 그리고 그 편지를 오네시모가 직접 전달하게 합니다. 빌레몬을 만나서 용서를 구하라는 것이지요.

바울은 "내가 네게 사랑으로써 간구한다. 오네시모를 용서해주어라"라고 편지를 썼습니다. 참으로 놀라운 것은 바울은 자신이 리더라는 것을 앞세워 절대로 명령하거나 일방적으로 요구하지 않고, 사랑으로 간구한다고 합니다.

또 말하기를 "나이가 많은 나 바울은 빌레몬 네게 말한다" 하며 아주 겸손하게 요청합니다. 그리고 "만일 오네시모가 네게 빚진 것이 있다면 그것을 내 앞으로 계산하라"라고 하면서 도움이 필요한 형제를 기꺼이 돕는 놀라운 사랑의 태도를 보여줍니다.

노예에서 형제로

또 그는 "오네시모를 이전 노예의 신분에서 넘어서 이제는 그리스도 안에서 사랑받는 형제로 대해주라"라고 말합니다. 그리스도인들은 이 땅에 있는 여러 직업에서 고용주냐 고용인이냐, 사장이냐 사원이냐를 넘어서서 그리스도 안에서 함께 사랑을 주고받는 형제인 것을 말해줍니다. 또 오네시모에 대해 말하기를 "그가 전에는 네게 무익했으나 이제는 나와 네게 유익하다"라고 합니다. '오네시모'는 헬라어로 '유익하다'라는 뜻입니다. 남에게 해를 끼친 오네시모가 이름 그대로 유익한 사람 오네시모가 되었습니다.

그리스도 안에서 변화되면 무익한 사람에서 모든 사람에게 선을 베풀고, 사랑을 주는 유익한 사람으로 바뀌게 됩니다. 실제로 노예 신분이던 오네시모는 후에 에베소교회의 존경받는 감독이 됩니다. 순교자 이그나티우스는 서머나에 머물면서 에베소에 편지를 썼습니다. 편지의 서두에서 에베소교회의 감독을 높이 평가했는데 그가 바로 오네시모입니다! 남에게 재정적으로나 심적으로 많은 해를 끼쳤던 한 도망자 노예가 복음 안에서 변화되어 당시 교회에 가장 고명高名한 감독이 되었다는 감동적인 이야기는 우리 모두에게 큰 도전이 됩니다.

이 짧은 편지는 여러 면에서 감동을 줍니다. 우리가 모든 사람과 화해하고, 어떤 사람이든지 용서하고, 형제로 대하면 과거의 삶에서 떠나서 변화된다는 사실을 말해줍니다.

이 편지는 우리를 돌아보게 합니다. 우리 자신이 오네시모와 같다고 할 수 있지요. 하나님의 은혜로 죄사함을 받고 그분의 자녀가 되었습니다. 성령으로 변화되어 하나님의 일꾼이 되게 하셨습니다. 무익한 자가 유익한 자로 바뀌었습니다. 또한 우리 자신을 빌레몬과 같다고도 볼 수 있습니다. 내게 큰 손해를 끼친 사람을 용서해야 할 입장에 있기도 합니다.

바울과 같다고도 볼 수 있습니다. 우리도 거절감과 쓴뿌리와 아픔과 두려움과 절망에 있는 사람을 사랑과 섬김으로 돌보아 하나님의 자녀가 되게 하며, 일꾼 되게 하는 일에 부르심을 받습니다. 그래서 '나의 오네시모'를 끊임없이 용납하고, 용서하며, 소망을 불어넣어주며, 함께 서 있으며 중보기도를 해야 합니다.

진정한 자유

바울은 당시 노예제도가 얼마나 악한지 알았지만 한 번도 언급하지 않습니다. 그는 노예제도를 비난하지도 않습니다. 빌레몬에게 오네시모를 기독교 정신에 입각해 자유롭게 해주라고도 말하지 않습니다. 바울이 노예제도를 찬성하지 않은 것은 분명합니다. 그러나 그가 이를 언급하지 않은 것은 진정한 자유는 기독교 신앙에 의해 이루어질 것을 믿었기 때문이지요. 그리고 당시는 때가 성숙하지 않았다는 것을 알았습니다.

만일 그가 노예 해방을 위해 사람들을 선동한다면 선한 것보다 부작용이 더 많을 것을 알았습니다. 그것은 갑자기 한순간에 달성할 수 있는 게 아닙니다. 마치 효소가 밀가루에 들어가 부풀 때까지 기다리듯이 세상의 변화는 기다려야 합니다. 그러나 가만히 앉아서 기다리는 게 아니라 적극적으로 부지런히 복음을 전함으로 사회의 전반적인 영역에 그리스도의 정신과 하나님나라의 정신이 스며들도록 해야 합니다.

만일 현대판 라합이 교회에 출석했다면 바로 그의 복장과 말투와 삶을 청산하라고 요구하기보다는 먼저 복음을 알고 은혜를 맛봄으로 점차적으로 변화가 일어날 것입니다. 이처럼 적극적으로 소망을 가지고 기다려야 합니다. 빵을 만들 때 밀가루에 누룩을 넣듯이 우리가 이 세상에서 기독교 정신으로 살아감으로 사회 전반에 변화를 주어야 합니다. 라합이 변화되는 것은 물론 더 나아가 사회에 영향을 주는 사람이 될 것입니다. 마치 도망자 노예였던 무익한 오네시모가 존경받는 교회의 감독, 유익한 오네시모가 되었듯이 말입니다.

음성 강의
빌레몬서

말씀 개요

1장 1-7절	격려자 바울의 감사의 기도 빌레몬을 칭찬함
8-21절	중재자 바울의 간절한 호소 오네시모를 위한 간청
22-25절	동역자 바울의 약속 빌레몬에게 주는 약속

CHECK

100일 통독

97일 디모데전서, 디모데후서, 디도서, 빌레몬서 ☐

성경 본문
빌레몬서

히브리서 모든 것 위에 뛰어나신 예수

H E B R E W S

히브리서는 '신약의 레위기'입니다. 예수 그리스도가 얼마나 탁월하신지 가장 잘 설명하는 책입니다. 예수 그리스도의 아름다운 인성과 거룩한 신성을 아주 놀랍고도 찬란하게 묘사합니다. 이는 헬라적, 히브리적 배경의 사람에게도 동일하게 전하는 메시지입니다.

헬라인들에게는 "당신들은 실체를 구하고 있습니다. 그런데 안타깝게도 그림자에서 실체를 탐구합니다. 그것은 오직 예수 그리스도 안에서만 찾아낼 수 있습니다. 예수 그리스도가 당신들이 찾는 실체입니다"라고 말합니다. 또 히브리인들에게는 "당신들은 자신들이 범한 죄로 닫힌 하나님께로 향한 길을 열어줄 완전한 희생을 구하고 있는데 그것은 오직 예수 그리스도 안에서만 찾을 수 있습니다. 오직 예수 그리스도만이 하나님과 우리 사이에 정상적 관계를 회복할 수 있는 완전한 제사장이며 완전한 제물입니다"라고 말하고 있지요.

탁월하신 예수님

히브리서는 예수님의 탁월함을 여러 면으로 보여주는데, 1장은 모든 천사보다 뛰어나신 예수님, 3장은 모세보다 뛰어나신 예수님, 5장은 아론보다 뛰어나신 예수님을 소개합니다.

1장 2,3절은 예수님의 놀라우신 여섯 가지 모습을 소개합니다.

1. 예수님은 하나님의 영광의 광채이십니다. 하나님 영광의 반사체가 아니라 하나님 자체이십니다. 예수님을 바라보면 하나님의 본질을 알 수 있습니다. 예수님은 하나님을 소개하는 부분적이고 단편적인 게 아니라 하나님 그 자체입니다.
2. 예수님은 다가오는 왕국의 왕이시며 주인이십니다.
3. 모든 창조의 역사는 예수 그리스도로 말미암습니다.
4. 온 땅 만물은 예수 그리스도와 그의 말씀으로 유지되고 진행됩니다.
5. 예수님은 속죄하는 일을 하십니다.

6. 예수 그리스도는 하늘에 계셔서 인간을 위해서 하나님과 사람 사이에 중재하시며 일하시는 분이십니다. 그는 심판주가 아니라 모든 성도들을 위한 중보자이십니다.

예수를 깊이 생각하라

히브리서는 예수를 깊이 생각하라고 말합니다. 예수님은 위대한 사도이십니다. 하나님이 이 땅에 파견하신 '최고의 대사로서의 예수님'을 소개합니다. 대사는 파견한 국가의 권력과 권위를 대표합니다. 그의 메시지는 파견한 국가의 메시지입니다. 예수 그리스도는 하늘의 권위자의 대표요 그 자신이 하나님의 말씀입니다.

예수님은 가장 위대한 대제사장이십니다. 그분은 영원히 살아계시며 죽는 일이 없으십니다. 또한 죄가 없으시기 때문에 자신의 죄를 위해 제사드릴 필요가 없습니다. 예수님은 자신을 완전한 제물로 바쳐서 더 이상 희생제물이 필요 없게 하셨습니다. 그래서 여러 차례 "우리에게 이러한 놀라운 대제사장이 계시다"라고 말합니다.

그는 우리의 모든 상황을 잘 이해하시고, 우리에 대해 자비로우시고, 긍휼이 많으시고, 우리의 모든 필요에 실질적으로 도움을 주십니다. 그렇기 때문에 예수 그리스도 앞으로 나가라고 말하며, 그분을 깊이 생각하라고 말합니다.

신약이란 무엇인가

히브리서의 아주 놀라운 메시지 중의 하나는 '신약이란 무엇인가'입니다. 다시 말하면 '새 언약은 무엇인가' 하는 것이지요. 히브리서 8장은 예레미야서 31장 31-34절과 에스겔서 36장 24-28절에 나오는 신약의 내용을 한 번 더 언급합니다.

신약의 내용은 세 가지로 요약합니다.

첫째, "내 법을 그들의 생각에 두고 그들의 마음에 이것을 기록하리라 나는 그들에게 하나님이 되고 그들은 내게 백성이 되리라"라고 말씀합니다(8:10). 하나님의 말씀을 돌판에 기록하지 않고 마음에 기록했다는 것은 우리 모두 하나님의 말씀을 행할 능력이 있는 삶을 살게 하겠다는 것입니다.

옛 언약은 우리가 하나님의 말씀을 따라 살 능력이 없음을 보여주시지만, 새 언약은 우리 안에 계신 성령으로 말미암아 우리가 하나님의 말씀을 따라 살아갈 수 있도록 우리에게 능력을 주심을 말합니다. "또 내 영을 너희 속에 두어 너희로 내 율례를 행하게 하리니 너희가 내 규례를 지켜 행할지라"(겔 36:27).

둘째, "작은 자로부터 큰 자까지 다 나를 앎이라"라고 말씀합니다(8:11). 이는 하나님과의 친밀함이 있는 관계로 우리를 부르신 것을 말합니다. 구약은 오직 제사장만 성소에 들어가며 하나님이 계신 지성소는 대제사장이 일 년에 한 번 들어갑니다. 백성들은 멀리서 머물러야 했습니다. 그러나 신약은 예수 그리스도께서 십자가에서 죽으심으로 말미암아 언제나, 누구든지 하나님의 보좌 앞으로 나아가서 하나님과 친밀하게 살 수 있게 하셨습니다.

예수께서 십자가에서 죽으실 때 성소의 휘장이 둘로 찢어져서 더 이상 하나님과 우리 사이를 가로막는 것은 없습니다. 누구나 하나님이 계신 곳인 지성소에 나아가 친밀한 사귐을 갖게 되었습니다.

셋째, "내가 그들의 불의를 긍휼히 여기고 그들의 죄를 다시 기억하지 아니하리라"라고 말씀하셔서 죄에 대한 근본적 해결을 약속하십니다(8:12). 구약이 우리의 죄를 기억하게 하는 것이라면 신약은 우리의 죄가 다 용서받았으며 그 죄를 다시 기억하지 않고, 의로운 사람으로 하나님 앞에 서게 하겠다는 약속입니다. 따라서 이 놀라운 새 언약은 우리로 하여금 이 땅에서 정말 빛나고, 거룩하고, 힘 있고, 충만한 삶을 살도록 이끌어줍니다. 예수 그리스도는 "더 아름다운 직분, 더 좋은 약속, 더 좋은 언약의 중보자"이십니다(8:6).

영적 실재

9장과 10장은 우리를 영적 실재로 이끌어가는 놀라운 삶에 대해 말합니다. 모세가 시내산에 지은 장막과 예수 그리스도로 말미암아 우리를 이끌어가는 하늘의 장막을 서로 비교합니다. 모세의 장막이 사람이 지은 것이라면 하늘의 장막은 사람이 짓지 않은 더 크고 온전한 장막입니다. 모세의 장막에서 하나님께 나아갈 때는 짐승의 피로 나아가지만 하늘의 장막은 예수 그리스도의 피로 나아갑니다.

모세의 장막을 모형 또는 그림자라고 하면, 하늘의 장막은 실재요 본체입니다. 모세의 장막은 매번 제사를 드림으로 나아가지만 하늘의 장막은 예수님께서 십자가에 죽으심으로 한 번에 영원히 해결되었습니다.

놀라운 사실은 하나님께서 모세에게 시내산에서 장막을 짓게 하실 때 그에게 하늘의 장막을 보여주시면서 그대로 지으라고 말씀하신 것입니다. 이는 우리가 새로운 아파트에 입주하기 전에 미리 보는 모델하우스와 같습니다. 모세는 하늘에 있는 장막을 보고 그대로 지었습니다. 따라서 모세의 장막은 모형이요 그림자이며, 하늘의 장막은 실체입니다.

예수님은 사람이 지은 장막의 제사장이 아니라 하늘의 장막의 제사장이십니다. 또 온전한 제물이 되셔서 우리를 위해 한 번에 자신의 육체로 죽으셨습니다. 그는 대제사장으로서 우리를 하나님의 보좌 앞으로 이끄시고, 이 땅에서부터 영원토록 보좌에 계신 주 앞에 나아가게 합니다. 또한 그 앞에서 하나님의 임재 안에 머물게 하고, 영광을 보게 하며, 그의 놀라운 사랑을 맛보게 하고, 하나님과 놀라운 영적인 교제를 나누는 삶으로 이끄십니다.

10장 19-25절에 새로운 삶이 나옵니다. 믿음으로 보좌 앞에 나아가 머물며, 하나님과 사귐을 가지고, 소망으로 세상에 나아가 힘 있게 살며, 사랑으로 형제를 섬깁니다.

11장에는 '믿음의 명예의 전당'에 이름이 올라가 있는 놀라운 믿음의 사람들이 열거되어 있습니다. 아벨, 에녹, 노아, 아브라함, 사라, 이삭, 야곱, 요셉, 모세, 기생 라합 등을 '세상이 감당하지 못하는 사람들'이라고 소개합니다.

12장은 11장의 믿음의 영웅들보다 더 위대한 믿음의 영웅을 소개하지요. 바로 우리 주 예수 그리스도입니다. 그는 믿음의 주요 온전하게 하시는 이입니다. 예수님이 믿음의 사도로서 앞서 가시며 개척자요 선구자로 우리가 본받고 따를 롤모델입니다. 또 나로 충분히 승리하도록 나를 무장하게 하시는 분입니다. 내 옆에서 내가 달려갈 때 격려하고, 응원하고, 후원하고, 지지하십니다.

믿음의 선배들이 길을 잘 달려왔다면 이제는 내가 달려갈 때입니다. 그들을 바라보고, 더 놀라운 믿음의 대선배이신 예수를 바라보며 경주해야 합니다. 그들의 믿음의 원칙들은 내 믿음의 경주의 교과서입니다.

13장 20,21절은 영적 삶에 대한 원칙을 말합니다. 하나님은 우리 가운데 그분의 뜻을 보여주시고, 그를 따라 살고자 하는 열정과 힘을 주셔서 우리 가운데 넉넉하게 뜻을 이루도록 하십니다.

다섯 가지 권면과 경계와 경고

히브리서는 우리의 믿음의 여정에서 주의하여야 할 다섯 가지 사항을 제시하며, 믿음의 경주에서 승리하도록 권면하고 경계하고 또한 경고합니다.

1. 소홀히 함으로 말씀에서 떠나 표류하지 않도록 주의하라(2:1-4).
2. 들은 바 말씀에 믿음으로 화합하라. 마음을 강퍅하게 하여 불순종하지 말라(3:7-4:13).
3. 나태함으로 말씀에 대해 무뎌지지 않도록 경계하라(5:11-6:20).
4. 완고함으로 말씀을 업신여기지 말라(10:26-39).
5. 듣기를 거절함으로 말씀에 불순종하는 삶을 경계하라(12:14-29).

음성 강의
히브리서

말씀 개요

1장-4장 13절	하나님의 아들로서의 인성의 아름다움
1장 1-4절	선지자들보다 뛰어나신 예수
1장 5절-2장	천사들보다 뛰어나신 예수
3장-4장 13절	모세보다 뛰어나신 예수
4장 14절-10장 18절	하나님의 아들로서의 제사장직의 탁월한 영광
4장 14절-7장	아론보다 뛰어나신 예수
8장	더 아름다운 직분, 더 좋은 약속, 더 좋은 언약의 중보자 예수
9장-10장 18절	더 크고 온전한 장막, 더 좋은 제물, 한 영원한 제사 예수
10장 19절-13장	그리스도인의 아름다운 믿음의 삶
10장 19절-11장	믿음의 역사
12장	소망의 인내
13장	사랑의 수고

성경 본문
히브리서

100일 통독

CHECK

98일 히브리서, 야고보서 ☐

야고보서 행함으로 믿음을 보이라

J A M E S

야고보서는 행위로 증명되는 믿음에 대해 말합니다. '신약의 잠언'이라고도 하지요. 야고보서는 정경正經으로 인정받을 때까지 그리고 그 후에도 많은 시련을 겪은 책입니다. 특히 마르틴 루터는 야고보서를 신약 성경에 넣는 것조차 거부했지요. 그 내용이 마치 로마서와 상반되는 것처럼 보였기 때문입니다.

야고보서에는 예수님의 이름이 두 번 언급됩니다. 그것도 우발적이라고 할 수 있지요(1:1, 2:1). 또한 예수님의 부활과 메시아로서의 예수님에 대한 언급도 없습니다. 그러나 예수님의 말씀인 산상수훈을 23회나 인용합니다. 내용으로 미루어 볼 때 야고보서를 기록한 사람은 구약 성경에 조예가 깊고, 지혜의 문학에 정통한 것으로 보입니다.

저자

이 책은 1장 1절에서 말한 것처럼 야고보가 기록했습니다. 성경에는 '야고보'라는 이름으로 다섯 명이 나옵니다.

- 가룟 유다가 아닌 열두 제자 중 유다의 아버지 야고보(눅 6:16), 알려진 바가 없습니다.
- 열두 제자 중 알패오의 아들 야고보(마 10:3, 막 3:18, 눅 6:15, 행 1:13), "예수께서 그곳을 떠나 지나가시다가 마태라 하는 사람이 세관에

앉아 있는 것을 보시고 이르시되 나를 따르라 하시니 일어나 따르니라"(마 9:9). "또 지나가시다가 알패오의 아들 레위가 세관에 앉아 있는 것을 보시고 그에게 이르시되 나를 따르라 하시니 일어나 따르니라"(막 2:14). 이 구절을 볼 때 마태와 레위는 동일 인물입니다. 레위도 알패오의 아들이기에 마태와 야고보는 형제입니다.

- 작은 야고보(마 27:56, 막 15:40), 알려진 바가 없습니다.
- 열두 제자 중에 세베대의 아들, 요한의 형제 야고보(마 10:2, 막 3:17, 눅 6:14, 행 1:13), 그는 최초의 순교자입니다. 아그립바 1세에 의해 A.D.44년에 순교했기에 이 책의 저자가 아닙니다.
- 예수님의 형제인 야고보로 예루살렘교회의 지도자이며 예루살렘 회의의 의장이었지요. 열두 사도는 아니나 베드로와 요한과 함께 예루살렘교회의 기둥 같은 존재입니다(갈 1:19, 2:9). 끊임없이 기도하기에 '낙타 무릎'으로도 유명합니다.

이 모든 정황으로 볼 때 야고보서를 기록한 사람은 예수님의 형제인 야고보입니다. 야고보서는 갈라디아서와 함께 가장 먼저 기록된 서신서입니다.

믿음의 시험

1장 2-15절에 '시험'이라는 단어가 여러 번 언급됩니다. 이는 실제로 의미가 다른 세 단어입니다.

첫 번째, 우리를 온전하게 하는 시련 혹은 연단으로서의 **시험**test입니다(1:2-4). 아브라함이 받은 시험도 이것입니다(창 22:1). 하나님께로부터 오는 것입니다. 이러한 시험은 우리를 성장하고 부요하게 합니다.

두 번째, 예수를 믿는 믿음으로 말미암아 오는 **시험**trial입니다(1:12). '고난' 또는 '환난'이라고 말합니다. 이 같은 시험을 견디는 사람에게는 생명의 면류관이 주어집니다. 어두움의 영으로부터 오지만 하나님은 선으로 바꾸십니다. 이러한 시험이 올 때 환영하고 기뻐하며 받아들여야 합니다. 큰 상이 주어지기 때문이지요.

세 번째, 우리를 넘어뜨리려는 유혹으로서의 **시험**temptation이 있습니다(1:13-15). 이것은 하나님으로부터 오는 게 아니기에 받지 말아야 합니다. 우리를 넘어뜨리려는 마귀로부터 오는 것이지요. 이러한 것들은 즉시 대적하여 물리쳐야 합니다. 왜냐하면 이 같은 시험에 들어 죄를 범하는 것은 자신의 욕심에 이끌려서이기 때문입니다.

16-18절은 하나님의 두 가지 면을 소개합니다. 하나님은 온갖 좋은 은사와 온전한 선물을 주시며, 늘 최고의 것을 주십니다. 또한 변하지 않으시는 분입니다. "변함도 없으시고 회전하는 그림자도 없으시다"는 것은 천문학의 용어입니다. 천체가 보여주는 변화를 말하지요. 낮과 밤의 길이의 변화와 태양 궤도의 변화 등에 사용합니다. 모든 빛은 변화되지만 빛의 창조주이신 하나님은 결코 변하지 않으십니다.

믿음의 실재

19-25절은 듣는 것은 속히 하고, 말하는 것과 성내기는 더디 하라고 합니다. 귀가 두 개, 입이 한 개인 것은 말하는 것과 듣는 것을 2 대 1로 하라는 것입니다. 경청하여 듣는 연습은 참으로 귀합니다. 우리가 가장 염려하는 것은 들을 때는 대강 듣고, 다 듣기도 전에 속히 말하는 것입니다.

요즘 말의 속도가 얼마나 빠른 시대인지 모릅니다. "말이 많으면 허물을 면하기 어려우나 그 입술을 제어하는 자는 지혜가 있느니라"(잠 10:19), "사연을 듣기 전에 대답하는 자는 미련하여 욕을 당하느니라"라고 하십니다(잠 18:13). 성내기를 더디 하고, 말하기를 적게 하고, 듣는 것을 많이 하는 게 얼마나 지혜로운 것인지 모릅니다.

또한 행함의 중요성을 말합니다(1:22-25). 말씀을 들었다면 그대로 실천하는 삶을 살아야 한다고 말합니다. 듣고 말하는 것이 사람과의 관계에 해당된다면 듣고 행하는 것은 하나님과의 관계에 해당됩니다. 사람의 말은 경청하여 신중히 듣고 대답은 천천히 하고, 하나님의 말씀은 경청하여 신중히 듣고 들은 바 말씀을 속히 행하여 순종하는 게 아름답습니다.

26,27절에 '정결하고 더러움이 없는 경건'에서 '경건'이란 '예배'를 뜻합니다. 그러므로 '경건한 사람이란 어떤 사람인가?'라는 질문은 정확히는 '참된 예배는 무엇이며, 참된 예배자란 누구인가?'라고 하는 것이 옳습니다. 참된 예배란 예배복을 입고, 장엄한 음악과 정성 드려 행해지는 예배 의식이라기보다는 언어생활에 있어서 자기 혀에 재갈을 물리고, 고아와 과부를 돌보고, 세속에 물들지 않는 것입니다. 이것이 진정한 예배자요 경건한 사람의 특징이지요. 그러므로 이러한 삶을 사는 그리스도인들이 함께 모여서 하나님께 찬송을 드린다면 그것이 바로 하나님이 기뻐 받으시는 아름다운 예배입니다.

2장 1-13절은 '사랑이야말로 최고의 법'이라고 강력하게 말합니다. 율법이 옳고 그름을 가리는 것이라면 사랑을 포함하는 긍휼은 더 나아가 용서하고, 용납하고, 이해하고, 기다려주고, 기회를 주며, 신뢰하는 것을 말합니다. "긍휼을 행하지 아니하는 자에게는 긍휼 없는 심판이 있으리라 긍휼은 심판을 이기고 자랑하느니라"(2:13) 하시며 긍휼을 행하는 게 얼마나 중요한지를 말씀합니다. 긍휼은 용납과 용서와 이해와 사랑을 포함하지요. 긍휼은 공의를 무시하거나 소홀히 하지 않습니다. 다만 더 큰 원을 그려서 사랑으로 기회를 줍니다.

행함의 믿음

14-26절은 바울이 기록한 로마서와 완전히 상반되는 것처럼 보입니다. '믿음과 행함'은 야고보서의 가장 중심적인 메시지입니다. "믿음이 그의 행함과 함께 일하고 행함으로 믿음이 온전하게 되었느니라"라고 합니다(2:22). 로마서는 행위로 구원받는 게 아니라 믿음으로만 구원을 받는다고 말합니다. 그러나 야고보서는 "행함으로 믿음을 보이라 행함이 없는 믿음은 죽은 믿음"이라고 말합니다. 이처럼 로마서는 '믿음'을, 야고보서는 '행함'을 강조합니다. 우리는 두 권의 메시지를 다 받아들여야 합니다. 신앙생활에 균형을 잡아주기 때문입니다.

예수님이 말씀하시기를 좋은 나무인지 나쁜 나무인지는 열매로 알 수 있다고 하셨습니다. 좋은 나무이기 때문에 좋은 열매를 맺지만 좋은 열매를 맺음으로 좋은 나무인 것을 증명하는 게 옳다고 말씀하십니다. 마찬가지로 우리가 오직 믿음으로 구원받은 사람이라면 구원받은 사람에 합당한 열매를 맺어야 합니다. 그것이 바로 행함으로 믿음을 보이는 것이지요. 따라서 로마서가 '복음의 씨앗'을 말한다면, 야고보서는 '복음의 열매'를 말합니다.

예수 그리스도를 믿는 것은 종교나 윤리나 하나의 이론이 아닙니다. 그것은 우리로 생명의 진리 가운데로 나아가게 합니다. 삶에 실질적인 변화를 주는 것을 말하지요. 우리가 예수로 말미암아 믿음으로 구원을 받았다면 놀라운 예수의 생명의 능력이 우리 안에서 일하셔서 우리의 삶에 변화를 주는 열매를 맺게 합니다.

야고보서는 우리가 구원받았다면 행함을 통해서 구원을 반드시 보여줘야 한다고 강력하게 말합니다. 균형 잡힌 신앙이라면 '사상'과 '행동'이 일치하고, '기도'와 '노력'이 수반되고, '믿음'과 '행위'가 함께 걸어갑니다.

지혜로운 혀

3장 1-12절은 우리의 혀가 얼마나 중요한지 말씀합니다. 큰 배가 조그만 방향키로 방향을 트는 것과 큰 산불이 조그만 불씨 하나로 일어나는 것을 비유로 말합니다. 혀를 잘못 사용하면 몸 전체가 더럽혀지고, 삶의 수레바퀴를 불태울 수 있다고 합니다. 이처럼 혀는 작으나 강한 영향력과 파괴력이 있습니다.

잠언도 동일하게 말씀합니다. "칼로 찌름같이 함부로 말하는 자가 있거니와 지혜로운 자의 혀는 양약과 같으니라"(잠 12:18), "죽고 사는 것이 혀의 힘에 달렸나니"(잠 18:21). 그러므로 혀는 주의하여 쓰고 말들의 입에 재갈을 먹이듯이 혀에 재갈을 먹이고 살아야 한다고 말합니다. 그럴 때 온 몸을 제어하게 됩니다.

13-18절은 위로부터 난 지혜를 말합니다. "혀는 능히 길들일 사람이 없나니"라는 말씀은 우리를 자칫 절망에 빠지게 합니다(8절). 그러나 이 구절은 길들일 수 없는 혀를 제어할 수 있는 방법을 제시합니다. 그것은 위로부터 난 지혜입니다. 지혜가 혀를 길들이게 하지요. "지혜로운 자의 혀는 사람을 치료하는 양약과 같다"라고 하듯 지혜가 혀를 길들이는 열쇠입니다.

두 종류의 지혜가 있는데 땅 위의 지혜와 위로부터 오는 지혜입니다. 그릇된 지혜와 참된 지혜의 차이입니다. 그릇된 지혜는 세상적이고, 인간적이며, 악마적입니다. 예리하고 명석한 두뇌를 가졌다고 다 좋은 건 아닙니다. 사람들을 분열시키며, 투쟁을 일으키고, 관계를 파괴한다면, 그것은 인간적인 지혜이고 그 근본에는 교만이 있습니다.

그러나 위로부터 난 참된 지혜는 성결하고, 평화로우며, 관용적이고, 양순하며, 긍휼과 선한 열매가 가득하고, 편벽과 거짓이 없습니다. 이는 언제나 화평으로 심어 의의 열매를 거두게 하여 올바른 관계를 형성하게 합니다. 이처럼 위로부터 오는 지혜가 있으면 관계에서 치유와 회복과 화합이 일어나지요. 그러한 사람의 혀는 치유와 생명을 줍니다.

믿음의 승리

4장 1-10절은 인생의 목표를 이 세상의 쾌락에 두지 말고 오직 하나님의 뜻을 따라 순종하며 행하는 데 두어야 한다고 합니다. 하나님은 겸손한 자에게 은혜를 주십니다. 응답받는 기도의 비결은 자기 뜻대로가 아니라 하나님의 뜻대로 기도하는 것입니다. 자기의 유익으로 기도하는 게 아니라 하나님의 영광을 위해 기도할 때 응답을 받습니다. 세상에 대한 우정은 하나님께 대한 배신입니다. 하나님을 질투심이 많은 여인으로 표현하고, 성령이 시기까지 하시면서 우리를 사모한다고 말합니다. 11,12절에 형제를 판단하며 비방하는 행위가 매우 중대한 죄라고 말합니다.

4장 13절-5장 6절에는 사람이 올바르게 재물을 얻었다 할지라도 그것을 자기를 위해서만 사용하면 죄라고 말씀합니다. 돈을 벌어 이기적으로 살며 일꾼들에게 월급을 주지 않는 부자는 악한 사람입니다. 그렇게 모은 부富를 제대로 사용하지 못할 것입니다.

예레미야서 17장 11절에 "불의로 치부하는 자는 자고새가 낳지 아니한 알을 품음 같아서 그의 중년에 그것이 떠나겠고 마침내 어리석은 자가 되리라"라고 하셨습니다. 쉬운성경에는 "남을 속여서 부자가 된 사람은 자기가 낳지도 않은 알을 품고 있는 자고새와 같아서 인생의 중반에 이르면 그 재산을 잃어버릴 것이요, 늙으면 그의 어리석음이 밝히 드러날 것이다"라고 번역했습니다.

진정한 부자는 열심히 일하여 모은 부를 자기를 위해서는 최소한으로 사용하고 대부분을 가난한 사람들에게 선을 행하며, 하나님나라를 위해 사용하는 사람이지요.

5장 7-20절에 진정한 교회란 주의 재림을 기다리며, 찬송하고, 기도하고, 치유하고, 빛 가운데 행하는 것을 고백하는 기도의 능력을 경험하며, 잃어버린 영혼을 주께로 인도하는 교회라고 합니다.

음성 강의
야고보서

말씀 개요

1장 1-18절	믿음의 시험
1장 19절-5장 6절	믿음의 실재
1장 19-27절	말씀을 순종함
2장 1-13절	사랑으로 행함
2장 14-26절	행함의 믿음
3장	지혜로 혀를 다스림
4장-5장 6절	진정한 부자
5장 7-20절	믿음의 승리

성경 본문
야고보서

100일 통독

CHECK

98일 히브리서, 야고보서 ☐

베드로전서 모든 행실에 거룩한 자가 되라

1 PETER

베드로전후서를 비롯해 히브리서와 야고보서와 요한일이삼서와 유다서를 '일반서신' 또는 '공동서신'이라고 말합니다. 바울의 편지는 일반적으로 개개의 교회에 보낸 데 반해 이 공동서신은 특정 대상이 아닌 교회 전체에 보낸 것입니다. 바울의 서신이 수신자들의 이름을 따서 편지의 이름을 붙였다면 일반서신들은 기록한 사람들의 이름을 따서 편지의 제목을 붙였습니다(히브리서 제외).

베드로전서는 공동서신 가운데서도 가장 유명하고, 많이 읽히며, 사랑받는 편지로 또한 유창한 헬라어로 쓰였습니다. 신약 성경 학자인 베어F. W. Beare는 "이 서신은 수사학 기술이 풍부하며 광범위한 지식으로 어휘를 자유로이 구사할 줄 아는 문필가의 작품임이 확실하다. 그 사람은 비상한 능력을 지닌 문장가로, 신약 성경 전체에서 가장 훌륭한 헬라어 문장을 썼다. 그는 고도로 훈련된 바울의 문장보다도 더욱 유창하게 문학적으로 썼다"라고 했습니다.

그런데 베드로는 헬라어에 능통하지 못했습니다. 하지만 그가 기록하지 않았다고 할 수 없는 이유는 5장 12절의 끝맺는 말 때문입니다. "내가 신실한 형제로 아는 실루아노로 말미암아 너희에게 간단히 써서 권하고"에서 실루아노가 그의 대필자라는 것을 알 수 있습니다. 이 말은 그가 단순한 대필자 이상이라는 의미입니다. 편지의 내용은 베드로의 말이고, 문장은 실루아노의 문장입니다.

베드로는 이 편지를 "본도, 갈라디아, 갑바도기아, 아시아와 비두니와에 흩어진 나그네"(1:1)에게 보내는 것이라고 했습니다. 이 지역들은 모두 소아시아의 북동쪽에 위치한 넓고, 인구가 많은 지역입니다. 주로 이방인들이 사는 곳이었지요.

베드로전서는 고통스런 영적전쟁을 통과하고, 앞으로도 계속 올 수 있는 어려운 전쟁과 맞서 싸우는 그리스도인들을 위로하고 도우려는 리더이며 아버지이며 목자로서의 따뜻한 마음을 기록하고 있습니다.

그리스도인의 믿음

베드로전서 전체가 예수 그리스도의 재림에 대한 소망으로 가득 차 있습니다. 그리스도인들은 말세에 나타날 구원을 간절히 바랍니다. 믿음을 지키는 사람들은 다가올 심판에서 구원받게 될 것입니다. 그리스도인들은 예수께서 이 땅에 오실 때 큰 은혜를 받게 될 것입니다. 또한 예수의 재림 때 그분과 함께 공중에 올라가면서 영원히 살게 될 것입니다.

마지막 때를 사는 그리스도인들에 대한 격려의 메시지도 있습니다.

- 모든 것의 마지막이 가까이 왔다.
- 이 땅에서 고난에 참여하는 우리는 앞으로 올 큰 영광에도 함께 참여하고 즐거워하게 될 것이다.
- 곧 하나님의 집에서부터 심판이 시작될 것이니 깨어 근신해야 한다.
- 마지막으로 목자장이 나타나실 때는 믿는 사람들은 영광의 면류관을 얻을 것이다.

그렇기 때문에 이 땅에서 우리가 어떻게 살 것인가를 말합니다. 마지막 때를 살아가는 그리스도인들이 비록 환난 속에 있다 할지라도 주의 재림을 소망하며 십계명의 삶을 살아가라고 합니다. 특히 "주의 재림이 가까웠다"라고 반복해서 말하면서 기대하지 않는 때 재림이 임할 것이기에 항상 깨어 있으라고 합니다. 그러므로 우리는 재림이 곧 올 것처럼 살아야 합니다. 동시에 주님의 지상명령의 성취를 위한 계획을 잘 세워야 합니다.

1장 1,2절에는 그리스도인의 특징이 열거되어 있습니다.

- 하나님께 특별히 선택된 하나님의 선민입니다.
- 세상의 나그네입니다. 그들은 세상에 살지만 세상에 속한 게 아닙니다. 세상의 빛입니다.
- 하나님이 미리 아신 자들입니다.
- 거룩한 삶을 위해 택하심을 받았습니다. 성령은 우리의 모든 삶의 요소에서 거룩하게 살도록 도우십니다. 거룩한 삶을 갈망하는 마음을 주시는 이도, 그런 삶을 살도록 능력을 주시는 이도 성령이십니다.
- 예수 그리스도께 순종하는 사람들입니다. 예수 그리스도의 희생으로 하나님과 새로운 관계로 부르심을 받고, 그 뜻에 순종하여 헌신된 삶을 위해 택하심을 받았습니다.

3-5절에는 기독교의 위대한 사상이 집약되어 있습니다. 거듭남은 예수의 죽으심과 부활이 근거입니다. 하나님의 긍휼을 기반으로 진리의 말씀으로 되었습니다(1:23). 장래에 위대한 유산을 유업으로 받을 것입니다. 그것은 썩지도 변하지도 쇠하지도 않습니다. 이 세상의 나그네로 사는 동안 하나님나라에 갈 때까지 그분의 능력으로 보호받을 것입니다.

1장 13절-3장 22절은 이 세상에서 거룩한 백성답게 살아가는 길을 제시합니다. 거룩함으로(1:13-21), 형제를 향해서는 거짓이 없는 사랑으로(1:22-25), 자신에 대해서는 성장함으로(2:1-10), 이 세상에서는 나그네로서(2:11-12), 시민으로서(2:13-17), 고용주로서(2:18-20), 그리스도를 우리의 롤모델로 삼아(2:21-25), 아내와 남편으로서(3:1-7), 억울하게 고난받는 자들로서(3:8-22) 살아야 합니다.

4장 1-11절에는 새로운 삶과 옛 삶을 대조하고 있습니다.

5장은 특별 지시입니다. 양무리를 치는 영적 지도자들에게(5:1-4), 젊은 사람들에게(5:5-7), 그리고 모든 그리스도인들에게(5:8,9) 특별 지시를 합니다.

말세를 당한 그리스도인의 십계명

베드로전서는 '말세를 당한 그리스도인들의 십계명'입니다.

1계명 허리를 동이라 근신하라 깨어라. 믿음을 굳건하게 하여 마귀를 대적하라(1:13, 5:8,9).

2계명 거룩한 삶을 살아가라. 이 땅에 살지만 속하지 아니하고 구별되어라(1:14-16).

3계명 예배자가 되어라. 항상 주 앞에 나가서 예배하는 자의 삶을 살아가라(2:4-10).

4계명 이 땅에서 그리스도인으로서 모든 의무를 다하라(2:13-25, 3:1-7).

5계명 열심으로 선을 행하라(3:11,13,14).

6계명 복음을 힘써 전파하라(3:15,16). 소망에 관한 이유를 묻는 자에게 대답할 것을 항상 준비하라.

7계명 힘써서 기도하라(4:7). 마지막 때에 정신을 차리고 근신하여 기도하라.

8계명 열정적으로 서로 사랑하라(1:22, 4:8). 거짓 없이 형제를 마음으로 뜨겁게 사랑하라.

9계명 서로 섬겨라(4:9-11). 서로 대접하고 하나님의 은혜를 맡은 선한 청지기같이 서로 봉사하라.

10계명 고난에 참여하는 것으로 즐거워하고 기뻐하라(2:18-25, 3:13-17, 4:12-19). 고난에 부르심을 받았다. 고난을 받으신 그리스도를 본받으라.

음성 강의 베드로전서

말씀 개요

1장-2장 10절	그리스도인의 믿음-구원
1장 1-12절	산 소망
1장 13-25절	거룩한 행실
2장 1-10절	거룩한 제사장
2장 11절-3장	그리스도인의 행동-순종
2장 11절-3장 7절	하나님의 종과 같이 하라
3장 8-22절	선을 행함으로 받는 고난
4장-5장	그리스도인의 고난
4장	선한 청지기
5장	양무리의 본이 되라

성경 본문 베드로전서

100일 통독

CHECK

99일 베드로전서, 베드로후서, 요한일이삼서, 유다서 ☐

베드로후서 은혜와 지식에서 자라가라

2 PETER

베드로전서와 달리 베드로후서는 가장 무시되던 책입니다. 그리고 이 책은 다른 서신들에 비해 읽기가 어렵습니다. 이 편지는 일급기밀문서에 해당되며 교회에 위협을 주는 사람들의 핍박 가운데서 승리하는 그리스도인의 삶을 위해 쓰였습니다. 당시 재림을 부정하는 악한 사람들과 성경을 곡해하는 사람들로 인해 혼란스러워하는 그리스도인들을 진리로 굳게 서 있게 하기 위해 쓰였지요.

베드로전서는 많은 면에서 에베소서와 골로새서와 유사합니다. 반면에 베드로후서는 많은 면에서 유다서와 유사하지요. 전서는 현재의 고난을 다루며 고난 받는 그리스도인을 격려하고, 후서는 종말에 있을 심판을 다루며 거짓된 가르침을 주어 교회에 혼란을 주는 거짓 교사들에게 경고합니다.

또한 베드로후서와 디모데후서도 어떤 면에서는 유사합니다. 바울과 베드로의 생의 마지막 시기에 기록된 것이며 둘 다 주님에 대한 깊은 신뢰를 표현합니다. 또 '마지막 날'에 있을 배도背道와 환란을 다룹니다.

1장 2-11절에는 하나님과 우리 주 예수를 아는 것의 중요성을 베드로후서의 처음과 마지막을 장식함으로 강조합니다. 하나님을 알 때, 은혜와 평강이 배가가 되고(1:2), 하나님의 성품을 닮아가며(1:4), 영적으로 성장합니다(3:17,18).

여덟 개의 사닥다리

1장 5-7절은 미덕의 사닥다리인 '여덟 개의 사닥다리'가 특징입니다.

1. **믿음**pistis은 하나님과의 올바른 관계를 갖게 합니다. 믿음은 하나님의 말씀을 들음으로 납니다. 사닥다리의 기반은 먼저 하나님을 앎으로 그분과의 올바른 관계를 갖는 데서 시작합니다.
2. **덕**arete은 성품을 말합니다. 하나님과의 올바른 관계가 기반이 될 때 사람들과의 올바른 관계를 갖게 됩니다.
3. **지식**gnosis은 실천적 지식과 삶에 올바르게 적용할 수 있는 지혜를 말합니다. 이러한 지식은 주어진 환경이나 상황 속에 올바른 행동을 하게 도와줍니다. 세상에 영향을 줄 힘을 갖게 합니다.
4. **절제**egkrateia는 자신을 다스리는 능력을 말합니다. 즉시 반응하지 않고 자제할 줄 아는 힘입니다.
5. **인내**hupomone는 주어진 상황에 능동적으로 대처하는 것을 말합니다. 용기를 포함한 인내는 미덕의 여왕입니다.
6. **경건**eusebeia은 하나님과 사람에게 올바른 의무를 행하는 힘입니다.
7. **형제우애**philadelpia는 형제사랑입니다.
8. **사랑**agape은 조건이 없는 사랑입니다.

이 같은 사닥다리는 예수를 앎으로 시작되고 성장합니다. 하나님과 예수 그리스도를 알 때부터 믿음이 견고해집니다. 하나님과의 친밀한 사귐을 하게 되고, 그분을 닮아가게 됩니다. 이것은 사람과의 관계에서 잘 드러납니다. 더 성장하면 세상을 변화시키는 능력이 생기게 됩니다. 더 나아가 형제를 사랑함에 그치지 않고, 조건이 없는 하나님의 사랑으로 행하게 됩니다. 그러므로 부지런히 하나님과 예수 그리스도를 알아야 합니다. 만일 하나님을 알지 못한다면 근시가 되어 멀리 볼 수가 없습니다.

말씀의 특징(1장 12-21절)

말씀은 이미 알고 있는 것들을 상기시켜줍니다. 혹시 잊어버렸다면 다시 생각나게 해서 진리 가운데 행하게 합니다. 베드로는 자신이 죽은 후라도 그리스도인들이 항상 진리를 간직하고 행하기를 원했습니다.

확신과 근거가 있는 메시지를 전해야 합니다. 베드로가 예수님의 재림에 대한 확신으로 전할 수 있는 것은 그가 직접 목도했기 때문입니다. 변화산에서의 경험은 재림하실 예수님을 미리 본 것입니다. 목격자로서 베드로는 재림에 대해 의심하는 사람들에게 확신을 불어넣어 주고자 했습니다. 메시지는 단순히 이론적인 지식을 전달하는 게 아니라 경험된 지식을 전달하는 것입니다.

하나님의 말씀은 성령이 저자이시기에 말씀을 이해할 때 자기의 지식과 생각을 의지하지 말아야 합니다. 그러면 하나님의 말씀을 이해할 수 없습니다. 오직 성령의 도움을 받을 때 이해할 수 있습니다(고전 2:9-12).

거짓 선지자들의 열두 가지 특징(2장-3장)

1. 성경을 왜곡하고 자신의 목적에 맞도록 제멋대로 해석합니다(1:20, 3:16).
2. 진리의 도가 비방을 받게 만듭니다(2:2).
3. 이들은 다음에 열거된 것의 공통된 특징처럼 멸망하도록 정해진 사람들입니다. 세 가지의 죄와 파멸에 대한 예화를 인용했습니다.
   - 범죄한 천사들을 지옥에 던져 심판 때까지 둠(2:4).
   - 노아 때의 경건하지 않은 사람들에게 홍수를 내림(2:5).
   - 소돔과 고모라 성의 멸망이 경건하지 않을 자들의 본이 됨(2:6).
4. 이들은 이성 없는 본능에 지배를 받습니다(2:12).

5. 이들은 정욕에 사로잡혀 행하는 짐승들과 같습니다(2:10,18).
6. 그들의 눈은 음심으로 가득합니다(2:14).
7. 건방지며, 방자하며, 오만합니다(2:10,18).
8. 그들은 대낮에도 방탕과 사치의 연회를 즐깁니다(2:13).
9. 그들은 자유에 대하여 말하나 그것은 절제 없는 방종이기에 도리어 정욕의 노예가 될 뿐입니다(2:19).
10. 그들은 자신들을 속일 뿐 아니라 믿음이 견고하지 못한 사람들을 속이고 미혹하여 타락으로 인도합니다(2:3, 14-16). 이들의 악함은 발람과 같습니다. 민수기 22장-26장에 거짓되고 악한 선지자의 전형적인 인물인 발람이 등장합니다. 그는 탐욕적이며 이스라엘을 구부러진 길로 인도했습니다.
11. 그들은 의를 모르는 사람들보다 악합니다. 다시 악에 빠집니다(2:20-22).
12. 이들은 예수의 재림을 부정합니다(3:3,4).

하나님의 종과 같이 하라

3장 1,2절에 베드로는 설교의 원리를 알았습니다. 그는 반복의 가치를 알았지요. 설교는 끊임없이 반복하여 실천하도록 돕는 것입니다. 마치 음식이 소화되는 과정과 같습니다. 또한 베드로는 생각나게 하는 것의 필요성을 알았습니다. 설교는 새로운 것을 전하기보다는 이미 아는 것을 생각나게 하는 것입니다. 하나님의 말씀을 상기시켜줍니다. 설교는 지우개로 지운 것을 다시 쓰는 것과 같습니다.

베드로는 칭찬의 가치를 믿었습니다. 설교는 격려하며 이미 행하고 있는 것들을 칭찬합니다. 또한 성경의 중심이 주 예수임을 알았습니다. 설교의 중심은 언제나 예수 그리스도입니다. 구약은 오실 그리스도를, 신약은 이미 오신 그리스도를 말합니다. 성경의 메시지는 오직 그리스도입니다.

또한 재림 전에 무슨 일이 일어나는지에 대해 알아야 합니다.

- 불법의 사람, 멸망의 아들이 나타날 것입니다(마 24:15, 살후 2:1-12, 계 13장).
- 대 핍박이 일어날 것입니다(마 24:21,24, 계 13장).
- 복음이 모든 족속에게 전파되기 위해 온 세상에 전파될 것입니다(마 24:14, 막 13:10, 딤전 2:4,6).

재림

5-13절에서 이전의 노아 시대는 홍수로 멸망했지만 오늘날은 불로 멸망할 것을 말합니다. 14절은 재림의 소망을 가진 자에게 주는 메시지입니다. "그러므로 사랑하는 자들아 너희가 이것을 바라보나니 주 앞에서 점도 없고 흠도 없이 평강 가운데서 나타나기를 힘쓰라."

베드로후서는 각 세대마다 주의 재림에 대해 혹시라도 의심하거나 낙심할까봐 여러 차례 반복해서 그것이 반드시 올 거라고 말합니다.

재림이 늦어지는 이유로 첫째, 모든 사람들이 구원받기 위해서 기회를 주시는 것이고, 둘째 먼저 복음이 전파되어서 지상명령이 성취되어야 하기 때문이라고 합니다. 그러므로 재림을 기다리는 사람이라면 거룩함으로 살아가며, 지상명령의 성취를 위해 계획을 잘 세워서 복음 전파에 힘쓰라고 합니다.

많은 사람들이 '예수님의 재림 때 어떻게 부활의 몸을 입을 것인가'를 궁금해 합니다. 어떤 사람은 인생에서 가장 꽃다운 나이의 모습일 것이라고 말하기도 합니다. 그러나 성경은 씨앗 하나가 땅에 떨어져 죽어서 아름다운 꽃이 피는 것처럼 우리 육체는 씨앗과 같기에 부활할 때 상상

할 수 없는 아름다운 영광의 몸을 입을 거라고 말합니다(고전 15:35-54, 살전 4:13-17).

음성 강의
베드로후서

말씀 개요

1장	그리스도인의 성품 배양-믿음
2장	거짓 예언자들-멸망
3장	그리스도의 재림에 대한 확신-소망

성경 본문
베드로후서

100일 통독

	CHECK
99일 베드로전서, 베드로후서, 요한일이삼서, 유다서	☐

요한일서 사귐의 기쁨

1 J O H N

요한일서는 특정한 개인이나 교회에게 쓴 게 아니라 마치 본부에서 전체에게 보내는 메시지와 같습니다. 양 떼를 향한 목자의 마음이 담긴 설교라고 할 수 있지요. 그리스도인에 대한 깊은 사랑과 배려로 가득합니다.

이 책의 매우 이례적인 요소는 개인의 이름이 언급되지 않는다는 점입니다. 신약 성경에서 기록자의 이름이 언급되지 않은 것은 히브리서와 요한일서뿐이지요. 서신서이지만 발신인과 수신인과 인사말 등 서신서다운 요소가 없습니다. 기록된 연대는 A.D.100년경으로 초대교회를 지난 제2,3세대의 그리스도인들에게 보낸 편지입니다. 주님에 대한 열정이 약해지고 또한 거짓 교사들에 의한 그노시스주의로 인해 교회 내에 어려움이 있을 때입니다.

요한일서는 "예수 그리스도는 완전한 사람이시며 완전한 하나님이시다. 구원은 오직 예수 그리스도를 믿는 믿음에서 온다"라고 주장하는 강력한 신학 논문이라고도 할 수 있습니다. 또한 예수 그리스도로 인한 구원의 확신을 '안다'라는 단어로 치환하여 35번 언급합니다.

또한 그리스도인의 삶의 방식에 대해, 특히 세 영역에서 그리스도인이 어떻게 살 것인가를 말씀합니다. 형제를 사랑하고, 순종의 삶을 살며, 세상적인 사고방식에 대해서는 강력히 거절하라고 합니다.

요한일서는 요한복음과 좋은 조화를 이룹니다. 요한복음이 복음을 소개하며 복음 전도가 중심이라면(요 3:16), 요한일서는 믿는 자들에게 보낸 편지입니다(3:16). 요한복음은 "하나님은 사랑이시다. 하나님이 세상을 사랑하셔서 독생자 예수 그리스도를 보내셨다. 그를 믿는 자마다 구원을 얻을 것이다"라는 게 주 내용이라면, 요한일서는 "하나님은 사랑이시다. 그 놀라운 사랑을 받은 우리들은 서로 사랑해야 한다"가 주요한 메시지입니다.

요한복음은 예수 그리스도의 신성에, 요한일서는 그분의 인성에 초점이 있습니다. 요한복음이 수직적인 관점으로 위로부터 오신 예수를 소개한다면, 요한일서는 수평적인 관점으로 그리스도인이 사랑 가운데 서로 교제하는 삶을 살아야 한다고 말합니다.

빛이신 하나님

요한일서의 중심은 '빛이신 하나님'입니다. 하나님에게는 어둠이 없습니다. 그러므로 우리도 서로 빛 가운데서 행하라고 하십니다. 서로 사랑 가운데 교제하고, 원망과 미움이 없이 용서하고, 용납하고, 이해하면서 사는 교제의 삶을 말합니다. 또한 '하나님은 사랑이시다'라고 말합니다. 사랑을 주시는 분만이 아니라 하나님 자체가 사랑이십니다. 그러므로 하나님의 자녀 된 우리에게 그 사랑 안에서 살고 사랑으로 섬기라고 말씀합니다.

요한일서는 '만약'if 이라는 단어를 다섯 번이나 사용하며 우리의 신앙을 바로잡습니다.

1. 만일 우리가 하나님과 사귐이 있다 하며 어둠에 행하면 거짓말을 하고 진리를 행하는 게 아닙니다(1:6).
2. 만일 우리가 죄가 없다고 말하면 스스로 속이고 진리가 그 속에

있지 않습니다(1:8).

3. 만일 우리가 우리의 죄를 자백하면 용서하시고 모든 불의에서 깨끗하게 하실 것입니다(1:9).
4. 만일 우리가 범죄하지 아니했다 하면 하나님을 거짓말하는 이로 만드는 것입니다(1:10).
5. 만일 누가 죄를 범하면 중보자 예수 그리스도가 계십니다(2:1).

또한 믿는 자들의 믿음의 기반을 견고하게 하기 위해 세 가지를 강조합니다.

첫째, 예수님의 인성과 신성을 분리시키지 마십시오.

둘째, 균형 잡힌 영성을 가지십시오. 영성은 일상생활에서 나타나야 합니다. 하나님을 사랑한다면 형제를 사랑해야 합니다.

셋째, 그리스도인의 신앙생활은 사람들과 분리되어 독립적 혹은 고립적으로 생활하는 게 아니라 더불어 사는 것입니다.

사귐 공동체

1장 1절-2장 2절에는 '사귐의 길'을 말씀합니다. 이 내용들은 요한복음 1장 1-18절의 말씀과 연관되어 있습니다. 요한복음은 하나님과 우리의 사귐을 위해 오신 예수님을 말한다면, 요한일서는 예수 그리스도를 함께 믿는 그리스도인 사이의 사귐을 말합니다.

요한일서 1장 1-3절은 한 문장으로 구성되어 있고 중심 동사는 '전함'입니다. 이것은 요한일서의 메시지이기도 합니다. 요한일서는 이 세상에 오신 말씀이신 예수 그리스도와 예수를 믿는 그리스도인들의 교제와 교제의 기쁨으로 시작합니다.

그리스도인들이 함께 모이는 '교회'는 가르친다는 의미가 아니라 서로 사귐이 있다는 의미입니다(한자로 교회의 '교'는 '가르칠 교'敎가 아니라

'교제할 교'交로 표기해야 의미가 가장 잘 표현됩니다).

그리고 예수 그리스도 안에 함께 모여 기쁨의 사귐을 가지려면 빛 가운데 행해야 합니다(1:4-10). 왜냐하면 하나님은 빛이시기 때문입니다. 빛 가운데 행한다는 것은 고백 공동체가 되어 죄를 고백하는 것을 말합니다. 하나님 앞에서의 고백이 있고, 또한 믿는 자들 간의 죄의 고백이 있습니다. 어떤 죄는 하나님 앞에서만 고백해야 하는 것이 있고, 어떤 경우는 서로에게 고백하는 게 필요합니다.

'하나님께 죄를 고백했으니 그것으로 충분하다'라고 할 수 없습니다. 만일 믿는 자가 서로의 관계에서 용서해야 할 일이 있다면 서로 고백하는 교회 공동체가 되어야 합니다. 그럴 때 예수님의 보혈의 능력, 죄를 깨끗하게 하심을 경험하게 되고 관계에서의 기쁨이 있게 됩니다.

죄의 고백과 자유함

1장 8절-2장 2절과 3장 6-9절, 이 두 구절들은 동전의 양면처럼 서로 상반되는 의견으로 보입니다. 그러나 서로 상반된 게 아니라 균형을 이루고 극단적인 견해에서 우리를 보호해줍니다. 한 면은 신학적이고, 다른 면은 윤리적입니다.

1장 8절-2장 2절의 말씀은 죄에 대한 잘못된 사고방식을 바로잡습니다. 첫째는 자신에게 죄가 없다고 말하는 사람들에 대한 것입니다. 자기의 죄에 대해 도덕적 책임이 없다고 하는 것입니다. 변명이나 자기 정당화나 책임 회피를 하지 말아야 합니다. 해결하는 길은 겸손하게 죄를 인정하고, 고백하는 것입니다. 그때 하나님은 죄를 용서하시고 깨끗하게 하십니다.

둘째는 실제로 죄를 범하지 않았다고 말하는 사람들에 대한 것입니다. 하나님은 말씀하시기를 "모든 사람은 다 죄인이다"라고 하십니다

(롬 3:9-18,23). 죄를 짓기에 죄인이 아니라 죄인이기에 죄를 짓습니다. 죄인 된 사람은 죄를 짓게 됩니다. 예수를 믿는 구원받은 사람도 마찬가지입니다. 그러나 우리에게는 보혜사(대언자, 중보자) 예수 그리스도가 계셔서 우리의 죄를 해결하시어 하나님과 사귐이 있게 하십니다. 예수님은 하나님 앞에서 우리를 변호하시는 변호사 역할을 하시는 분 같습니다.

3장 6-9절의 "하나님께로 난 자마다 죄를 짓지 아니한다"라는 말씀은 습관적으로 반복하여 짓는 죄의 행위를 말합니다. 죄를 짓고도 돌이킬 마음이 없는 태도와 행동입니다. 그리스도인은 고의적이며 상습적으로 죄를 지을 수가 없으며, 죄를 생활습관이나 생활방식으로 삼을 수 없습니다. 믿는 사람도 죄를 지을 수는 있지만 죄의 분위기 속에서 일생을 살아갈 수는 없습니다.

우리는 예수 그리스도 안에서 죄의 형벌에서 자유합니다. 그리스도 예수 안에 있는 속량으로 말미암아 하나님의 은혜로 값없이 의롭다 하심을 얻었습니다(롬 3:24). 그러나 우리는 여전히 죄와 싸우며 성화되어 가는 과정에 있습니다. 그리고 언젠가 우리는 죄에서 완전히 자유하게 될 것입니다.

구원은 값없이 주어진 선물이지만 성화되어 가기 위해서는 날마다 삶의 대가를 지불하며 싸워야 합니다. 우리가 누구의 지배를 받느냐에 따라서 결과는 달라집니다. 우리의 힘으로 거룩함에 이르고자 한다면 육신에 지배를 받게 되어 육체의 일만 있게 됩니다. 그러나 우리가 성령의 지배를 받아서 인도함을 받으면 성령의 열매를 맺게 될 것입니다(갈 5:15-24).

예수 그리스도 안에 거하는 사람은 절대로 죄를 범할 수 없다는 게 아니라 상습적이고 고의적으로 범할 수 없다는 것입니다.

영적 성숙의 단계

2장 12-14절은 영적 성숙의 단계의 특징들이 나타납니다. 영적인 어린아이는 죄사함을 알고 하나님을 아버지로 압니다. 영적인 청년은 그 안에 하나님의 말씀이 거하여 강하고 결국은 승리합니다. 영적인 아비는 태초부터 계신 이를 압니다.

1장 5절-2장 27절은 참된 그리스도인들의 공동체에게 나타나는 일곱 가지 증거들이 있습니다.

1. **고백 공동체**(1:5-9), 죄를 지속적으로 고백합니다.
2. **말씀 순종 공동체**(2:3-6), 말씀을 듣고 순종합니다.
3. **사랑 공동체**(2:7-11), 서로 사랑합니다.
4. **승리 공동체**(2:12-14), 죄를 이기는 삶을 삽니다.
5. **거룩함의 공동체**(2:15-17), 세상을 사랑하지 않습니다.
6. **코이노니아 공동체**(2:19), 서로 사귐이 있습니다.
7. **성령 공동체**(2:20-27), 선생이신 성령으로 진리를 압니다.

4장 10절에 의하면 일반적으로 종교는 사람이 신을 추구한다고 말합니다. 그러나 기독교는 하나님이 우리를 찾으신다는 것을 알 수 있습니다. 놀라운 사실은 하나님을 향한 우리의 사랑이 아니라 우리를 향한 하나님의 사랑이라는 것입니다(롬 5:8). 기독교의 영광스러운 진리는 하나님이 타락한 인간을 사랑하시어 우리가 주도적으로 변화되도록 우리를 만나십니다.

5장 1-5절에 진정한 그리스도인의 증거는 하나님을 사랑하는 것입니다. 하나님의 아들 예수 그리스도를 사랑합니다(1절). 하나님의 자녀 즉 그리스도인을 사랑합니다(2절). 하나님을 사랑하는 표시는 형제를 사랑함으로 나타냅니다(4:20,21). 하나님의 말씀에 순종합니다(2,3절). 믿음으로 세상을 이깁니다(4,5절).

6-8절에 예수께서 사람으로 오심의 세 영역을 말합니다. 물은 예수님의 사람으로 오심을, 피는 예수님의 십자가의 죽으심을, 성령은 예수님께 성령이 비둘기같이 임하심을 나타냅니다.

13-20절에 믿는 자는 다음과 같은 일곱 가지 사실을 알고 확신을 가지라고 합니다. 왜냐하면 하나님의 아들이 오셔서 우리에게 지각을 주셨기 때문입니다.

1. 믿는 자는 영생을 가졌음을 확신합니다(13절).
2. 하나님이 믿는 자의 기도를 들으심을 확신합니다(14절).
3. 하나님이 믿는 자의 기도를 응답하셨음을 확신합니다(15절).
4. 믿는 자는 죄의 권세에서 해방되었음을 확신합니다(18절). 죄에 패배하지 않는 이유는 예수께서 지켜주시기 때문입니다.
5. 믿는 자는 자신이 하나님께 속했음을 확신합니다(19절). 그러므로 세상을 등지고 하나님 편에 서 있습니다.
6. 믿는 자는 참된 자 예수 그리스도를 압니다. 그가 참 하나님이신 것과 하나님의 아들이신 것을 압니다(20절).
7. 믿는 자는 우리가 예수 그리스도 안에 있는 것을 압니다(20절). 진리에 대해 추측하지 않고 확신을 가집니다. 추측이 사라지고 확신하는 지식이 있습니다. 나는 누구인지, 내가 어디에 있는지, 어디로 갈 것인지, 무엇을 위해 이 세상에 왔는지 알고 확신합니다.

음성 강의
요한일서

말씀 개요

1장-2장	하나님의 빛에 거하라
1장 1-4절	서론
1장 5절-2장 2절	사귐 공동체
2장 3-29절	순종 공동체
3장-5장	하나님의 사랑 안에 거하라
3장	사랑 공동체
4장	사랑 안에 거하는 공동체
5장 1-12절	아들 안에 있는 생명 공동체
5장 13-21절	믿는 자의 확신 공동체

성경 본문
요한일서

100일 통독

CHECK

99일 베드로전서, 베드로후서, 요한일이삼서, 유다서 ☐

요한이서 집에 들이지 말라
요한삼서 집에 들이라

2 , 3 J O H N

요한이서와 요한삼서를 쓴 사람은 자신을 '장로'라고 소개합니다. 두 편지의 저자는 동일 인물입니다. "장로인 나는 택하심을 받은 부녀와 그의 자녀들에게 편지하노니…"(요이 1:1), "장로인 나는 사랑하는 가이오 곧 내가 참으로 사랑하는 자에게 편지하노라"(요삼 1:1).

여기서 장로는 교회의 직분에 따라 사용했다기보다는 '나이가 많은 사람'의 의미가 더 큽니다. 그러나 나이가 많은 것만이 아니라 여러 교회에서 인격적으로 존경받는 사람임을 보여줍니다. 당시 유일하게 살아 있는 예수님의 제자인 나이가 많은 사도 요한이 그런 사람입니다.

두 편지는 시작하는 말과 마치는 말이 비슷합니다.

"너의 자녀들 중에 우리가 아버지께 받은 계명대로 진리를 행하는 자를 내가 보니 심히 기쁘도다"(요이 1:4), "형제들이 와서 네게 있는 진리를 증언하되 네가 진리 안에서 행한다 하니 내가 심히 기뻐하노라 내가 내 자녀들이 진리 안에서 행한다 함을 듣는 것보다 더 기쁜 일이 없도다"(요삼 1:3,4), "내가 너희에게 쓸 것이 많으나 종이와 먹으로 쓰기를 원하지 아니하고 오히려 너희에게 가서 대면하여 말하려 하니 이는 너희 기쁨을 충만하게 하려 함이라"(요이 1:12), "내가 네게 쓸 것이 많으나 먹과 붓으로 쓰기를 원하지 아니하고 속히 보기를 바라노니 또한 우리가 대면하여 말하리라"(요삼 1:13,14).

요한일이삼서는 '그리스도인의 사귐'이라는 공통된 주제를 다룹니다. 그러나 한편으로는 공통된 주제를 서로 다른 차원으로 말합니다.

요한이서는 "문을 닫으라. 교제하지 말라"라고 말합니다. 즉, 거짓 선지자들과 악을 행하는 자들에 대해서는 문을 닫고 교제하지 말라고 말합니다. 반면에 요한삼서는 "문을 열라"라고 말합니다. 즉 복음을 위해 수고하고 애쓰는 모든 사역자들에게 항상 집을 개방하고 접대를 잘해야 한다고 말합니다. 두 책은 문을 닫고 교제하지 말아야 될 그룹이 누구이며, 항상 문을 열어서 교제하고 접대하며 섬겨야 될 그룹이 누구인가를 잘 말해줍니다.

요한이서	요한삼서
Closed the Door	**Open the Door**
집에 들이지 말라	집을 열어 접대하라
사랑 가운데서 행하라	선한 것을 본 받으라
진리를 지켜라	손 대접하기를 힘쓰라
거짓 교훈을 삼가라	선을 행하라
나쁜 모델 : 거짓 교사들	나쁜 모델 : 디오드레베
좋은 모델 : 부녀와 그의 자녀들	좋은 모델 : 데메드리오
공동메시지 : 거짓 교사들을 거절하라	참된 교사들을 영접하라

또한 요한일이삼서는 유사점이 많습니다. 요한일서 4장 3절과 요한이서 1장 7절은 예수의 육체로 오심을 부인하는 적그리스도에 대해 언급합니다. 요한삼서에는 이것에 대한 언급은 없으나 이 세 편지는 동일한 상황과 위험과 사람들을 다루고 있습니다.

"예수를(예수께서 육체로 오심을) 시인하지 아니하는 영마다 하나님께 속한 것이 아니니 이것이 곧 적그리스도의 영이니라"(요일 4:3). "미혹하는 자가 세상에 많이 나왔나니 이는 예수 그리스도께서 육체로 오심을 부인하는 자라 이런 자가 미혹하는 자요 적그리스도니"(요이 1:7).

순회 전도자

당시에는 순회 사역자들이 있었습니다. 이들은 어느 한 곳에 거주하는 게 아니라 여러 지역을 순회하며 가르치는 사람들이었지요. 이들은 말씀을 가르치는 교사이거나 선지자였습니다. 이들 중에는 참된 교사들이 많았지만 거짓 교사들도 있었습니다. 특히 그노시스주의자들이 대표적인 거짓 교사들이었지요. 이들은 예수 그리스도의 육체로 오심을 부인하는 자들이며, 진리를 행함에 관심이 없고, 오직 이론적 지식에만 집중했습니다.

요한일이삼서에서 '행함'의 구절이 많은 이유도 여기에 있습니다. 요한이서는 순회 사역자들 중에서도 특히 거짓 교사들과 선지자들을 집에 들이지 말라고 합니다. 요한삼서는 순회 사역자들 중의 참된 교사들, 선지자들을 영접하여 집에 머무르게 하여 그들이 사역을 잘 감당하도록 섬기라고 합니다.

데메드리오는 순회 사역자들의 리더입니다. 그러므로 그러한 사역자들을 영접하여 잘 섬기라고 합니다. 그러나 디오드레베같이 섬기지 않은 나쁜 예도 있습니다. 디오드레베는 순회 사역자들을 영접하는 것을 거절했을 뿐 아니라 그들을 영접하는 자들을 교회에서 추방하려고 했습니다.

손님 접대는 교회 지도자들의 덕목 중의 하나로 꼽혔습니다. 디모데전서 3장 2절에 "감독은… 나그네를 대접하며…"라 하였고, 디도서 1장 7,8절에 "감독은… 나그네를 대접하며 선행을 좋아하며…"라고 언급했습니다. 또한 로마서 12장 13절, "성도들의 쓸 것을 공급하며 손 대접하기를 힘쓰라"에서 '힘쓰라'라는 것은 '연습하라'는 것입니다. 자신은 성격적, 환경적으로 적합하지 않다고 뒤로 물러나거나 수동적인 태도를 가지지 말고 적극적으로 힘써야 합니다. 익숙해지도록 연습해야 합니다.

히브리서 13장 1,2절에 "형제 사랑하기를 계속하고 손님 대접하기를 잊지 말라 이로써 부지중에 천사들을 대접한 이들도 있었느니라"라는 말씀은 아브라함을 염두에 두고 한 말씀입니다. 그는 지나가는 나그네를 극진히 영접하여 섬겼습니다. 그로 인해 하나님으로부터 '이삭'을 약속받았습니다(창 18:1-15).

요한삼서에 대표적인 네 명의 인물이 등장합니다. 요한은 사도를, 데메드리오는 순회 사역자들을, 디오드레베는 사역자들을 섬기기를 거절하고 방해하는 지역의 리더를, 가이오는 순회 사역자들을 영접하여 섬기는 지역의 리더를 대표합니다.

신앙생활의 영적 원리

요한삼서 1장 2절은 "사랑하는 자여 네 영혼이 잘됨같이 네가 범사에 잘되고 강건하기를 내가 간구하노라"라는 신앙생활의 영적 원리를 말합니다. 우리 육체가 강건하려면 먼저 영혼이 잘되어야 합니다. 성공적인 삶을 살려면 먼저 영혼이 잘되어야 합니다. 먼저 하나님과의 친밀한 삶을 살아갈 때 세상에서 성공적인 삶을 살게 될 것이고, 몸도 강건하게 될 거라고 말씀합니다. 하지만 세상은 순서를 거꾸로 말합니다. 언제나 보이는 육체의 건강함을 먼저 강조합니다. 그러나 우선순위는 영혼이 먼저이고 다음이 범사와 육체입니다.

디모데전서 4장 7,8절에도 "경건에 이르도록 네 자신을 연단하라 육체의 연단은 약간의 유익이 있으나 경건은 범사에 유익하니 금생과 내

생에 약속이 있느니라"라고 했습니다. 또한 에베소서 3장 16절에도 "성령으로 말미암아 너희 속사람을 능력으로 강건하게 하시오며"라고 하듯 속사람의 강건함이 먼저입니다.

삶의 우선순위는 이렇습니다. 첫째로 하나님과의 친밀함을 통해 영혼이 잘되고, 둘째로 성공적인 삶과 형통한 삶으로 범사가 잘됨 같고, 셋째로 몸이 건강함으로 육체가 강건해집니다. 그러므로 영혼이 잘되도록 우리의 일상생활에서 하나님과의 교제를 최우선 순위로 가져야 합니다.

음성 강의
요한이서·요한삼서

말씀 개요

요이	
1장 1-4절	진리 안에서 행하니 기쁘다
5,6절	서로 사랑하라
7-11절	집에 들이지 말라
12,13절	대면하는 기쁨을 갖자

요삼	
1장 1-4절	진리 안에서 행하니 기쁘다-가이오
5-8절	집에 영접하라
9-11절	디오드레베-악한 예(손님을 접대하지 않음)
12절	데메드리오-좋은 예(진리의 말씀을 전함)
13-15절	속히 보기를 바란다

100일 통독

CHECK

99일 베드로전서, 베드로후서, 요한일이삼서, 유다서 ☐

성경 본문
요한이서·요한삼서

유다서 믿음을 위해 싸우라

J U D E

유다서는 한 장으로 되어 있는 짧은 책입니다. 그 내용 면에서 베드로후서와 밀접한 관계가 있지요. 거짓 교사들에 대한 가르침이 비슷합니다. 구약의 예화들이 베드로후서의 2장 3절-3장 4절에 인용된 것과 매우 비슷합니다. 그러므로 유다서를 베드로후서와 함께 읽을 때 내용이 보충됩니다.

유다서의 저자는 1장 1절에 나타나듯이 야고보의 형제입니다. 야고보는 주의 형제요 야고보서의 저자입니다. 성경에는 여러 명의 유다가 나옵니다. 그러나 야고보의 형제인 유다는 예수님의 형제를 말합니다. 유다서의 수신자를 '부르심을 받고, 사랑을 얻고, 지키심을 받은 자들'이라고 합니다.

이단자들에 대한 경고

유다서의 내용은 상당히 엄격합니다. 제임스 모팻James Moffatt은 유다서를 '교회를 일깨우는 불의 십자가'라고 불렀습니다. 유다서는 예수 그리스도를 부인하는 자들과 하나님의 은혜를 오히려 방종의 기회로 삼는 사람들에 대해 엄격한 경고를 합니다. 특히 이단자들에 대해 아주 명확하게 설명하며 경고합니다. 교회 역사에 이런 존재들은 항상 있었습니다. 이들의 특징은 다음과 같습니다.

- 무법주의자입니다.
- 은혜를 악용합니다.
- 소돔처럼 음행합니다.
- 죄를 죄로 여기지 않습니다.
- 짐승처럼 본능으로 삽니다.
- 정욕에 이끌려 살아갑니다.
- 하나님과 예수 그리스도를 부인하는 자들입니다.
- 심지어 천사의 존재까지도 부인합니다.
- 유다서는 또 한 번 그노시스주의를 경계합니다.

이스라엘의 역사를 예로 들면서 이 같은 자들을 엄중하게 경고합니다. 그들은 애굽에서는 안전하게 나왔으나 믿음이 없기에 약속의 땅에는 들어가지 못했습니다. 또 소돔과 고모라의 불로 멸망한 예도 듭니다. 그러므로 이들을 통해 교훈을 삼고 경계하며 살아야 함을 일깨워 줍니다. 특히 11절 말씀에서 세 가지 예를 들며 경고합니다. 가인의 길에 조심하고, 발람의 어그러진 길에 조심하고, 고라의 패역을 조심하라고 말합니다.

1. 가인의 길을 조심하라

가인의 길은 창세기 4장에 잘 나타나 있습니다. 가인의 길에는 형제에 대한 시기와 질투와 경쟁의식과 미움과 냉소가 깔려 있습니다. 또한 모든 면에서 무신론적이며 불신앙적이고, 자기 마음대로 행동하며, 하나님 중심으로 살지 않는 삶을 '가인의 길'이라고 말합니다.

2. 발람의 어그러진 길을 조심하라

발람의 행위는 민수기 22장-25장에 잘 나와 있습니다. 발람은 하나님의 뜻을 따르지 않고, 물질을 위해 하나님의 뜻을 무시하는 대표적인 사람이지요. 우리를 물질에 쉽게 주지 말고, 그것과 타협하지 않으며, 하나님의 뜻에만 전적으로 순복하여 주의 뜻을 위해서만 살아가라고 말합니다.

3. 고라의 패역을 조심하라

고라의 패역한 행위는 민수기 16장에 잘 나타나 있습니다. 그는 권위를 무시하는 대표적인 존재입니다. 그는 여러 사람들을 동원하여 리더인 모세와 아론을 향해 공개적으로 대적했던 사람이지요. 그들의 권위를 무시하고, 하나님이 계심을 모르고, 인간적인 방법으로 행했습니다. 그 결과 고라와 그를 따르던 무리들이 땅 속으로 삼켜진 바 되었지요.

우리는 권위에 대해 깊이 이해하고, 권위를 주신 하나님을 바라보면서, 그분을 경외함으로 행해야 합니다. 또 권위자는 권위를 주신 하나님의 뜻을 생각하고, 겸손함으로 행사해서, 사람들에게 생명을 주며, 풍성한 삶을 살게 해야 하지요. 또한 그들을 자유케 하고 회복하는 데 권위가 잘 쓰이도록 해야 합니다. 내게 주어진 권위가 무시당할 때는 침묵 가운데 온유함으로 모든 것을 하나님께 맡기고 주 앞에 나아가는 삶을 살아야 합니다.

이단자들의 특징

1장 12,13절에서 이단자들의 특징을 계속 말합니다.

- 암초, 이들은 많은 배를 침몰시킨 숨겨진 암초와 같은 자들입니다.
- 자기 몸만 기르는 목자, 이들은 당을 지어 그리스도인의 사귐을 파괴합니다. 보다 넓은 교제와 교회의 의미를 모릅니다. 자신이 돌보아야 할 양보다 자신만을 돌보는 자입니다.

• 바람에 불려가는 물 없는 구름, 이들은 갈망하던 비를 내릴 듯하다가 그대로 지나가버리는 구름처럼 거짓 맹세로 남을 속이는 자들입니다.
• 죽고 죽어 뿌리까지 뽑힌 열매 없는 가을 나무, 이들은 열매와 뿌리도 없어서 수확하지 못하는 나무와 같습니다.
• 자기 수치의 거품을 뿜는 바다의 거친 물결, 이들은 바다의 거친 파도가 거품을 뿜어내어 난파선의 잔해를 해안에 남기듯 수치스러운 행동을 뿌리고 다니는 자들입니다.
• 영원히 예비된 캄캄한 흑암으로 돌아갈 유리하는 별, 이들은 궤도를 이탈해서 결국 멸망하는 별처럼 교만함으로 하나님에게 불순종하여 자신의 길을 가다가 멸망하는 자입니다.

오래 전 에녹은 이들의 멸망을 예언합니다(1:14,15). 하나님은 경건하지 못한 사람들의 불경건한 행동과 말을 심판하실 것입니다. 15절에 '경건하지 않은'을 네 차례나 강조합니다. "이는 뭇 사람을 심판하사 모든 경건하지 않은 자가 경건하지 않게 행한 모든 경건하지 않은 일과 또 경건하지 않은 죄인들이 주를 거슬러 한 모든 완악한 말로 말미암아 그들을 정죄하려 하심이라 하였느니라."

경건하다, 경건하지 않다는 말은 매우 중요합니다. 16절에서 경건하지 않은 자들의 특징을 말합니다. 그들은 원망하고, 불만을 토하며, 정욕대로 행하고, 자랑하는 말을 하는 자들입니다. 또한 그들은 이익을 위해서 아첨합니다.

끝으로 믿는 자들을 향한 권면의 말씀이 있습니다(1:17-23). 사도들이 이미 이 같은 일들을 예언한 것을 기억하십시오. "마지막 때가 되면 하나님을 비웃고 거역하며 제멋대로 행동하는 사람들이 있을 것이다."

이들은 사람들 사이를 갈라놓고 죄로 물든 육신의 정욕대로 행동할 것입니다. 그들 속에는 성령님이 거하지 않기 때문입니다. 그러므로 그리스도인의 다섯 가지 의무를 행하십시오.

1. 자신의 삶을 거룩한 믿음 위에 건축하십시오.
2. 성령으로 기도하십시오.
3. 하나님의 사랑 안에서 자신을 지키십시오.
4. 영생에 이르도록 우리 주 예수 그리스도의 긍휼을 기다리십시오.
5. 어떤 의심하는 자들을 긍휼히 여기십시오. 그들을 불에서 끌어내 구원하십시오. 그 육체로 더럽힌 옷까지도 미워하되 두려움으로 그들을 긍휼히 여기십시오.

유다서는 하나님을 칭송하는 놀라운 찬양으로 끝맺음을 합니다.

"능히 너희를 보호하사 거침이 없게 하시고 너희로 그 영광 앞에 흠이 없이 기쁨으로 서게 하실 이 곧 우리 구주 홀로 하나이신 하나님께 우리 주 예수 그리스도로 말미암아 영광과 위엄과 권력과 권세가 영원 전부터 이제와 영원토록 있을지어다 아멘"(1:24,25).

음성 강의
유다서

말씀 개요

1장 1,2절	인사
3,4절	기록 이유
5-11절	지난날에 하나님께서 징계하신 예들 광야의 이스라엘, 타락한 천사들, 소돔과 고모라, 불법, 가인, 발람, 고라
12-19절	거짓 교사들의 특징과 그 결과
20-23절	믿는 자들을 향한 격려와 위로
24,25절	결론 : 송영

100일 통독

CHECK

99일 베드로전서, 베드로후서, 요한일이삼서, 유다서 ☐

성경 본문
유다서

요한계시록 예수 그리스도의 계시의 드라마

R E V E L A T I O N

요한계시록은 성경 중에서도 가장 놀라운 책입니다. 많은 사람들은 성경 전체에서 가장 주의를 끄는 책이라고도 하지요. 일반적으로 요한계시록 하면 '666, 아마겟돈, 짐승의 표, 용, 천년왕국, 7년 대환란' 등이 먼저 떠오릅니다. 상당히 무섭고 두려운 책이라고 여기며 부정적으로 접근하기도 합니다.

그러나 요한계시록은 전혀 그렇지 않습니다. 이 책은 예수 그리스도의 영광의 모습으로 시작합니다. 승리자이며, 구주이며, 빛나는 위엄을 가진 아름다운 영광의 왕이심을 소개합니다(1:9-20). 이후에는 놀라운 영광의 왕에게 경배하는 찬양으로 이어집니다. 4개의 생물과 24장로들이 엎드려 경배하는 모습, 많은 천사들의 노래, 하늘과 땅 위, 땅 아래와 바다 위의 모든 피조물이 찬양하는 모습이지요.

요한계시록의 내용은 사실입니다. 그러나 역사적 나열은 아닙니다. 문자 그대로의 의미도 아닙니다. 계시록은 상징적, 은유적, 비유적입니다. 마치 정교한 암호문과 같습니다. 색깔과 동물, 때로는 사람과 동물 등을 사용합니다. 상징적 숫자도 등장합니다. 계시록이 기록될 당시는 이 같은 형식이 익숙했습니다. 오늘날의 《반지의 제왕》이나 《나니아 연대기》 같은 것이 이 장르에 해당합니다.

촛대 사이를 거니시는 예수

계시록의 구조는 1장 1-3절 말씀에 잘 나타나 있습니다.

1장은 '요한이 본 일, 반드시 속히 일어날 일들'이 나옵니다. 머리말(1:1-3), 삼위일체의 하나님(1:4-8), 영광의 예수님(1:9-20) 이 부분은 실제로 2,3장을 위한 도입부입니다. 3장 22절에 가서야 끝이 나는 하나의 문맥으로 이루어져 있지요.

2장-3장은 '이제 있는 일, 일곱 교회에 있을 일들'이 나옵니다. 2장과 3장은 독립된 게 아니라 계시록 전체와 유기적으로 연결되어 있습니다. 일정한 형식으로 예수님의 이름, 칭찬과 책망, 성령의 말씀에 귀 기울일 것, 이기는 자에게 주어지는 약속들이 열거됩니다. 일곱 교회를 향한 메시지는 오늘의 교회에게 주어지는 메시지이기도 합니다.

4장 이후는 '장차 될 일들'이 기록되었습니다. 시간 순이 아니라 책의 기록을 위한 순서에 의해 쓰인 미래의 일입니다. 2장과 3장에서 일곱 교회가 역사의 일곱 시대를 구분한 교회의 모습이 아닌 것과 같습니다.

계시록의 메시지

하나님이 계획하신 것은 그의 경륜과 섭리를 통해 반드시 성취하십니다. 하나님만이 역사를 주관하는 분이십니다. 하나님은 역사의 중심에 예수 그리스도를 두셨습니다. 그리고 그분의 파트너로서 교회를 두셨지요.

계시록을 볼 때 다니엘서와 에스겔서를 함께 본다면 전체적인 그림을 그리며 이해하는 데 큰 도움이 됩니다. 또한 환란 중에 있는 그리스도인들에게 소망과 격려를 줍니다. 소련의 공산주의 체제로 심한 핍박을 받는 중에 소련의 지하교회가 받은 "나의 자녀들아, 너희가 환란을 당하나 담대하라. 내가 이미 승리했다. 곧 나의 구원을 나타낼 것이다" 라는 메시지와 같습니다.

소련은 70년 만에 역사 속으로 사라졌습니다. 바벨론 포로 중의 그리스도인들이 에스겔과 다니엘을 통해 하나님의 메시지를 들었듯이 로마의 핍박 중의 그리스도인들은 요한계시록을 통해서 듣습니다. 그리고 각 시대마다 믿음으로 고난 당하는 모든 그리스도인들에게 요한계시록을 통해 하나님이 말씀하십니다.

요한계시록은 단순히 예수님의 재림의 시기를 말하는 게 아닙니다. 이 세상에서의 하나님의 주권이 중심에 있습니다. 계시록의 시간은 인간의 시간 개념인 크로노스Kronos가 아니라 중요한 순간이나 변화의 계기가 되는 때인 하나님의 시간인 카이로스Kairos입니다. 종말의 때는 언제, 몇 시 등의 이해가 아니라 하나님의 주권적인 섭리와 경륜의 때입니다.

예를 들어 마가복음 1장 15절에서 세례 요한이 "때가 찼고 하나님의 나라가 가까이 왔다"라고 할 때의 '때'란 크로노스가 아니라 카이로스를 가리킵니다. 모든 것이 새로운 질서로 형성되고 하나님의 일을 믿고 받아들일 때를 말합니다. 하나님께서 창세 전에 계획하신 것이 이루어질 때를 말하지요.

찬양의 책

요한계시록에는 시편과 더불어 많은 찬양이 수록되어 있습니다. 찬양의 내용은 승리의 함성으로 가득 차 있지요. 요한계시록은 크게 일곱 개의 찬양으로 나뉩니다.

1. **'창조의 노래'** 입니다(4:10,11). 만물을 지으신 하나님을 찬양합니다.
2. **'구속의 노래'** 입니다(5:8-14). 죽임을 당하신 어린양 예수 그리스도

로 말미암아 각 나라와 족속과 백성과 방언에서 피로 사서 나라와 제사장 삼으심을 노래합니다.

3. **'구원의 노래'** 입니다(7:9-12). 온 땅에 복음이 전파되어서 구원받은 무리들이 하나님 보좌 앞에서 아름답고, 찬란하고 웅장하게 찬송합니다. 각 나라와 족속과 백성과 방언에서 아무라도 능히 셀 수 없는 무리가 종려가지를 들고 흰 옷을 입고 보좌 앞과 어린양 앞에서 서서 구원을 찬양하는 모습입니다. 이것은 우리에게 세계 선교의 궁극적인 목적을 보여줍니다.
4. **'승리의 노래'** 입니다(12:10-12). 전쟁이 그치고 모든 어둠의 영이 패배하며, 예수 그리스도와 어린양의 십자가로 승리한 것을 노래합니다.
5. **'모세의 노래'** 혹은 **'어린양의 노래'** 라고 말합니다(15:2-4). 복음 전파의 결과로 모든 족속들이 주께로 나아와 경배하며 노래합니다.
6. **'역사의 종말에 관한 노래'** 입니다(19:1-5). 이 세상을 대표하는 바벨론인 하나님을 대적하는 모든 무리들이 다 무너지고, 하나님을 경외하는 자들이 그분의 구원과 영광과 능력을 노래합니다.
7. **'어린양의 혼인잔치 노래'** 입니다(19:6-10). 역사가 끝난 후 영원한 나라의 시작에 하나님께서 어린양의 혼인잔치에 모든 사람들을 초대하십니다. 그들이 전능하신 하나님께 경배하며 즐거워하고 크게 기뻐하는 노래입니다.

거대한 오페라

요한계시록은 전체가 7막 7장으로 구성된 거대한 오페라와도 같습니다. 극적인 평행 구조로 이루어져 있지요. 예수님의 오심과 다시 오심 사이의 종말론적인 관점의 내용이 펼쳐집니다.

본격적인 무대인 4장과 5장은 하늘이 열리는 것으로 시작합니다. 땅에서 일어나는 어둠과 심판과 환란과 고통이 먼저가 아니라 하나님께서 보좌에 영광 가운데 앉아 계시는 것으로 시작합니다. 또한 어린양 예수 그리스도께서 얼마나 아름답고 놀라운 분이신지를 보여줍니다. 마지막 무대인 21장과 22장은 보좌에 앉으신 하나님과 어린양 예수 그리스도와 구원받은 백성들이 그 영광과 기쁨과 아름다움과 충만한 모습으로 가득 차 있습니다.

이처럼 요한계시록은 예수 그리스도의 승리와 영광과 구원, 그리고 모든 믿는 자가 이 땅에서 놀랍게 회복되며 구원받는 것을 노래함으로 충만합니다. 반면에 어둠의 영은 완전히 무너져 멸망 속으로 들어갈 것을 말합니다.

일곱 교회와 일곱 가지 복

2장과 3장은 소아시아의 일곱 교회를 설명하는데 이것은 모든 역사 안에 있는 교회의 대표적인 모습입니다. 그중에서도 라오디게아교회는 칭찬이 없고, 서머나교회와 빌라델비아교회와 두아디라교회는 책망이 없습니다.

- 에베소교회, 처음 행위를 가지라(2:1-7).
- 서머나교회, 죽도록 충성하라(2:8-11).
- 버가모교회, 회개하라(2:12-17).
- 두아디라교회, 네게 있는 것을 굳게 잡으라(2:18-29).
- 사데교회, 남은 것을 굳게 하라(3:1-6).
- 빌라델비아교회, 네 가진 것을 굳게 하라(3:7-13).
- 라오디게아교회, 금, 흰 옷, 안약을 사라(3:14-22).

마태복음에 나오는 팔복처럼 계시록에는 일곱 가지 복이 있습니다.

1. 말씀을 듣고 지키는 자가 복이 있다(1:3).

2. 주 안에 죽은 자들이 복이 있다(14:13).

3. 깨어 자기 옷을 지키는 자가 복이 있다(16:15).

4. 어린양의 혼인잔치에 청함 받은 자들이 복이 있다(19:9).

5. 첫째 부활에 참여하는 자들이 복이 있다(20:6).

6. 이 책의 예언의 말씀을 지키는 자들이 복이 있다(22:7).

7. 두루마기를 빠는 자들이 복이 있다(22:14).

또한 계시록에는 숫자가 많이 나옵니다.

- 3-삼위일체 하나님을 말하며 또한 완전수.
- 4-땅의 동서남북 끝의 네 모퉁이를 의미하며 전체수.
- 7-주께서 모든 천지를 창조하시고 쉬셨던 날로 성취의 수.
- 10-완전수.
- 12-하나님의 백성을 말하며, 열두 지파와 열두 사도.
- 1,000-남은 수로, 이 땅에서 구원받은 셀 수 없는 큰 무리.

네 가지 관점의 이해

7년 대환란과 천년왕국과 그리스도의 재림과 모든 믿는 자의 영원한 구원의 삶을 살아가는 것에 대해 어떤 관점으로 보느냐에 따라서 계시록에 대한 이해가 달라집니다.

첫 번째는 **과거주의적** 관점입니다. 계시록의 모든 사건을 로마 대제국 시대 때 이미 성취되었다고 바라보는 관점입니다.

두 번째는 **역사적** 관점입니다. 계시록은 초대교회 때 시작해서 예수님의 재림까지 이르는 교회 역사의 파노라마라고 바라보는 관점입니다.

세 번째는 **영적** 관점입니다. 요한계시록의 모든 사건은 실제가 아니라 표현이며, 선과 악의 영적전쟁에 대한 상징적 묘사라는 관점입니다.

네 번째는 **미래주의적** 관점입니다. 계시록 전체는 마지막 시대 때 발생할 미래의 사건에 대한 서술이라고 봅니다.

이 네 가지의 관점에 따라서 천년왕국이 언제 일어나며, 무엇을 말하는가에 대해 다른 해석이 있습니다.

- **전 천 년설**: 예수님이 재림하신 후에 천년왕국이 시작됩니다. 여기서도 전 천 년 전 환란설과 전 천 년 후 환란설로 나눠집니다.

  -전 천 년 전 환란설

  주의 재림 전에 7년 대환란이 있고, 재림 이후에 그리스도인들이 천 년 동안 다스릴 것이며, 그 후에 마지막 심판과 영원한 통치가 있을 거라는 미래주의적 관점입니다.

  -전 천 년 후 환란설

  재림 이후에 그리스도인들이 다스리는 천년왕국이 있고, 천 년이 끝나면 7년의 대환란이 있고, 그 후에 주님의 최후의 심판이 있으며 이후에 영원한 주의 통치가 이루어진다는 또 다른 미래주의적 관점입니다

- **후 천 년설**: 천년왕국이 있은 후에 예수님이 재림하신다고 합니다. 재림 전에 평화와 정의가 실현되는 천 년간의 기간이 있다가 재림 이후에 심판이 있고 영원한 통치가 있을 거라고 말하는 시간 개념의 천 년을 말합니다. 과거주의적 관점 또는 역사적 관점으로 보는 경향이지요.

- **무 천 년설**: 천년왕국은 따로 없고, 예수님의 초림과 재림 사이가 천년왕국이라고 합니다. 문자적 의미의 천 년이라는 기간의 왕국은 의미가 없으며, 천년왕국은 단지 영적 의미이며 예수님께서 부

활하신 후부터 예수님이 다시 오실 때까지를 천 년으로 보고 주께서 재림하신 후에는 심판과 함께 영원한 통치가 있을 거라는 영적인 관점에서 바라보는 것입니다.

마지막 때

계시록은 마지막 때를 잘 보여줍니다. 계시록은 마지막 때 나타나는 공포와 심판과 짐승에 대한 것이 중심이 아니라 구분의 때를 말합니다. 가장 높은 하늘에 오르는가 하면 가장 깊은 지옥의 심연에 떨어집니다. 마지막이라는 것은 사탄에게 해당하는 것입니다. 하나님은 영원하신 분입니다. 그를 믿는 교회에게는 영원의 시작이며, 사탄에게는 마지막입니다.

계시록이 하나님과 예수님의 영광과 승리의 모습을 미리 보여주는 것은 이때를 살아가는 그리스도인들에게 모든 시험과 고통을 이기고 인내로써 하늘의 영광을 기다리게 해줍니다. 지옥이 자기의 정체를 드러내어 실제로 존재하는 것처럼 하나님과 어린양 예수 그리스도의 보좌가 중심인 천국 또한 사실입니다.

계시록을 바라볼 때마다 가장 크게 보아야 하는 것은 하늘이 열리고 영광의 하나님과 영광의 예수님 그리고 이 땅에서 믿음으로 승리하는 그리스도인들의 모습입니다. 어둠의 영은 반드시 패배하여 영원한 멸망에 들어갈 것이며 모든 믿는 자는 다 주와 함께 영원히 영광 가운데 살 것입니다.

음성 강의
요한계시록

말씀 개요

1장	이제 본 일-촛대 사이를 거니시는 예수
2장-3장	이제 있는 일-일곱 교회에게 주는 메시지
4장-22장	장차 될 일
4장	하나님의 보좌
5장	어린양 예수 그리스도
6장-19장	하나님의 진노와 대환란
20장	천년왕국
21장-22장	새 하늘과 새 땅

성경 본문
요한계시록

100일 통독

	CHECK
100일 요한계시록	

NCMN 말씀통독 100일 운동

사도행전에 나타나는 초대교회의 부흥은 여러 면에서 우리에게 본을 보여줍니다.

첫째, 개인의 삶의 변화입니다. 초대교회의 부흥은 단순히 믿는 자의 수가 늘어난 것만이 아니라 변화된 그리스도인의 숫자를 말합니다. 개인의 삶에 현격한 변화가 있었습니다.

둘째, 교회 공동체의 형성입니다. 초대교회는 단지 믿는 자들의 모임이 아니라 사랑과 열정이 있는 공동체입니다. 물질을 나누고 전심으로 예배드리는 삶이었습니다. 이들의 아름다운 삶은 세상 사람들에게 칭찬을 받았습니다.

셋째, 사회 공동체의 변화입니다. 복음은 개인과 교회에만 머물지 않았고 사회의 구조를 변화시켰습니다. 공의와 정직과 진실, 그리고 거룩함과 사랑이 형성되었지요. 또한 우상이 제거되고 그리스도 중심의 문화가 형성되었습니다.

넷째, 잃어버린 영혼에 대한 열정입니다. 이러한 열정이 전도와 선교의 길을 열었고, 복음은 점점 더 확장되었습니다.

이러한 부흥의 열쇠는 세 가지에서 비롯됩니다.

첫째는 '기도'입니다. 초대교회는 기도에 헌신했습니다. 틈나는 대로 기도하고, 시간을 정해 기도했지요. 베드로와 요한은 오후 3

시를 기도 시간으로 정했습니다. 베드로는 말씀을 전하고 사람들이 점심을 준비하는 동안에 다락에 올라가 기도했습니다.

둘째는 '성령'입니다. 초대교회는 성령의 임재를 사모했습니다. 오순절에 예루살렘에 임한 성령의 충만함(행 2장)은 사마리아(행 8장)와 에베소(행 19장) 그리고 로마의 장교인 고넬료의 가정(행 10장)에 성령이 임하게 했습니다. 성령은 부흥의 원동력이십니다.

셋째는 '말씀'입니다. 말씀이 흥왕했습니다. 예루살렘교회가 말씀이 왕성하여 큰 영향을 주었습니다(행 6:7). 세계 선교를 주도한 안디옥교회의 기반이 되었습니다(행 12:24). 소아시아 중심 도시 에베소는 말씀의 부흥으로 마술하던 사람들이 마술 책을 불살랐습니다. 그 책값만도 엄청났지요. 에베소 도시가 소동을 했습니다(행 19:20). 두란노 서원이 있던 곳이 에베소입니다.

하나님의 말씀인 성경은 우리의 삶을 바로잡아주고, 사회 구조를 새롭게 합니다. 무엇이 올바른 것인지 기준을 제시하기 때문입니다. 하나님의 말씀은 녹여 정제하는 불 같고, 깨뜨려 다듬는 정과도 같으며, 날카로운 수술용 칼 같고, 길을 안내하는 내비게이션과도 같습니다. 개인이나 교회만이 아니라 사회와 국가의 나아가는 길을 제시합니다.

유대 왕국에서 부흥을 주도한 괄목할 만한 왕들은 다윗, 아사, 여호사밧, 요아스, 히스기야, 요시야입니다. 이 부흥의 특징은 개인과 공동체를 넘어서서 사회와 국가 전반에 걸친 것이었지요. 그리고 이러한 부흥을 견고하게 하고 확장하게 한 것은 바로 하나님의 말씀이었습니다. 지금은 하나님의 말씀이 필요한 때입니다. 개인과 교회 공동체와 사회와 국가 차원에서 성경이 필요합니다. 먼저 개인과 교회 공동체가 말씀에 매달려 흥왕하면 사회와 국가의 부흥도 이어집니다.

이를 위하여 NCMN은 '쉐마 말씀학교'와 함께 말씀통독 100일 운동을 전개합니다. 《말씀관통 100일 통독》을 읽으면서 통독을 하는 게 좋습니다. 성경을 소리 내어 읽으면 여러 가지의 효과가 있습니다. 눈으로 보고, 입으로 소리를 내고, 귀로 듣게 되면 삼중 효과가 있습니다. 눈으로 읽는 것과 귀로 듣는 것을 함께할 수 있기 때문입니다. 성경통독은 이같이 소리를 내면서 읽는 것입니다.

그리고 나만이 아니라 주변 분들이 동참하도록 이끄시기를 바랍니다. 전도서 4장 12절에 "삼겹줄은 쉽게 끊어지지 않는다"라고 했습니다. 서너 사람이 한 팀으로 말씀통독 운동을 전개합시다. 서로 격려하고 기도하면서 말씀이 먼저 나를 비롯하여 교회와 사회, 그리고 국가에 영향을 미치도록 기도합시다. 말씀을 읽고 기도하며 성령의 능력을 구합시다. 성경통독을 100일에 맞추어 진행하면 일 년에 세 번 이상 읽을 수 있습니다.

'말씀통독 100일 운동'을 통해 개인과 가정의 삶에 놀라운 하나님의 능력을 경험하게 될 것입니다. 하나님의 말씀을 향한 여러분의 열정으로 교회 공동체가, 더 나아가 사회와 나라가 하나님의 영광을 보게 될 것입니다.

100일 성경통독표

성경통독 QR코드를 검색하여
'갓피플 성경통독' 어플을 이용해보세요!

통독일	오늘의 말씀	확인	기도	묵상
1일	창세기 1장-10장			
2일	창세기 11장-20장			
3일	창세기 21장-30장			
4일	창세기 31장-40장			
5일	창세기 41장-50장			
6일	출애굽기 1장-10장			
7일	출애굽기 11장-20장			
8일	출애굽기 21장-30장			
9일	출애굽기 31장-40장			
10일	레위기 1장-10장			
11일	레위기 11장-16장			
12일	레위기 17장-27장			
13일	민수기 1장-10장			
14일	민수기 11장-20장			
15일	민수기 21장-36장			
16일	신명기 1장-11장			
17일	신명기 12장-26장			
18일	신명기 27장-34장			
19일	여호수아 1장-12장			
20일	여호수아 13장-24장			
21일	사사기 1장-11장			
22일	사사기 12장-21장			
23일	룻기 1장-사무엘상 7장			

통독일	오늘의 말씀	확인	기도	묵상
24일	사무엘상 8장-15장			
25일	사무엘상 16장-31장			
26일	사무엘하 1장-10장			
27일	사무엘하 11장-20장			
28일	사무엘하 21장-열왕기상 2장			
29일	열왕기상 3장-11장			
30일	열왕기상 12장-22장			
31일	열왕기하 1장-8장			
32일	열왕기하 9장-17장			
33일	열왕기하 18장-25장			
34일	역대상 1장-10장			
35일	역대상 11장-20장			
36일	역대상 21장-29장			
37일	역대하 1장-10장			
38일	역대하 11장-20장			
39일	역대하 21장-28장			
40일	역대하 29장-36장			
41일	에스라 1장-10장			
42일	느헤미야 1장-13장			
43일	에스더 1장-10장			
44일	욥기 1장-10장			
45일	욥기 11장-20장			
46일	욥기 21장-30장			
47일	욥기 31장-42장			
48일	시편 1편-20편			
49일	시편 21편-40편			
50일	시편 41편-60편			

통독일	오늘의 말씀	확인	기도	묵상
51일	시편 61편–80편			
52일	시편 81편–100편			
53일	시편 101편–120편			
54일	시편 121편–150편			
55일	잠언 1장–10장			
56일	잠언 11장–20장			
57일	잠언 21장–31장			
58일	전도서 1장–12장			
59일	아가 1장–8장			
60일	이사야 1장–12장			
61일	이사야 13장–25장			
62일	이사야 26장–38장			
63일	이사야 39장–52장			
64일	이사야 53장–66장			
65일	예레미야 1장–13장			
66일	예레미야 14장–25장			
67일	예레미야 26장–33장			
68일	예레미야 34장–45장			
69일	예레미야 46장–52장, 예레미야애가			
70일	에스겔 1장–11장			
71일	에스겔 12장–24장			
72일	에스겔 25장–39장			
73일	에스겔 40장–48장			
74일	다니엘 1장–12장			
75일	호세아 1장–14장			
76일	요엘, 아모스, 오바댜, 요나			
77일	미가, 나훔, 하박국, 스바냐			

통독일	오늘의 말씀	확인	기도	묵상
78일	학개, 스가랴, 말라기			
79일	마태복음 1장-10장			
80일	마태복음 11장-18장			
81일	마태복음 19장-28장			
82일	마가복음 1장-9장			
83일	마가복음 10장-16장			
84일	누가복음 1장-9장			
85일	누가복음 10장-19장			
86일	누가복음 20장-24장			
87일	요한복음 1장-11장			
88일	요한복음 12장-21장			
89일	사도행전 1장-10장			
90일	사도행전 11장-20장			
91일	사도행전 21장-28장			
92일	로마서 1장-16장			
93일	고린도전서 1장-16장			
94일	고린도후서 1장-13장			
95일	갈라디아서, 에베소서			
96일	빌립보서, 골로새서, 데살로니가전서, 데살로니가후서			
97일	디모데전서, 디모데후서, 디도서, 빌레몬서			
98일	히브리서, 야고보서			
99일	베드로전서, 베드로후서, 요한일서, 요한이서, 요한삼서, 유다서			
100일	요한계시록			

말씀관통 100일 통독 오디오북

초판 1쇄 발행 2014년 2월 17일
초판 13쇄 발행 2020년 2월 26일

지은이 홍성건

펴낸이 여진구
책임편집 김아진
편편집 안수경, 이영주, 최현수, 김윤향, 정아혜, 최은정
디자인 마영애, 노지현, 조아라, 조은혜
기획·홍보 김영하
마케팅 김상순, 강성민, 허병용
제작 조영석, 정도봉
해외저작권 기은혜
마케팅지원 최영배, 정나영
경영지원 김혜경, 김경희

이슬비전도학교 최경식
303비전성경암송학교 박정숙
303비전장학회 & 303비전꿈나무장학회 여운학

펴낸곳 규장

주소 06770 서울시 서초구 매헌로 16길 20(양재2동) 규장선교센터
전화 02)578-0003 팩스 02)578-7332
이메일 kyujang0691@gmail.com 홈페이지 www.kyujang.com
페이스북 facebook.com/kyujangbook 인스타그램 instagram.com/kyujang_com
카카오스토리 story.kakao.com/kyujangbook
등록일 1978.8.14. 제1-22

책값 뒤표지에 있습니다.
ISBN 978-89-6097-333-6 08230

이 도서의 국립중앙도서관 출판시도서목록(CIP)은 서지정보유통지원시스템 홈페이지(http://seoji.nl.go.kr)와 국가자료종합목록구축시스템(http://www.nl.go.kr/kolisnet)에서 이용하실 수 있습니다.
(CIP제어번호 : CIP2014004036)

규 | 장 | 수 | 칙

1. 기도로 기획하고 기도로 제작한다.
2. 오직 그리스도의 성품을 사모하는 독자가 원하고 필요로 하는 책만을 출판한다.
3. 한 활자 한 문장에 온 정성을 쏟는다.
4. 성실과 정확을 생명으로 삼고 일한다.
5. 긍정적이며 적극적인 신앙과 신행일치에의 안내자의 사명을 다한다.
6. 충고와 조언을 항상 감사로 경청한다.
7. 지상목표는 문서선교에 있다.

하나님을 사랑하는 자 곧 그의 뜻대로 부르심을 입은 자들에게는 모든 것이 合力하여 善을 이루느니라(롬 8:28)

Member of the Evangelical Christian Publishers Association

규장은 문서를 통해 복음전파와 신앙교육에 주력하는 국제적 출판사들의 협의체인 복음주의출판협회(E.C.P.A:Evangelical Christian Publishers Association)의 출판정신에 동참하는 회원(Associate Member)입니다.